Gerd Romeike, Horst Imelmann (Hrsg.)
Eltern verstehen und stärken

Eine Veröffentlichung der Bundeskonferenz für Erziehungsberatung e.V.

Gerd Romeike, Horst Imelmann (Hrsg.)

Eltern verstehen und stärken

Analysen und Konzepte der Erziehungsberatung

Juventa Verlag Weinheim und München 2010

Bibliografische Information der Deutschen Nationalbibliothek

Die Deutsche Nationalbibliothek verzeichnet diese Publikation in der Deutschen Nationalbibliografie; detaillierte bibliografische Daten sind im Internet über http://dnb.d-nb.de abrufbar.

Das Werk einschließlich aller seiner Teile ist urheberrechtlich geschützt. Jede Verwertung außerhalb der engen Grenzen des Urheberrechtsgesetzes ist ohne Zustimmung des Verlags unzulässig und strafbar. Das gilt insbesondere für Vervielfältigungen, Übersetzungen, Mikroverfilmungen und die Einspeicherung und Verarbeitung in elektronischen Systemen.

© 2010 Juventa Verlag Weinheim und München
Umschlaggestaltung: Atelier Warminski, 63654 Büdingen
Umschlagfoto: Renate Imelmann (privat)
Druck nach Typoskript
Printed in Germany

ISBN 978-3-7799-0771-8

Zum Glück Eltern

Eltern werden ist manchmal schwer
Eltern sein dann noch viel mehr
Eltern bleiben, eine Kunst
Eltern werden, eine Gunst
Eltern sein, ein Hochgenuss
Eltern bleiben und niemals Schluss
Eltern verzweifeln manchmal an der Beziehungsverdrahtung
Zum Glück gibt es Erziehungsberatung

Inhalt

Gerd Romeike und Horst Imelmann
Einleitung 9

Psychologische und gesellschaftliche Bedingungen von Elternschaft

Urte Finger-Trescher
Nichts ist mehr, wie es war ...
Zur Geburt der Eltern und den Strapazen des Glücks 17

Klaus A. Schneewind
Entwicklungsaufgabe Elternschaft 35

Uta Meier-Gräwe
Elternrollen im Wandel.
Warum differenzierte und vernetzte Dienste für Familien
notwendig sind 53

Elfriede Seus-Seberich
Armut und Erziehungsberatung 69

Bernhard Kalicki
Baustelle Mutterrolle.
Passungs- und Anpassungsprobleme und ihre Bewältigung 85

Ursula Mihçiyazgan
Elternschaft im interkulturellen Vergleich 103

Karl Heinz Brisch
Kinder brauchen sichere Bindungen.
Bedingungen gelingender Elternschaft 121

Erziehungskompetenzen stärken

Andrea Caby und Filip Caby
Eltern stärken 147

Barbara Ollefs und Arist von Schlippe
Familiäre Eskalation, elterliche Präsenz und systemisches
Elterncoaching im gewaltlosen Widerstand 161

Charlotte Strobl und Ursula Grave-Lävemann
Systemisches Elterncoaching.
Türöffner bei familiären Teufelskreisen 179

Meinrad M. Armbruster
ELTERN-AG.
Das Empowerment-Programm für mehr Elternkompetenz
in Problemfamilien 195

Eltern verstehen und beraten

Gabriele Engel und Ursula Klotmann
Patchworkfamilien sind anders 209

Anne Loschky und Ines Schäferjohann
„Endlich verstehe ich mich, wenn ich mich nicht verstehe ..."
Ein Gruppenprogramm für Eltern, die als Kind schwierige
und traumatische Lebensereignisse zu bewältigen hatten 231

Klaus Wolf
Belastungen von Pflegeeltern und Ressourcen für die Bewältigung 243

Birgit Leyendecker und Zeynep Hatipoglu Sümer
Beratung von zugewanderten Familien.
Stärkung der Erziehungskompetenzen in zugewanderten
Familien 259

Autorinnen, Autoren und Herausgeber 273

Gerd Romeike und Horst Imelmann

Einleitung

„Jeder junge Mensch hat ein Recht auf Förderung seiner Entwicklung und auf Erziehung zu einer eigenverantwortlichen und gemeinschaftsfähigen Persönlichkeit"(KJHG §1, Abs.1).
„Eltern sein" gibt Eltern Rechte und Pflichten in Bezug auf das Wohlergehen ihrer Kinder. Eltern sein bedeutet aber auch, in eine neue Rolle der Verantwortlichkeit hineinzuwachsen, die einerseits durch die bewussten und unbewussten Erfahrungen mit den eigenen Eltern und der eigenen Kindheit geprägt ist. Gleichzeitig gilt es, auf der realen Ebene den Übergang von der Partnerschaft zum Familienleben und oft auch noch den (vorübergehenden) Ausstieg aus dem Berufsleben zu verarbeiten. Damit geraten junge Familien häufig in eine mehrdimensionale Stresssituation, die zur Krise in der Paarbeziehung führen kann und nicht selten auch zu einer Trennung.

„Eltern werden" ist daher für viele Paare kein quasi naturgegebener Entwicklungsprozess, der als höchstes Glück einer Partnerschaft erlebt wird. Kinder kommen zwar auch heute noch sehnlichst erwünscht oder auch „einfach so" ungeplant zur Welt. Sie sind aber zunehmend auch das Ergebnis eines Abwägens ökonomischer, sozialer und beziehungsorientierter Faktoren vor dem Hintergrund einer persönlichen und partnerbezogenen Lebensplanung der Erwachsenen.

Dies ist angesichts der vielen Aufgaben, die Eltern im Zeitalter der Globalisierung zu bewältigen haben, nicht unverständlich. Schon die kurze Aufzählung der „Hauptarbeitsfelder"

- Betreuung und Erziehung der Kinder,
- Bewältigung des Übergangs von der Partnerschaft. zur Elternschaft und Familie,
- Ernährer bzw. Ernährerin der Familie sein,
- und flexibel einsetzbare Arbeitskraft in der Arbeitswelt bleiben,

verdeutlicht, dass Eltern sein heute nicht nur mit Glücksgefühlen einhergeht, sondern auch gute Koordinierungs- und Organisationsfähigkeiten erfordert und oft mit erheblichen Anstrengungen und persönlichen Belastungen verbunden ist (vgl. Merkle/Wippermann 2008).

Zwar gelingt den meisten Eltern der Übergang von der Partnerschaft zur Elternschaft, der mit der Integration zusätzlicher, neuer Aufgaben und der Verteilung neuer Rollen in der Familie verbunden ist, recht gut. Dem steht auf der anderen Seite jedoch eine große Zahl an Trennungen und Scheidungen gegenüber.

Ein seit Jahren kontinuierlich ansteigender Beratungsbedarf bei Erziehungsschwierigkeiten, Paarkonflikten und bei der Ausübung des Umgangsrechts macht die Instabilität und Verletzlichkeit menschlicher Beziehungen ebenso sichtbar wie die steigende Zahl von Fällen, bei denen Eltern das Sorgerecht entzogen wurde (vgl. Stat. Bundesamt 2008, 2009).

Die Gründung einer Familie beinhaltet offenbar auch ein erhebliches Risiko – persönlich und ökonomisch –, in Not zu geraten, mit einem gemeinsamen Lebensentwurf schmerzlich zu scheitern und/oder mit der Verantwortung für ein Kind plötzlich allein zu bleiben. Zwar hat die Familienpolitik mit der Einführung des regelhaften gemeinsamen Sorgerechts ein wichtiges Zeichen gesetzt, um Kindern auch nach einer Trennung den Kontakt zu beiden Eltern zu erhalten. Andererseits hat die Zahl der in Armut lebenden alleinerziehenden Eltern und Kinder dramatisch zugenommen. Gleichzeitig scheinen immer mehr Eltern mit der Vielzahl der zu erfüllenden Aufgaben physisch und psychisch überfordert zu sein.

Die Wissenschaftliche Jahrestagung der *Bundeskonferenz für Erziehungsberatung e.V. (bke)* 2008 zum Thema „Zum Glück Eltern" bildet mit ihren Hauptbeiträgen die Grundlage dieses Buches. Die Idee zum Tagungsthema war entstanden, weil in den Beratungen immer häufiger Eltern erschienen, die ihren Kindern Geborgenheit, Sicherheit, Halt und Orientierung geben wollten in einer Welt, die auch für die Erwachsenen selbst immer weniger Sicherheiten und verlässliche Orientierungen bietet. Wir bemerkten, dass sich in vielen Familien Eltern, Kinder und/oder Jugendliche immer öfter in eigenen Erlebniswelten aufhielten. Ein schleichender Prozess der Entfremdung hatte begonnen oder bereits stattgefunden. Die Eltern kannten die wichtigen Themen in der Welt ihrer Kinder nicht mehr und gegenseitige Vorwürfe und Enttäuschungen erschwerten die Kommunikation in der Familie. Manchmal drohten Eltern und Kinder auch einander zu entgleiten.

Die „holding function" war verlorengegangen in einem wechselseitigen inneren Rückzugsprozess in separate Lebenswelten und einem damit einhergehenden Verlust der inneren (Ver-) Bindung. So führten normale Probleme der psychischen Entwicklung von Kindern (z.B. Trotz) und Jugendlichen (z.B. Pubertät) plötzlich zu nicht mehr lösbaren Konflikten im Zusammenleben, oft begleitet von heftigen persönlichen Krisen der Beteiligten.

Der gesellschaftliche Trend zur Individualisierung von Lebensläufen hat auch vor dem Zusammenleben von Eltern und Kindern nicht Halt gemacht.

Tatsächlich finden wir heute keine geschlossene Elternschaft als homogene gesellschaftliche Gruppe mehr vor, sondern viele unterschiedliche Elternmilieus, die sich hinsichtlich ihrer Erziehungsziele und vor allem den zur Erreichung bereitgestellten finanziellen, kulturellen, organisatorischen und persönlichen Ressourcen erheblich unterscheiden. Ulrich Becks Beschreibung der „Risikogesellschaft" lässt sich in ihren destabilisierenden Folgen für das Zusammenleben von Eltern und Kindern im Beratungskontext immer konkreter nachweisen.

Das Ausmaß der persönlichen und sozialen Herausforderung für Kinder, Jugendliche und ihre Eltern, das hier skizziert wird, scheint jedoch bei den Verantwortlichen in der Politik sowie in den Jugend- und Gesundheitsämtern nur sehr begrenzt anzukommen. So folgt den seit Jahren steigenden fachlichen Bedarfen, z.b. bei frühen Hilfen, hoch strittigen Elternkonflikten u. a. meist keine Verbesserung der quantitativen und qualitativen Ressourcen an Fachkräften in den Erziehungs- und Familienberatungsstellen (vgl. Menne 2009) und in anderen Einrichtungen der Jugendhilfe.

Angesichts der langjährig zu beobachtenden Zunahme von Erziehungs- und Entwicklungsproblemen in Familien und den bekannten Ergebnissen aus der Bindungs- und Bildungsforschung stellt sich die Frage, ob die Politik überhaupt bereit ist, der zunehmenden sozialen Ungleichheit in Bezug auf die Entwicklungs- und Bildungschancen für Kinder durch passgenaue Hilfeangebote für die verschiedenen Elterngruppen entgegenzuwirken. Die fachlichen Möglichkeiten, mehr Chancengleichheit herzustellen, sind vorhanden, wie auch die Beiträge in diesem Buch zeigen – aber sie kosten Geld.

Unter den aktuellen, gesellschaftspolitischen Debatten über einen besseren Kinderschutz oder die Förderung von Elite-Universitäten, droht verloren zu gehen, dass immer mehr Eltern aus der Mitte der Gesellschaft in unsicheren finanziellen und psychischen Verhältnissen leben. Bei vielen Eltern spielen Zukunftsängste im Hinblick auf die Entwicklungsmöglichkeiten der eigenen Kinder im Erziehungsalltag eine immer größere und problematischere Rolle. Dabei geht es zuallererst darum, Eltern als primäre Bezugspersonen für ihre Kinder zu stärken – persönlich durch Beratung und Therapie und sozial, in dem bessere Bedingungen für die institutionelle Kinderbetreuung, aber auch für eine bessere Vereinbarkeit von Familie und Beruf geschaffen werden.

Das Ziel dieses Buches ist es, eine differenzierte Bestandsaufnahme der bestehenden psychischen, sozialen und ökonomischen Lebensbedingungen von Eltern vorzustellen und daraus Schlussfolgerungen und Anregungen für die Praxis der Elternarbeit und -beratung zu ziehen. Die Beiträge dieses Buches machen daher die Dramatik der gegenwärtigen Lebenssituation vieler Eltern, ihre Existenzsorgen und ihre Entscheidungskonflikte deutlich und zeigen gleichzeitig einige Möglichkeiten auf, wie den aktuellen Problemen von Eltern und Kindern wirksam begegnet werden kann – sowohl durch präventive Angebote zur Stärkung der Erziehungskompetenz von Eltern als auch durch erprobte und neue Beratungskonzepte.

Im *ersten* Abschnitt werden von den Autoren psychologische und gesellschaftliche Rahmenbedingungen von Elternschaft analysiert und konkrete Hilfeansätze daraus abgeleitet. Im *zweiten* Abschnitt werden allgemeine methodische Konzepte für die Arbeit mit Eltern in der Beratungsarbeit und in angrenzenden Arbeitsfeldern der Jugendhilfe vorgestellt. Im *dritten* Abschnitt sollen Überlegungen und praxisnahe Konzepte für die Arbeit mit speziellen Elterngruppen den Leser anregen, die eigene Arbeit durch neue Ideen zu bereichern und weiter zu entwickeln.

Im Beitrag von *Finger-Trescher* wird daran erinnert, dass Elternschaft als soziales Phänomen noch keine sehr lange geschichtliche Tradition aufweist. Die Autorin stellt verschiedene Konzepte innerer Vorstellungen von der Elternschaft vor und diskutiert deren Bedeutung für das Gelingen der „Sozialisation der Eltern" unter den gegenwärtigen gesellschaftlichen Bedingungen. Sie reflektiert die „Glücksthematik" von Elternschaft angesichts zunehmender komplexer Anforderungen an Eltern heute. An einem Fallbeispiel aus der Praxis der Erziehungsberatung illustriert sie die Wirkung unbewusster Bedürfnisse und Gefühle in der Eltern-Kind-Beziehung.

Schneewind stellt in seinem empirisch ausgerichteten Beitrag zunächst kurz die soziale und psychologische Lebenssituation von Familien dar. Dann diskutiert er günstige und riskante Faktoren für die Entwicklung der elterlichen Beziehung und der Eltern-Kind-Beziehung. Daraus leitet er hilfreiche Angebote für eine gelingende Partnerschaft und Elternschaft ab und begründet, dass die Umsetzung von präventiven Trainingsprogrammen für Elternpaare eine wichtige gesellschaftspolitische Aufgabe ist.

Meier-Gräwe greift am Anfang die politisch-ideologisch geführte Debatte über die Familie in der Öffentlichkeit auf und stellt dann die negativen Konsequenzen einer konservativen Familienbetrachtung dar am Beispiel der schwierigen Vereinbarkeit von Familie und Beruf. Sie nennt alarmierende Zahlen zur Geburtenrate in verschiedenen sozialen Milieus. Der Gefahr einer zunehmenden Bildungs- und Einkommensarmut setzt sie – neben der Kritik an konservativer Familienideologie – u.a. die Forderung einer Neuausrichtung der familienunterstützenden Dienste entgegen.

Seus-Seberich setzt sich mit der Verbreitung von relativer Armut auseinander und beschreibt, dass materielle Armut einen Risikofaktor für die Entwicklung von Kindern darstellt und in Familien meist in Verbindung mit anderen Risikofaktoren auftritt. Strategien zur Bewältigung von Armut und ihren negativen Folgen für Kinder und Eltern werden ebenso diskutiert wie hilfreiche Kompetenzen von Beratungsdiensten für den Umgang mit armen Eltern.

Kalicki stellt die Auswirkungen von Elternschaft auf die Qualität der Partnerschaft und die Wahrnehmung der Elternrollen dar. Eltern sein erfordert dabei immer wieder die Bereitschaft und Fähigkeit, neue Anpassungs- und Bewältigungsleistungen zu erbringen. Wege und notwendige Mittel zur Vermeidung ungünstiger Paar- und Familienentwicklungen werden aufgezeigt.

Mihciyazgan arbeitet tiefgreifende Unterschiede in der Bedeutung von Elternschaft in der westlich-christlichen und der orientalisch-islamischen Kultur heraus. Sie betont die unterschiedliche Betrachtung der Geschlechtlichkeit und zeigt sich daraus ergebende Konsequenzen für den Alltag in der Kindererziehung auf. Dabei verdeutlicht sie, wie die Erziehung der Kinder aus dem islamischen Kulturkreis anderen Prinzipien und Zielvorstellungen folgt als in den meisten pädagogischen Einrichtungen in Deutschland.

Brisch stellt in seinem Beitrag die Bedeutung der frühen Eltern-Kind Bindung in den Mittelpunkt. Er stellt heraus, dass kontinuierliche Verhaltensmuster in der Eltern-Kind Interaktion sowie nicht bearbeitete, traumatische Erlebnisse der Eltern folgenreich in der Psyche des Kindes abgebildet werden. Er beschreibt, wie die Ressourcen der Eltern für eine gute emotionale, soziale und kognitive Entwicklung des Kindes durch Beratung, Therapie und präventive Programme gestärkt und weiterentwickelt werden können. Notwendige fachliche Voraussetzungen für ein Gelingen des Übergangs zur Kinderkrippe werden benannt.

Insgesamt machen die genannten Beiträge deutlich, dass es allgemeingültige Problemlösungen für Schwierigkeiten von Eltern und Kindern nicht geben kann. Die individuellen Lebensverläufe der Eltern und die unterschiedlichen persönlichen Entwicklungsprozesse in der Familie erfordern sensible und beziehungsorientierte Berater und Hilfesysteme, die die jeweiligen Konfliktdynamiken verstehen, ressourcenorientiert vorgehen und auch Unsicherheiten im Verlauf eines Hilfeprozesses aushalten.

Im zweiten Teil des Buches werden allgemeine Konzepte für die Bewältigung von Problemen im familiären Zusammenleben von Erwachsenen und Kindern vorgestellt. Dabei liegt ein Schwergewicht auf systemisch orientierten Behandlungsansätzen.

Caby und Caby skizzieren allgemeine Prinzipien systemischer Therapie und beziehen sie auf das Ziel, Eltern und Familien zu stärken. Dabei werden unterschiedliche Arbeitsweisen und kreative Interventionen an konkreten Beispielen vorgestellt.

Ollefs und von Schlippe beschreiben Probleme der Eltern-Kind-Beziehung, bei denen die elterliche Präsenz und damit auch die Elternfunktion verlorengegangen sind. Sie stellen einen Ansatz zur Wiedergewinnung der „elterlichen Präsenz" vor, und zeigen, wie hilflose Eltern in gewaltloser Weise die Erziehungs- und Elternfunktion wieder wahrnehmen können.

Strobl und Grave-Lävemann berichten von einem Coachingskurs für Elterngruppen, deren Kinder eine Vorschulgruppe in einem Kindergarten besuchen. Sie stellen ihre zielorientierte Vorgehensweise dar und benennen die verwendeten Methoden, die auf Konzepte und Interventionen aus systemischer Therapie, Marte Meo und kommunikationspsychologischen Modellen basiert.

Armbruster stellt in seinem Beitrag ein Programm zur Stärkung der Erziehungskompetenz von Eltern mit nur geringen Ressourcen zur Problembewältigung vor. Das Programm ist präventiv ausgerichtet, und das Besondere dieses Ansatzes besteht darin, dass die Eltern von speziell ausgebildeten Mentoren aktiv geworben und im Gruppensetting bei der Bewältigung ihrer jeweils speziellen Lebenssituationen unterstützt werden. In der Regel erfolgt das in Kooperation mit einem Jugendhilfeträger vor Ort. Erste Evaluationsergebnisse werden vorgestellt.

Im dritten Teil des Buches werden Konzepte vorgestellt, die hilfreich für die Problembewältigung und Unterstützung von Eltern mit speziellem psychosozialen „Risiko"-Hintergrund sind.

Engel und Klotmann berichten von ihrer Erfahrung in der therapeutischen Arbeit mit Patchworkfamilien. Sie stellen dabei das Arbeitsmodell des „Familienhauses" vor, mit dessen Hilfe sich das vielfältige Beziehungsgeflecht in unterschiedlichen Patchworkfamilienkonstellationen strukturieren lässt. Sie dokumentieren, was hilfreich ist beim Aufbau einer neuen Familie und was zum Erhalt der alten Bindungen und Beziehungen beiträgt.

Loschky und Schäferjohann schildern den Ablauf eines Gruppenprogramms für Eltern, die aufgrund unverarbeiteter traumatischer Lebensereignisse in ihrer Biografie sich nicht als verantwortliche Eltern erleben und entsprechend handeln können. Die positive Wirkungsweise wird anhand von Kursrückmeldungen der TeilnehmerInnen illustriert.

Wolf stellt verschiedene Forschungsansätze vor, die sich mit dem Leben in Pflegefamilien und der besonderen Belastungssituation von Pflegeeltern beschäftigen. Er konzeptualisiert ein Belastungs-Ressourcen Modell und analysiert verschiedene belastende Faktoren für die Erfüllung der Elternfunktion in Pflegefamilien. Dem stellt er mögliche Ressourcen von und für Pflegeeltern gegenüber, die eine positive Entwicklung fördern können.

Leyendecker und Hatipoglu Sümer plädieren für ein kultursensitives Vorgehen in der Beratung von zugewanderten Familien. Dies bedeutet zwischen kulturellen Besonderheiten und für die Entwicklung des Kindes schädlichem Verhalten zu unterscheiden. Anhand von Beispielen mit Erziehungsproblemen bei Kindern zugewanderter Eltern wird das Konzept konkretisiert und es werden einige Hinweise für das Vorgehen in der Beratung gegeben.

Insgesamt geben die Beiträge in diesem Buch einen Eindruck von der Vielfältigkeit der Konzepte und Methoden, mit denen Eltern heute unterstützt werden. Dabei ergänzen sich viele Beiträge (z.b. Brisch, Meier-Gräwe, Loschky/Schäferjohann oder Caby/Caby, Ollefs/v. Schlippe,) und/oder beziehen sich aufeinander (z.b. Meier-Gräwe, Seus-Seberich oder Mihciyazgan, Leyendecker/Hatipoglu Sümer).

Natürlich werden mit den Buchbeiträgen nicht alle relevanten Fragestellungen in Bezug auf spezielle Lebenslagen von Eltern und Kindern abgedeckt. So wird hier z.b. das Modell der Patenschaften für Kinder, welches es erlaubt, dass Kinder aus Risikofamilien eine elternergänzende Unterstützung erfahren und welches sich in einigen Großstädten bewährt hat, nicht genannt. Ebenso bleiben die Möglichkeiten von Mehrgenerationenwohnprojekten, die neue Formen der nachbarschaftlichen Familienunterstützung eröffnen, unerwähnt. Beide Modelle verweisen auf eine zugrunde liegende Haltung von Erwachsenenpersonen, sich auch ohne direkte persönliche Erziehungsverantwortung für das Wohlergehen von Kindern in dieser Gesellschaft mitverantwortlich zu fühlen.

Die Veröffentlichung eines Buches mit Praxisberichten zu dieser Thematik würde aus Sicht der Herausgeber ein ermutigendes Signal für Eltern, aber auch für den Zustand des Gemeinwesens, darstellen. Die genannten sozialintegrativen Ansätze könnten auch hilfreich dabei sein, die reale und gefühlte Differenz zu zugewanderten Familien abzubauen, die in ihren kulturellen Traditionen aus den Herkunftsländern den Elternbegriff oft sehr viel weiter fassen als die „Mutter-Vater-Kind"-Familie.

Schließlich sei hier noch einmal auf die unten genannten Bücher verwiesen, aber auch auf die Ausgabe 3/2009 der Zeitschrift „Analytische Kinder- und Jugendlichen-Psychotherapie" zum Thema „Arbeit mit Eltern". Denn die soziale und individuelle Situation von Eltern stellt einen bisher eher vernachlässigten Bereich in den fachwissenschaftlichen Veröffentlichungen dar. Gute soziale und psychologische Entwicklungsbedingungen für Eltern zu gestalten und zu fördern, ist eine wichtige Zukunftsaufgabe jeder Gesellschaft, damit Kinder gut aufwachsen können.

Zum Schluss möchten wir noch Herbert Schilling von der bke danken für inhaltliche Anregungen und Feedbacks sowie für die freundliche Unterstützung bei der Erstellung des Typoskripts und die Übernahme der Schlussredaktion.

Literatur

Beck, U. (1986): Risikogesellschaft – auf dem Weg in eine andere Moderne. Frankfurt: Suhrkamp.
Beck, U. und Beck-Gernsheim, E. (1990): Das ganz normale Chaos in der Liebe. Frankfurt: Suhrkamp.

Begleitende analytische Arbeit mit den Eltern. In: „Analytische Kinder- und Jugendlichen-Psychotherapie", Heft 143, 3/2009, S.297-450.

Menne, K. (2009): Der stumme Skandal in der Erziehungsberatung – Stagnation oder Innovationspotential in der Krise. Berlin; Vortragsmanuskript.

Merkle,T. und Wippermann, T. (2008): Eltern unter Druck. Stuttgart: Lucius und Lucius.

Statistisches Bundesamt (2008): „Eingeschränkte Erziehungskompetenz häufigster Grund für Heimerziehung" unter www.innovations-report.de vom 30.06.2009.

Statistisches Bundesamt (2009): „Schlechte Karten von Anfang an" in Süddeutsche Zeitung Nr. 69 vom 24. März 2009.

Urte Finger-Trescher

Nichts ist mehr, wie es war ...
Zur Geburt der Eltern und den Strapazen des Glücks

> *„Das Glück ist auf eine seltsame Art unbelangbar,*
> *obliegt dem Eigensinn eines jeden und entzieht sich*
> *doch auch dessen Zugriff ..." (Thomä 2003, S. 22)*

„Zum Glück Eltern": Diese Aussage als Thema einer Tagung von und für Erziehungsberaterinnen und Erziehungsberater hat etwas Provokantes. Beinah täglich lesen und hören wir von Fällen mehr oder minder schwerer Kindesmisshandlung und alle Fachkräfte, die in der Jugendhilfe tätig sind, wie z.B. Erziehungsberaterinnen und Erziehungsberater, wissen, wie glücklos viele Kinder aufwachsen und wie unglücklich oder überfordert viele Eltern sind. Dennoch würde wahrscheinlich niemand ernstlich bestreiten, dass Kinder zu haben und mit einem Kind zu leben, ein Kind aufwachsen zu sehen und für es zu sorgen eine ganz besondere Form des persönlichen Glücks ausmachen kann und in den meisten Fällen wohl auch ausmacht.

Doch wenn wir uns die demografische Entwicklung anschauen, den drastischen Rückgang der Geburtenrate, dann liegt der Schluss nahe, dass für viele Menschen die Aussicht, Kinder zu bekommen, sie aufzuziehen und für sie zu sorgen, nicht unbedingt mit Glück assoziiert wird.

Oder aber, auch das könnte der Fall sein: dass die Anforderungen, die damit verknüpft sind und die Ansprüche, die an Elternschaft heute gestellt werden, als unerfüllbar empfunden werden, als eine Aufgabe, an der man nur allzu leicht auch scheitern kann.

Elternschaft ist eine Herausforderung, die verschiedene Ebenen betrifft. Zum einen die Herausforderungen, die für die Eltern damit verbunden sind. Zum anderen die Herausforderungen, die für das Kind bzw. die Kinder mit der spezifischen Elternschaft ihrer Mütter und Väter verbunden sind. Und als dritte Ebene möchte ich die Herausforderungen anführen, die durch Elternschaft an eine Gesellschaft gestellt werden, konkret zum Beispiel an Erziehungsberaterinnen und Erziehungsberater.

Zu Elternschaft ist in den letzten Jahrzehnten viel gesagt und geschrieben worden. Auch die Psychoanalyse und die Psychoanalytische Pädagogik haben sich vermehrt mit der Erforschung der Elternschaft befasst, insbesondere mit der Erforschung von Mutterschaft und Vaterschaft (vgl. Bürgin 1998; Finger-Trescher, Sann 2007; Steinhardt, Datler, Gstach, (Hrsg.) 2002; v. Klitzing (Hrsg.) 1998). Allerdings sagt der Begriff Elternschaft zwar etwas aus über einen biologischen Tatbestand, nämlich den der Vaterschaft oder Mutterschaft – er sagt aber nichts aus darüber, wie diese Elternschaft gelebt wird. Zwischen gelebter Mutterschaft und gelebter Vaterschaft bestehen mannigfache biologische, gesellschaftliche und kulturelle Unterschiede, so dass der Begriff „Eltern" etwas suggeriert, was so nicht realisiert wird: die Vorstellung nämlich, dass sowohl Mütter als auch Väter ihre Elternverantwortung, ihr elterliches Engagement und die Eltern-Kind-Beziehung in gleicher Weise wahrnähmen, ausübten und erlebten. Streng genommen müsste an dieser Stelle also zwischen „zum Glück Mutter" und „zum Glück Vater" differenziert werden.

Entdeckung und Verschwinden der Kindheit

Dass Elternschaft überhaupt mit Glück assoziiert wird, ist historisch gesehen relativ neu. Erst seit dem ausgehenden 18. Jahrhundert wurde das Kind, wurde Kindheit entdeckt und damit einhergehend auch Elternschaft. Der Kindheitsforscher Postman bezeichnet die Idee der Kindheit als eine der großen Erfindungen der Renaissance, vielleicht ihre menschlichste. Wenn man das Wort „Kind" in dem umfassenden Sinne verwendet, in dem es im Allgemeinen begriffen wird, dann ist Postman zu Folge „Kindheit" kaum älter als zweihundert Jahre. Er nennt hierfür ein einfaches Beispiel: Den heute üblichen Brauch, die Geburtstage von Kindern zu feiern, gab es im 18. Jahrhundert in Amerika nicht. Ebenso war es nicht gebräuchlich, das Alter eines Kindes genau zu registrieren oder anzugeben. Kindheit als soziales Prinzip und als psychologisches Bedingungsgefüge hat sich erst im 16. Jahrhundert herausgebildet. Bis zu dieser Zeit galten Kinder nicht als kleine Wesen, die fundamental anders waren als Erwachsene (Postmann 1988). Literarisch spiegelt Rousseaus 1762 erschienener Roman „Emile oder Von der Erziehung" die Entdeckung oder auch die Konstruktion von Kindheit (Rousseau, 1762).

Vor der Renaissance wurde Kindern kaum eine wirkliche Bedeutung beigemessen, sie kamen gleichsam naturgegeben. In ärmeren Familien wurden sie schon früh als Arbeitskräfte eingesetzt, sofern sie stark genug waren und überlebensfähig. Kinder wuchsen auch häufig nicht oder nur kurze Zeitspannen bei ihren Eltern auf. Wohlhabende Familien übergaben ihre Kinder direkt nach der Geburt an Ammen, die oft weit entfernt auf dem Lande lebten, und sahen sie monatelang oder gar jahrelang nicht. Und diese Ammen wiederum waren häufig gezwungen, ihre eigenen Kinder wegzugeben oder sie zu vernachlässigen, weil sie sich ja als Ammen verdingen mussten und somit für ihre eigenen Kinder oftmals nicht genug Nahrung hatten (vgl. Badinter 1980).

Insgesamt galt es als eher unfein, sich mit einem Kind zu beschäftigen. Wurden die Kinder etwas älter, d.h. hatten sie überlebt – man darf nicht vergessen, wie hoch die Säuglings- und Kleinkindsterblichkeit war –, dann wurden sie in wohlhabenden Familien von Hauslehrern und Gouvernanten erzogen. Die Kinder armer Familien dagegen wurden als Knechte und Mägde schon in sehr frühem Alter, oft mit sieben oder acht Jahren, weggegeben. Kinder wurden rigoros gezüchtigt oder auf andere sehr drastische Weise bedrängt oder „erzogen".

Erst ab dem 19. Jahrhundert entstand die sog. Sozialisation von Kindern. Dass Kinder ein Recht auf gewaltfreie Erziehung haben, ist in Deutschland erst seit dem Jahr 2000 gesetzlich verankert (§1631, Abs. 2, BGB) und keineswegs in allen Gesellschaften und Köpfen verankert. „Die Geschichte der Kindheit ist ein Alptraum, aus dem wir gerade erst erwachen. Je weiter wir in der Geschichte zurückgehen, desto unzureichender wird die Pflege der Kinder, die Fürsorge für sie, und desto größer die Wahrscheinlichkeit, dass Kinder getötet, ausgesetzt, geschlagen, gequält und sexuell missbraucht werden" (De Mause 1977, S. 12).

Die enorme Bedeutung, die wir heute der Kindheit und damit auch der Elternschaft beimessen, ist also keineswegs selbstverständlich. Auch die Erwartung oder Unterstellung, dass Eltern – hier vor allem Mütter – ihre Kinder gleichsam naturgegeben lieben, ist eine relativ neue. Wir wissen aus vielfältigen sozialwissenschaftlichen und historischen Studien, dass es eine Art „angeborenen Mutterinstinkt" wohl nicht gibt, bzw. dass dieser – so es ihn gäbe – wie andere Instinkte auch beim Menschen der Überformung durch kulturelle und gesellschaftliche Entwicklungen und Wertungen unterliegt (vgl. de Mause 1977; Aries 1979; Badinter 1980; Beck-Gernsheim 1989; Thurer 1997; Blaffer Hrdy 2000).

In den Sozialwissenschaften wird das 20. Jahrhundert als das Jahrhundert des Kindes bezeichnet (vgl. Key 1990/2006), wozu ganz sicherlich die Psychoanalyse erheblich beigetragen hat. Hat sie doch die Bedeutung der Kindheit bzw. der frühen Sozialisation für die psychische Entwicklung und letztlich für das gesamte spätere Leben erstmals sehr eindrucksvoll belegt. Die Psychoanalyse hat sich zwar der emotionalen Bedeutung, die Eltern für ihre Kinder und deren Kindheit haben, angenommen, sich aber kaum damit beschäftigt, welche emotionale und affektive Bedeutung ein Kind für seine Eltern hat. Sie hat sich ebenfalls bei der Erforschung dieser merkwürdigen Gefühlslage „Glück" erfolgreich zurückgehalten. Ist Glück überhaupt theoriefähig?

In den 70er und 80er Jahren des letzten Jahrhunderts steigerte sich die Bedeutungszuschreibung an Kinder und Kindheit enorm. Das war sicherlich nicht zufällig auch die Zeit, in der die Erziehungsberatungsstellen in der BRD stark ausgebaut worden sind. Diese Bedeutungszuschreibung an Kindheit und Kinder nahm indes auch teilweise fast groteske Züge an, beispielweise in den von Schülein so genannten „avantgardistischen Elternschafts-Exposés" (vgl. Schülein 1990).

Elternschaft heute

Mit der Entdeckung der Kindheit wurde zwangsläufig auch Elternschaft entdeckt und wurde nach und nach enorm bedeutsam.

Schülein unterscheidet drei „Exposés" der Eltern-Kind-Beziehung: Das traditionelle, das moderne und das avantgardistische „Exposé" (ebd.). Mit dem Begriff „Exposé" bezeichnet er innere Entwürfe oder Vorstellungen von gelingender Elternschaft bei Müttern und Vätern.

Das *traditionelle* Exposé, das heute eher seltener geworden ist, am ehesten wohl noch in ländlichen Gebieten und in unteren sozialen Schichten wie auch in der sog. sozialen Oberschicht existiert, gilt seiner Untersuchung nach als vergleichsweise unproblematisch: Feste Wertvorstellung und Regeln bestimmen die Erziehung der Kinder und sind unhinterfragbar. Zwischen Eltern und Kindern gibt es eine klare Hierarchie, die ebenfalls nicht hinterfragbar ist, und zwischen den Generationen gibt es deutliche Grenzziehungen und Rollenzuschreibungen. In Familien mit diesem Exposé scheint es Schülein zufolge weniger eskalierende Konflikte zu geben, als bei den beiden anderen Kategorien.

Für Eltern mit einem *avantgardistischen* Exposé ist das oberste Ziel, dem Kind jegliche Unbill zu ersparen. Beruf, Karriere, eigene Freizeitbedürfnisse werden wie selbstverständlich hintangestellt. Alles dreht sich um das Kind. Die kindlichen Bedürfnisse oder besser gesagt: Das, was Eltern für die kindlichen Bedürfnisse halten, wird gleichsam zum Maßstab aller Dinge. Man könnte dieses Exposé etwa so charakterisieren: „Es gibt nur eine einzige berufene Instanz zur Erziehung der Eltern: Das Kind" (Schülein 1994, S. 139).

In den 70er und 80er Jahren des vergangenen Jahrhunderts gab es beispielsweise Eltern, die ein Familienbett anschafften, d.h. es war für sie wesentlich, dass das Kind ununterbrochen ganz nah mit seinen Eltern zusammen ist. Die Vorstellung, das Kind könne sich allein und verlassen fühlen, wenn es beispielsweise im eigenen Bett im Kinderzimmer schlafen müsse, führte sogar dazu, dass einige Eltern gemeinsam mit dem Kind sich zum Schlaf hinlegten. Wohnungen wurden umstrukturiert, um sie so kindgerecht wie möglich zu gestalten, normale Sitzmöbel und Tische wurden in einigen Familien ausgetauscht gegen solche in Kindergröße. Denn für Eltern mit *avantgardistischem* Elternschaftsexposé durfte es auf keinen Fall sein, dass Eltern und Kinder auf unterschiedlichen Ebenen sich bewegten; hierarchische Differenzierung wurde so weit wie möglich vermieden. Eltern mit einem solchen Exposé begeben sich auf die Ebene des Kindes – und das praktisch in jeder Hinsicht. Diese Haltung bei Eltern ist m.E. inzwischen nicht mehr so häufig und ausgeprägt. Allerdings sind starke Elemente davon durchaus auch in den Familien mit sog. „*modernem* Elternschaftsexposé" zu finden.

Dieses *moderne* Elternschaftsexposé ist heute in wertepluralistischen westlichen Gesellschaften wohl am stärksten verbreitet. Ich werde mich im Wesentlichen auch darauf beziehen. Das *moderne* Elternschaftsexposé ist gekennzeichnet durch folgende Charakteristika:

- Die Kinder-Imago, also die Vorstellung vom Kind, ist stark idealisiert und emotional aufgeladen.
- Die Eltern-Kind-Beziehungen sind aus familiären Herkunftsbezügen eher herausgelöst.
- Eltern und Kinder haben intensiven Kontakt zu relevanten sozialen Einrichtungen.

Dieser Typus findet sich mehr in Großstädten bzw. stadtnahen Umgebungen und ist gerade in den mittleren sozialen Schichten besonders verbreitet.

„Insgesamt zeichnet sich deutlich ab, welche Aspekte für die moderne Eltern-Kind-Beziehung kennzeichnend sind. Das Kind ist vor allem ein wichtiger und wertvoller Bezugspunkt, ist ein anspruchs-, tendenziell gleichberechtigter Interaktionspartner. In die Wertschätzung des Kindes mischen sich oral-narzisstische Projektionen und Bedürfnisse, zugleich aber auch ein in Richtung auf psychosoziale Leistung modifiziertes Leistungsprinzip. Kinder werden von ihren Eltern als externalisiertes Ich-Ideal gebraucht.

Vom Konzept her ist die Eltern-Kind-Beziehung kindzentriert, wird von den Eltern Empathie und interaktives Engagement gefordert. Sie sind nicht (mehr) Exekutoren eines vergleichsweise restriktiven sozialen Musters der Anpassung, sondern kreieren – in Zusammenarbeit mit ihrem Kind – eine je spezifische, hochgradig subjektive Beziehung. Kinder sind für Eltern ... ein psychosoziales Projekt ..." (Schülein 1994, S. 138).

Der Idealisierung des Kindes, und damit in gewissem Sinne auch der Bedeutung der Eltern, auf der einen Seite steht ein zunehmendes Verschwinden der Kindheit gegenüber, bzw. das Verschwinden der Kindheit verbirgt sich hinter der emotionalen Aufladung, wird durch Idealisierung quasi unsichtbar. Das Kind wird so überhöht, dass es als Kind nicht mehr gesehen wird. Durchgängig zu beobachten ist sowohl im allgemeinen Verständnis als auch im erziehungswissenschaftlichen Diskurs eine Vorstellung vom Kind, die sich im Spannungsfeld zwischen dem selbstwerdenden und dem machbaren Kind bewegt. In beiden Polen dieses Spannungsfeldes ist das Verschwinden der Kindheit bereits angelegt: Das selbständige Kind wird gesehen hinter der Folie scheinbarer Autonomie, verklärter scheinbarer Selbständigkeit, Verantwortung, Entscheidungsfähigkeit, Kompetenz; selbst der moderne Säugling ist ja kompetent (vgl. Dornes 2001). Aus psychoanalytisch-pädagogischer Sicht ist eine solche Kompetenzzuschreibung zweifelhaft, da sie einen Rückzug aus der elterlichen und der pädagogischen Verantwortung bedingen und Kinder überfordern kann (vgl. Ahrbeck 2004). Auf der anderen Seite des Spannungsfeldes steht das machbare Kind, das man gar nicht früh genug fördern kann, dessen spätere Schullaufbahn, Ausbildung und Karriere bereits in den ersten Lebensjahren vorbereitet, in dessen Zukunft von Anfang an investiert wird. Hierzu einige Überschriften auf Titelseiten der Zeitschrift „Eltern": „Die beste Förderung für Ihr Kind" (6/2007); „Baby-Zeichensprache: Soll mein Kind das lernen?" (6/2008); „Garantiert frühe Förderung Erfolg im Leben?" (ebd.); „Sind Elite-Kindergärten besser?" (ebd.). Bereits im Krabbelalter können Babys heute Chinesisch lernen. Behütete Kinder haben einen Terminkalender wie Manager: Morgens Kindergarten oder Schule, dann Klavierunterricht, Reiten, Yoga, Tanzen, Schwimmen, sogar Ernährungsberatung für Kinder gehört zur Palette der Freizeitgestaltungskurse. Eltern, nach wie vor meist die Mütter, werden somit zu Eventmanagerinnen, Organisationsentwicklerinnen und Chauffeusen für ihre Kinder. Das „Numerus-Clausus-Syndrom" setzt bereits in der Wiege an.

Nicht nur Eltern der sog. Mittelschicht, auch sehr viele Eltern, die eher den bildungsferneren und einkommensschwachen Schichten zuzurechnen sind, spüren die Anforderungen und Erwartungen, die an sie als Eltern und an ihre Kinder gestellt werden und investieren nach Kräften in die Förderung ihrer Kinder. Sozial schwache Familien, oft Familien mit Migrationshintergrund, leben häufig an der Armutsgrenze oder darüber. Der Armutsbericht vom Juni 2008 stellt fest, dass 13% der in der Bundesrepublik lebenden Bürger von Armut betroffen sind. Diese Menschen können ihren Kindern nicht das bieten, was sie bräuchten, um anschlussfähig an die gesellschaftlichen Erfordernisse zu sein, sie gehören zu den Modernisierungsverlierern – und sie wissen das.

Der Druck, nichts zu versäumen, die Kinder zu rüsten für eine nicht vorhersagbare, aber möglicherweise bedrohliche Zukunft, sie vorzubereiten auf den harten Konkurrenzkampf auf dem Arbeitsmarkt, ist bei vielen Eltern enorm groß. Was hinzu kommt, ist, dass viele Schulen und Kindertageseinrichtungen massiv über die angeblich zunehmenden Verhaltensauffälligkeiten von Kindern klagen und diese Klage als Anklage an die Eltern weitergeben.

In der überwiegenden Mehrheit aller Publikationen zur Elternschaft liegt der Fokus auf dem Einfluss von Eltern auf die Entwicklung ihres Kindes. Insbesondere gilt dies für diejenigen Veröffentlichungen, die sich mit Müttern bzw. Mutterschaft beschäftigen: Mütter werden hier nicht als ganze Personen mit einer Vielfalt an Persönlichkeitsanteilen, Bedürfnissen, Kompetenzen, Emotionen gesehen, sondern ausschließlich in ihrer mütterlichen

Funktion. Alle anderen Bereiche ihrer Persönlichkeit bleiben gleichsam unsichtbar, so als hätten diese ihre Existenzberechtigung durch das Kind eingebüßt.

Wenn die Sozialwissenschaften und Kindheitsforscher also heute bereits vom Verschwinden der Kindheit sprechen, ist es selbstverständlich, dass damit auch Elternschaft verschwindet. Und mit ihr auch das, was bislang unter Erziehung, oder besser gesagt: „Pädagogik", verstanden wurde.

Das selbstwerdende Kind braucht keine Eltern, weil es ja eigentlich aus sich selbst heraus gedeiht, es braucht lediglich ein wenig Begleitung. Und das machbare Kind braucht ebenfalls keine Eltern, seine Existenz legitimiert sich aus narzisstischen Projektionen seiner Erzeuger, es ist gleichsam deren externalisiertes Ich-Ideal.

Kindheit als eine Konstruktion der sich ausweitenden Industriegesellschaft ist bzw. war eng verbunden mit der Pädagogisierung des Kinderlebens. Zum Ende des 20. Jahrhunderts deutet sich nun eine Entwicklung an, in der sich diese künstliche Beschaffenheit der Kindheit wieder auflöst. Von verschiedenen Ausgangspunkten wird auf diese Veränderungen aufmerksam gemacht. Kindheitsforscher gehen sogar so weit, von einem Verschwinden oder einer Liquidierung der Kindheit zu sprechen (vgl. Hartwig-Hellstern 1996).

Das spiegelt sich in der Tat auch in anderen wissenschaftlichen Untersuchungen, wie z.B. der von Ahrbeck erschienenen Publikation: „Kinder brauchen Erziehung" oder in etlichen Ratgebern, von denen ich hier nur zwei benennen kann: Elisabeth Gaschkes „Erziehungskatastrophe" und der Bestseller von Michael Winterhoff: „Warum unsere Kinder Tyrannen werden. Oder die Abschaffung der Kindheit". Aber auch im bekannten Online-Familienhandbuch sind Publikationen ähnlichen Inhalts zu finden, z.B. überschreibt Martin Textor einen seiner Artikel mit dem Titel: „Auf dem Weg zur elternlosen Gesellschaft – die verlorene Hälfte der Weiblichkeit".

Viele Thesen des Kinderpsychiaters Winterhoff, dessen Buch ja nicht zufällig ein Verkaufsschlager geworden ist, sind aus wissenschaftlicher Sicht fragwürdig. Dennoch spiegelt seine enorme Popularität eine gesellschaftliche Wahrnehmung auf breiter Ebene sowie eine zunehmende Ratlosigkeit bei Eltern und Pädagogen.

Was den Ratgebern, deren Aussagen wissenschaftlich keineswegs oder kaum haltbar sind, gemeinsam ist, ist die Wahrnehmung von veränderten Erziehungsstilen in den letzten Jahrzehnten. Und hieraus resultierend leiten sie ab, – teilweise sicher auch zu Recht – dass spezifische Entwicklungsauffälligkeiten oder Probleme von Kindern und Jugendlichen das Resultat dieser veränderten Erziehungsstile seien. Und mehr noch: Das Verschwinden der Kindheit und damit auch der Elternschaft wird als bereits jetzt schon sichtbare, in Zukunft aber noch katastrophalere Entwicklung konstatiert.

So behauptet Winterhoff: „Wir befinden uns mittlerweile in einem Ausnahmezustand, in dem Kinder zu Erziehern ihrer Eltern geworden sind und diese rein lustbetont steuern können, ohne Grenzen aufgezeigt zu bekommen. Der Grund dafür liegt nicht in angeborener Bösartigkeit, sondern darin, dass diese Kinder psychisch gar nicht in der Lage sind, ihr Verhalten als falsch zu empfinden" (Winterhoff 2008, S.14). Seine These besagt, dass Kinder und Jugendliche heute auf einem psychischen Niveau stehengeblieben sind, das dem eines dreijährigen Kindes entspräche. Die Ursache hierfür sieht er in drei typischen Beziehungsstörungen zwischen Eltern und Kindern:

1. „Partnerschaftlichkeit – Kinder werden aus der untergeordneten Rolle zwangsbefreit" (Winterhoff 2008, S. 93).
2. „Projektion – Eltern begeben sich unter das Kind" (ebd., S. 113).
3. „Symbiose – Wenn Eltern ihre Psyche mit der des Kindes verschmelzen" (ebd., S. 133).

Er entwirft ein recht düsteres Szenario, in dem Eltern heute im Fach Erziehungskompetenz die Note ungenügend attestiert wird und Kinder zu Tyrannen und Monstern werden. Dies ist m.E. stark überzeichnet und plakativ. Dennoch sind seine Überlegungen nicht gänzlich falsch, Anteile der oben skizzierten Problematiken in Eltern-Kind-Beziehungen sind tatsächlich häufig zu finden. Merten allerdings, der einen ganz anderen Blick auf die deutsche Erziehungslandschaft hat, kommentiert in diesem Kontext: „In Deutschland hat die pädagogische Apokalypse zurzeit Konjunktur" (Merten 2007, S. 450).

Familie im Wandel

Nun haben sich tatsächlich unsere Gesellschaft und mit ihr auch die Formen familiären Zusammenlebens verändert und verändern sich in immer schnellerem Tempo weiter. Diese Veränderungen werden häufig beklagt. Man beklagt die zunehmende Individualisierung in der sog. Risikogesellschaft (vgl. Beck 1986), die Anonymität der Lebensverhältnisse in den Großstädten, Entfremdung und mangelnde Kommunikation in Beziehungen, emotionale Kälte und Gleichgültigkeit im tagtäglichen Zusammenleben. Dies alles wird in unmittelbaren Zusammenhang gebracht mit dem sog. Zerfall der Familie (vgl. Finger-Trescher 2000).

Ehe und Familie sind in modernen wertepluralistischen Industriegesellschaften keine gleichsam naturgegebenen Werte mehr. Dies beweist nicht nur die ständig steigende Scheidungsrate und die Vielzahl der Paare, die ohne Trauschein zusammenleben. Jede Form der Lebensgestaltung ist möglich: als Single, in hetero- oder homosexuellen Lebensgemeinschaften, mit oder ohne Kinder, in gemeinsamen oder getrennten Haushalten. Alles ist möglich, legal und immer wieder neu wählbar. Ehe und Familie erscheinen also den meisten Erwachsenen und vor allem den Heranwachsenden nicht mehr als die Lebensform schlechthin, sondern allenfalls als eine für einen bestimmten Lebensabschnitt mögliche Form unter anderen. Familiäre Brüche werden sehr viel selbstverständlicher in Kauf genommen, als dies noch vor einer oder zwei Generationen der Fall war. Die veränderte Stellung der Frau in der Gesellschaft hat hierzu wesentlich beigetragen. Durch ihr gestiegenes Bildungsniveau, durch ihre Erwerbstätigkeit sind Frauen unabhängiger geworden und viel eher bereit, eine unbefriedigende Familiensituation zu beenden. Sie entscheiden sich für Trennung trotz der häufig damit einhergehenden erheblichen sozialen und ökonomischen Nachteile. Eheschließungen zur ökonomischen Absicherung sind heute für einen Großteil von Frauen überflüssig geworden (ebd.).

Die Vielzahl der möglichen Lebensformen bedeutet einen Zugewinn an persönlicher Freiheit, auf den wohl niemand mehr verzichten möchte. Sie bedeutet aber in der Tat auch eine Zunahme von Unsicherheit und persönlichem Lebensrisiko. Den real sich wandelnden und ständig zur Disposition stehenden familiären und quasi-familiären Lebensformen stehen nun eigentümlicherweise paradoxe Idealbilder entgegen, denen zufolge die Familie als der Ort der absoluten Verlässlichkeit, des Vertrauens, der Liebe und des privaten Glücks sei. Dieses Idealbild erfährt in seinem illusionären Charakter eine neue Blüte, seit die Familie in der modernen Industriegesellschaft ihre sozioökonomische Funktion mehr und mehr einbüßt und die tatsächlichen Lebensformen in nie gekannter Vielfalt von ihr abweichen.

Die Restriktionen im öffentlichen Leben, in der Berufswelt, die Unüberschaubarkeit realisierbarer Chancen, erhöht bei vielen Menschen die Attraktivität der „Familie als Rückzugsort und Handlungsraum für den affektiven Nahbedarf" (Allert 1997, S. 280). Die radikale Trennung der Privatsphäre mit persönlichen Beziehungen auf der einen Seite und der Berufswelt mit unpersönlichen Beziehungen auf der anderen hat im Zuge der Industrialisierung der Familie einen Status verschafft, aus dem eine Ideologie der Intimität (vgl. Sennett 1983) entstanden ist. Diese Ideologie der Intimität nährt einen Mythos unrealistischer Glücks-Erwartungen an die Familie und sieht in ihr die Institution, in der Nähe, Intimität, Offenheit, Liebe und Glück realisiert werden können und sollen. Die Kluft zwischen Mythos auf der einen und erlebter Realität auf der anderen Seite führt fast zwangsläufig zu tiefen Enttäuschungen, massiven Kränkungen und Konflikten. „Die persönlichen Beziehungen werden mit Erwartungen eines auf die (einzelne) Person Abgestimmtseins überlastet, woran sie oft zerbrechen ... Dies aber verstärkt die Suche danach und lässt das Ungenügen der unpersönlichen Beziehungen um so deutlicher hervortreten" (Allert 1997, S. 7; vgl. Finger-Trescher 2000).

Zum Glück Eltern: Dieser sicherlich nicht zufällig unvollständige Satz lädt nicht nur zu vielfältigen Assoziationen ein, er bezeichnet auch recht genau das, worum es heute geht, wenn Menschen sich entschließen, Eltern zu werden, eine Familie zu gründen: die Sehnsucht eben dieser künftigen Eltern, durch das Kind subjektive Sinngebung und Glück zu erfahren.

Nicht nur Lebens- oder Ehepartner, auch Kinder werden mit enormen emotionalen Erwartungen überfrachtet. Familien mit ein oder zwei Kindern sind sich der zeitlichen, finanziellen und emotionalen Investitionen in ihre Kinder durchaus bewusst und erwarten entsprechende Amortisierung, zumindest auf dem emotionalen Sektor. Dies gilt vor allem für Frauen, die nach wie vor den größten Teil der Kinderpflege und Erziehung leisten.

Doch immer mehr Menschen können oder wollen sich zu diesem Schritt gar nicht entschließen. Kinder zu haben ist zu einer Art Luxus geworden. Familien mit mehreren Kindern geraten, wenn sie nicht zu den Spitzenverdienern zählen, sehr schnell in das gesellschaftliche und ökonomische Abseits (vgl. Finger-Trescher 2000).

Warum werden Menschen Eltern?

Bringt Elternschaft Glück? Erzeugt Glück Elternschaft?

Die Entscheidung für oder gegen ein Kind kann heute „in radikalisierter Selbstzuständigkeit" (Thomä 2002, S. 22) gefunden werden. In einer Gesellschaft, in der Kinder zu bekommen keineswegs mehr selbstverständlich ist, sondern ein selbst gewähltes und zu legitimierendes Lebensprojekt, verändert sich zwangsläufig auch der Blick auf Kindheit und auf Elternschaft. Ihre Bedeutung und die Anforderungen, die an sie gestellt werden, erscheinen einerseits im Licht gesellschaftlich akzeptierten Wissens über kindliche Entwicklung und kindliche Bedürfnisse und das in einem früher nicht einmal vorstellbaren Ausmaß. Und andererseits erscheinen sie unter der Lupe gesellschaftlicher Anforderungen und Erwartungen an die Entwicklung des Kindes zu einem selbständigen und erfolgreichen Erwachsenen. „Für die Frage, warum Menschen Eltern werden, heißt dies, dass man sich nur mit einem unsicheren, riskanten Vorgriff dieser merkwürdigen Lebensform nähern kann" (ebd., S. 47).

Thomä unterscheidet drei Motive, die Menschen die Entscheidung für ein Kind treffen lassen:

- Das Kind als Reifezeugnis (das Kind ist der Beweis dafür, dass ich erwachsen bin, dass ich es mir leisten kann).
- Das Kind als Liebeszeichen (das Kind ist Ausdruck unserer Paarbeziehung, unserer Liebe zueinander).
- Das Kind als Krisensymptom (das Kind ist gleichsam das Versprechen, dass das Leben wieder lebenswerter wird, ein Fluchtpunkt, ein alternativer Lebensentwurf).

Die enorme Bedeutung, die das Kind für seine Eltern, meist natürlich für Mütter, heute hat, erklärt Beck-Gernsheim so: Partner kommen und gehen – das Kind bleibt. Die Liebe zum Kind ist zumindest in den ersten Jahren in der Regel stabil, enttäuschungssicher und unkündbar und daher sehr anziehend. „Das Kind wird zur letzten verbliebenen unaufkündbaren, unaustauschbaren Primärbeziehung ... Das Kind wird zur letzten Gegeneinsamkeit, die die Menschen gegen die ihnen entgleitenden Liebesmöglichkeiten errichten können ..." (Beck-Gernsheim 1989, S. 42).

Nicht mehr Gehorsam und Respekt, sondern persönliche Sinn-Gebung und Glück und „Gegeneinsamkeit" – das sind die Erwartungen, die mit der Entscheidung für ein Kind heute verknüpft sind. Dennoch: „Der Weg zur Elternschaft wird, unvermeidlich, unter falscher Flagge angetreten. Für die Entscheidung, ob man Kinder haben will oder nicht, hat man wohl oder übel das falsche Bewusstsein, nämlich das kinderlose" (Thomä 2002, S. 46).

Nun bringt die Geburt der Eltern für diese einschneidende Veränderungen mit sich, die alle Lebensbereiche betreffen. Insbesondere gilt dies tatsächlich für Mütter. Anforderungen von außen, innere Repräsentationen von Elternschaft und Kindheit, Wünsche, Hoffnungen und Ängste beeinflussen das Leben mit einem Kind nachhaltig. In jedem Fall ist die Geburt eines Kindes und das Leben mit dem Kind besonders in den ersten Wochen und Monaten eine Zeit großer Veränderungen, in der enorme Anpassungsleistungen zu erbringen sind (vgl. Finger-Trescher, Sann 2007). Das Baby ist ein anarchistischer Arbeitgeber, der rücksichtslos volle Einsatzbereitschaft rund um die Uhr verlangt, Tag und Nacht, samstags, sonntags, immer. Und der die Erfüllung seiner Forderungen nicht etwa mit der gebotenen Höflichkeit, sondern brüllend durchsetzt. Die emotionalen Wogen, die in den ersten Wochen nach der Geburt bei Eltern zu beobachten sind, schwanken zwischen Flitterwochen und Schock.

Die Geburt des Kindes destabilisiert die bisherige Lebensweise, die persönliche Identität und das eigene Selbstbild nachhaltig und bringt intensive Einschnitte in die bisherige Form der Paarbeziehung mit sich. Empirische Untersuchungen belegen, dass der mean romance score bei Paaren nach der Geburt des ersten Kindes drastisch sinkt: aus der Romanze wird eine Dienstleistungsgemeinschaft. „Das Erlebnis der Ernüchterung darüber, was es bedeutet, ein Kind zu haben und wie dies die Beziehung beeinträchtigt, ist fundamental und wird in allen Studien in verschiedener Weise gespiegelt" (Schülein 1990, S. 164). Es folgt eine unvermeidliche Desillusionierung naiv-narzisstischer Vorstellungen. „Die Exzentrik und Unbestimmtheit, mit der sich ...(neugeborene Eltern. Anm. d. Verf.) konfrontiert sehen, provoziert projektive Verarbeitungsweisen ebenso wie Regression auf genetisch frühere Formen der Wahrnehmung und Bewältigung" (ebd., S. 122). Ambivalenzen und negative Projektionen, die abgewehrt werden durch Gegenbesetzung, führen zu Unzufriedenheit und nicht selten zu Depressionen. Für Eltern mit *modernem* Exposé kommt es zu einem deutlichen Traditionalisierungsschub, schon alleine dadurch, dass die Mütter in der Regel ihre Berufstätigkeit aufgeben bzw. unterbrechen müssen. Die Unzufriedenheitsgefühle im ersten Jahr nach der Geburt sind bei Frauen signifikant höher als bei Männern (vgl. Adler et al.; 1994; Krappmann et al. 1999).

Stern vertritt die Auffassung, dass Mütter mit der Geburt eines Babys, insbesondere wenn es sich um das erste Kind handelt, eine neue, sehr spezifische psychische Organisation entwickeln, die er als Mutterschaftskonstellation bezeichnet. „Die Mutterschaftskonstellation betrifft drei verschiedene, aber miteinander zusammenhängende vorrangige Themen und Diskurse, die innerlich und äußerlich ausgetragen werden:

- den Diskurs der Mutter mit ihrer eigenen Mutter, insbesondere mit der Mutter ihrer eigenen Kindheit,
- ihren Diskurs mit sich selbst, insbesondere mit sich selbst als Mutter,
- und ihren Diskurs mit ihrem Baby" (Stern 1998, S. 209f.).

Die Sozialisation der Eltern

Auf die Geburt der Eltern erfolgt somit ein neuer Abschnitt der Sozialisation der Eltern durch das Kind. Elternschaft wird nun nicht nur als Gewinn an Lebenserfahrung und -qualität erfahren, sondern auch als Einschränkung und Verlust. Diese Erfahrung geht oftmals einher mit Enttäuschung und mit aversiven und aggressiven Affekten dem Kind gegenüber, die, wenn sie ungehemmt agiert werden, schwerwiegende Folgen haben können, die aber sehr häufig abgewehrt werden und so zum Wegbereiter für eventuelle problematische Entwicklungen in der Selbstwertregulierung und subjektiven Lebenszufriedenheit sowie in der Eltern-Kind-Interaktion mutieren.

Elternschaft ist heute hochkomplex und kompliziert geworden. Und es gibt wenige Unternehmungen im Leben eines Menschen, die in so hohem Maße für Erschütterungen sorgen können wie Elternschaft. Elternschaft erzwingt in gewissem Sinne einen radikalen und auch nicht umkehrbaren Biografiewandel, sie ist ein identitätsverändernder Prozess. „Leben mit Kindern ist im modernen Exposé ... in jeder Hinsicht zu einer dominanten, normativ und emotional aufgeladenen, fordernden Tätigkeit geworden" (Schülein 1990, S. 199).

Elternschaft beginnt ja lange bevor ein Kind geboren wird, sie ist zunächst eine imaginäre Elternschaft mit einem imaginären Baby. Diese Imagination geht einher mit eigenen infantilen Wünschen, mit unbewussten und bewussten Phantasien über das künftige Kind, mit affektiv hoch bedeutsamen Wünschen und Erwartungen an die eigene Zukunft, das eigene Leben. Mit der Schwangerschaft und der Geburt des Kindes werden Erinnerungen an die eigene Kindheit wieder belebt und müssen mit den persönlichen, aber auch den gesellschaftlichen Wertvorstellungen und Vorstellungen über gelingende Elternschaft und gelingende Kindheit abgeglichen werden. Da Kinder keine ökonomische Bedeutung mehr haben in dem Sinne, dass sie für das Familieneinkommen mit Sorge tragen und später die alten Familienmitglieder versorgen, wird von ihnen, wie bereits erläutert, persönliche Sinngebung und Glück erwartet!

Doch: Das elterliche Glück findet außerhalb der Komfortzone statt. Spätestens nach der Geburt erwacht die Erkenntnis, dass Elternglück nur mit Strapazen zu haben ist. Doch hierauf werden Eltern nicht vorbereitet! Im Gegenteil. So ist es fast immer noch ein Tabu , dass eine Geburt eine traumatische Erfahrung sein kann – und zwar für die Mutter! – eine traumatische Erfahrung, die schwerwiegende Symptome nach sich ziehen kann. Es ist auch bezeichnend, dass die postpartale Depression, die keineswegs selten ist, erst in jüngster Zeit als Erkrankung erkannt und bekannt wird. Kein Arzt klärt werdende oder junge Mütter darüber auf, dass es diese gibt, dass sie gar nicht selten auftritt und behandelbar ist. Frauen schämen sich, darüber zu sprechen, Partner, Freunde und Ärzte können nicht damit umgehen. Zahlreiche Ratgeber suggerieren den Mythos von der sanften Geburt, so als ob dies ein reines Vergnügen, gar ein Fest für die Gebärenden wäre. Die einschlägigen Elternzeitschriften suggerieren stets, dass Elternglück und Kinderglück jederzeit machbar ist, wenn man nur das richtige Rezept hat. Aber: Es gibt zwar Rezepte, die zum Verderben führen, aber keine, die das Glück herbeiführen. So kann das, was als inniges Erlebnis phantasiert war, zum Alptraum werden. Hierfür ein kleines Beispiel: Eine junge Mutter eröffnet das Gespräch in einer Beratungsstelle mit folgenden Worten: „Ich weiß nicht, was los ist mit mir, ich habe alles, ein gesundes Wunschkind, einen fürsorglichen Mann, keine Geldsorgen, aber das Mutterglück ist ausgeblieben". Diese junge Frau hatte die feste Vorstellung, dass mit der Geburt des Kindes das Glück wie ein einlösbares Versprechen Einzug in ihr Leben halten würde.

Ist die Säuglingszeit einigermaßen für alle heil überstanden, empfinden Eltern und Kinder eine tiefe innere Abhängigkeit und Verbundenheit. Da Eltern nach der Probezeit nicht kündigen können (viele tun es dennoch, vor allem Väter), müssen und wollen sie meist auch ihre intensive Dienstleistungsgemeinschaft weiterhin positiv gestalten. Dies kann ihnen v. Klitzing zufolge sogar gelingen, wenn sie die Kriterien erfüllen, die er in seiner Untersuchung genannt hat:

- Wenn sie Persönlichkeiten aufweisen, die von klaren Selbst- und Objektgrenzen gekennzeichnet sind.
- Wenn sie die Integration von Ambivalenz aushalten.
- Wenn sie ihre Phantasien über das Kind flexibel gestalten können.

- Wenn sie Triaden in ihren Phantasien zulassen.
- Wenn sie im Dialog über die Elternschaft eigene Kindheitserfahrungen verarbeiten und integrieren können (vgl. v. Klitzing 1998, 2002).

Elternschaft ist also eine hochkomplexe und komplizierte Angelegenheit, eine wie Thomä sagt „riskante Lebensform", für deren Bewältigung man gut gerüstet sein muss. Die Bindung, die in der Säuglingszeit entstanden ist, die Teilhabe der Eltern am „wachsenden Leben ist etwas Besonderes, ist glücksverdächtig ... Eine andere Glückserfahrung von Eltern kann auch darin liegen, dass das Kind keine arbeitsteilig-festgelegten Erwartungen an sie hat, dass sie als Menschen gefragt sind" (Thomä 2002, S. 172). Doch auch dies allein ist keine Garantie, zum Glück gehört wohl noch etwas mehr. Aber vielleicht ist das nicht gar so viel, wie man vermuten könnte.

Ein Beispiel

Eine junge Frau türkischer Herkunft, Frau Ö., sucht sechs Monate nach der Geburt ihres Kindes – es ist das ersehnte Wunschkind, das lange auf sich warten ließ – eine Beratungsstelle auf. Erkan sei ein Schreikind, er schlafe nie länger als maximal zwei Stunden, schreie aber häufig mehr als drei Stunden hintereinander. Die Mutter ist begreiflicherweise vollkommen erschöpft, weiß keinen Rat mehr. Die Ehe ist durch das nächtliche Geschrei und ihre Erschöpfung sehr belastet, ihr Mann schläft mittlerweile im Wohnzimmer. Wenn er am Abend von der Arbeit nach Hause kommt, schläft Frau Ö. entweder gerade – falls Erkan um diese Zeit schlafen sollte – oder sie weint vor Erschöpfung. Auf der Edinburgh Postnatal Depression Scale hat sie einen hohen Wert (achtzehn Punkte), was auf eine ausgeprägte postpartale Depression hinweist. Zum Erstgespräch bringt sie Erkan mit. Er ist ein gut genährtes, körperlich gesundes Kind. Er ist hellwach, neugierig und nimmt Kontakt auf mit der Beraterin. Auf dem Schoß der Mutter ist er sehr unruhig und quengelt. Es entwickelt sich ein Gespräch über die häusliche Situation, über Erwartungen, Enttäuschungen, Ärger. Frau Ö. hat sichtlich Mühe, zuzugestehen, dass sie enttäuscht ist, dass sie manchmal wütend ist auf Erkan, dass sie sich das Leben mit dem ersehnten Kind leichter und glücklicher vorgestellt hat, dass sie ihren Mann beneidet, weil er noch ein normales Leben führen kann, sie dagegen ist an dieses ständig schreiende Baby gefesselt. Dass die Beraterin diese Gefühle nicht nur versteht, sondern als völlig normal einstuft, entlastet sie sichtlich, ihr Gesichtsausdruck entspannt sich deutlich, ebenso ihre Körperhaltung. Auf die Frage nach Unterstützung durch die eigenen Eltern, andere Verwandte oder Freunde antwortet sie, dieses Schreikind könne man doch niemandem zumuten, sie schäme sich, weil ihre Eltern und Schwiegereltern denken könnten, dass sie eine schlechte Mutter ist. Dann aber stellt sich heraus, dass ihre Eltern schon mehrfach angeboten haben, sich um Erkan zu kümmern, damit Frau Ö. und ihr Mann wieder einmal etwas zur Ruhe kommen. Je weiter das Gespräch fortschreitet, desto ruhiger wird Erkan, nach ca. vierzig Minuten schläft er tief und entspannt. Das überrascht Frau Ö. sehr. Die Beraterin fragt dann nach ihrer persönlichen Zukunftsperspektive, nach ihren Wünschen. Und es stellt sich heraus, dass sie sehr gerne einen weiteren Schulabschluss – Fachabitur – machen und dann ein Sozialpädagogikstudium absolvieren möchte. Ihr Mann unterstütze das, aber jetzt sei ja nichts mehr möglich wegen des Kindes. Auch in diesem Punkt kann die Beraterin sie entlasten, indem sie ihr eine Perspektive der Kinderbetreuung durch Krabbelstube und Kindergarten in naher Zukunft eröffnet.

Frau Ö. wirkte nach diesem ersten Gespräch gelöst und erleichtert und verließ die Beratungsstelle mit dem schlafenden Erkan. Sie kam noch zu einem einzigen weiteren Gespräch und berichtete strahlend, Erkan habe in den letzten Nächten sechs bis sieben Stunden durchgehend geschlafen. Mit Frau Ö. konnte in dieser zweiten Beratungseinheit erarbeitet werden, dass das ständige Schreien zuvor stark mitbedingt war durch ihre eigene Unzufriedenheit, durch den enormen Druck, dem sie sich selbst ausgesetzt hatte, indem sie sich verboten hatte, Gefühle wie Enttäuschung, Wut und Neid zuzulassen, sich Unterstützung zu holen und ihren eigenen Bedürfnissen und Wünschen den notwendigen Raum zu geben. Erkan konnte sich offenbar entspannen und beruhigt schlafen, als er spürte, dass seine Mutter entspannter und ruhiger war als zuvor. Zwei Beratungsgespräche hatten genügt, um dieser jungen Frau – und ihrer Familie – eine etwas glücklichere Perspektive zu eröffnen.

(Fast) jeder, der selbst Kinder hat, weiß, welches Glücksgefühl Eltern durchströmt, wenn das eigene Baby sie anlächelt, wenn sie sich zurücklehnen und dem fröhlichen, zufriedenen Spiel des Kindes zuschauen oder selbst mit ihm spielen und lachen können (einige unkundige Menschen behaupten allerdings, Mutterglück sei das, was Mütter fühlen, wenn die Kinder abends endlich im Bett sind und schlafen). „In der Beziehung zum Kind lassen sich Formen der Vertrautheit und Nähe entdecken, die in anderen Bereichen des Alltags kaum noch erfahrbar sind" (Beck-Gernsheim 1989, S. 32).

Die meisten Eltern empfinden Stolz und Glück, wenn ihre Kinder sich einigermaßen gut entwickeln, wenn sie die Hürden in Schule und in der Pubertät irgendwie meistern und sind entsprechend unglücklich, wenn das nicht der Fall ist. Fast alle Eltern würden wohl sagen, dass sie glücklich sind über ihre Kinder trotz aller Einschränkungen, trotz Verzicht, trotz der Strapazen, trotz der Sorgen und Konflikte, dass sie niemals auf die Erfahrung, dieses Kind, diese Kinder großzuziehen, sie aufwachsen zu sehen und sie dabei zu begleiten, verzichten möchten.

Elternglück kann schwer vermittelt werden, es ist nun einmal zum großen Teil imaginiert und nur phasenweise real. Der Erfolg elterlichen Tuns jedoch lässt sich daran ablesen, dass sie in ihrer Funktion als aktive Eltern eines Tages überflüssig werden (vgl. Thomä 2002, S. 88). Damit endet dann auch ihre Sozialisation als Eltern. Man kann also gleichsam von Glück sprechen, wenn man die Strapazen der Elternschaft bewältigt und überstanden hat. Und das dauert bei nur einem Kind immerhin mindestens achtzehn Jahre. Wenn diese Zeit einigermaßen gut überstanden ist – dann hat man Glück (gehabt).

Und in diesem Kontext möchte ich schließen mit einem alten jüdischen Witz: Drei Geistliche unterhalten sich über die Frage, wann das Leben beginnt.
Der katholische Priester sagt: „Das Leben beginnt mit der Zeugung."
Der evangelische Pfarrer sagt: „Das Leben beginnt mit der Geburt."
Und der jüdische Rabbi sagt: „Das Leben beginnt, wenn der Hund tot ist und die Kinder aus dem Haus gehen."

Literatur

Adler, S.; Frevert, G.; Cierpka, M.; Pokorny, D.; Strack, M. (1994): Wie wird das wohl zu dritt alles werden? In: Psychosozial, 17. Jg., Heft IV. Gießen: Psychosozial, S. 9-22.
Ahrbeck, B. (2004): Kinder brauchen Erziehung. Stuttgart: Kohlhammer.
Allert, Th. (1997): Die Familie. Fallstudien zur Unverwüstlichkeit einer Lebensform. Berlin, New York: Walter de Gruyter.
Aries, Ph. (1975): Geschichte der Kindheit. München und Wien: Hanser (16. Aufl., 2007).
Badinter, E. (1980): Die Mutterliebe. München: Piper.
Beck, U. (1986): Risikogesellschaft. Auf dem Weg in eine andere Moderne. Frankfurt: Suhrkamp.
Beck, U.; Beck-Gernsheim, E. (1990): Das ganz normale Chaos der Liebe. Frankfurt: Suhrkamp.
Beck-Gernsheim, E. (1989): Mutterwerden – der Sprung in ein anderes Leben. Frankfurt: Suhrkamp.
Blaffer Hrdy, S. (2000): Mutter Natur. Berlin: Berlin.
Bürgerliches Gesetzbuch (BGB). http://dejure.org/gesetze/BGB/1631.html (Zugriff 19.06.09).
Bürgin, D. (1998): Psychoanalytische Ansätze zum Verständnis der frühen Eltern-Kind-Triade. In: v. Klitzing, K. (Hrsg.): Psychotherapie in der frühen Kindheit. Göttingen: Vandenhoeck & Ruprecht, S. 15-31.
Bundesregierung (Hrsg.) (2008): Lebenslagen in Deutschland. Der dritte Armuts- und Reichtumsbericht. Köln: Bundesanzeiger.
De Mause, L. (1977): Hört ihr die Kinder weinen? Eine psychogenetische Geschichte der Kindheit. Frankfurt: Suhrkamp.
Dornes, M. (2001): Der kompetente Säugling. Die präverbale Entwicklung des Menschen. Frankfurt: Fischer.
„Eltern" (2007): München: Gruner u. Jahr AG u. Co, 6/2007.
„Eltern" (2008): München: Gruner u. Jahr AG u. Co), 6/2008.
Finger-Trescher, U. (2000): Psychosoziale Beratung von Familien im institutionellen Kontext. Aktuelle Fragen und konzeptionelle Überlegungen. In: Büttner, Ch.;

Krebs, H. et al. (Hrsg.): Gestalten der Familie – Beziehungen im Wandel. Jahrbuch für Psychoanalytische Pädagogik 11. Gießen: Psychosozial.

Finger-Trescher, U.; Sann, B. (2007): Wenn die Nacht zum Tag wird. Unterstützung der frühen Eltern-Kleinkind-Beziehung im Rahmen der Säuglings- und Kleinkind-Beratung. In: Eggert-Schmid Noerr, A.; Finger-Trescher, U.; Pforr, U. (Hrsg.): Frühe Beziehungserfahrungen. Die Bedeutung primärer Bezugspersonen für die kindliche Entwicklung. Gießen: Psychosozial.

Figdor, H.; Datler, W.; Gstach, J. (Hrsg.) (1999): Die Wiederentdeckung der Freude am Kind. Gießen: Psychosozial.

Gaschke, E. (2003): Die Erziehungskatastrophe. Stuttgart, München: Heyne.

Hartwig-Hellstern, F. (1996): Die Entpolitisierung der Kindheit. In: graswurzelrevolution, April 1996/207.

Key, E. (1990): Das Jahrhundert des Kindes. Weinheim: Beltz (2006).

Klitzing, K. v. (2002): Frühe Entwicklung im Längsschnitt. Von der Beziehungswelt der Eltern zur Vorstellungswelt des Kindes. In: Psyche, Heft 9, Sept./Okt., S. 863-888.

Klitzing, K. v. (Hrsg.) (1998): Psychotherapie in der frühen Kindheit. Göttingen: Vandenhoeck & Ruprecht.

Krappmann, L.; Schneewind, K. A.; Vascovics, L. (Hrsg.) (1999): Übergang zur Elternschaft. Aktuelle Studien zur Bewältigung eines unterschätzten Lebensereignisses. Stuttgart: Enke.

Merten, R. (2007): Gibt es eine Erziehungskatastrophe? Oder: Aus einem krummen Holz lässt sich nicht Gerades zimmern. In: Unsere Jugend, 59. Jg., S. 450-460. München, Basel: Ernst Reinhardt.

Postman, N. (1987): Das Verschwinden der Kindheit. Frankfurt: Fischer.

Rousseau, J. (1762): Emile oder Von der Erziehung. In: Themenportal Europäische Geschichte (2006). http://www.europa.clio-online.de/2006/Art icle=45 (Zugriff 10.08.06).

Schülein, J. (1990): Die Geburt der Eltern. Opladen: Westdeutscher.

Sennett, R. (1983): Verfall und Ende des öffentlichen Lebens. Frankfurt: Fischer.

Steinhardt, K.; Datler, W.; Gstach, J. (Hrsg.) (2002): Die Bedeutung des Vaters in der frühen Kindheit. Gießen: Psychosozial.

Stern, D. (1998): Mutterschaftskonstellationen. Stuttgart: Klett-Cotta.

Textor, M. (2008): Auf dem Weg zur elternlosen Gesellschaft – Die verlorene Hälfte der Weiblichkeit. In: http://www.familienhandbuch.de/cmai n/f_Aktuelles/ a_Elternschaft/s_2611.html (Zugriff 11.08.08).

Thomä, D. (2002): Eltern. Kleine Philosophie einer riskanten Lebensform. München: C.H. Beck.

Thomä, D. (2003): Vom Glück in der Moderne. Frankfurt: Suhrkamp.

Thurer, S. (1977): Mythos Mutterschaft. München: Knaur.

Winterhoff, M. (2008): Warum unsere Kinder Tyrannen werden. Oder die Abschaffung der Erziehung. Gütersloh: Gütersloher Verlagshaus.

Klaus A. Schneewind

Entwicklungsaufgabe Elternschaft

Beginnen wir mit einem Zitat, das von einem Autor aus Griechenland stammt und sich zum Thema „Elternschaft" in drastischer Weise äußert: „In der Zeit, in der wir leben, ist in ganz Griechenland die Zahl der Kinder [...] zurückgegangen, [...] weil die Menschen der Großmannssucht, der Habgier und dem Leichtsinn verfallen sind, weder mehr heiraten noch, wenn sie es tun, die Kinder, die ihnen geboren werden, großziehen wollen, sondern meist nur ein oder zwei, damit sie im Luxus aufwachsen und ungeteilt den Reichtum ihrer Eltern erben, nur deshalb hat das Übel schnell und unvermerkt um sich gegriffen." (zitiert nach Felderer 1983, S. 128). In der Tat scheint dieses Zitat – zumindest, was die niedrige Geburtenrate anbelangt – auf das gegenwärtige Griechenland zuzutreffen, in dem sich die zusammengefasste Geburtenziffer (auch Gesamtfertilität genannt), womit die Kinderzahl pro Frau im Alter von 15-49 Jahren gemeint ist, auf einen Wert von 1,35 beziffert. Oder wenn man es etwas humaner ausdrücken will: 100 Frauen der genannten Altersgruppe bringen 135 Kinder zur Welt. Zur langfristigen Bestandsicherung der Bevölkerung wäre ohne Zuwanderung eine Gesamtfertilität von 210 Kindern pro 100 Frauen erforderlich. Allerdings standen derartige demographische Kennwerte dem Autor des Zitats nicht zur Verfügung. Bei dem Autor handelt es sich nämlich um Polybios, einem griechischen Geschichtsschreiber, der im zweiten Jahrhundert vor Christus lebte.

In Deutschland lag nach den Daten des Statistischen Bundesamts (2008) die Gesamtfertilität für das Jahr 2007 bei 137 Kindern pro 100 Frauen – also bei einem Wert, der sich nicht wesentlich von dem aktuellen Wert in Griechenland unterscheidet und damit Deutschland in den unteren Bereich der europäischen Geburtenentwicklung verweist. Vor diesem Hintergrund stellt sich die Frage, ob Elternschaft einen Lebensabschnitt und eine Entwicklungsphase darstellt, die für die Lebensplanung von immer mehr jungen Menschen keine positive Bedeutung hat, und ob daher Familien in Deutschland eine gefährdete Spezies sind.

Familien – eine gefährdete Spezies?

In der amtlichen Statistik gelten als Definitionskriterien für Familie das Haushalts- und das Zweigenerationen-Prinzip. Demnach sind Familien alle Eltern-Kind-Gemeinschaften, d.h. Ehepaare, nichteheliche (gegen- und gleichgeschlechtliche) Lebensgemeinschaften sowie allein erziehende Mütter und Väter, die mit ihren leiblichen, Stief-, Pflege- und Adoptivkindern ohne Altersbegrenzung unter einem Dach (oder genauer: in einem gemeinsamen Haushalt) leben.

Orientiert man sich an dem Familienbegriff der amtlichen Statistik, so muss man tatsächlich von einem Schrumpfungsprozess der gesellschaftlichen Institution „Familie" sprechen.

Über eine Zeitspanne von 56 Jahren (d.h. von 1950 bis 2006) hat sich – bezogen auf alle Haushalte – der Prozentsatz von Haushalten, in denen Paare mit ihren Kindern leben, um 19% von ursprünglich 44% auf 25% verringert.

Hingegen hat die Zahl der Haushalte mit Paaren ohne Kinder um 7% auf 30% zugenommen. Ein noch deutlicherer Zuwachs lässt sich für die Gruppe der Alleinlebenden verzeichnen, die mit einem Plus von 12% auf 39% angewachsen ist und somit den größten Anteil aller Haushalte in Deutschland repräsentiert. Hingegen hat sich die Anzahl der Haushalte mit allein erziehenden Elternteilen nur geringfügig um 1% auf 7% erhöht (Statistisches Bundesamt 2008, eigene Berechnungen).

Ein weiterer Indikator für den Schrumpfungsprozess der Familie ist die deutliche Veränderung der Zahl der Lebendgeburten über einen Zeitraum von knapp 50 Jahren. Setzt man die 1,26 Millionen Geburten im Jahr 1960 mit 100% gleich und vergleicht dies mit den 680.000 Geburten im Jahr 2007, so hat sich die Geburtenzahl auf 54% und damit fast um die Hälfte reduziert. Dies entspricht einem linearen Trend des Geburtenrückgangs um 0,98% pro Jahr und würde – wenn man diesen linearen Trend fortschreibt (was natürlich nur ein statistisches Gedankenspiel ist) – bedeuten, dass es im Jahr 2063 keine Geburten mehr in Deutschland gibt (Statistisches Bundesamt 2006; eigene Berechnungen).

Schließlich sei noch ein dritter Indikator genannt, der zwar nicht für den Schrumpfungsprozess, wohl aber für den Erosionsprozess der Familie im Sinne eines bürgerlichen Familienbegriffs (d.h. Ehepaare mit Kindern) spricht. Gemeint ist die Zahl der Ehescheidungen und der davon betroffenen Kinder. Bezogen auf die Zeitspanne von 1960 bis 2006 hat sich die Zahl der Ehescheidungen von 73.000 auf 191.000 und damit um das mehr als 2,6-fache erhöht. Gleichermaßen hat die Zahl der von einer Scheidung betroffenen Kinder von 67.000 auf 149.000 zugenommen, was (trotz einer in diesem Zeitraum insgesamt abnehmenden Zahl der Eheschließungen und Kinderzahl) einem Zuwachs um mehr als das 2,2-fache entspricht.

Dass Trennungen und Scheidungen für alle Beteiligten mit mehr oder minder großen Belastungen verbunden sind, steht außer Zweifel, wobei bei diesem Familienübergang neben psychischen häufig auch ökonomische Belastungen entstehen. Letzteres trifft vor allem für Haushalte mit allein erziehenden Eltern zu (2006 waren 60,5% von ihnen geschieden oder lebten getrennt), für die die Armutsgefährdungsquote ca. dreimal höher ist als für Familien, in denen zwei Eltern mit vergleichbarer Kinderzahl in einem Haushalt zusammenleben (Statistisches Bundesamt 2008).

Darüber hinaus gibt es eine Reihe von Belegen dafür, dass trotz einer weitgehend positiv gefärbten Einschätzung, die Kinder von ihren Eltern zu erkennen geben (Langness, Leven u. Hurrelmann 2006), nicht alle Kinder und Jugendlichen von ihren Eltern ein vorteilhaftes Bild haben. So geben immerhin 15% von Jugendlichen an, dass ihre Herkunftsfamilie überhaupt kein Vorbild für die Familie sei, die sie später einmal selbst gründen wollen (Scholz, Busch u. Briedis 2006), und knappe 30% würden ihre Kinder anders oder ganz anders erziehen als sie selbst von ihren Eltern erzogen wurden. Insbesondere Jugendliche aus einem Elternhaus mit geringen sozioökonomischen Ressourcen berichten am seltensten, dass sie gut mit ihren Eltern auskommen oder dass sie bei Konflikten in der Familie miteinander reden und gemeinsam zu einer Entscheidung kommen (Langness, Leven u. Hurrelmann 2006). Dazu passt, dass bei einer Gruppierung von Jugendlichen nach Wertetypen der als „hedonistisch-materialistisch" beschriebene Typ, der sich u.a. durch eine geringe Familienorientierung auszeichnet und in einer breit angelegten Untersuchung von Reinmuth und Sturzbecher (2007) immerhin 19% aller Teilnehmer/innen an dieser Studie umfasst, im Vergleich zu allen anderen Wertetpyen über deutlich mehr elterliche Restriktionen und Vernachlässigung berichtet. Zugleich bringen die Repräsentanten dieses Wertetyps u.a. auch mehr Schulunlust und Gewaltbereitschaft zum Ausdruck.

Die zuletzt genannten Hinweise legen es nahe, die Dynamik von Familienbeziehungen in den Blick zu nehmen, womit eine familienpsychologische Perspektive von Familie in den Vordergrund tritt. Dabei geht es nicht nur um strukturelle Aspekte der Zusammensetzung von Familien, sondern insbesondere auch um die Qualität von Beziehungen – vor allem im Hinblick auf Paarbeziehungen und Eltern-Kind-Beziehungen.

Paarbeziehungen

Die Familientherapeutin Virginia Satir widmet in ihrem Buch „Kommunikation, Selbstwert, Kongruenz" (2004) ein ganzes Kapitel dem Argument, dass Paare die Architekten der Familie seien. Insofern spielt von Anfang an die Qualität der Paarbeziehung – und später, wenn auch Kinder mit im Spiel sein sollten – die Qualität der Elternbeziehung eine große Rolle für das Ausmaß an Beziehungszufriedenheit, aber auch für eine mehr oder weniger gelingende Bewältigung täglicher Aufgaben und Herausforderungen. Einige Beispiele mögen dies verdeutlichen.

In Ergänzung zu der bereits erwähnten epochalen Erhöhung des Scheidungsrisikos belehrt uns ein weiterer Blick auf die amtliche Statistik, dass in Deutschland damit gerechnet werden muss, dass knapp 35 Prozent der heute geschlossenen Ehen in einer Scheidung enden werden. Zieht man hierzu die Scheidungsquoten unterschiedlicher Heiratsjahrgänge heran, so fällt auf, dass z.B. die Scheidungsquote, die der Heiratsjahrgang 1950 nach 15 Ehejahren erreichte – nämlich 8,1 Prozent – für die Paare, die 1995 in den „heiligen Stand der Ehe" getreten sind, bereits nach fünf Ehejahren mit 8,7 Prozent nicht nur erreicht sondern leicht übertroffen wurde. Gleichzeitig hat die Heiratsneigung deutlich abgenommen und die Zahl der nicht ehelichen Lebensgemeinschaften deutlich zugenommen (Engstler u. Menning 2003). Nach den Erhebungen des Statistischen Bundesamtes der Bundesrepublik Deutschland hat sich allein in der Zeit zwischen 1996 und 2006 die Zahl der nicht ehelichen Lebensgemeinschaften um 32 Prozent auf insgesamt 2,43 Millionen erhöht.

Wie steht es aber mit der Stabilität bzw. den Stabilitätserwartungen dieser Lebensgemeinschaften? Aufschlussreich ist hier eine Analyse des „Generationenbarometers 2006" (Haumann 2006), in der über alle Altersgruppen hinweg die Verheirateten im Vergleich zu den unverheiratet Zusammenlebenden eine deutlich höhere Erwartung haben, dass ihre Partnerschaft ein Leben lang hält. Je nach Altersgruppe liegen die Werte zwischen 59 und 88 Prozent, während maximal 39 Prozent derjenigen, die unverheiratet zusammenleben, von einem lebenslangen Bestand ihrer Beziehung überzeugt sind. Entsprechend können sich 13 bis 24 Prozent der unverheiratet in einer Partnerschaft Lebenden vorstellen, eine neue Partnerschaft einzugehen, wohingegen dies lediglich für 3 bis maximal 9 Prozent der Verheirateten zutrifft. Hinzu kommt noch, dass die Quote derer, die hinsichtlich der Stabilitätsfrage unentschieden sind oder meinen, dass es unmöglich sei, dazu etwas zu sagen, bei den unverheiratet Zusammenlebenden deutlich höher liegt – und dies vor allem bei den über 60-Jährigen. Die Ehe scheint somit – wie übrigens auch das Vorhandensein von Kindern – ein protektiver Faktor für den Bestand einer Partnerschaft zu sein (Wunderer u. Schneewind 2008).

Stellt sich die Frage, vor welchem Hintergrund solche Entwicklungen zu verstehen sind. In soziologischer Sicht lässt sich eine Reihe von gesellschaftlichen Einflüssen ausmachen, die sich auf die Gestaltung von (Ehe-)Beziehungen auswirken. Hierbei lassen sich vor allem vier Aspekte nennen, die allesamt einen zunehmenden Trend aufweisen (Peukert 2005):

- eine zunehmende *Liberalisierung*, die zu einer Auflösung normativer Selbstverständlichkeiten geführt hat.
- eine zunehmende *Individualisierung*, die mit einer stärkeren Gewichtung von „Autonomie" im Gegensatz zu „Verbundenheit" assoziiert ist.

- deutliche *Veränderungen im weiblichen Lebenslauf*, die sich vor allem an den durch einen Rückgang von Schwangerschaften „gewonnenen Jahren" von Frauen, eine verbesserte Schwangerschaftsplanung, ein egalitäreres Scheidungsrecht und die Auswirkungen einer emanzipatorischen Studenten- und Frauenbewegung festmachen lassen.
- eine zunehmende *Modernisierung*, die sich u.a. durch mehr Mobilität und Flexibilität im Arbeitsleben sowie eine Zurückhaltung gegenüber langfristigen Festlegungen kennzeichnen lässt.

Betrachtet man die subjektiven Scheidungsgründe aus der Sicht von geschiedenen Personen, so fallen diese vor allem in drei Kategorien (Schneider 1991). Am häufigsten werden Beziehungsprobleme genannt (z.B. Kommunikationsschwierigkeiten, fehlende Freiräume und Entfaltungsmöglichkeiten, Routinisierung der Beziehung oder enttäuschte Erwartungen). Eine weitere Kategorie bezieht sich auf störende und destruktive Prozesse (z.B. Gewalttätigkeit, häufige Streitigkeiten, Drogen- und Alkoholprobleme, fehlende Verlässlichkeit) und schließlich wird als dritte Kategorie Untreue, d.h. konstante Außenbeziehungen oder gelegentliches Fremdgehen, genannt.

Eine systematische Betrachtung von Paaren, die in Trennung bzw. Scheidung landen – oder auch nicht – bietet sich anhand von drei wesentlichen Dimensionen an, nämlich

- dem Ausmaß der Attraktivität der Beziehung bzw. der persönlichen Zufriedenheit in der Beziehung,
- der Frage, ob es viele oder wenige Barrieren zur Auflösung einer Beziehung gibt und
- inwieweit attraktive und erreichbare Alternativen zur Verfügung stehen (Bodenmann 2002).

Mit Hilfe dieser drei Dimensionen lassen sich vier Paartypen konstruieren. Zum Einen sind dies Paare, die zwar eigentlich mit ihrer Paarbeziehung zufrieden sind, die aber durch viele Alternativen und geringe Barrieren leicht in die Versuchung kommen, sich einem anderen Partner zuzuwenden und sich deswegen als eventuelle Scheidungs- oder Trennungspaare qualifizieren. Deutlich höher ist die Wahrscheinlichkeit für eine Trennung oder Scheidung bei den Paaren des zweiten Typs, die neben vielen Alternativen und geringen Barrieren auch noch unzufrieden in ihrer Partnerschaft sind. Einem dritten Typ gehören die Paare an, die ihre Partnerschaft zwar als wenig attraktiv erleben, aber dennoch mangels anderer Alternativen oder auch hoher Barrieren zusammen bleiben. Es handelt sich dabei um die besondere Spezies der stabil-unglücklichen Paare. Schließlich bleibt noch die Gruppe der stabil-zufriedenen Paare, für die die Beziehung einen so hohen Attraktionswert hat, der sie erst gar nicht nach anderen Alternativen Ausschau halten lässt, zugleich aber auch eine Immunisierung gegenüber allfälligen Anfechtungen von außen aufbaut.

Betrachtet man die Fülle von Risiken, die bei belasteten Paarbeziehungen sich im Bereich der physischen Gesundheit und des psychischen Wohlbefindens niederschlagen, liegt es nahe, sich zu fragen, welche Möglichkeiten bestehen, solchen Entwicklungen Einhalt zu gebieten oder – schärfer formuliert – was getan werden kann, um von Vorneherein den Boden für glückliche und stabile Partnerschaften zu bereiten.

Ein wesentlicher Ansatzpunkt besteht in einem angemessenen Umgang mit Beziehungskonflikten. Dabei ist zunächst zu sagen, dass Konflikten nicht grundsätzlich etwas Negatives anhaftet. Es geht weniger um den Umstand, dass es Konflikte gibt, als darum, wie sie gelöst werden. Vereinfacht gesagt gibt es einerseits konstruktive und andererseits destruktive oder dysfunktionale Formen der Konfliktbewältigung.

Wenn dysfunktionale Formen der Konfliktbewältigung zu den oben genannten negativen Konsequenzen auf der physischen und psychischen Ebene führen, stellt sich die Frage, welche Besonderheiten solche destruktiven Abläufe der Konfliktregulation kennzeichnen.

Der amerikanische Paarpsychologe John Gottman (1999) ist dieser Frage genauer nachgegangen und hat in Anlehnung an die im Neuen Testament genannten vier apokalyptischen Reiter oder Geißeln der Menschheit (nämlich Krieg, Hunger, Pest und Tod) vier apokalyptische Reiter der Paarbeziehung gefunden. Es sind dies: Kritik, Defensivität, Verächtlichkeit und Abblocken.

- *Kritik* äußert sich in ablehnenden, abwertenden und widersprechenden Bemerkungen, die zudem auf der nonverbalen und stimmlichen Ebene (z.B. durch Kopfschütteln, gereizte Stimme) in verstärktem Maße zum Ausdruck gebracht werden.
- *Defensivität* ist erkennbar an Entschuldigungen, bei gleichzeitigen Rechtfertigungen und Gegenanklagen, die ebenfalls von nonverbalen und stimmlichen Merkmalen begleitet werden (z.B. abgewandte Körperhaltung, verschränkte Arme, kleinlaute Stimme).
- *Verächtlichkeit* macht sich in sarkastischen Bemerkungen, feindseligem Humor, Beleidigungen oder Lächerlichmachen Luft, wobei auch hier auffällige Varianten des nonverbalen und stimmlichen Verhaltens mit im Spiel sind (z.B. sich abwenden, Augen verdrehen, eisiger oder höhnischer Tonfall).
- *Abblocken* schließlich ist durch die gänzliche Verweigerung von sprachlicher Kommunikation gekennzeichnet. Stattdessen sprechen bestimmte Verhaltensmerkmale (z.B. keine Antworten geben, Blickkontakt vermei-

den, eine abweisende Körperhaltung oder sich bewusst mit etwas anderem beschäftigen) eine umso deutlichere Sprache.

Gottman konnte nun nachweisen, dass diese vier apokalyptischen Reiter der Kommunikation (neuerdings hat er noch einen fünften hinzugefügt, den er als „belligerence" – zu deutsch etwa „kämpferische Machtdemonstration" – bezeichnet) die Beziehungsqualität auf eine abschüssige Bahn bringen. Galoppieren die vier oder fünf apokalyptischen Reiter gemeinsam oder in schneller Folge los, kommt es bei den Gesprächspartnern zu einer körperlichen Übererregung, die u.a. eine reduzierte Fähigkeit zur Informationsverarbeitung nach sich zieht. Dies wiederum bedingt, dass Versuche der Beziehungsreparatur (z.B. Einlenken, Besänftigen, Körperkontakt herstellen) fehlschlagen. Die Folge ist ein zunehmendes Rückzugverhalten und eine sich ausbreitende emotionale Distanzierung, die u.a. auch mit negativen Zuschreibungen (z.B. „Ich habe schon immer gewusst, dass man mit Dir einfach nicht vernünftig diskutieren kann") und ebenso negativen Zukunftserwartungen (z.B. „Du bist und bleibst der unzuverlässigste Mensch, der mir je untergekommen ist") einhergehen.

Das Wissen um kommunikative Merkmale, die dazu beitragen, dass Beziehungen „aus dem Ruder laufen", haben nicht nur den Anstoß dazu gegeben, nach positiven Formen der Konfliktregulation Ausschau zu halten, sondern diese auch in Form von Kommunikationstrainings an Paare und Familien zu vermitteln – und zwar am besten, bevor „das Kind in den Brunnen gefallen ist". Mit anderen Worten: es geht im Sinne eines präventiven Ansatzes darum, möglichst früh im Beziehungsprozess kommunikative Fähigkeiten zu vermitteln, die als Ressource für eine konstruktive Konfliktregulation genutzt werden können (vgl. Schneewind u. Graf 2005).

Im deutschen Sprachraum hat vor allem das unter der Bezeichnung EPL (Ein Partnerschaftliches Lernprogramm) firmierende Präventionsprogramm größere Beachtung gefunden.

Das EPL ist ein Gruppenprogramm, in dem vier junge Paare über ein verlängertes Wochenende oder an sechs Abenden zu je zweieinhalb Stunden von zwei ausgebildeten Trainern begleitet werden (Engl u. Thurmaier 2001). Der EPL-Kurs hat zum Ziel, die Paare im übenden Verfahren mit grundlegenden Beziehungsfertigkeiten vertraut zu machen. Es handelt sich dabei vor allem um angemessene Sprecher- und Zuhörerfertigkeiten sowie um die Vermittlung eines Problemlöseschemas zur konstruktiven Regulierung von Problemen und Konflikten im Beziehungskontext.

Außerdem haben Engl und Thurmaier (2001) ein weiteres Programm konzipiert, das auf Paare zugeschnitten ist, die schon längere Zeit verheiratet sind bzw. zusammenleben. Das Programm trägt den Namen „Konstruktive Ehe und Kommunikation" (KEK) und umfasst neben der Vermittlung der Kommunikations- und Konfliktlösungsregeln des EPL eine Reihe weiterer

Module, in denen u.a. auf Selbstreflexions- und Wahrnehmungsübungen (z.B. zu den eigenen Anteilen des Streitverhaltens oder zur Erfassung nonverbaler Stressanzeichen) oder die Analyse kommunikativer Teufelskreise eingegangen wird. Einen Schritt weiter geht das Programm KOMKOM (Kommunikationskompetenz), das von Engl und Thurmaier (2005) entwickelt wurde, um es im Rahmen der Beratung von Paaren mit bereits manifesten Beziehungsauffälligkeiten einzusetzen.

Das Thema Paarstress und Coping steht auch im Mittelpunkt des von Bodenmann (2000) entwickelten FSPT. Neben den grundlegenden Gesprächs- und Konfliktlösungsregeln des EPL werden in diesem Programm spezielle Vorgehensweisen der gemeinsamen Belastungsbewältigung („dyadisches Coping") vermittelt. Darüber hinaus sind im FSPT auch die Themen Fairness und Gerechtigkeit in Paarbeziehungen Gegenstand des Trainings.

Beiden Programmen ist gemeinsam, dass sie hinsichtlich ihrer Wirksamkeit im Rahmen von kontrollierten Studien evaluiert wurden und dabei ihre Bewährungsprobe eindrucksvoll bestanden haben (Bodenmann, Pihet, Cina, Widmer u. Shantinath 2006; Thurmaier, Engl u. Hahlweg 1999). In mehrjährigen Evaluationsstudien lässt sich belegen, dass sich im Vergleich zu unbehandelten Kontrollgruppen das Beziehungsverhalten verbessert und das Trennungs- bzw. Scheidungsrisiko verringert hat. Insofern liegt es nahe, die in diesen Präventionsprogrammen vermittelten Beziehungsfertigkeiten zu einem Standardangebot der Beziehungsstärkung zu machen.

Allerdings ist die Fähigkeit, Konflikte auf eine konstruktive Weise zu regeln und mit Stress konstruktiv umzugehen, nur „die halbe Miete" auf dem Weg zu einer gelingenden Partnerschaft. Es genügt nicht, nicht negativ zu sein. Vielmehr kommt es auch darauf an, aktiv das Positive zu pflegen. Eine ausführliche Untersuchung an einer großen Zahl von Paaren, die ein Vierteljahrhundert und länger in erster Ehe verheiratet sind, bestätigt dies (Wunderer u. Schneewind 2008). In der Tat ist es so, dass die Paare, die über eine ausgeprägte Konfliktkompetenz und über ein hohes Maß an Positivität im Umgang miteinander verfügen, über das höchste gemeinschaftliche Wohlbefinden berichten. Es geht dabei um mehrere Arten von Positivität.

In Bezug auf den Partner sind es vor allem Verhaltensweisen, die für eine sachliche und emotionale Unterstützung sprechen, wie z.B. etwas Unangenehmes für den Anderen erledigen oder Interesse und Solidarität zeigen. Darüber hinaus spielt eine aktive Beziehungspflege eine zentrale Rolle. Dazu gehört z.B. ein gemeinsames hedonistisches Repertoire. Gemeint sind damit all jene Dinge, die man gern zusammen macht, wozu für die Meisten auch eine beglückende sexuelle Beziehung gehört. Darüber hinaus das Mitteilen von positiven Gefühlen und Gesten bis hin zu (vielleicht unerwarteten) kleinen Aufmerksamkeiten, die dem Partner signalisieren, dass er einen besonderen Platz im eigenen Herzen einnimmt.

Freilich ist für das gemeinschaftliche Wohlbefinden auch das persönliche Wohlbefinden wichtig. Das haben schon die alten griechischen Philosophen gewusst, wenn Sie vom Prinzip der „Selbstsorge", d.h. dem pfleglichen Umgang mit dem eigenen Selbst, sprachen. Und auch für heutige Verfechter einer Philosophie der Lebenskunst, ist das „Mit sich selbst befreundet sein" (Schmid 2004) die Quelle für persönliches Wohlbefinden, aus der sich auch gemeinschaftliches Wohlbefinden speist. Insofern hat die Pflege des individuellen hedonistischen Repertoires mit seinen diversen Facetten wie Entspannung, Bewegung, soziale Kontakte, kulturelle Aktivitäten etc. eine zentrale, wenn nicht gar unerlässliche Bedeutung.

Nun bestehen allerdings Familien nicht nur aus Paaren und deren Beziehungen, sondern umfassen – wie wir eingangs gesehen haben – mindestens zwei Generationen, weswegen wir nun den Blick auf die Nachkommenschaft von Paaren, d.h. ihre Kinder, richten.

Eltern-Kind-Beziehungen

Auf der einen Seite besteht ein breiter gesellschaftlicher Konsens darüber, dass die nachwachsende Generation eines Landes das wichtigste „Humanvermögen" ist, um in einer zunehmend globalisierten Welt bestehen zu können. Dies besagt, dass Kinder und Jugendliche über entsprechende Voraussetzungen wie Leistungsbereitschaft, Wissens- und Handlungskompetenzen oder soziale Fähigkeiten verfügen sollten, um für zukünftige Herausforderungen gerüstet zu sein.

Auf der anderen Seite zeigt sich, dass immer mehr Kinder und Jugendliche Persönlichkeits- und Verhaltensstörungen aufweisen. Hierzu einige Belege:

- Die Ergebnisse der KiGGS-Studie des Robert Koch Instituts (2006) zur Gesundheit von Kindern und Jugendlichen in Deutschland, an der ca. 18.000 Kinder und deren Eltern teilnahmen, förderten zu Tage, dass 17% der Kinder und Jugendlichen im Alter zwischen 11 und 17 Jahren sich selbst in wenigstens einem der folgenden Bereiche als auffällig beschreiben: emotionale Probleme (z.B. Ängste, Sorgen, Niedergeschlagenheit), Hyperaktivitätsprobleme (z.B. motorische Unruhe, Ablenkbarkeit, unüberlegte Handlungen), Verhaltensauffälligkeiten (z.B. aggressives Verhalten, Ungehorsam, Lügen), Probleme mit Gleichaltrigen (z.B. Kontaktschwierigkeiten, ohne guten Freund oder unbeliebt sein). Ihre Eltern sind sogar noch kritischer: 27,9% schätzen ihre Kinder nach den genannten Kriterien als auffällig ein.
- Kindliche Verhaltensstörungen erhöhen im Jugendlichenalter die Wahrscheinlichkeit für Schulversagen, Aggressivität, frühe und ungeschützte Sexualität, Drogenmissbrauch, Vandalismus, Delinquenz und Kriminalität. Hierfür nur ein Beispiel: in Deutschland ist nach den Daten der Polizeilichen Kriminalstatistik des Bundeskriminalamts (www.bka.de/pks/

zeitreihen/index.html, eigene Berechnungen) in einem Zeitraum von knapp 20 Jahren (d.h. von 1987 bis 2006) die Tatverdächtigenquote bezüglich aller Straftaten bei Kindern bis zu 14 Jahren um 83% und bei Jugendlichen zwischen 14 bis zu 18 Jahren um 118% gestiegen.

- Besonders auffällig ist die Zunahme in den Kategorien „Rohheitsdelikte/ Straftaten gegen persönliche Freiheit" (Kinder: 706%; Jugendliche: 454%), „Körperverletzung" (Kinder: 861%; Jugendliche: 505%) „Gewaltkriminalität" (Kinder: 703%; Jugendliche: 446%) – ganz zu schweigen von „Rauschgiftdelikten", die bei Kindern um 2252% und bei Jugendlichen um 725% zugenommen haben.

Diese alarmierenden Zahlen trüben deutlich das Bild eines von der Politik geforderten psychisch gesunden „Humanvermögens" in Gestalt der nachwachsenden Generation (vgl. den von der deutschen Bundesregierung in Auftrag gegebenen Fünften und Siebten Familienbericht, Bundesministerium für Familie und Senioren 1994; Bundesministerium für Familie, Senioren, Frauen und Jugend 2006). Vieles spricht dafür, dass die genannten Entwicklungen u.a. vor dem Hintergrund eines epochalen Wandels zu sehen sind, der nach dem Motto „Von der Erziehung zur Beziehung" zu einer zunehmenden Liberalisierung des Eltern-Kind-Verhältnisses geführt hat (Schneewind u. Ruppert 1995). Für viele Eltern bedeutet dieser im Prinzip begrüßenswerte Liberalisierungsschub allerdings eine Verunsicherung hinsichtlich ihrer Erziehungswerte und -methoden. Dies vor allem dann, wenn es darum geht, ihren Kindern in herausfordernden Situationen (z.B. wenn sie sich nicht an Vereinbarungen halten, sich um unangenehme Aufgaben drücken, sich abfällig und respektlos verhalten, anderen gegenüber aggressiv sind) klare Regeln zu vermitteln und Grenzen zu setzen. Einige Beispiele mögen dies belegen:

- In einer telefonischen Befragung von 1.013 Eltern, die 2002 in ganz Bayern durchgeführt wurde, gaben 51,4% der Befragten an, dass sie in Erziehungsfragen manchmal oder häufig Unsicherheit verspüren und nur 12,9% waren der Meinung, dass sie in Erziehungsfragen nie unsicher sind. Vier Jahre später haben sich die Werte weiter in Richtung einer größeren Erziehungsunsicherheit verändert (Mühling u. Smolka 2007).
- In einer weiteren Studie aus dem Jahre 2002, an der 3.060 Eltern aus ganz Deutschland mit mindestens einem Kind unter 14 Jahren teilnahmen, berichteten 43% der Befragten, dass sie manchmal oder häufiger Unsicherheiten in der Erziehung erleben (ELTERN-Gruppe 2002). Gleichzeitig wurden die Eltern danach befragt, wie häufig sie Probleme mit ihrem Kind haben. 63% der Eltern gaben an, nur selten Probleme zu haben, während 26% der Eltern berichteten, dass Probleme mit ihrem Kind öfter vorkommen. Darüber hinaus zeigt sich, dass zwei Drittel der Eltern mit häufigeren Problemen im Umgang mit ihren Kindern auch häufiger in ihrer Erziehung unsicher sind. Hochgerechnet auf alle Eltern

in Deutschland mit Kindern bis 14 Jahren sind dies über 2,2 Millionen Eltern.

Besteht nun wirklich ein „Erziehungsnotstand" oder gar eine „Erziehungskatastrophe" in unseren Landen, wie es einige Bestsellerautoren suggerieren (Gaschke 2003; Gerster u. Nürnberger 2002)? Auch wenn es stimmt, dass psychische Probleme von Kindern und Jugendlichen zugenommen haben, sollte man mit der Verbreitung von Katastrophenszenarien vorsichtig sein. Immerhin gilt nach den Befunden einer Reihe von Shell-Studien über die letzten Jahrzehnte für den überwiegenden Teil der Kinder und Jugendlichen, dass sie glücklich sind und in einem positiven familialen Umfeld aufwachsen (so z.B. auch in der 15. Shell Jugend-Studie, Shell Deutschland Holding 2006). Trotzdem: Der Bedarf nach Unterstützung der Eltern in ihrer verantwortungsvollen Aufgabe ist – wie die oben erwähnten Untersuchungsbefunde belegen – unübersehbar. Viele Eltern sind verunsichert, weil sie nicht wissen, wie sie „richtig" erziehen sollen. Die Nachfrage nach Erziehungsratgebern und ein Blick auf die einschlägigen Regale der Buchhandlungen sprechen für sich. Aber jenseits des einträglichen Geschäfts der Ratgeberliteratur lässt sich zunächst die Frage stellen, was Kinder eigentlich brauchen, um sich – wie es im § 1 des deutschen Kinder- und Jugendhilfegesetzes heißt – zu einer „eigenverantwortlichen und gemeinschaftsfähigen Persönlichkeit" entwickeln zu können.

Was Kinder brauchen

Ein guter Ausgangspunkt, um diese Frage zu beantworten, besteht darin, auf die zentralen Grundbedürfnisse von Kindern zu fokussieren, um dann das entsprechende entwicklungsförderliche Verhalten von Eltern oder anderen, auch außerfamilialen Betreuungspersonen (z.B. Erzieherinnen und Tagespflegekräfte) im Kontext von Interaktionsprozessen zu thematisieren, das schließlich einen Beitrag zu bestimmen Entwicklungseffekten auf Seiten der Kinder leistet (Schneewind 2008a).

- Das kindliche *Bedürfnis nach Sicherheit* erfordert von Betreuungspersonen physische Präsenz, psychische Verfügbarkeit und feinfühliges Verhalten (z.B. in Gefahren- oder Kummersituationen), um auf Seiten des Kindes eine angemessene Stressbewältigung und Kontrolle negativer Emotionen zu ermöglichen.
- Das kindliche *Bedürfnis nach Stimulation* erfordert von Betreuungspersonen Maßnahmen zur Aktivierung des Explorationsbedürfnisses (z.B. durch eine anregungsreiche soziale und materielle Umgebung), um das eigenständige Erkunden der Umgebung und die Lernbereitschaft des Kindes zu stärken.
- Das kindliche *Bedürfnis nach Bezogenheit* erfordert von Betreuungspersonen emotionale Zuwendung und positive wechselseitige Beeinflussung

(z.B. in Spielsituationen), um die Gemeinschaftsfähigkeit, Sozialisationsbereitschaft und soziale Integration des Kindes zu befördern.
- Das kindliche *Bedürfnis nach Kompetenz* erfordert von Betreuungspersonen Explorationsunterstützung und Assistenz (z.B. bei schwierigen Anforderungen oder Problemen), um das Interesse und die Problemlösefähigkeit des Kindes zu entwickeln.
- Das kindliche *Bedürfnis nach Autonomie* erfordert von Betreuungspersonen das Eröffnen und Gewähren von Handlungsoptionen (z.B. bezüglich der Entscheidung für oder gegen bestimmte Spielaktivitäten), um die Entwicklung von Selbstwirksamkeit und Innovationsbereitschaft des Kindes zu anzuregen.

Vor allem im Hinblick auf die Kompetenz- und Autonomieentwicklung ihrer Kinder wird die Bedeutung von Eltern und anderen Betreuungspersonen in ihrer Bildungsfunktion sichtbar. Anknüpfend an Vygotskys (1987) Konzept der „Zone der nächsten Entwicklung" und das im Englischen als „scaffolding" (zu Deutsch etwa: ein Gerüst bereitstellen) bezeichnete Konzept der autonomiegewährenden Unterstützung können Eltern z.B. bei der Lösung herausfordernder Probleme (etwa beim Zusammenfügen eines schwierigen Puzzles) in Form von Hinweisen, Fragen oder Demonstrationen Strukturierungshilfen geben, wenn ihr Kind nicht mehr weiter weiß, und diese wieder zurücknehmen, wenn ihr Kind eigenständig und erfolgreich weiter arbeitet, um das Problem selbst zu lösen. Auf diese Weise entwickeln Kinder im Laufe der Zeit nicht nur ein elternunabhängiges „Selbst-Scaffolding" sondern erleben sich selbst auch mehr und mehr als eigenständige Verursacher ihrer Problemlösung, was wiederum ihre intrinsische Motivation beflügelt (Schneewind 2008b).

Um die Aufgaben, die mit einem entwicklungsförderlichen Umgang mit ihren Kindern zu bewältigen sind, angemessen meistern zu können, stellt sich nun die Frage, was Eltern (und andere Betreuungspersonen) brauchen.

Was Eltern brauchen

Jenseits der soeben erwähnten Elternkompetenzen zur Befriedigung kindlicher Grundbedürfnisse gibt es eine Reihe von Einflussfaktoren, die das Kerngeschäft von Eltern, d.h. ihren Beitrag zu einer positiven Entwicklung ihrer Kinder, gefährden. Gefordert ist daher eine besondere Achtsamkeit für den möglichen Verfall elterlicher Ressourcen und gegebenenfalls ein frühzeitiges Verhindern bzw. Abfedern eines derartigen Ressourcenverfalls. Zum Teil liegen diese Gefährdungspotentiale auch innerhalb der Familie im engeren und weiteren Sinne. So erschwert z.B. ein *schwieriges Temperament* des Kindes, das sich u.a. durch ein hohes Maß an Unberechenbarkeit und negativer Emotionalität zu erkennen gibt, den Eltern, ihre Elternkompetenzen zur vollen Entfaltung zu bringen. Ähnliches trifft auch für die Eltern selbst zu, wenn sie über *problematische Persönlichkeitsmerkmale* verfügen, die sich etwa als geringes Einfühlungsvermögen und stark ausgeprägte Reizbarkeit oder Irritierbarkeit präsentieren. Auch eine *belastete Paarbeziehung* und – häufig damit einhergehend – eine *mangelnde Allianz der Eltern* im Umgang mit ihren Kindern erweist sich auf Dauer als abträglich für deren Entwicklung. Ähnliches gilt auch, wenn die Eltern selbst aus *schwierigen Herkunftsfamilien* stammen, in denen sie mit einem wenig entwicklungsförderlichen Verhalten ihrer eigenen Eltern konfrontiert waren. Auch ein *beeinträchtigender sozialer Kontext* (z.b. unsichere Wohnungsumgebung, fehlende soziale Unterstützung), *problematische Arbeitsbedingungen* (z.b. Arbeitslosigkeit oder -überlastung), *prekäre ökonomische Lagen* (z.b. Armut, Schuldenlast), aber auch der Einfluss einer *überbordenden Medien- und Konsumgesellschaft* (z.b. unkontrolliertes und ausuferndes Fernsehen oder zeitraubende Computerspiele – auch von Eltern) schlagen hier zu Buche. Vor dem Hintergrund dieser vielfältigen Einflussfaktoren wird deutlich, dass die Realisierung adäquater Elternkompetenzen der Art, wie sie in den vorangegangenen Abschnitten angesprochen wurden, kein einfaches Geschäft ist.

Was also brauchen Eltern vor allem? Im Folgenden soll kurz auf drei zentrale Punkte eingegangen werden. Die Argumente laufen darauf hinaus, dass Eltern zum einen zufrieden stellende Beziehungen brauchen, zum anderen aber auch unterstützende Erziehungs- und Bildungspartnerschaften und schließlich auch eine hinreichende Vereinbarkeit von Familie und Beruf.

Den ersten Punkt – eine *zufriedenstellende Paarbeziehung* – haben wir weiter oben schon ausführlicher behandelt. Hier soll nur noch so viel hinzugefügt werden, dass die einschlägige Forschung klare Belege dafür aufzeigen kann, dass markante Zusammenhänge zwischen Elternkonflikten, der Qualität von Eltern-Kind-Beziehungen und kindlichen Verhaltensauffälligkeiten bestehen. Es kommt gewissermaßen zu negativen „Überschwapp"- oder „Spillover"-Effekten von belasteten Paarbeziehungen auf problematische Beziehungen der Eltern zu ihren Kindern, die dazu führen, dass die erwähnten Grundbedürfnisse der Kinder nicht mehr angemessen befriedigt werden können. Diese Prozesse erfolgen sowohl direkt (z.B. indem Kinder beobachten, wie Eltern sich vor ihnen streiten, was besonders abträglich ist, wenn die Kinder selbst der Streitgegenstand sind), als auch indirekt, indem Eltern wegen der Involviertheit in ihre eigenen Paarbeziehungsprobleme für die Kinder psychisch nicht mehr erreichbar sind (Schneewind 2008c).

Der zweite Punkt bezieht sich auf die Etablierung von *Erziehungs- und Bildungspartnerschaften*. Um das schwierige Geschäft der Eltern bei ihrem Bemühen um die positive Entwicklung ihrer Kinder zu unterstützen, findet sich in letzter Zeit vermehrt die Forderung nach der Einrichtung von Erziehungs- und Bildungspartnerschaften auf der Ebene von Ländern und Kommunen (Textor 2006; Wehrmann 2008). Dies betrifft auch das Zusammenwirken von Eltern und außerfamilialen Betreuungseinrichtungen im frühen Kindesalter. Hier existiert bereits eine Reihe von nachweislich wirksamen Programmen mit zentrums- und stadtteilbezogener *Kommstruktur* (z.b. das „Early Excellence Centre" in Berlin oder das Programm „PAT – Mit Eltern lernen" in Nürnberg) bzw. mit einer über Hausbesuche realisierten *Gehstruktur* (z.b. das Opstapje – Schritt für Schritt oder das HIPPY [Home Instruction for Parents of Preschool Youngsters] Programm. Diesen Programmen gelingt es, insbesondere auch bildungsferne und Migrationsfamilien anzusprechen.

Generell bleibt zu wünschen, dass dabei sowohl in elterlichen als auch in außerfamilialen Betreuungskontexten die oben genannten förderlichen Entwicklungsvoraussetzungen für Kinder als unverzichtbarer Qualitätsstandard Anerkennung finden und entsprechend nachhaltig umgesetzt werden (zusammenfassend hierzu: Berkic u. Schneewind 2007; Schneewind u. Berkic 2007). Dabei kann für Kinder vom Vorschul- bis zum Jugendalter nach dem Erziehungsprinzip „Freiheit in Grenzen" auch auf mediengestützte Ansätze zur Stärkung von Elternkompetenzen zurückgegriffen werden (Schneewind u. Böhmert 2009a, 2009b, 2009c).

Der dritte Punkt bezieht sich auf die Forderung, dass insbesondere angesichts der in den letzten Jahrzehnten erfolgten drastischen Zunahme der Berufstätigkeit von Frauen (und vor allem auch von Müttern) Eltern eine bessere *Vereinbarkeit von Familie und Beruf* benötigen (Schneewind u. Kupsch 2006). Obwohl in letzter Zeit auf politischer und Unternehmensebene hierzu wesentliche Fortschritte erzielt wurden, geht es nicht nur allein darum, vereinbarkeitstaugliche gesellschaftliche und institutionelle Rahmenbedingungen zu schaffen, sondern auch darum, auf der Paar- und Familienebene adaptive Strategien zu entwickeln bzw. im konkreten Familienalltag einzusetzen, die es ermöglichen, Familie und Beruf besser unter einen Hut zu bringen.

Vor diesem Hintergrund mag es nicht erstaunlich sein, dass sich die Pflege des individuellen und gemeinsamen hedonistischen Repertoires (also all jener Aktivitäten, die mit einem hohen Grad positiven Emotionen verbunden sind) neben einigen anderen Aspekten wie Zeitmanagement, klare Trennung von Familie und Beruf, dyadisches Coping) als wichtige adaptive Strategien erwiesen haben, um berufliche und familiale Belastungen besser auffangen zu können (Kupsch u. Schneewind 2008; Kupsch, Schneewind u. Reeb 2009).

Abgesehen davon, dass adaptive Strategien der genannten Art dazu beitragen, dass die erlebte Vereinbarkeit von Familie und Beruf positiver ausfällt und dass das persönliche Wohlergehen sowie die Familienzufriedenheit (einschließlich Paarzufriedenheit) und die Zufriedenheit im beruflichen Bereich sich günstiger darstellen, ist ein wichtiger Punkt besonders hervorzuheben. Gemeint ist die Tatsache, dass die Anwendung dieser adaptiven

Strategien weitgehend in der Macht jedes Einzelnen oder jedes Paares und nicht unter dem Diktat irgendwelcher von außen gesetzter Rahmenbedingungen übergeordneter Instanzen steht. Mit anderen Worten: es geht im beruflichen und privaten Lebenskontext darum, sich die verfügbaren Ressourcen anzueignen. Vor allem aber geht es darum, diese Ressourcen dann auch entsprechend zu nutzen, um negative „Spillover"-Effekte – diesmal solche zwischen den Lebensbereichen Beruf und Partnerschaft bzw. Familie – spürbar zu reduzieren.

Schlusswort

Auch wenn sicher nicht zu leugnen ist, dass die Spezies „Familie" einer ganzen Reihe von Gefährdungspotentialen ausgesetzt ist, sollte deutlich geworden sein, dass Paare und Familien diesen nicht hilflos ausgeliefert sind. Es zahlt sich aus, auf familienpsychologisch fundierte Strategien zurückzugreifen, die im Sinne einer selbstverantworteten Lebensführung die Chancen für ein „bejahenswertes" Leben (Schmid 2004) erhöhen. Wissenschaftliche fundierte und praxiserprobte Mittel hierzu stehen zur Verfügung. Woran es fehlt, ist eine konzertierte, nachhaltige und flächendeckende Umsetzung dieser Instrumente zur Entwicklung eines „bejahenswerten" Familienlebens. Es ist dies eine herausfordernde Aufgabe von höchster gesellschaftlicher Priorität.

Literatur

Berkic, J. u. Schneewind, K. A. (2007): Förderung von Elternkompetenzen. Ansätze zur Prävention kindlicher und familialer Fehlentwicklungen. Kindesmisshandlung und -vernachlässigung, 10, 31-51.
Bodenmann, G. (2000): Kompetenzen für die Partnerschaft. Freiburger Stresspräventionstraining für Paare. Weinheim und München: Juventa.
Bodenmann, G. (2002): Beziehungskrisen erkennen, verstehen und bewältigen. Bern: Huber.
Bodenmann, G.; Pihet, S.; Cina, A.; Widmer, K. u. Shantinath, S. (2006): Improving dyadic coping with a stress-oriented approach. A 2-year longitudinal study. Behavior Modification, 30, 571-597.
Bundesministerium für Familie und Senioren (Hrsg.) (1994): Familien und Familienpolitik im geeinten Deutschland – Zukunft des Humanvermögens. Fünfter Familienbericht. Bonn: Universitäts-Druckerei.
Bundesministerium für Familie, Senioren, Frauen und Jugend (Hrsg.) (2006): Familie zwischen Flexibilität und Verlässlichkeit. Siebter Familienbericht. Baden-Baden: Koelbin-Fortuna-Druck.
Bundesministerium für Familie, Senioren, Frauen und Jugend (2008): Familienmonitor 2008. Repräsentative Befragung zum Familienleben und zur Familienpolitik. Osnabrück: KIWI GmbH.
Bundesministerium für Familie, Senioren, Frauen und Jugend (2009): Familien Report 2009. Leistungen, Wirkungen Trends. Osnabrück: KIWI GmbH.

Bundeszentrale für politische Bildung (2008): Datenreport 2008. Ein Sozialbericht für die Bundesrepublik Deutschland. Bonn.

ELTERN-Gruppe (Hrsg.) (2002): FamilienAnalyse 2002. Paderborn: Media Print.

Engl, J. u. Thurmaier, F. (2001): Sich besser verstehen – die präventiven Programme EPL und KEK als neue Wege der Ehevorbereitung und Ehebegleitung. In: S. Walper u. R. Pekrun (Hrsg.). Familie und Entwicklung. Perspektiven der Familienpsychologie (S. 364–384). Göttingen: Hogrefe.

Engl, J. u. Thurmaier, F. (2005): KOMKOM – ein hochwirksames Kommunikationstraining in der Eheberatung. Beratung Aktuell, 6 (1), 22-40.

Engstler, H. u. Menning, S. (2003): Die Familie im Spiegel der amtlichen Statistik. Berlin: DruckVogt GmbH.

Felderer, B. (1983): Wirtschaftliche Entwicklung bei schrumpfender Bevölkerung. Eine empirische Untersuchung. Berlin: Springer.

Gaschke, S. (2003): Die Erziehungskatastrophe. München: Heyne.

Gerster, P. u. Nürnberger, C. (2002): Der Erziehungsnotstand (2. Aufl.). Berlin: Rowohlt.

Gottmann, J. M. (1999): Die sieben Geheimnisse der Ehe. München: Marion von Schröder.

Haumann, W. (2006): Generationen-Barometer 2006. Freiburg/München: Karl Alber.

Kupsch, M. u. Schneewind, K. A. (2008): Adaptive strategies in balancing work and family life. A multilevel analysis. In: A. M. Fontaine a. M. Matias (Eds.), Family, work and parenting. International perspectives (pp. 95-106). Porto: Livpsic.

Kupsch, M., Schneewind, K. A. u. Reeb, C. (2009): Entwicklung eines Fragebogens zur Erfassung Adaptiver Strategien in der Vereinbarkeit von Familie und Beruf (FASIV). Diagnostica, 55, 184-197.

Langness, A., Leven, I. u. Hurrelmann, K. (2006): Jugendliche Lebenswelten. Familie, Schule, Freizeit. In: Shell Deutschland Holding (Hrsg.). Jugend 2006. Eine pragmatische Generation unter Druck (S. 49-102). Frankfurt: Fischer.

Mühling, T. u. Smolka, A. (2007): Wie informieren sich bayerische Eltern über erziehungs- und familienbezogene Themen? Ergebnisse der ifb-Elternbefragung zur Familienbildung 2006. Bamberg: Staatsinstitut für Familienforschung der Universität Bamberg.

Peukert, R. (2005): Familienformen im sozialen Wandel (6. Aufl.). Wiesbaden: VS Verlag für Sozialwissenschaften.

Reinmuth, S. I. u. Sturzbecher, D. (2007): Wertorientierungen, Kontrollüberzeugungen, Zukunftserwartungen und familiale Ressourcen. In: D. Sturzbecher u. D. Holtmann (Hrsg.). Werte, Familie, Politik, Gewalt – Was bewegt die Jugend? (S. 17-57). Münster: LIT.

Robert Koch-Institut (Hrsg.) (2006): Erste Ergebnisse der KiGGs-Studie zur Gesundheit von Kindern und Jugendlichen in Deutschland. Druck: druckpunkt. Druckerei und Repro GmbH.

Satir, V. (2004): Kommunikation, Selbstwert, Kongruenz. Konzepte und Perspektiven familientherapeutischer Praxis. Paderborn: Junfermann.

Schmid, W. (2004): Mit sich selbst befreundet sein. Frankfurt a.M.: Suhrkamp.

Schneewind, K. A. (2008a): Bildungs- und Erziehungspartnerschaft unter Berücksichtigung der Bindungsforschung. Expertise für das Bundesministerium für

Familie, Senioren, Frauen und Jugend. Unveröffentlichtes Manuskript. München: Department Psychologie der Universität München.

Schneewind, K. A. (2008b): Sozialisation in der Familie. In: K. Hurrelmann, M. Grundmann u. S. Walper (Hrsg.). Handbuch der Sozialisationsforschung (7. Aufl., S. 256-273). Weinheim: Beltz.

Schneewind, K. A. (2008c): Sozialisation und Erziehung im Kontext der Familie. In: R. Oerter u. L. Montada (Hrsg.). Entwicklungspsychologie (6. Aufl., S.117-145). Weinheim: Beltz.

Schneewind, K. A. (in Druck): Familienpsychologie (3. Aufl.). Stuttgart: Kohlhammer.

Schneewind, K. A. u. Berkic, J. (2007): Stärkung von Elternkompetenzen durch primäre Prävention. Eine Unze Prävention wiegt mehr als ein Pfund Therapie. Praxis der Kindertherapie und Kinderpsychiatrie, 56, 643-659.

Schneewind, K. A. u. Böhmert, B. (2009a): Kinder im Vorschulalter kompetent erziehen. Der interaktive Elterncoach „Freiheit in Grenzen". Bern: Huber.

Schneewind, K. A. u. Böhmert, B. (2009b): Kinder im Grundschulalter kompetent erziehen. Der interaktive Elterncoach „Freiheit in Grenzen" (2. Aufl.). Bern: Huber.

Schneewind, K. A. u. Böhmert, B. (2009c): Jugendliche kompetent erziehen. Der interaktive Elterncoach „Freiheit in Grenzen". Bern: Huber.

Schneewind, K. A. u. Graf, J. (2005): Familiale Prävention. In: D. Frey u. C. Hoyos (Hrsg.). Psychologie in Gesellschaft, Kultur und Umwelt. S. 107-113. Weinheim: Psychologie Verlags Union.

Schneewind, K. A. u. Kupsch, M. (2006): Perspectives psychologiques de la recherche sur les liens entre vie familiale et vie professionnelle. La Revue Internationale de L'Éducation Familiale, 19, 9-30.

Schneewind, K. A. u. Ruppert, S. (1995): Familien gestern und heute. Ein Generationenvergleich über 16 Jahre. München: Quintessenz.

Schneider, N. F. (1991): Partnerschaftskonflikte und Trennungsursachen. Forschungsforum. Bamberg: Otto-Friedrich Universität Bamberg.

Scholz, W. D., Busch, F. W. u. Briedis, K. (2006): Ehe – Familie – Partnerschaft. Eine empirische Untersuchung. Oldenburg: BIS.

Shell Deutschland Holding (Hrsg.) (2006): Jugend 2006. Eine pragmatische Generation unter Druck. Frankfurt: Fischer Taschenbuch Verlag.

Statistisches Bundesamt (2008): Familienland Deutschland. Wiesbaden.

Textor, M. R. (Hrsg.) (1996): Erziehungs- und Bildungspartnerschaft mit Eltern. Freiburg: Herder.

Thurmaier, F., Engl, J. u. Hahlweg, K. (1999): Eheglück auf Dauer? Methodik, Inhalte und Effektivität eines präventiven Paarkommunikationstrainings – Ergebnisse nach fünf Jahren. Zeitschrift für Klinische Psychologie, 1, 54-62.

Vygotsky, L. S. (1987): Ausgewählte Schriften. Arbeiten zur psychischen Entwicklung der Persönlichkeit (Band 2). Berlin: Volk und Wissen.

Wehrmann, I. (2008): Deutschlands Zukunft: Bildung von Anfang an. Kiliansroda: verlag das netz.

Wunderer, E. u. Schneewind, K. A. (2008): Liebe – ein Leben lang? Was Paare zusammenhält. München: dtv.

Uta Meier-Gräwe

Elternrollen im Wandel

Warum differenzierte und vernetzte Dienste für Familien notwendig sind

Wer geglaubt hatte, der überfällige familienpolitische Kurswechsel in Deutschland sei – wie in vielen anderen europäischen Ländern auch – inzwischen ein parteiübergreifendes Anliegen und auf einem guten Weg, kommt immer wieder ins Zweifeln. Da regte sich zum Beispiel 2007 vehementer Widerstand gegen die amtierende CDU-Familienministerin von Seiten ewig gestriger Parteifreunde, sekundiert von konservativen Vertretern der Bindungsforschung(z.b. Pechstein, Hellbrügge 2007). Stein des Anstoßes ist die entschiedene Forderung der Ministerin, bis zum Jahr 2013 die Zahl der Plätze in Krippen und bei Tagesmüttern bundesweit zu verdreifachen und mit einer Qualitätsoffensive zu verknüpfen. Dann und erst dann stünde zumindest für 35 Prozent der unter dreijährigen Kinder in Westdeutschland ein Angebot zur Verfügung. Vertreterinnen und Vertreter aus Wissenschaft und Praxis, die erforschen und/oder vor Ort erleben, was es für Eltern heißt, wieder und wieder vertröstet zu werden, weil dringend benötigte Betreuungsplätze fehlen, sind sich darüber einig, dass es sich um einen überfälligen Reformschritt handelt. Eine Katastrophe, befand dagegen der sächsische Kultusminister von der CDU, der das Schreckgespenst der Kinderbetreuung in der DDR auferstehen ließ und die Gefahr einer „kollektivistischen Zwangsatmosphäre" witterte. Ein katholischer Bischof nutzte den Parteienzwist zwischen CDU und CSU, indem er sich medienwirksam in die Debatte einklinkte und der Ministerin vorwarf, Frauen zu Gebärmaschinen zu degradieren, weil sie dazu verleitet würden, ihre Kinder direkt nach der Geburt in staatliche Obhut zu geben. Neu sind diese ideologischen und realitätsfernen Reaktionsmuster freilich nicht. Erinnert sei etwa an den Schlagabtausch nach dem Fall der Mauer, als westdeutsche Politiker, renommierte Soziologen und Kirchenoberhäupter ostdeutschen Müttern unisono empfahlen, jetzt ihre „überzogene Erwerbsneigung" zurückzuschrauben, um endlich zu lernen, was es heißt, Mutter zu sein. Ein familienpolitischer Kurswechsel wäre schon damals angezeigt gewesen; stattdessen wurden ideologische Grabenkriege fortgesetzt.

Erst nach Veröffentlichung der ernüchternden Ergebnisse der PISA-Studie (Programme for International Assessment) kam es allmählich zu einem Umdenken. Es zeigte sich nämlich, dass die Kinder unserer europäischen

Nachbarn keineswegs leistungsschwächer als deutsche Kinder sind, sondern die Nase sogar deutlich vorn haben. Auch die Kooperations- und Empathiefähigkeit schwedischer und französischer Kinder kann sich sehen lassen; eingeübt im täglichen, professionell begleiteten Umgang mit anderen Kindern an öffentlichen Lebens- und Lernorten, die als familienergänzende Einrichtungen ein hohes gesellschaftliches Ansehen haben.

Es stellt sich daher die Frage, warum sich in Deutschland diese Debatte immer wieder beleben lässt, obwohl die gesellschaftlichen Verhältnisse eine Kurskorrektur im Interesse von Kindern und Eltern dringend erforderlich machen. Die Renitenz des Denkmodells der „guten Mutter", das historisch gewachsen und mental tief verinnerlicht wurde, aber eben auch eine massive strukturelle Verankerung erfuhr, bedingt, dass der Reformstau hierzulande ein doppelter ist. Die historische Frauenforschung hat eindrucksvoll herausgearbeitet, wie sich in Deutschland im Verlauf des 20. Jahrhunderts Müttermythos und Benachteiligung von Müttern im Erwerbsleben wechselseitig bedingt haben und zu einem nachhaltig wirksamen Kulturmuster bzw. zu einem Strukturmerkmal der deutschen Gesellschaft geworden sind (Hausen 1993; Vinken 2002; Mantl 2005). Vor diesem Hintergrund lotet der Beitrag den Strukturwandel von Elternschaft aus und skizziert die vielfältigen Handlungsanforderungen, die sich in unterschiedlichen Politikbereichen stellen: Um Bildungsgerechtigkeit für Kinder aus benachteiligten Herkunftsverhältnissen zu erreichen, aber auch partnerschaftliche Arbeitsteilungsmuster zwischen Müttern und Vätern zu befördern, müssen neue Rahmenbedingungen geschaffen werden, die Familie, Erwerbsarbeit und Bildung in einem guten Sinne integrieren und herkömmliche Geschlechterrollenstereotype überwinden. So steht es beispielsweise dringend an, Jungen und Männern quer durch alle Bildungsgruppen vielfältige Erfahrungs- und Lernfelder fürsorglicher Praxis zu eröffnen, damit sie ein breiteres Rollen- und Kompetenzrepertoire erwerben können. Denn Konflikt- und Gewalterfahrungen, die Frauen in Paarbeziehungen machen, kommen häufiger vor als allgemein vermutet und werden keineswegs nur von Männern mit fehlenden oder geringen Bildungsabschlüssen ausgeübt. 37% der Täter verfügten über höchste Bildungs- und Ausbildungsgrade und mehr als 60% der betroffenen Frauen haben mittlere und hohe Schulabschlüsse und üben einen qualifizierten Beruf aus (BMFSFJ 2009).

Kein Kind oder ein Kind? – Abschied von der bürgerlichen Normalitätsvorstellung

Zunächst ist nicht zu übersehen, dass traditionelle, am Bild der „guten Mutter" orientierte Politikstile, die gut ausgebildeten Frauen mit Kindern den jahrelangen Ausstieg aus dem Erwerbsleben moralisch nahe gelegt und strukturell abgesichert haben, durchaus folgenreich waren: Unter westdeutschen Frauen besteht im Vergleich mit den entsprechenden Alterskohorten aller anderen europäischen Länder das höchste Ausmaß an Kinderlosigkeit. Dabei gilt: Je besser die Ausbildung, umso ausgeprägter dieser Zusammenhang. Auch Entscheidungen für mehr als ein Kind fallen bei den sehr gut ausgebildeten Frauen immer seltener. Unterbrechungen der Erwerbsbiografie wirken sich nachteilig auf die aktuelle Lebenssituation, aber auch auf die beruflichen Wiedereinstiegschancen und die Alterssicherung aus. Lücken in der Erwerbsbiografie und die Annahme von prekären Beschäftigungsverhältnissen sind in der Regel gleichbedeutend mit Lücken in der Versicherungsbiografie (Klammer 2004, S. 3f.). Während Männer entlang ihrer Erwerbsbiografie bislang ganz überwiegend in Vollzeit arbeiten, geht der Zuwachs der Erwerbsbeteiligung von westdeutschen Frauen wesentlich auf eine Zunahme von ungeschützten Beschäftigungsverhältnissen mit einer Wochenarbeitszeit von weniger als 20 Stunden zurück, wohingegen der Anteil der in Vollzeit erwerbstätigen Frauen seit 1991 stagniert. Zuzüglich der familienbedingten Unterbrechungen von Erwerbsarbeit ergeben sich daraus kumulative Nachteile für die Lebenserwerbseinkommen und Berufsbiografien von Frauen.

Vergleichende Studien haben darüber hinaus gezeigt, dass etwa in einer Großstadt wie Hamburg 43% der 40- bis 44-jährigen Hochschul- und Fachholschulabsolventinnen kinderlos sind gegenüber 27% bei der gleichen Bildungs- und Altersgruppe in Baden-Württemberg und sogar nur 13% in den neuen Bundesländern. Somit wird deutlich, dass insbesondere städtische Lebensformen und hohe Qualifikationen in Westdeutschland sehr ausgeprägt mit Kinderlosigkeit verbunden sind (vgl. Bundesministerium für Familie, Senioren, Frauen und Jugend 2006, S. 177).

Einer aktuellen Studie zufolge haben drei Viertel der im akademischen Mittelbau Beschäftigten aller Universitäten des Bundeslandes Nordrhein-Westfalen keine Kinder. Im Zeitvergleich von 1994 und 2004 lag die Quote der kinderlosen Frauen an den Universitäten von Nordrhein-Westfalen konstant hoch bei ca. 78%. Demgegenüber erhöhte sich der Anteil der kinderlosen männlichen Akademiker in diesem Zeitraum um drei Prozentpunkte auf 70,7% (Auferkorte-Michaelis et al. 2006, S. 6). Die Entscheidung für Kinder fällt den jungen Wissenschaftlerinnen und Wissenschaftlern offensichtlich noch sehr viel schwerer als ähnlich Qualifizierten außerhalb der Wissenschaft. Folglich erweisen sich die aktuellen Karrierebedingungen als nur äußerst schwer mit Elternschaft zu vereinbaren (ebd. S. 9).

Doch nicht nur Akademikerinnen, sondern auch sehr gut qualifizierte Männer verzichten immer häufiger auf Kinder. Das ist u.a. eine Konsequenz der Veränderungen auf dem Beziehungs- und Heiratsmarkt in Richtung einer bildungsbezogenen Homogenität (Blossfeld/Timm 1997): Während noch in den 1970er Jahren Männer überwiegend über höhere schulische und berufliche Abschlüsse verfügten als ihre jeweiligen Partnerinnen, begegnen sich Männer und Frauen – was ihre Bildungsabschlüsse angeht – heute zunehmend „auf gleicher Augenhöhe"; ein Arzt heiratet also nicht mehr eine Krankenschwester, sondern eher eine Ärztin. Damit stellt sich die Frage, wer nach der Geburt eines Kindes wie lange beruflich zurückstecken soll, in einer ganz anderen Tragweite. Die wenigen „neuen Väter", die sich an der Kinderbetreuung und bei der anfallenden Hausarbeit beteiligen, treffen in ihrem beruflichen Umfeld zusätzlich auf vielfältige mentale Vorurteile: Ihnen wird mangelnde Karriereorientierung und fehlende Leistungsbereitschaft unterstellt (Gesterkamp 2002, S. 103). Auch aus diesem Grund bleiben Kinderwünsche häufig auf der Strecke.

In der Zusammenschau der Ergebnisse zeigt sich, dass die längere Verweildauer im Bildungssystem und die verlängerte, jedoch begrenzte biologische Fertilitätsspanne insbesondere bei Frauen mit Hochschulabschluss dazu führt, die Geburt des ersten Kindes hinauszuschieben. In der Folge fallen berufliche Stabilisierung, Karriereaufbau und Familiengründung in dieselbe kurze Lebensspanne von ca. fünf bis sieben Jahren, der sogenannten „Rush Hour of Life". Dabei wird aus einer temporär gewollten Kinderlosigkeit (Aufschub der Geburt) auf Grund zwischenzeitlicher Veränderungen häufig eine endgültige, ungewollte Kinderlosigkeit (Nave-Herz 1988).

Die 2003 durchgeführte Allensbach-Studie „Das subjektive Zeitfenster für die Elternschaft" hat den Deutschen zudem bescheinigt, dass sie eine „Erst-Mal-Mentalität" dazu verleitet, zunächst ihre Ausbildung abzuschließen und berufliche Erfahrungen zu sammeln, ehe sie an eigene Kinder denken (Institut für Demoskopie Allensbach 2004). Über neunzig Prozent der jungen deutschen Frauen und Männer vertreten diese Meinung. Oft raten Eltern ihren erwachsenen und in Ausbildung befindlichen Kindern dringend davon ab, vor einem gelungenen Berufseinstieg überhaupt an die Gründung einer Familie zu denken. Auch dadurch geraten Kinderwünsche besonders pflichtbewusster junger Frauen und Männer unbeabsichtigt in die Sackgasse der Kinderlosigkeit oder aber sehr spät im Biografieverlauf werden dann allenfalls Einzelkinder geboren.

In der Lebensplanung soll die Reihenfolge eingehalten werden: erst Planungssicherheit und eine solide ökonomische Basis, dann Kind(er). Gerade diejenigen, die sich so etwas wie bewusste Elternschaft vorstellen und sehr genau um die Bedeutung von Bildung für ihre Kinder wissen, verpassen demnach über ihre Vorstellungen vom idealen Zeitpunkt für eine geglückte Elternschaft am Ende die Umsetzung ihres Lebensentwurfs mit Kind(ern). Dazu trägt auch die öffentliche Diskussion in unserer Gesellschaft wesentlich bei: Was Kinder heute alles brauchen, was Eltern alles falsch machen – solche Fragen werden gerade von jungen Erwachsenen mit einer hohen Bildung sehr ernst genommen. Es gibt eine wahre Flut pädagogischer Ratgeberliteratur. In der Fachöffentlichkeit wird dafür der Begriff einer zunehmenden „Professionalisierung von Elternschaft" verwendet. Wenn Kindergärtnerinnen nach der Veröffentlichung der PISA-Studie etwa von einer besorgten, auch in Vollzeit erwerbstätigen Mutter gefragt werden, wie wichtig es ist, dass man am Wochenende mit einem Vierjährigen ins Deutsche Museum nach München fährt, damit das Kind schon in dieser Zeit möglichst viel lernt, verweist das auf den enormen Druck, der auf jungen Eltern lastet.

Mit Blick auf den Anspruch, den junge Eltern mit einer guten Ausbildung darüber hinaus in Bezug auf ihre eigene berufliche Situation haben, baut sich der Kinderwunsch und seine Umsetzung zu einem ehrgeizigen Projekt auf, das in einer biografisch kurzen Lebensspanne umgesetzt werden soll. Angesichts dieser Überforderung ist ein Scheitern oft vorprogrammiert.

Hinzu kommt, dass Eltern in Deutschland das Projekt Kind vor allem als ihre Privatangelegenheit ansehen, für das sie ganz persönlich verantwortlich sind. Vielen Akademikerinnen und Akademikern fällt gar nicht ein zu fragen, warum es keine verlässlichen öffentlichen Betreuungsangebote mit einer guten Qualität gibt, sondern sie suchen gleich nach einer Tagesmutter oder geben ihren Beruf auf. Das hat damit zu tun, dass familienunterstützende Infrastrukturen für Kinder in Deutschland nach wie vor völlig unterentwickelt sind. Zudem gehen auch vermeintlich „moderne" und dynamische männliche Entscheidungsträger immer noch davon aus, dass eine Mutter mindestens in den ersten drei oder besser noch den ersten sechs Lebensjahren des Kindes die wichtigste Bezugsperson sei, die möglichst den ganzen Tag für das Kind präsent sein soll. Das ist eine Einstellung, die es in dieser Form in den skandinavischen Ländern oder in Frankreich gar nicht gibt und die sich mit dem Aufbau einer eigenständigen Erwerbsbiografie nicht verträgt.

Die Erfahrungen aus der eigenen Kindheit, aber auch die immer längere Verweildauer von bereits erwachsenen Kindern im Elternhaus („Hotel Mama") befördern solche Einstellungen. Gerade Söhne nutzen den damit verbundenen Rundum-Gratis-Service sehr gern und tun sich später oft schwer, eine gleichberechtigte Arbeitsteilung mit einer berufstätigen Partnerin zu praktizieren. Es ist in diesem Zusammenhang bezeichnend, dass Männer deutschlandweit dem Emanzipationsvorsprung der jungen Frauen deutlich hinterher hinken: So zeigt die aktuelle Männer-Studie der beiden großen Kirchen und des Bundesfamilienministeriums, dass der deutsche Mann traditioneller ist als gedacht: Vor allem in den jüngsten Altersgruppen driften die Vorstellungen über das Zusammenleben in der Familie auseinander: 41% modernen Frauen stehen lediglich 13% moderne Männer gegenüber- Beziehungskonflikte sind also vorprogrammiert. Fast ein Drittel der Männer denkt traditionell und sieht sich in der Rolle des Ernährers. Den Sinn ihres Lebens sehen sie in der Arbeit, wohingegen ihre Frauen für Kinder und Haushalt zuständig sein sollen. Sie akzeptieren heute zwar öfter als noch 1998, dass Frauen auch „hinzuverdienen", allerdings geht dieses Zugeständnis nicht mit der Bereitschaft einher, mehr Verantwortung für Haushalt und die generative Sorgearbeit zu übernehmen (Keller 2009:2). Die

Bedeutung von vorgelebten Lebensmustern und Wertvorstellungen in der Herkunftsfamilie wirkt hier offensichtlich erheblich nach. Das zeigt auch ein Blick nach Ostdeutschland. Wer immer eine berufstätige Mutter hatte, nimmt zur Erwerbstätigkeit von Frauen eine andere Haltung ein. Aber auch moderne Männer stimmen heute bundesweit wieder deutlich häufiger als vor zehn Jahren dem Statement zu, dass der Sinn des Lebens im beruflichen Aufstieg liege und dass versage, wer den Aufstieg nicht schafft. Zugleich neigen moderne Männer – der Studie zufolge – zu einer Romantisierung der Paarbeziehung. Sie wünschen sich eine romantische Beziehung in der Ehe, einen beruflichen Aufstieg und viel Freizeit (Ebenda.). Auch hier sind Konflikte und die Fragilität von Paarbeziehungen vorgezeichnet; sie laufen Gefahr, an veränderten Realitäten und an den modernen Lebensvorstellungen der jungen Frauengeneration zu scheitern, an der Erwartung nämlich, dass sich beide ebenbürtig für Beruf und Familie engagieren. Hinzu kommt ein evidenter Mangel an konstruktiven Konfliktlösungsstrategien. Das beeinflusst die Qualität der Partnerschaft negativ: Die gegenseitige Wertschätzung, gemeinsame Unternehmungen, Zärtlichkeit und Sexualität nehmen nach der Geburt eines Kindes ab, fast die Hälfte der Paarbeziehungen sind nach fünf Jahren auf dem Tiefpunkt angelangt (Fthenakis et al. 2002). Auch die engagierte Literaturredakteurin Iris Radisch beschreibt eindrücklich, dass sie, bei der Geburt ihres ersten Kindes sechsunddreißig Jahre alt, die damit einhergehenden Veränderungen in ihrer Beziehung zu dem Kindesvater so nicht vorhergesehen hatte. Während sie mit ihrer kleinen Tochter berufsbedingt in einer anderen Stadt lebte und jedes Wochenende per Bahn zu dem langjährigen Lebenspartner anreiste, weigerte dieser sich nach einiger Zeit, die beiden zu empfangen: „Er habe eine anstrengende Arbeitswoche hinter sich und müsse sich am Wochenende ausruhen. Wie, fragte ich entsetzt zurück. Und meine anstrengende Arbeitswoche? Und nachts immer noch das regelmäßig weinende Kind? Wird da vielleicht anders gerechnet? Und ja, da war schon klar: Bei Müttern gehen die Rechnungen in der Tat anders" (Radisch 2007:116).

Traditionelle wie moderne Männer scheinen sich vor allem in einem einig zu sein: Frauen gehören nicht wirklich in Führungspositionen, wenn sie Kinder haben. So gelangte Christiane Nüsslein-Volhard, Nobelpreisträgerin für Medizin, im Rückblick auf ihren beruflichen Werdegang in Westdeutschland zu der Einschätzung, dass gerade männliche Vorgesetzte und Kollegen fest an die Unvereinbarkeit von Mutterschaft und Wissenschaftskarriere glauben und die Widersprüchlichkeit ihres Denkens und Handelns gar nicht zu bemerken scheinen. Argumente wie „Die Frau gehört zu ihren Kindern" wechseln ab mit Statements wie „Die Wissenschaftlerin gehört ins Labor, wenn es sein muss auch am Samstag oder Sonntag". Dann wieder wird den Wissenschaftlerinnen ihre Kinderlosigkeit zum Vorwurf gemacht, weil sie nicht dafür sorgen, dass ihre Intelligenz weiterverbreitet wird: „Es sind dieselben Leute, die einmal so und einmal genau anders herum argumentieren." (Nüsslein-Volhard 2002).

Vor allem für Paare mit einer vergleichbar guten Ausbildung wird die Familiengründung aus den genannten Gründen offensichtlich zu einem prekären Drahtseilakt. Die bereits zitierte Studie über die konstatierte dramatische Kinderlosigkeit beim wissenschaftlichen Mittelbau bzw. dem „wissenschaftlichen Nachwuchs" an den Universitäten in Nordrhein-Westfalen dürfte keine Einzelerscheinung sein. Vielmehr ist davon auszugehen, dass es in anderen Bundesländern ähnliche Tendenzen gibt, was aber empirisch noch zu überprüfen wäre. Es handelt sich bei dieser Problematik mitnichten um ein Minderheitenproblem, denn die heutige Studierendenquote von 22% soll in den nächsten zehn Jahren auf 35 bis 40% angehoben werden.

Die gesellschaftlichen Auswirkungen dieser vermeintlich „privaten" Entscheidungen sind gravierend: Es bleiben immer öfter gerade diejenigen ohne Kinder, die von ihren Bildungsvoraussetzungen und Erwerbsperspektiven her potenziellen und mehrheitlich gewünschten Kindern bestmögliche Bedingungen des Aufwachsens bieten könnten. Zum Glück Eltern heißt in diesen Bildungsmilieus, bestenfalls noch ein Kind zu haben. Dieser Tatbestand kann auf Grund seiner schwerwiegenden Folgen für eine Gesellschaft, die im internationalen Wettbewerb keine anderen Ressourcen einbringen kann außer ihrem Humanvermögen, gar nicht ernst genug genommen werden. Ein Land, das auf das kulturelle und soziale Kapital seiner aktiven Erwerbsbevölkerung angewiesen ist, muss also dafür sorgen, dass auch die bei studierenden jungen Frauen und Männern weit verbreiteten Lebensentwürfe realisierbar sind, nämlich Beruf und Kinder miteinander vereinbaren zu wollen. Das Beharren auf dem Ausstieg von qualifizierten Müttern aus dem Beruf erweist sich somit auch volkswirtschaftlich als kontraproduktiv. Vielmehr sind familienpolitische Instrumente wie das einkommensabhängige Elterngeld, das auch für Väter die Übernahme generativer Sorgearbeit selbstverständlich einplant, ebenso gefragt wie eine qualitativ gute und flexible Kinderbetreuung, aber auch familienfreundliche Arbeitszeitregelungen in Unternehmen.

Bildungsarmut – und kein Ende in Sicht?

Zu einer nüchternen Bilanz der Bedingungen von Elternschaft in Deutschland gehört schließlich auch das Eingeständnis, dass der lange Jahre ideologisch gehegte und strukturell untermauerte westdeutsche Müttermythos, wonach es für Kinder das Beste sei, wenn die eigene Mutter eine Rundum-Betreuung über viele Jahre übernimmt, dazu geführt hat, dass in keinem anderen Land die soziale Herkunft einen derart starken Einfluss auf die Bildungs- und Lebenschancen der Kinder aufweist wie in Deutschland. „Weltmeister in sozialer Selektion" – ein wenig rühmlicher Titel, der so gar nicht zu dem Selbstverständnis der deutschen Gesellschaft passt, die das

Prinzip von sozialer Gerechtigkeit als weitgehend verwirklicht ansieht. Die in den vergangenen Jahrzehnten mit deutscher Gründlichkeit betriebene „Privatisierung" der Kinderfrage und eine auf Homogenisierung von Lerngruppen fixierte Schulpolitik haben uns aber noch weitere Probleme beschert. Seit Jahren nimmt der Anteil von Kindern in Deutschland stetig zu, deren Eltern beide – nach einer schwierigen Schullaufbahn – ohne beruflichen Abschluss geblieben sind. Das sind denkbar ungünstige häusliche Voraussetzungen, um Kindern jene Anregung und Unterstützung zu geben, die sie für ein gedeihliches Aufwachsen brauchen. Kinder- und Familienarmut zeigt sich dabei nicht nur am begrenzten Haushaltsbudget, sondern auch in Form von beengten Wohnverhältnissen, Schulfrust, gesundheitlichen Beeinträchtigungen und einer mangelnden gesellschaftlichen Teilhabe. Diese Entwicklungen werden durch das bestehende Bildungssystem in Deutschland weder für deutsche Kinder aus der „neuen Unterschicht" noch für Migrantenkinder abgemildert. Ende 2004 lebten rund 1,12 Millionen Minderjährige von Hilfen zum Lebensunterhalt (Sozialhilfe). Das entspricht 7,5% aller Mädchen und Jungen unter 18 Jahren in Deutschland. Nichtdeutsche Kinder sind dabei mehr als doppelt so häufig betroffen: (6,5% deutsch vs. 16,1% nicht deutsch). Die Quote der von relativer Einkommensarmut betroffenen Mädchen und Jungen lag gemäß EU-Definition je nach Operationalisierung zwischen 13 und 19% (Statistisches Bundesamt 2006, S.35f.). Mitte 2006 bezogen fast 1,9 Millionen der unter 15-Jährigen Sozialgeld (Bundesagentur für Arbeit 2006). 2009 wird bereits von drei Millionen armutsgefährdeten Kindern ausgegangen. Während sich in nahezu allen anderen EU-Staaten die Schulleistungen von Zuwandererkindern mit Dauer des Aufenthalts ihrer Familien verbessern, werden sie in Deutschland deutlich schlechter. Die Privatisierung der Kinderfrage und der ausgeprägte westdeutsche Müttermythos haben – pointiert gesagt – gerade für Kinder aus benachteiligten Herkunftsverhältnissen oftmals ein „Zuviel an Familie" und ein „Zuwenig an kindgerechten und familienergänzenden Betreuungs-, Bildungs- und Förderangeboten" hervorgebracht. Diese Entwicklung erweist sich aber nicht nur individuell für die Kinder aus benachteiligten Milieus als problematisch, weil erfolgreiche Bildungs- und Lebenschancen verhindert werden. Sie stellt zugleich eine latente Belastung für die bundesdeutsche Gesellschaft insgesamt dar, weil in alternden Gesellschaften eine insgesamt kleiner werdende Zahl von Menschen im erwerbsfähigen Alter eine größer werdende Gruppe von hilfs- und transferabhängigen Menschen mittragen muss. In die Bildung der künftigen Erwerbsbevölkerung zu investieren, ist somit eine essenzielle Zukunftsfrage, die durchaus auch ökonomische Relevanz besitzt. Sowohl unter Gerechtigkeitsaspekten als auch mit Blick auf die Zukunftssicherung der bundesdeutschen Gesellschaft und ihre Positionierung im internationalen Standortwettbewerb ist es demnach geradezu fahrlässig, wenn mehr als 20% der nachwachsenden Generation bildungsarm bleiben, funktionalen Analphabetismus aufweisen und in der Folge selbst wieder auf staatliche Transferzahlungen zurückgreifen müssen.

In anderen Ländern wurden diese Zusammenhänge längst erkannt und der Bildungsarmut von Kindern entschieden der Kampf angesagt (Esping-Andersen 2003).

Auch wenn in den letzten Jahren hierzulande familien- und bildungspolitisch viel in Bewegung gekommen ist, gibt es längst noch nicht unter allen kommunalen und schulischen Akteuren einen breiten Konsens darüber, dass es sich zum Beispiel bei Ganztagsbetreuungsangeboten um Lebens- und Lernorte handelt, die für Kinder und Jugendliche und ihre Sozialisation originäre und/oder kompensatorische Funktionen übernehmen (müssen). Wie notwendig das allerdings wäre, zeigen die Ergebnisse einer vom Bundesverband der Arbeiterwohlfahrt in Auftrag gegebenen Studie „Gute Kindheit – Schlechte Kindheit": So hatten im Jahre 2000 rund 43% aller Kinder mit einer Mehrfachbenachteiligung außerhalb des Kindergartens keinerlei Frühförderung erfahren. Dies macht deutlich, dass es um die „öffentliche Verantwortung für das Aufwachsen von Kindern" hierzulande nicht gut bestellt ist (Holz et al. 2005).

Differenzierte und vernetzte Hilfen im Sozialraum zur Armutsprävention als grundlegender Beitrag zu mehr Bildungsgerechtigkeit für benachteiligte Kinder

Kinder, die unter Bedingungen von Armut oder prekärem Wohlstand aufwachsen, brauchen vielfältige Bildungsangebote und Anregung jenseits ihrer Herkunftsfamilie. Sie benötigen Bildungsinstitutionen, die sie viel früher als bisher individuell und ganzheitlich fördern sowie Unterschiede beim Erwerb von Bildung abbauen. Eine zukunftsorientierte lokale Bildungspolitik muss sich dem Grundsatz „Bildung von Anfang an" verpflichtet fühlen. Es braucht eine frühe Förderung aller Kinder, eine kostenlose verpflichtende Vorschule von hoher Qualität und mit zumindest fachhochschulqualifizierten ErzieherInnen, welche die Lernfähigkeit der Kinder mit stimmigen und überprüften pädagogischen Konzepten unterstützen. Hier liegt einer der Schlüssel für die wirksame Förderung von Kindern aus benachteiligten Herkunftsverhältnissen, vorausgesetzt, Eltern und Kinder werden durch diverse Angebote der aufsuchenden und anleitende Familienhilfe und -beratung bereits nach der Geburt von Kindern unterstützt und durch passgenaue Angebote entlastet. Das Grundschulsystem und die Sekundarstufen sollten zusätzlich auf ein ganztägiges Modell der Gemeinschaftsschulen umgestellt werden, in dem die Kinder wie in den meisten europäischen Ländern mit guten Bildungsresultaten nach ihren individuellen Begabungen gefördert werden. Es geht um Schulstrukturen, die differenzierte Angebote mit vielen Wahlmöglichkeiten, kleine Klassen und einheitlich hohe Bildungsstandards für alle Begabungsstufen offerieren. Zwecks Ausbildung von sozialer Kompetenz ist es schließlich erforderlich, die Abschottung unterschiedlicher Milieus und Lebenslagen zu überwinden, anstatt sie bereits am Ende der Grundschulzeit zu besiegeln.

Bereits in den 1970er Jahren gab es in der fachpolitischen Diskussion eine wissenschaftlich-konzeptionell begründete Präferenz für Ansätze der psychosozialen Prävention bei Kindern. Beratung und Hilfe sollte in einer entsprechenden Infrastruktur professionell sichergestellt werden. Auf diese Weise war intendiert, Krisen und Konflikte im Vorfeld einer Problemeskalation zu bearbeiten, so dass die Trennung von Kind und Eltern bzw. von seinem sozialen Umfeld vermieden werden konnte. In der Konsequenz kam es zum Ausbau von Frühförderzentren und gemeinwesenorientierten Beratungsstellen, die konzeptionell neueste Erkenntnisse der Entwicklungspsychologie und Pädagogik aufnahmen und dezidert den Zielen von Prävention und Kooperation folgten.

Kontrastiert man den fachpolitisch hohen Stellenwert von präventiven Arbeitsformen mit der heutigen Situation, so fällt eine erhebliche Diskrepanz zwischen Anspruch und sozialer Beratungs- und Hilfepraxis auf. Zwar gehören präventive Ansätze nach wie vor in das Repertoire sozialpädagogischer und psychologischer Dienste als Option. Ihr faktischer Bedeutungsgehalt ist jedoch gegenüber kurativ- interventionistischen Arbeitsformen marginal. Diese Randständigkeit von Prävention steht vor dem Hintergrund des tiefgreifenden Strukturwandels von Kindheit und Familie in einem auffälligen Gegensatz zu den Bedarfslagen; etwa in den Kindertagesstätten. Zahlreiche Umfragen unter Erzieherinnen haben gezeigt, dass die Belastung des Kita-Alltags durch verhaltensauffällige Kinder inzwischen von den Befragten als das größte Problem in ihrem Berufsleben beklagt wird. Der Bedarf an praktischer und präventiver Unterstützung ist in den Kitas offensichtlich so groß, dass Erzieherinnen vielfach das Gefühl haben, weder ihrem pädagogischen Basisauftrag noch den betroffenen Kindern gerecht werden können. Diese Diskrepanz verstärkt sich im Grundschulalter der Kinder und läuft in der chronisch unterfinanzierten und bildungspolitisch vernachlässigten Schulform der Hauptschule offensichtlich immer öfter aus dem Ruder.

Folglich braucht es eine präventiv angelegte und sozialräumlich orientierte Kooperation zwischen sozialpädagogischen, sozialpsychologischen, aber auch familienbezogenen gesundheitlichen und hauswirtschaftlichen Diensten, um Kinder und ihre Eltern so früh wie möglich zu erreichen und beim Aufwachsen zu begleiten. Es geht dabei weniger um die Etablierung neuer Dienste und Hilfsangebote als vielmehr um ihre verstärkte passgenaue Ausrichtung an den veränderten Lebens- und Problemlagen von Kindern und ihrem häuslichen Umfeld sowie um eine strukturell bessere Vernetzung und Abstimmung der bestehenden Infrastrukturen vor Ort. Die Möglichkeiten für kooperative und interdisziplinäre Ansätze im Sozialraum werden bislang allerdings nur unzureichend erschlossen. Es überwiegt noch immer ein

Herangehen, bei dem Kindertagesstätte, Schule, Familienbildung und Jugendhilfe ihre je „eigene" Perspektive von (Armuts)prävention oder Bildungsgerechtigkeit entwickeln.

Auch die seit 1997 vom Institut für Sozialarbeit und Sozialpädagogik längsschnittlich erforschten Lebenslage und Zukunftschancen von (armen) Kindern bestätigen eindrucksvoll, dass sich Armut von frühester Kindheit an zeigt und in langfristigen Wirkungen manifestiert. Arme Kinder sind nachweislich beeinträchtigt, was ihre materielle Situation, ihre soziale Integration und ihre Bildungschancen betrifft. Diese ebenfalls durch PISA und jüngst in PISA-E belegte Erkenntnis zeigt sich keineswegs erst bei den Fünfzehnjährigen, sondern bereits bei den sechsjährigen Kindern. Im Zeitverlauf betrachtet, ist diese Entwicklung das Resultat eines Sozialisationsprozesses, der schon im Kindergartenalter – so die Langzeitstudie – erkennbar wird und sich in der Grundschulzeit massiv verstärkt (Holz et al. 2005). Dieser Prozess kumuliert dann durch die soziale Selektion im dreigliedrigen Schulsystem weiter: Auf diese Weise produziert die bundesdeutsche Gesellschaft in zunehmendem Maße „Kellerkinder" (Klaus Klemm), die ohne oder mit abgewertetem Hauptschulabschluss auf den Arbeitsmarkt treten und dort zunehmend ohne Chance auf eine existenzsichernde Berufsperspektive sind.

Der Vergleich mit den Entwicklungschancen nicht armer Kinder zeigt gleichwohl, dass Beeinträchtigungen und Auffälligkeiten von Kindern frühzeitig und dauerhaft vermeidbar sind. Vielfältige Projekte und Modellversuche, wie sie vor Ort erprobt werden, um arme Kinder und ihre Eltern zu begleiten und wirkungsvoll zu unterstützen, gilt es in die Regelpraxis zu übertragen und durch adäquate politische Rahmenbedingungen auf allen föderativen Ebenen zu flankieren.

Kooperatives und interdisziplinäres Arbeiten als erklärtes Ziel einer stärkeren öffentlichen und professionellen Verantwortlichkeit für Kinder und deren Eltern meint in diesem Zusammenhang mehr als die Abstimmung der Zusammenarbeit verschiedener Dienste unter Beibehaltung einer selbst definierten Zuständigkeit und auch mehr als die Regelung von Schnittstellen und Zuständigkeiten. Es geht ebenso um die gegenseitige Anerkennung der Vielfältigkeit und Wertschätzung der je anderen Fachlichkeit und zwar „auf gleicher Augenhöhe" und um die gemeinsame eindeutige Klärung der zu bearbeitenden Problematik. An die Stelle des Abarbeitens von Vorgaben hätte die Entwicklung von bedarfs- und passgenauen Konzepten zu treten bei Berücksichtigung der jeweiligen Kontextbedingungen vor Ort. Zugleich ist es erforderlich, Erfolgsbewertungen und Qualifizierungsmaßnahmen gemeinsam vorzunehmen.

Obwohl es in der Fachöffentlichkeit einen breiten Konsens über die Notwendigkeit zur Kooperation zwischen verschiedenen Diensten gibt, scheitert diese Bestrebung in der Realität sehr oft an versäultem Verwaltungshandeln, einer ressortgebundenen Finanzierung von Projekten oder auch schon an der Befürchtung, das eigene Profil oder gar die Existenzberechtigung zu verlieren. Deshalb ist es dringend erforderlich, einen Verständigungs- und Kooperationsprozess entlang der Leitfrage zu entwickeln, wie Kindern und ihren Eltern in benachteiligten Lebenslagen eine bestmögliche und individuelle Unterstützung im Sozialraum gewährt werden kann. Dieser Prozess erfordert klare und verbindliche Regeln der Kooperation zwischen allen Beteiligten mit dem Ziel, ein integriertes Gesamtkonzept der kurzen Wege zu entwickeln, in dem die vor Ort bestehenden Angebote bedarfsorientiert aufeinander bezogen und keinesfalls konkurrierende Angebote vorgehalten werden.

Aufgrund der vielfältigen neuen Anforderungen an die professionelle Begleitung von frühkindlicher Förderung und Bildung von Kindern aus benachteiligten Herkunftsmilieus ergeben sich schließlich Konsequenzen für die Qualifizierung und die Weiterbildung der in diesem Prozess zusammenwirkenden Fachkräfte. So ist ihre Sensibilisierung und die Vermittlung von Kenntnissen über gesellschaftliche Strukturveränderungen (Armutsentwicklung, Strukturwandel von Familie und Kindheit) ebenso erforderlich wie der Zugang zu neuesten Ergebnissen der neurobiologischen, entwicklungspsychologischen oder der Resilienz-Forschung. Schließlich erfordert auch die Kooperation mit semiprofessionellen MitarbeiterInnen und Laien bzw. die Zusammenarbeit mit VertreterInnen anderer Hilfesysteme eine hoch professionelle Arbeit, die auf eine entsprechende Qualifizierung fußt (Meier-Gräwe 2006).

Ein soziokulturelles Existenzminimum für arme Kinder und ihre Familien ist als Einzelmaßnahme keinesfalls hinreichend. Vielmehr sind lebenslaufbegleitende Maßnahmen einer sensiblen Kinder- und Jugendarbeit von der gezielten Frühförderung über eine verlässliche Begleitung und Unterstützung dieser Kinder in der Schulzeit bis hin zu einem gelingenden Ausbildungsabschluss vonnöten (Meier et al. 2003). Für ihre Eltern sind – neben großen Anstrengungen ihrer Reintegration in den Arbeitsmarkt – vielfältige vernetzte Formen von aufsuchender und anleitender hauswirtschaftlicher, sozialpädagogischer und sozialpsychologischer Familienhilfe und Familienbildung notwendig, um Alltagskompetenzen zu vermitteln, Familienbeziehungen zu stabilisieren oder ein „Entgleiten von Zeitstrukturen" zu verhindern (Meier-Gräwe 2007). Hingegen sind zusätzliche monetäre Transfers insbesondere für jene Familienhaushalte keine Lösung, die schon über mehrere Generationen in Armutslagen leben, weil sich dadurch an der Problemstruktur des Familienalltags und dem Ausgabeverhalten der Eltern schlicht nichts ändert. Gleichwohl gibt es andere Familien, wo es an finanziellen Ressourcen fehlt. Dazu gehören insbesondere alleinerziehende Mütter, die den Alltag mit Kindern überdurchschnittlich häufig mit einem vergleichsweise niedrigen bedarfsgewichteten Haushaltseinkommen bewältigen müssen (Eggen 2006).

Perspektiven

Die Lebensqualität von Kindern und Eltern quer durch alle Bildungsgruppen hängt perspektivisch ganz entscheidend von einem flexiblen und vielfältigen Angebot an passgenauen familienunterstützenden Diensten und einer bedarfsorientierten Qualifizierung des Personals mit hoher Schnittstellenkompetenz ab (Weinkopf 2003, S. 135f.). Der Ausbau einer solchen familienergänzenden Infrastruktur hätte zumindest drei positive Wirkungen: Zum einen würde dadurch die Entscheidung für ein Leben mit Kindern für Akademikerinnen und Akademiker leichter und die vielfach beklagte Zeitnot im Alltag ließe sich abbauen. Zum zweiten böte sie Kindern und Eltern aus benachteiligten Familien vielfältige Unterstützung im Sinne einer systematischen Armutsprävention und würde dadurch Folgekosten in Milliardenhöhe vermeiden. Drittens schließlich könnten auf diesem Wege in den Kommunen rationalisierungsresistente Beschäftigungschancen für unterschiedliche Qualifikations- und Berufsgruppen entstehen, die nicht ausgelagert werden könnten und zum Aufbau von Bildungskapital beitragen würden.

Mit dem geplanten Ausbau von Kindertagesbetreuungsangeboten ergibt sich darüber hinaus die Chance, in den konkreten Erfahrungs- und Lernzusammenhängen von Kindern und Jugendlichen zu vermitteln, dass die Familienarbeit keineswegs selbstverständlich oder gar „naturgegeben" in den Zuständigkeitsbereich von Mädchen und Frauen fällt, sondern Aufgabe von Frauen und Männern ist. Bislang jedoch wird eine differenzierte Auseinandersetzung mit den tradierten Geschlechterrollenmustern in der Schule kaum geführt. Eher wird den Mädchen die Illusion vermittelt, dass ihnen später alle Chancen offen stehen, wenn sie (sehr) gute Schulabschlüsse erreichen. Demgegenüber gibt es bis heute eine erstaunliche Wahrnehmungsresistenz gegenüber der Bedeutung von generativer Haus- und Fürsorgearbeit, für deren Übernahme Frauen nach wie vor verantwortlich gemacht werden, sobald sie sich für Kinder entscheiden. Auch die daraus folgenden negativen Konsequenzen für ihre Berufsperspektive, ihr Lebenserwerbseinkommen und ihre Alterssicherung werden nicht offen thematisiert. Außerdem induziert der immer noch weit verbreitete „Rückzug der Männer aus der Familie" zugunsten von Erwerbsarbeit und Karriere nicht nur Beziehungskonflikte in der Partnerschaft, sondern auch volkswirtschaftlich fatale Effekte: Als Erwachsene treffen Männer in den verschiedensten (Führungs-)Positionen von Wirtschaft, Wissenschaft und Politik vielfach Entscheidungen, die auf Grund der ihnen meist fehlenden Fürsorge- und Alltagskompetenzen bzw. wegen ihres Mangels an Wertschätzung diesen Aufgabenbereichen gegenüber nicht sachkundig und bedarfsgerecht ausfallen. Wir brauen ein gesellschaftliches Leitbild, das Männer und Frauen für die Erwirtschaftung ihres Unterhalts durch eigene Erwerbsarbeit gleichermaßen verantwortlich macht wie für die entlang des Lebensverlaufs anfallenden Fürsorgeverpflichtungen gegenüber Kindern sowie kranken und pflegebedürftigen Familienmitgliedern. Demgegenüber erweist sich ein Festhalten am Leitbild des „global tiger" als kontraproduktiv: jenes hochmobile und zeitlich unbegrenzt für die Anforderungen des Arbeitsmarktes verfügbare Individuum, das keinerlei Zeit für Familie und die damit in Zusammenhang stehende Arbeit hat, ist als Zukunftsmodell eines vielseitig verantwortlichen Erwachsenendaseins untauglich. Handfeste Anzeichen für einen neuen Familien- und Vaterschaftsdiskurs, in dem die Väter als Problemgruppe identifiziert werden, benennt Michael Meuser. Er analysiert die vielfältigen Ambivalenzen involvierter Vaterschaft im Kontext lokaler und betrieblicher Strukturvorgaben, aber auch von mental verfestigten Einstellungen. Er hält es für durchaus bemerkenswert, dass ein Teil der wissenschaftlichen Väterforschung den Wandel der Vaterrolle nicht nur beschreibt und analysiert, sondern sich zudem für ein Verständnis von Vaterschaft im Sinne von „fathering" engagiert. In der beginnenden Auflösung der für die bürgerliche Geschlechterordnung typischen Separierung von Arbeit und Leben, von Geschlechterarrangements, die jedoch nur dann zur Entfaltung kommen werden, wenn nicht allein auf einen Bewusstseinswandel, sondern auf die Veränderung von Strukturen gesetzt wird, auf denen die Entwicklung des tradierten Vaterschaftskonzepts im Kern basiert.

Das Leitbild eines erwerbstätigen Individuums, das im Lebensverlauf zugleich auch familiale Fürsorgeaufgaben zu übernehmen hat, kann folglich nur unter bestimmten Bedingungen durchgesetzt werden. Einerseits sollte eine Kontinuität in der Erwerbsbiografie für Frauen und Männer angestrebt werden, andererseits sollten aber auch Unterbrechungen der Erwerbsverläufe lebbar werden, um Erwerbsbiografien an Anforderungen zum Beispiel für (Weiter-)Bildung oder Fürsorgeverpflichtungen im Sinne von „garantierten Optionalitäten" anzupassen. Das schließt die verstärkte Förderung von Übergängen aus Phasen der Familienarbeit, der Qualifizierung oder der Arbeitslosigkeit in die Erwerbsarbeit und umgekehrt ein. Darüber hinaus sind Wiedereinstiegshilfen nach Elternzeit- und Pflegeunterbrechungen erforderlich, aber auch Möglichkeiten des Wechsels zwischen Voll- und Teilzeit. Schließlich steht eine Reorganisation des Beginns und des Endes von Erwerbsbiografien an: Sowohl der Eintritt in das Erwerbsleben als auch der Austritt daraus haben sich mehr und mehr zu eigenständigen Phasen entwickelt. Kürzere Schul- und Ausbildungszeiten könnten ebenso wie bessere Bedingungen der Vereinbarkeit von Ausbildung und Familiengründung zur Dekompression von Erwerbsbiografien beitragen, was angesichts der hohen Lebenserwartung und bei einer flexiblen Gestaltung der Ausstiegsphase machbar wäre. Nur so ließe sich die „Rush Hour of Life", d.h. die Anforderung, berufliches Engagement, Familiengründung und Fürsorgeaufgaben für Kinder bzw. für pflegebedürftige Angehörige im mittleren Lebensalter synchron bewältigen zu müssen, schrittweise auflösen. Nicht zuletzt deshalb plädiert der 7. Familienbericht der Bundesregierung für eine Neujustierung von Lebensläufen und für einen intelligenten, zielgruppenbezogenen Mix aus Zeit-, Infrastruktur- und monetärer Transferpolitik.

Literatur

Auferkorte-Michaelis, Nicole; Metz-Göckel, Sigrid; Wergen, Jutta; Klein, Annette (2006): „Junge Elternschaft und Wissenschaftskarriere". Wie kinderfreundlich sind Wissenschaft und Universitäten? Pressemitteilung des Hochschuldidaktischen Zentrums der Universität Dortmund vom 1.März 2006, S.1-9. Auch verfügbar unter zeus.zeit.de/online/2006/15/studie_dortmund.pdf (Download am 08.05.2007).

Blossfeld, Hans Peter; Timm, Andreas (1997): Der Einfluss des Bildungssystems auf den Heiratsmarkt. Kölner Zeitschrift für Soziologie und Sozialpsychologie (49) 3: 440-476.

Bundesagentur für Arbeit (2006): Grundsicherung für Arbeitssuchende. Entwicklung bis Juli 2006. Nürnberg. BA.

Bundesministerium für Familie, Senioren, Frauen und Jugend (2006): Familie zwischen Flexibilität und Verlässlichkeit. Perspektiven für eine lebenslaufbezogene Familienpolitik. Siebter Familienbericht. Berlin: BMFSFJ.

Bundesministerium für Familie, Senioren, Frauen und Jugend (2009): „Gewalt trifft Frauen in allen gesellschaftlichen Schichten". Pressemitteilung vom 6. März 2009.

Eggen, Bernd (2006): Zur ökonomischen Situation von Familien. Wem gehört die Familie der Zukunft? Expertisen zum 7. Familienbericht der Bundesregierung. Opladen. Verlag Barbara Budrich, S. 457-484.

Esping-Andersen, Gøsta (2003): Aus reichen Kindern werden reiche Eltern. Frankfurter Rundschau, 20.12.2003, S.7.

Fthenakis, Wassilios E.; Kalicki, Bernhard; Peitz, Gabriele (2002): Paare werden Eltern. Die Ergebnisse der LBS-Familien-Studie. Opladen: Leske + Budrich

Gesterkamp, Thomas (2002): guteleben.de. Die neue Balance von Arbeit und Liebe. Stuttgart: Klett-Cotta.

Hausen, Karin (1993): Einleitung. In: Dies. (Hrsg.): Geschlechterhierarchie und Arbeitsteilung. Zur Geschichte ungleicher Erwerbschancen von Männern und Frauen. Göttingen: Vandenhoeck & Ruprecht, S.7-16.

Holz, Gerda; Richter, Antje; Wüstendörfer, Werner; Giering, Dietrich (2005): Zukunftschancen für Kinder. Wirkung von Armut bis zum Ende der Grundschulzeit. Endbericht der 3. AWO-ISS-Studie im Auftrag der Arbeiterwohlfahrt Bundesverband e.V. Berlin, Bonn: AWO.

Institut für Demoskopie Allensbach (2004): Einflussfaktoren auf die Entwicklung der Geburtenrate. Studie im Auftrag der Landesregierung Baden-Württemberg. Allensbach am Bodensee.

Keller, Claudia (2009): Von der Rolle. Tagesspiegel, 19. März 2009, S. 2.

Klammer, Ute (2004): Arbeitszeit und soziale Sicherung im Lebensverlauf – Empirische Befunde und politischer Handlungsbedarf. Expertise für den 7. Familienbericht.

Kolbe, Wiebke (2006): Neue Väter – oder was? Vaterschaft und Vaterschaftspolitik in Schweden und der Bundesrepublik von den sechziger Jahren bis heute. Freiburger FrauenStudien 18: S.145-178.

Mantl, Elisabeth (2004): Hausfrauenmütter – erwerbstätige Mütter – gute Mütter. Konzepte – Visionen – Lebenswirklichkeit. Zur Kulturalität deutscher Erfahrungen seit 1870. Expertise für den 7. Familienbericht.

Meier, Uta; Preusse, Heide; Sunnus, Eva Maria (2003): Steckbriefe von Armut. Haushalte in prekären Lebenslagen. Wiesbaden: Westdeutscher Verlag

Meier-Gräwe, Uta (2007): Jedes Kind zählt. Armutsprävention – eine strategisch unterschätzte Zukunftsaufgabe in Deutschland. Universitas 3: S.247-255.

Meuser, Michael (2009): Keine Zeit für die Familie? Ambivalenzen involvierter Vaterschaft. In: Zeit für Beziehungen? Zeit und Zeitpolitik für Familien. Heitkötter et al. (Hrsg.) Opladen undFarmington Hills, MI. Barbara Budrich Verlag, S. 215-232.

Nave-Herz, Rosemarie (1988): Kinderlose Ehen. Eine empirische Studie über die Lebenssituation kinderloser Ehepaare und die Gründe für ihre Kinderlosigkeit. Weinheim und München: Juventa.

Nüsslein-Volhard, Christiane (2002): Mehr Frauen an die Forschungsfront. Die Zeit, 23.05.2002, S. 36.

Pechstein, Johannes und Hellbrügge, Theodor (2007): Weniger Staat – mehr Eltern: Was brauchen Kleinstkinder? Auf der Tagung des Familiennetzwerks am 7.5.2007, Frankfurt(Main).

Radisch, Iris (2007): Die Schule der Frauen. Wie wir die Familie neu erfinden. München: Deutsche Verlags-Anstalt.

Statistisches Bundesamt (2006): Kinder in der Sozialhilfe 2004. Wiesbaden.

Vinken, Barbara (2002): Die deutsche Mutter. Der lange Schatten eines Mythos. München: Piper.

Weinkopf, Claudia (2003): Förderung haushaltsbezogener Dienstleistungen. In: Vierteljahreshefte zur Wirtschaftsforschung 72, S. 133-147.

Elfriede Seus-Seberich

Armut und Erziehungsberatung

Armut von Kindern und Familien gab es schon immer; sie findet heute breite politische Beachtung, da sie in den letzten Jahren in erschreckendem Ausmaß zugenommen hat. Auch die Erziehungsberatung ist immer häufiger mit Armut konfrontiert und muss sich daher auf die damit verbundenen Problematiken in den Familien einstellen.

Begriffsbestimmung

Zunächst bedeutet Armut einen Mangel an ökonomischen Gütern. Zu unterscheiden ist dabei die absolute und die relative Armut: Absolute Armut bedeutet das Fehlen von überlebensnotwendigen Grundlagen, wie Nahrung, Kleidung oder Wohnung, und damit eine existentielle Bedrohung. Die relative Armut ist ein im Vergleich zur übrigen Bevölkerung eklatanter Mangel an materiellen Mitteln. Relative Armut wird in der Regel durch zwei Maße gemessen:

Nach der Armutsdefinition der Europäischen Union gilt als arm, wessen bedarfsgewichtetes Nettoäquivalenzeinkommen im jeweiligen Mitgliedsstaat weniger als 60% des Mittelwertes (Median) aller Personen beträgt.

Ein zweites Kriterium ist der Sozialhilfebezug bzw. ein Einkommen in oder unter der Höhe von Hartz IV (vgl. 10. Jugendbericht, 1999). Dieses beschreibt das soziokulturelle Existenzminimum, das im Sozialhilferecht abgesichert ist. Die Inanspruchnahme dieser Mindestleistungen zeigt das Ausmaß, in dem Teile der Bevölkerung einen zugesicherten Mindeststandard nur mit Unterstützung des Systems der sozialen Sicherung erreichen. Deshalb wird in diesem Zusammenhang vor allem von politischer Seite auch von „bekämpfter Armut" gesprochen. Zu diesem Mindeststandard gehört in Deutschland nicht nur die Erhaltung der physischen Existenz, sondern eine der Würde des Menschen entsprechende Teilhabe am gesellschaftlich üblichen Leben. Diese Definitionen sind allerdings nicht im SGB II enthalten und wurden bei der Bemessung des Mindeststandards von Kindern bei Hartz IV nicht eingehalten, da hier nicht die realen Bedürfnisse von Kindern in Bezug auf Teilhabe erhoben und zugrunde gelegt wurde. Stattdessen wurde ein reduzierter Prozentsatz (zunächst 60%, mittlerweile altersspezifisch z.T. 70%) von dem Mindeststandard von Erwachsenen eingesetzt, d.h. entwicklungsspezifische Bedarfe wurden nicht berücksichtigt.

Sieht man aber von den Ausnahmen wohnungsloser Menschen ab, so liegt das Armutsniveau in Deutschland in der Regel wesentlich über dem physischen oder absoluten Existenzminimum, d.h. wir haben es hier vor allem mit relativer Armut zu tun.

Neben der reinen Einkommensarmut geht das Lebenslagenkonzept von einer kumulativen Unterversorgung in mehreren – z.B. kulturellen oder sozialen – Lebensbereichen aus (Ressourcenarmut) und umschreibt damit recht gut, was soziale Benachteiligung bedeutet. Meier-Gräwe (2008) beschreibt denn auch Armut als ein „mehrdimensionales soziales Phänomen".

So herrscht heute weitgehend Konsens, dass soziale Gerechtigkeit sich nicht in erster Linie nur an materiellen Verteilungsaspekten orientieren kann, sondern auch ein Mehr an Gleichheit bei den Teilhabe- und Verwirklichungschancen bedeuten sollte. Diese Teilhabechancen müssen in allen wichtigen Bereichen unabhängig von der Einkommenssituation der betroffenen Person eröffnet werden.

Auf den amerikanischen Philosophen John Rawls und seine „Theorie der Gerechtigkeit" (1975) geht der Vorschlag zurück, Ungleichheit zu tolerieren, solange auch die Schwächeren im Zuge der gesellschaftlichen Entwicklung besser gestellt werden als bei völliger Gleichheit. Wachsender gesellschaftlicher Wohlstand kommt jedoch nicht zwangsläufig auch den Ärmeren zugute. Die gesellschaftliche Akzeptanz von Reichtum hängt stark davon ab, inwiefern es gelingt, die Umverteilungsmechanismen aus der Sicht der Bürger fair zu gestalten. Darüber hinaus ist zu fragen, inwiefern ein verantwortungsvoller Umgang mit Reichtum erreicht wird, der sich nicht zuletzt an sozial sinnvollen, dem Gemeinwohl verpflichteten Maßstäben orientiert. Die Entwicklung der letzten Jahre hat eine Spaltung der Gesellschaft in arm und reich beschleunigt und vertieft. Dabei sind vor allem Familien mit Kindern benachteiligt und die Grundsätze von Rawls verletzt.

Die Armutsentwicklung in Familien seit dem Krieg

Nach dem Zweiten Weltkrieg waren große Teile der Bevölkerung nach heutigem Standard sehr arm; viele hatten ihr Vermögen verloren. Besonders schwierig war die Situation für Flüchtlinge und Ausgebombte. Viele von ihnen mussten zunächst Lager beziehen, ehe sie sich in das Leben der Bundesrepublik integrieren konnten. Die relative, „gefühlte" Armut hingegen war nicht so hoch, da es den meisten ähnlich ging und es herrschte eine Hoffnung auf Verbesserung vor.

In den meisten Großstädten blieben jedoch Familien in diesen Lagern „hängen" und hatten nicht am steigenden Wohlstand teil. Sie richteten sich auf dieses Leben ein, so gut es ging. So gab es in den 60er Jahren in den meisten Großstädten etwa 10% Familien, die in solchen Ghettos am Rande der Stadt und damit am Rande der Gesellschaft (vgl. Iben 1968) lebten. Hier entwickelten sich die ersten Gemeinwesenprojekte und Städte wie München oder Köln gaben Studien über Obdachlosigkeit in Auftrag und bemühten sich um die Reintegration dieser Familien. Aus den Bemühungen zur Beseitigung der Obdachlosigkeit erwuchs z.B. in München der Aufbau von Neuperlach als damals größter Trabantenstadt der Bundesrepublik, in die viele der ehemals obdachlosen Familien aus dem Norden Münchens umgesiedelt wurden.

In den 80er Jahren war Familien- und Kinderarmut kein Thema mehr – weder in der Politik noch in den Sozialwissenschaften. Thematisiert wurde allerdings die „neue Armut" vor allem von Frauen, oft im Zuge einer Scheidung. Einzelne Praxisberichte blieben isoliert.

In der Bundesrepublik verschärfte sich in den letzten zwei Jahrzehnten die soziale Ungleichheit deutlich und vor allem zu Lasten der Familien. Bereits seit 1985 lösten Kinder fast unbemerkt die alten Menschen als am stärksten von Armut betroffene Bevölkerungsgruppe ab und das nimmt seither deutlich zu (Robert Koch-Institut 2001; 11. Jugendbericht 2001).

Der 2. Armuts- und Reichtumsbericht der Bundesregierung (2005) konstatiert, dass 2003 nunmehr über 13,5% der Bevölkerung arm sei (Familien: 13,9%) und dass dies v.a. Alleinerziehende (35,4%), Kinderreiche und Migranten betreffe; aber auch, dass die Unterschiede zwischen arm und reich weiterhin größer werden. Kinder unter 18 Jahren waren nach dem 2. Armuts- und Reichtumsbericht mit rund 1,1 Mio mit Abstand die größte Gruppe der Bezieher von Sozialhilfe (insgesamt 2,76 Mio Personen). Sie hatten 2003 eine Sozialhilfequote von 7,2% im Vergleich zu der Quote von 3,4% in der Gesamtbevölkerung.

Nach dem Kinder-Report 2007 des Deutschen Kinderhilfswerks gelten nun bereits 14% der Kinder als arm. Die Zahl der auf Hartz IV oder Sozialgeld angewiesenen Kinder hat sich auf mehr als 2,5 Mio verdoppelt.

- „Jeder Vierte zwischen 16 und 24 Jahre alte Jungendliche lebt in materieller Not oder ist davon bedroht", so die AGJ im Juni 2008.

Es ist zu befürchten, dass die gegenwärtige Wirtschaftskrise, diese Zahlen weiter erhöht.

Der dritte Armuts- und Reichtumsbericht der Bundesregierung (2008) weist darauf hin, dass bereits vor der weltweiten Finanz- und Wirtschaftskrise die Bruttolöhne und -gehälter in den Jahren zwischen 2002 und 2005 real von durchschnittlich 24.873 EUR auf 23.684 EUR und damit um 4,7% zurückgingen.

Kinderarmut und Familienarmut: Problemkonstellationen in Armutsfamilien

Kinderarmut ist verbunden mit Familienarmut und es gibt Konstellationen, bei denen Armut besonders häufig vorkommt, nämlich v.a. Alleinerziehen, Kinderreichtum, Migration, Arbeitslosigkeit (2. Armuts- und Reichtumsbericht 2005).

Auch nach der AWO-ISS-Studie (2000) sind Kinder Alleinerziehender und aus kinderreichen Familien häufiger arm; Berufstätigkeit eines oder beider Eltern reduziert das Armutsrisiko. D.h., gelingt es Eltern, Kindererziehung mit Erwerbsarbeit zu verbinden, so sinkt das Armutsrisiko deutlich. Migrantenkinder sind doppelt so häufig arm wie deutsche Kinder, wobei Kinder mit EU-Staatsbürgerschaft oder türkische Kinder nur geringfügig über dem Durchschnitt liegen, während Kinder mit unsicherem Aufenthaltsstatus (Flüchtlinge, Asylbewerber) ganz besonders stark von Armut betroffen sind.

Auch regional ist Armut ungleich verteilt; so gibt es mehr Armut in Großstädten und im Osten der Bundesrepublik. Einkommensarmut ist in der Regel mit weiteren Belastungsfaktoren kombiniert; z.B. ist der Wohnraum schlechter, dies gilt sowohl hinsichtlich der Größe und Qualität als auch der schlechteren Infrastruktur im Umfeld. Bezieher niedriger Einkommen leben häufiger in Räumlichkeiten mit baulichen Mängeln, Lärmbelästigung und Gesundheitsbeeinträchtigung sowie belasteten Nachbarschaften. Hinzu kommen weitere Einflüsse, etwa dass bei benachteiligten Kindern im Freizeitverhalten stärker der offene Straßenraum sowie der Fernsehkonsum dominiert als der familiale Schutzraum oder die organisierte Freizeit. So sind geringer Bildungsstand, mangelnde Sprachkenntnisse, Ausbleiben von Unterhaltszahlungen nach Trennung und Scheidung und mangelnde Kompetenzen im Haushalts- und Zeitmanagement weitere mit Armut verbundene Risikofaktoren für Familien.

Des Weiteren bergen die Übergangsphasen wie die Geburt des ersten Kindes ein besonderes Gefährdungspotential für Familien. Auch kritische Lebensereignisse, insbesondere Arbeitslosigkeit oder Trennung und Scheidung, zählen zu den Armutsverursachern. Diese Faktoren steigen an: Inzwischen wachsen knapp 16% der Kinder bei alleinerziehenden Elternteilen auf im Vergleich zu rund 12% im Jahr 1996.

Fast ein Fünftel der Bevölkerung in Deutschland hat einen Migrationshintergrund. Darunter waren im Jahr 2005 rund 7,3 Mio. Einwohner mit ausländischer Staatsbürgerschaft, sowie 7,5 Mio. Eingebürgerte, Spätaussiedler und deren Nachkommen und damit deutsche Staatsangehörige. In der Altersgruppe der Kinder unter sechs Jahren hatten im Jahr 2005 schon mehr als 30% einen Migrationshintergrund.

Das monetäre Armutsrisiko beschreibt die Einschränkung der Teilhabechancen von Kindern nur unzureichend. Bei Kindern und Jugendlichen zeigen sich zusätzlich Entwicklungsdefizite, bis hin zu Unterversorgung mit der Folge gesundheitlicher Probleme.

Über die Hälfte der Familienbedarfsgemeinschaften im SGB II sind Alleinerziehende mit Kindern. An dieser Gruppe zeigt sich deutlich, dass neben der finanziellen Grundsicherung insbesondere eine gezielte Förderung und Vermittlung in Arbeit und Ausbildung sowie die Bereitstellung unterstützender Hilfen wie Beratung und Kinderbetreuung von erheblicher Bedeutung sind. Eine länger andauernde Familienauszeit (z.B. die gesetzlich verankerten Elternzeit von drei Jahren) birgt das Risiko, den Wiedereinstieg v.a. von Müttern in den Beruf zu erschweren und berufliche Qualifikationen mit der Zeit zu entwerten. Fehlt es an familienfreundlichen Arbeitsbedingungen in Unternehmen und adäquaten Betreuungsangeboten für Kinder, werden zumeist die Mütter von einer beruflichen Entwicklung im Unternehmen ausgeschlossen.

Im Falle einer Trennung oder Scheidung kann sich die Abkehr vom Arbeitsmarkt als Armutsrisiko erweisen. Die prekäre materielle Versorgung in Verbindung mit mangelnden Kinderbetreuungsmöglichkeiten erschwert die Bewältigung dieses Umbruchs. Verschärft wird die Problematik, wenn Unterhaltszahlungen durch den anderen Elternteil nicht geleistet werden, auch wenn den Betroffenen Unterhaltsvorschussleistungen vom Staat maximal bis zur Vollendung des 12. Lebensjahr des Kindes gewährt werden.

Hinter den durchschnittlichen Werten der Armutsindikatoren verbergen sich regional sehr unterschiedliche Ergebnisse. Neben länderspezifischen Unterschieden mit Blick auf den Arbeitsmarkt, die Bevölkerungs- und Haushaltsstruktur, die Betreuungsdichte für Kleinkinder, das Schulsystem und Vergünstigungen für einkommensschwache Familien beeinflussen auch die örtlichen Strukturen im ländlichen oder städtischen Raum die Möglichkeiten der Familien, Kindern gesellschaftliche Teilhabechancen zu eröffnen.

Es gibt im Osten Deutschlands Landkreise mit bis zu 40% armen Kindern. Dabei zeigt sich, dass die Kinder aus solchen Landkreisen wie aus den vergleichsweise finanzschwachen Stadtstaaten aufgrund der dort kumulierenden Problemlagen im Hinblick auf die Lebensbedingungen vergleichsweise stark benachteiligt sein können. Hier bedeutet die Kommunalisierung der Jugendhilfe eine zusätzliche Erschwernis für eine gerechte Verteilung von Hilfsmöglichkeiten.

In Wohngegenden und Stadtquartieren, in denen tendenziell einkommensschwächere Familien leben, fehlt es nicht selten auch an kostenlos zugänglichen Räumen für Kinder. Wenn z.B. in Folge einer Trennung der Umzug in eine preisgünstigere Wohnung erforderlich wird, so kann das Verlassen des gewohnten Umfeldes nicht nur zu einem Bruch der bestehenden sozialen Netzwerke führen, sondern durch das schlechtere soziale Umfeld in der preisgünstigeren Wohngegend kann es darüber hinaus zu weiteren Beeinträchtigungen der Entwicklungschancen kommen.

Wirkungen von Armut auf Kinder und Familien

Armut und soziale Ausgrenzung als Folge mangelnder Ressourcen und Bewältigungsmöglichkeiten stellen sowohl für die Familien sowie für Kinder und Jugendliche als auch für deren soziale Netzwerke eine hohe Belastung dar.

Empirische Befunde und Ergebnisse aus Längsschnittstudien, wie z.B. der Mannheimer Risikokinderstudie, zeigen, dass Armut ein beträchtliches Entwicklungsrisiko darstellt. Sie kann bei Kindern zu Entwicklungsdefiziten, Unterversorgung und sozialer Ausgrenzung (Weiß 2000; Hock und Holz 2000; Holz und Skoluda 2003; Laucht, Esser und Schmidt 2000), zu schlechter Ernährung und gesundheitlichen Defiziten (Robert Koch-Institut 2003) führen; und das Risiko mit einer Behinderung aufzuwachsen ist doppelt so hoch wie in besser gestellten Familien (Weiß 2001).

Am besten belegt ist ab dem Kindergartenalter der Zusammenhang von sozialer Benachteiligung und gehemmter intellektueller Entwicklung, der auch in der PISA-Studie bestätigt wurde. Besonders deutlich sind die Befunde, wenn die Unterversorgung zentrale Lebensbereiche betrifft und schwerwiegend ist; wenn sie in den frühen Lebensjahren besteht, bei längerer Dauer und wenn zusätzliche Risikofaktoren vorhanden sind (vgl. Weiß 2003; Hock, Holz, Simmerdinger, Wüstendorfer 2000).

Differenziert betrachtete die AWO-ISS-Studie „Gute Kindheit – schlechte Kindheit" den Zusammenhang von Armut und verschiedenen Deprivationsformen bei Kindergartenkindern. Gut ein Drittel der armen Kinder war in mehreren Bereichen depriviert im Gegensatz zu einem Siebtel der nichtarmen Kinder. Die ungünstigste Konstellation liegt dann vor, wenn Armut gekoppelt ist mit geringer Zuwendung seitens der Eltern. Eine Folgestudie zeigt, dass sich diese Benachteiligungen im Schulalter noch vertiefen und nicht etwa ausgeglichen werden (Holz und Skoluda 2003).

Auch emotionale Instabilität und Verhaltensauffälligkeiten der Kinder sind häufig Begleiterscheinungen von Armut und sozialer Ausgrenzung. Darunter leiden nicht zuletzt die Beziehungen zu Gleichaltrigen, die bereits durch den begrenzten Zugang zu materiellen Gütern und Freizeitaktivitäten erschwert werden.

Für Eltern bedeutet Armut in der Regel Stress und Überforderung. Emotional ist sie meist mit Schuld und Scham besetzt; oft sind Verlusterlebnisse, soziale Exklusion, Beeinträchtigungen des Selbstwertgefühls und Erschöpfung sowie Verlust von Selbstwirksamkeit und Kontrolle über das eigene Leben Begleiterscheinungen von Armut.

Unter dem Dauerstress der finanziellen Belastungen ist die Eltern-Kinder-Beziehung oft beeinträchtigt. So können Erziehungsversagen, Vernachlässigung oder Kindesmisshandlung die Folge sein. Häufig kommen hier individuelles Versagen, psychische Belastungen, mangelnde Bewältigungsstrategien zu den ökonomischen Ursachen hinzu.

Schone (2000) weist z.b. darauf hin, dass bei kleinen Kindern das Risiko der Vernachlässigung umso größer ist, „je geringer die finanziellen und materiellen Ressourcen (materielle Dimension)" sind (S. 75), insbesondere, wenn weitere Gefährdungsfaktoren hinzukommen. Nach v. Hofacker (2000) entstammen 90% vernachlässigter Kleinkinder armen Familien. Auch Gewalt gegen Kinder kommt in Armutsfamilien häufiger vor. Auf die unterschiedlichen Problemsituationen armutsbetroffener Eltern geht insbesondere Meier-Gräwe ein (siehe Kapitel 6).

Bewältigungsstrategien für Armutsfamilien

Werden die Unterschiede zwischen Arm und Reich als zu groß und schwer überwindbar wahrgenommen, kann dies die Akzeptanz der sozialen Marktwirtschaft und der Demokratie in Frage stellen. Von daher hat die Verschärfung der Armutssituation inzwischen politische Forderungen nach sich gezogen. Gefordert wird vor allem der Ausbau einer Infrastruktur der Kindertagesbetreuung, um zum einen die Vereinbarkeit von Familie und Erwerbstätigkeit vor allem der Mütter besser zu ermöglichen, andererseits aber auch, um frühe Bildungsprozesse und frühe Förderung unabhängig von der Familie anzuregen.

Der 2. Armuts- und Reichtumsbericht der Bundesregierung (2005) beschäftigt sich u.a. mit Bewältigungsstrategien, die in den Familien helfen können, die Wirkung von Armut abzumildern. Folgende Fähigkeiten helfen Familienhaushalten demnach, mit dem ökonomischen Mangel umzugehen:

Haushaltungsfähigkeiten

Häufig zeigt sich, dass Eltern mit niedrigem Einkommen zuerst an ihren eigenen Bedürfnissen sparen, bevor sie Einschnitte bei ihren Kindern machen. So wird z.B. zunächst auf Urlaubsreisen verzichtet und an kulturellen und Bildungsangeboten gespart. Materielle Unterversorgung von Kindern in Bezug auf die Grundbedarfe steht dagegen meist erst am Ende einer längeren Phase der Einkommensarmut, etwa beim Durchlaufen einer Überschuldungsspirale. Haushaltungsfähigkeiten beinhalten die Fähigkeit, auf unmittelbare Bedürfnisbefriedigung zu verzichten und schließen längerfristig planerische Fähigkeiten mit ein.

Zeitmanagement: Strukturen einhalten

Eine Familie zu managen erfordert Zeit für Familienarbeit. Neben der Erwerbsarbeit kommen Hausarbeit, Pflege der familiären Beziehungen, Erziehungsarbeit und Zeit für soziales Engagement hinzu. Ein gutes Zeitmanagement bedeutet, Zeit sinnvoll einzuteilen, produktiv einzusetzen und vorausschauend zu planen. Haushalte, die in mehrfacher Hinsicht von Armutsrisiken betroffen sind, insbesondere durch Bildungsarmut und langfristige Arbeitslosigkeit, verfügen meist über ein geringeres haushaltsbezogenes Wissen und weniger Kompetenzen, die zu einem ökonomischen Umgang mit ihren Zeitressourcen befähigen.

Vernetzungsfähigkeiten

Für Haushalte und Kinder mit Armutsrisiko lässt sich häufig auch eine geringere soziale Vernetzung feststellen. Mit dem sozioökonomischen Status einer Familie sinkt beispielsweise die Zahl der Freizeitaktivitäten des Kindes. Jedes sechste Kind (16%) aus einkommensarmen Familien gibt an, weniger als drei Aktivitäten in seiner Freizeit auszuüben. Von den Kindern aus nicht einkommensarmen Familien tut dies knapp jedes zehnte Kind (9%). Diese Kinder bringen z.B. seltener Freunde mit nach Hause oder feiern seltener ihren Geburtstag. Doch gerade aus der Beteiligung an einem Netz sozialer Beziehungen, das Kontakte, Unterstützung und Hilfe bietet, entstehen Freiräume, aus denen eigene Teilhabechancen erwachsen können. Diese sozialen Netzwerke können insbesondere im Bereich Kinderbetreuung und Pflege Bedarfe auffangen, Familien unterstützen und auf diese Weise auch Zeitknappheit mildern.

Aus der Resilienzforschung (vgl. Opp et al. 1999; Fröhlich 2004) kann abgeleitet werden, wie insbesondere die Schutzfaktoren für Kinder gestärkt werden können. Dazu gehört alles, was die Feinfühligkeit von Eltern stärkt und die Beziehungen innerhalb der Familie entlastet und verbessert, aber auch die kognitiven und sozialen Kompetenzen von Kindern erweitert.

Die AWO-ISS-Studie (Hock et al. 2000) zeigt darüber hinaus auf, dass schöne gemeinsame Familienerlebnisse, z.B. Unternehmungen am Wochenende, die Wirkung von Armut abfedern können und bei Familien mit Migrationshintergrund die Deutschkenntnisse der Eltern wesentliche Bedeutung haben.

Der dritte Armutsbericht der Bundesregierung betont zwei Bereiche, die grundsätzlich aus der Armutsspirale führen könnten: Bildung als Schlüssel zur Teilhabe und die Erwerbsarbeit von Eltern.

Gute Bildung muss im frühen Kindesalter beginnen und ist unabdingbare Voraussetzung für gute Ausbildungs- und Beschäftigungschancen. Sie geht auch einher mit einem bewussteren Gesundheitsverhalten sowie verantwortlicher Haushaltsführung und erfolgreicher Alltagsbewältigung in der

Familie. Bildungschancen von Kindern hängen in Deutschland zu stark vom Bildungsniveau der Eltern ab.

Die Erwerbsorientierung von Familien sollte durch die Hartz-IV-Gesetzgebung gestärkt werden. Eine zentrale Rolle für die Vereinbarkeit von Erwerbstätigkeit und Kindererziehung spielt dabei eine ausreichende, flexible und qualitativ hochwertige Kinderbetreuung, die auch die Betonung der frühkindlichen Bildung umfasst. Sie verbessert die gesellschaftlichen Teilhabechancen insbesondere von Kindern aus einkommensschwachen, bildungsfernen oder nichtdeutschen Familien und ermöglicht ihnen darüber hinaus früh, die deutsche Sprache zu erlernen.

Die Armutstypologie von Meier-Gräwe und ihre Bedeutung für die Jugendhilfe

Viele der Armutsfamilien haben aufgrund ihrer Problemlagen Kontakt zur Jugendhilfe. Die Armutspopulation hat sich seit den 60er Jahren deutlich verändert, die Jugendhilfe hat sich jedoch nur zum Teil auf neue Formen von Armut eingestellt. Dies bedeutet, dass die Passgenauigkeit von Hilfen nicht immer gegeben ist – ein Phänomen, was von der Jugendhilfe-Effekte-Studie (2002) deutlich bestätigt wird. Überlegungen, welche Hilfeformen zu welchem Armutstyp am besten passen könnten, stellen eine neue Perspektive für die Passgenauigkeit der Hilfen dar. Die Armutstypologie von Meier-Gräwe (Meier, Preusse, Sunnus 2003; Meier-Gräwe 2006) gibt wertvolle Hinweise auf die Unterschiede innerhalb der Armutsbevölkerung, aus denen sich jeweils unterschiedliche problemangepasste Hilfestrategien ableiten lassen.

Meier-Gräwe weist darauf hin, dass Armutsfamilien sich untereinander deutlich unterscheiden. Dabei hat sie in einer Untersuchung armer Haushalte insgesamt 4 unterschiedliche Typen herausgearbeitet:

Die verwalteten Armen

Die „verwalteten Armen" sind Familien, die oft auch als Multiproblemfamilien beschrieben werden. Hier besteht meist über mehrere Generationen hinweg ein Leben der Familie in Armut. In der Regel verfügen sie nur über eine geringe Alltagskompetenz und keine oder nur eine geringe Erwerbsorientierung. In diesen Familien finden wir das Phänomen der „entglittenen Zeitstrukturen", oft ist es schon schwierig, zwei oder drei Termine pro Woche einzuhalten und zu koordinieren. Auch ist meist kein klarer Tagesrhythmus erkennbar, das Leben fließt in ewiger Gegenwart dahin. Die einzelnen Personen in diesen Haushalten verfügen nur über geringe psychische Ressourcen, wie Bindungs- und Konfliktfähigkeit, emotionale Stabilität, Durchhaltevermögen. Es fehlen aber auch haushälterische Grundkompetenzen, Planungsfähigkeiten und Frustrationstoleranz, die zur Bewältigung von

Armut dienen könnten. Diese Familien haben sich auf ein Leben in Armut und in Abhängigkeit von öffentlichen Hilfesystemen, insbesondere der Sozialhilfe eingerichtet und haben meist langjährige Erfahrung mit Behörden. Sie wissen, wie man Armut und Hilfsbedürftigkeit darstellt und damit am besten zu Unterstützungen gelangt. Hartz IV mit der Betonung der Autonomie und Erwerbsorientierung bedeutete für diese Familien eine Systemveränderung, mit der sie oft nicht umgehen können. Priorität in der Arbeit mit diesen Familien hat die Beachtung des Kindeswohls: Durch die mangelnden Erziehungskompetenzen entstehen oft Gefährdungssituationen, denen man nicht selten mit dem ganzen Arsenal der Hilfen zur Erziehung begegnete, wobei die Fremdunterbringung nicht selten die ultima ratio darstellte. Untersuchungen jedoch zeigen, dass die Lebenskarrieren der Kinder aus diesen Familien meist denen der Eltern ähneln und sie keine Aufstiegskompetenzen erwerben. Das bedeutet, diese Form der Hilfe ist zwar effektiv in Bezug auf Gefahrenabwehr, nicht aber in Bezug auf die Prävention einer Armutskarriere mit einer weiteren Abhängigkeit von den öffentlichen Hilfesystemen. Von daher sollte in diesen Familien zukünftig stärkeres Gewicht gelegt werden auf sehr frühe Hilfen, frühe Förderung, Begleitung und Unterstützung, vor allem aber auf die intensive Förderung einer guten Bildung der Kinder.

Die erschöpften Einzelkämpferinnen

Mit dem Aufkommen der „neuen Armut" in den 80er Jahren entstand eine neue Form der Armutshaushalte. Es sind Familien mit überproportionaler Arbeitsbelastung, aber ohne ausreichendes Einkommen, die meist von Frauen gemanagt werden, auch wenn die Eltern zusammenleben. Alleinerziehende und Familien mit eigenem Einkommen aber in prekärer Arbeitssituation und im Niedriglohnsektor sind häufig hier zu finden. Die Armut entstand hier meist durch kritische Lebensereignisse wie Krankheit, Trennung und Scheidung oder Arbeitslosigkeit und die Erwachsenen versuchen alles, um irgendwie mit den finanziellen Problemen und der Kindererziehung zurechtzukommen, bis ihre Kräfte sich zunehmend erschöpfen. Familiale Netzwerke bedeuten oft eine zusätzliche Belastung, wenn z.B. eine alleinerziehende Mutter sich auch noch um ihre eigene kranke Mutter kümmern muss. Finanzielle Hilfen wie z.B. aufstockendes Hartz IV sind in der Regel mit hohem Verwaltungsaufwand verbunden, wenn etwa jede kleine Änderung der finanziellen Situation neue Antragstellungen erforderlich macht, und belasten diese Menschen eher zusätzlich. Auch die institutionellen Hilfen sind schlecht auf diesen Armutstyp abgestimmt. So sind z.B. die Kinder für die klassischen Hilfen zur Erziehung zu wenig auffällig oder diese bedeuten unangemessene Eingriffe mit unnötiger Kontrolle und Verwaltungsaufwand. Wichtig für diesen Armutstyp sind hingegen vor allem entlastende Hilfen. Dazu gehören Hilfen zur Kinderbetreuung, Hausaufgabenbetreuung, Plätze in Krippen und Horten für die Kinder, Unterstützung der Mütter bei den Erziehungsaufgaben, ambulante Hilfen zur Alltagsbewältigung, sowie Unterstützung, Erholungsmaßnahmen in Anspruch zu nehmen.

Die ambivalenten Jongleurinnen

In den Familien der ambivalenten Jongleurinnen finden wir oft Erfahrungen sequentieller Armut, aber auch noch Handlungsoptionen. Es sind meist Menschen mit einer schwierigen Persönlichkeitsstruktur bei durchaus vorhandenen Fähigkeiten, die jedoch dazu tendieren, objektiv „unvernünftige" Entscheidungen zu treffen. Es dominieren dabei kurzfristige Bedürfnisbefriedigung und das Verdrängen der langfristigen Konsequenzen, Selbstüberschätzung oder auch Abbrüche, wenn begonnene Veränderungen, z.B. Ausbildungen, sich subjektiv als zu schwierig erweisen. In diesen Familien gibt es oft Überschuldung und es herrscht das Prinzip Hoffnung. Die Beratung solcher Familien muss die realistischen psychologischen Ressourcen wie auch Grenzen einbeziehen. Die Ziele sollen von Betroffenen mitentwickelt und mit verantwortet werden; nach meinen Erfahrungen ist hier oft eine begleitende Therapie zur Stabilisierung der Persönlichkeit sinnvoll und notwendig. Für die Kinder ist der Erwerb einer realistischen Sichtweise der eigenen Möglichkeiten und Planungs- und Durchhaltekompetenz wichtig, sowie stabile Beziehungen außerhalb der Familie.

Die vernetzten Aktiven

In diesen Haushalten gibt es vor allem finanzielle Armut, aber soziale und familiale Ressourcen sind vorhanden und werden genutzt, so dass hier auch Wege aus der Armut gefunden werden können und die Armut oft nur eine vorübergehende ist. Hilfen werden mobilisiert und genutzt, es sind meist gute Alltagskompetenzen vorhanden und die Folgen der Armut werden – noch – gemeistert. Allerdings entstehen hier Gefährdungen durch plötzliche Lücken in den Netzwerken (z.B. Krankheit) oder unerwartete Ereignisse, so dass diese Familien in Gefahr sind, sich hin zu dem Typ der erschöpften Einzelkämpferinnen zu entwickeln. Wichtig sind hier daher eher präventive Hilfen: Information über weitere noch mögliche Hilfen; Unterstützung der Eigenaktivitäten; verlässliche und hochwertige Angebote der Kinderbetreuung; Hilfen zur Verarbeitung enttäuschender Lebensereignisse.

Armutskompetenz von Beratungseinrichtungen und Beratern

Während in den 1970er Jahren bis hin zum 8. Jugendbericht noch die Mittel-schichtsorientierung von Erziehungsberatungsstellen beklagt wurde, sind heute armutsbetroffene Familien überdurchschnittlich häufig auch in Erziehungsberatungsstellen zu finden (Schilling 2004). Demnach waren etwa 25% der Klientel in Beratungsstellen arm, „ein umfassendes Konzept der Arbeit im sozialen Brennpunkt bzw. mit sozial Benachteiligten haben bisher 10,6 Prozent der Erziehungs- und Familienberatungsstellen in Deutschland erarbeitet." (S.138). Dies bedeutet für die Einrichtungen, dass sie sich in ihrer Organisation und Konzeption noch stärker auf armutsbetroffene Klientel einstellen müssen (vgl. Seus-Seberich 2004). Wesentliche Bestandteile davon sind:

- Zielgruppenspezifische Orientierung, d.h. der Umgang mit armen Familien und Kindern muss gewollt und reflektiert sein.
- Auftrag des Trägers, des Geldgebers und die Selbstdefinition des Teams sollten die besondere Verantwortung für armutsbetroffene Familien enthalten.
- Die Finanzierung muss den Umgang mit armutsbetroffenen Familien erleichtern, d.h. den erhöhten Zeit- und Vernetzungsbedarf und unterschiedliche flankierende Hilfen berücksichtigen.
- Zugangserleichterungen für benachteiligte Familien, da der Zugang über Selbstmeldung eher Mittelschichten bevorzugt. Dazu gehören Zugänge über Entlastungsangebote, materielle Hilfen und spezifische Unterstützungsangebote für Kinder, offene Angebote wie Flohmärkte, Kleiderbörse oder Teilnahme an örtlichen Tafeln, Zugang über Einrichtungen wie Kindertagesbetreuung oder Schulen, aber auch die räumliche Verankerung in Wohngebieten mit Armutsbevölkerung und Öffnungszeiten, die diesen Familien entgegenkommen und ein aktives Zugehen auf diese Familien etwa in entsprechenden Institutionen, z.B. durch Sprechstunden in Kindertageseinrichtungen.
- In der Qualitätsentwicklung, der Teamentwicklung, Personalentwicklung und den Vernetzungen sollte die Ausrichtung auf Armutsfamilien thematisiert und besonders berücksichtigt werden.
- Professionelle Vernetzung mit anderen Diensten und Einrichtungen, insbesondere dem Allgemeinen Sozialen Dienst, denn Familien in Armutslagen haben neben den psychischen Problemen immer auch materielle Sorgen und sehr oft kommen noch weitere Probleme hinzu. Gleichzeitig ist dies eine Möglichkeit aus der potentiellen Konkurrenz zu anderen Formen der Jugendhilfe (Kurz-Adam 2001) in eine Kooperationsbeziehung zu gelangen und auch niedrigschwelligere Hilfen für Familien (z.B. Mütterzentren, Familienbildung) in Problemlösungen einzubeziehen.
- Die Analyse, Strukturierung und ggf. Reduzierung des Helfersystems ist bei den „verwalteten Armen" eine wichtige Intervention, denn eine Gefahr bei diesen Familien ist ein zu komplexes Helfersystem, das das Chaos der Familie widerspiegelt und damit wenig hilfreich sowie unökonomisch ist (Kühnl und Schwärzler 1998).
- Die Angebote müssen den besonderen Bedürfnissen armutsbetroffener Familien und Kinder entsprechen. Dazu gehören vor allem auch Entlas-

tungsangebote, z.B. alltagsorientierte Hilfen ebenso wie langfristige Beziehungs- und Förderangebote für Kinder und emotionale Unterstützung der Eltern sowie Angebote, die ihnen die Erfahrung von Selbstwirksamkeit vermitteln.

Für Beraterinnen und Berater ist Teil ihrer Armutskompetenz das Wissen um die Bedeutung materieller Ressourcen, die Kenntnis von Armutsursachen und -folgen, die Wichtigkeit von Entlastungsangeboten, die Kenntnis der Armutstypologie und die Einschätzung, welche Hilfe für Kinder und Familie passend sein könnten, der Verzicht auf Psychologisierung materiell bedingter Problematiken und die Kenntnis der Bewältigungsstrategien von Armut im Alltag, wie Haushaltsführung oder Zeitstrukturierung.

Dazu gehören aber auch eine Auseinandersetzung mit Gerechtigkeitsbegriffen und der ethischen Fundierung der Arbeit. Nachdem nicht unbegrenzte Ressourcen zur Verfügung stehen, wird man in der Einrichtung immer wieder mit Prioritätensetzung, d.h. Fragen der Verteilungsgerechtigkeit konfrontiert und sollte dazu eine klare Haltung entwickeln. Das Bemühen, eine Zusammenarbeit mit einer schwierigen Armutsfamilie zu erreichen, kann bei begrenzten Zeitressourcen nämlich bedeuten, dass eine hoch motivierte Mittelschichtsfamilie mit ihren ebenfalls berechtigten Anliegen länger auf eine Beratung warten oder weiter verwiesen werden muss.

Neben der ethischen Ebene ist auch eine Auseinandersetzung mit unbewussten Selektionsmechanismen etwa durch die eigene Sozialisation oder eine unreflektierte Übertragung vom Mittelschichtsnormen auf die Klientel notwendig.

Ein weiterer Bereich ist die Stärkung spezifischer Kompetenzen im Team: Bei der Planung von Fortbildungen ist darauf zu achten, dass Kompetenzerwerb in für diese Klientel geeignete Arbeitsformen erfolgt. So können z.B. Fortbildungen zum Thema Schuldnerberatung oder interkulturelle Kompetenz sinnvoll sein. Weitere Formen können Konzepttage oder Inhouse-Fortbildungen zum Umgang mit armutsbetroffenen Familien sein. Selbsterfahrung und Supervision sollten auch schichtspezifische Barrieren oder Schwierigkeiten im Umgang mit fremden Kulturen thematisch bearbeiten.

Beratungsstellen, die schwerpunktmäßig mit dem Thema Armut konfrontiert sind, sollten sich in der Auswahl der bei ihnen beschäftigten Berufsgruppen darauf einstellen. Es kann in der Arbeit mit sozial benachteiligten Familien sinnvoll sein, die traditionellen Berufe Psychologe oder Sozialpädagoge durch Erzieher oder Heilpädagogen zu ergänzen, deren Tätigkeit sich insbesondere auf die Förderung der Kinder bezieht und die Erziehungskompetenz auch durch Lernen am Vorbild (etwa in der Gruppenarbeit) weitergeben können. Auch die Mitarbeit eines Rechtsanwalts mit dem Schwerpunkt Familienrecht hat sich als hilfreich erwiesen. Mitarbeiter mit Migrationserfahrung und/oder entsprechenden Sprachkenntnissen können einen spezifischen Zugang zu Migrantenfamilien ermöglichen, ebenso der Einsatz beratungserfahrener Dolmetscher. Auch die Zusammenarbeit mit offenen Familienhilfen kann bei entsprechender Ausrichtung den Zugang erleichtern.

Bei all dem darf aber nicht übersehen werden, dass Armut und soziale Benachteiligung nur eine von vielen Differenzierungen von Familien ist und keine Kategorie, die diese Familien zu grundsätzlich „anderen" macht. Armut kann jeden treffen, das Risiko ist vor allem für Familien besonders hoch und jede einzelne Familie wird ihr eigenes Bewältigungsmuster aufweisen. Eine Auseinandersetzung mit der sozioökonomischen Seite von Problemlagen schärft und verbessert die Beratungsqualität insgesamt, darf aber nicht zu undifferenzierten Vorurteilen führen.

Literatur

Arbeitsgemeinschaft für Kinder- und Jugendhilfe (AGJ) (2008): Jugendarmut dramatischer als Kinderarmut. Jeder vierte Jugendliche lebt in Armut. Presseinformation vom 14. Juni 2008. Berlin.

Bundesministerium für Arbeit und Soziale Sicherung (2005) bzw. Soziales (2008): Lebenslagen in Deutschland. Der zweite (2005) und dritte (2008) Armuts- und Reichtumsbericht der Bundesregierung. Berlin.

Bundesministerium für Familie, Senioren, Frauen und Jugend (Hrsg.) (1990): Achter Jugendbericht. Bonn; (1998) Zehnter Kinder- und Jugendbericht. Bonn; (2001) Elfter Kinder- und Jugendbericht. Berlin; (2004) (Hrsg.: Schmidt, Schneider, Hohm, Pickartz, Macsenaere, Petermann, Floßdorf, Hölzl, Knab): Effekte erzieherischer Hilfen und ihre Hintergründe. Schriftenreihe des BMFSFJ, Bd. 219. Stuttgart.

Deutsches Kinderhilfswerk e.V. (Hrsg.) (2007): Kinderreport Deutschland 2007. Daten, Fakten und Hintergründe. Freiburg.

Fröhlich, Herbert (2004): Risiko- und Schutzfaktoren. Forschungsergebnisse und Interventionsmöglichkeiten unter besonderer Berücksichtigung von Armut. In: Bundeskonferenz für Erziehungsberatung (Hrsg.): Arme Familien gut beraten. S. 40-55. Fürth.

Hock, B.; Holz, G.; Simmerdinger, R.; Wüstendörfer, W. (2000): Gute Kindheit – Schlechte Kindheit? Armut und Zukunftschancen von Kindern und Jugendlichen in Deutschland. Abschlussbericht zur Studie im Auftrag des Bundesverbandes der Arbeiterwohlfahrt, ISS Pontifex 2000/4. Frankfurt.

Holz, Gerda; Skoluda, Susanne (2003): Armut im frühen Grundschulalter. Abschlussbericht der vertiefenden Untersuchung zu Lebenssituation, Ressourcen und Bewältigungshandeln von Kindern im Auftrag der Arbeiterwohlfahrt. Textauszüge als Arbeitsmappe. http://www.awo.org/file admin/user_upload/pdf-dokumente/Arbeitsmappe_Armut-im-fruehen-Grundschulalter.pdf

Kühnl, B.; Schwärzler, B. (1998): Multiproblemfamilien in der Erziehungsberatung. In: Jugendhilfe 36 (1), S. 48-55.

Kurz-Adam, M. (2001): Erziehungsberatung als flexible Hilfe? Entwicklungsperspektiven der Erziehungsberatungsstellen im Jugendhilfeverbund. Vortragsmanuskript zur Fachtagung „Den Wandel gestalten. Die Erziehungsberatung der

Caritas – ein Angebot im Netz der Kinder- und Jugendhilfe". Fachtagung zur Konzeptionsentwicklung der Erziehungsberatungsstellen des Caritasverbands der Erzdiözese München und Freising e.V.

Laucht, Manfred; Esser, Günter; Schmidt, Martin H. (2000): Längsschnittforschung zur Entwicklungsepidemiologie psychischer Störungen. Zielsetzung, Konzeption und zentrale Befunde der Mannheimer Risikokinderstudie. In: Zeitschrift für Klinische Psychologie und Psychotherapie, 29 (4), S. 246-262. Göttingen: Hogrefe.

Meier, U.; Preuße, H., Sunnus, M. (2003): Steckbriefe von Armut. Haushalte in prekären Lebenslagen. Wiesbaden: Verlag für Sozialwissenschaften.

Meier-Gräwe, Uta (2006): Armut von Kindern. Welche Bedeutung hat die Förderung der Resilienz? In: Bohn, Irina: Dokumentation der Fachtagung „Resilienz – was Kinder aus armen Familien stark macht" in ISS-aktuell 2/2006, S. 27-40.

Opp, Günther; Fingerle, Michael; Freytag, Andreas (1999): Was Kinder stärkt. Erziehung zwischen Risiko und Resilienz. München: Reinhardt.

Robert Koch-Institut (Hrsg) (2001): Gesundheitsberichterstattung des Bundes, Heft 03/01. Armut bei Kindern und Jugendlichen und die Auswirkungen auf die Gesundheit. Berlin. http://www.rki.de/cln_151/nn_19 9850/DE/Content/GBE/ Gesundheitsberichterstattung/GBEDownloadsT/armut,templateId=raw,property= publicationFile.pdf/armut.pdf

Schilling, H. (2004): Arme Familien in der institutionellen Beratung. Ergebnisse einer bke-Erhebung. In: Bundeskonferenz für Erziehungsberatung (Hrsg.): Arme Familien gut beraten, S. 126-143. Fürth.

Schone, Reinhold (2000): Vernachlässigung von Kindern, Basisfürsorge und Interventionskonzepte. In: Weiß, Hans: Frühförderung von Kindern und Familien in Armutslagen. München, Basel: Reinhardt.

Seus-Seberich, Elfriede (2001): Erziehungsberatung bei sozial benachteiligten Familien. In: Praxis der Kinderpsychologie und Kinderpsychiatrie 4/01, 50. Jahrgang, S. 265-278. Göttingen: Vandenhoeck & Ruprecht.

Seus-Seberich, Elfriede (2004): Erziehungsberatung bei Kindern und Familien in Armutslagen. Institutionelle und konzeptionelle Voraussetzungen. In: Bundeskonferenz für Erziehungsberatung (Hrsg.): Arme Familien gut beraten., S.111-125. Fürth.

Seus-Seberich, Elfriede (2006): Welche Rolle spielt soziale Benachteiligung in Bezug auf Kindeswohlgefährdung? In: Kindler, H.; Lillig, S.; Meysen, T.; Werner, A. (Hrsg.): Handbuch Kindeswohlgefährdung nach § 1666 und der Allgemeine Soziale Dienst (ASD). Deutsches Jugendinstitut e.V., München.

Weiß Hans (Hrsg.) (2000): Frühförderung von Kindern und Familien in Armutslagen. München, Basel: Reinhardt.

Bernhard Kalicki

Baustelle Mutterrolle
Passungs- und Anpassungsprobleme und ihre Bewältigung

Die Geburt eines Kindes und die damit verbundene Übernahme der Mutterrolle wirft Frauen regelmäßig zurück in traditionelle Muster der Rollen- und Aufgabenverteilung. Da diese Veränderungen typischerweise schleichend verlaufen und in ihrer vollen Reichweite selten vorhergesehen und bewusst gewählt werden, kann die Familiengründung als eine „Falle" für die Gleichberechtigung der Geschlechter beschrieben werden (Fthenakis und Kalicki 2000). In diesem Beitrag sollen die langfristigen Auswirkungen der Elternschaft auf die Lebenssituation von Frauen und Männern und auf die elterliche Partnerschaft betrachtet werden. Die Bedingungen günstiger bzw. ungünstiger Entwicklungs- und Beziehungsverläufe werden anhand eines theoretischen Modells und stützender eigener Forschungsergebnisse analysiert. Grundlage hierfür ist eine familienpsychologische Längsschnittstudie, in der initial 175 Paare, die ein gemeinsames Kind erwarteten, vom letzten Schwangerschaftstrimester an über neuneinhalb Jahre hinweg verfolgt wurden. Um die spezifischen Auswirkungen der Geburt des ersten Kindes (sprich: des Übergangs in die Elternschaft) zu erfassen, wurde eine Gruppe von Eltern, die ihr erstes Kind bekamen, mit einer Vergleichsgruppe von Eltern kontrastiert, die im Rahmen dieser Studie zum zweiten mal Eltern wurden. Über die Beschreibung der typischen Veränderungen hinaus wurden anhand der so gewonnenen Daten und unter Rückgriff auf relevante theoretische Modelle die zugrundeliegenden Prozesse näher bestimmt (Fthenakis, Kalicki und Peitz 2002; Kalicki et al. 1999). Dieses Wissen kann praktisch genutzt werden, um die Bewältigung der Elternschaft zu fördern, Partnerschaftsprobleme und Lebenskrisen zu vermeiden oder bereits eingetretene Krisen überwinden zu helfen. Welche Rolle beratende Dienste in diesem Zusammenhang spielen können, soll abschließend aufgezeigt werden.

Die Neuzuweisung von Rollen im Übergang zur Elternschaft und ihre Auswirkungen auf das individuelle Befinden und die Qualität der Paarbeziehung

Beruf und Familie sowie die die damit verknüpften sozialen Rollen als (Ehe-)Partner, Eltern und Berufstätige stehen Frauen und Männern mittlerweile gleichermaßen offen, was sich etwa an der hohen Bildungs- und Erwerbsbeteiligung von Frauen ablesen lässt. Damit scheinen sich traditionelle Geschlechtsrollen aufzulösen, nachdem ihre Grundlagen ins Rutschen geraten sind: Die Ehe hat in den zurückliegenden Jahrzehnten einen drastischen Bedeutungswandel erfahren, Kinder erfüllen für ihre Eltern gewandelte Funktionen, egalitäre Modelle von Partnerschaft und Familienleben haben sich durchgesetzt (Herlth et al. 1994; Nauck 2001). Mit der Geburt des ersten Kindes werden nun jedoch die Aufgaben und Verantwortlichkeiten, die „Rechte" und „Pflichten" zwischen den Partnern neu verteilt und es kommt zu einem Wiederaufleben traditioneller Rollenmodelle (Reichle 1996).

Die Längsschnittdaten aus dem 10-Jahres-Intervall bestätigen diese Rückkehr zum „Tarzan und Jane"-Modell der Aufgabenverteilung: Der Vater wird zum Brotverdiener, die Mutter kümmert sich um Haushalt und Kind. Während die noch kinderlosen Partner vor Eintritt der Schwangerschaft etwa gleich lange Arbeitszeiten berichten – die Frauen wiesen für diesen Zeitpunkt eine durchschnittliche Wochenarbeitszeit von 31,6 Stunden pro Woche auf, ihre Partner arbeiteten im Schnitt 33,5 Stunden pro Woche; der minimale Unterschied geht auf den Altersvorsprung der Männer von etwa zwei Jahren zurück –, reduzieren die Mütter ihre Erwerbsbeteiligung nach der Geburt des ersten Kindes zunächst auf durchschnittlich unter zehn Stunden pro Woche und steigern ihre Erwerbstätigkeit in den nachfolgenden neun Jahren nur um durchschnittlich fünf Stunden. Unmittelbar nach der Familiengründung steigern die Väter ihr berufliches Engagement auf durchschnittlich 41,6 Stunden und in den Folgejahren auf 44,9 Stunden pro Woche. Wie die Vergleichsdaten der Paare mit zweitem Kind zeigen, ist dieses traditionelle Rollenmodell sehr änderungsresistent (siehe Abb. 1).

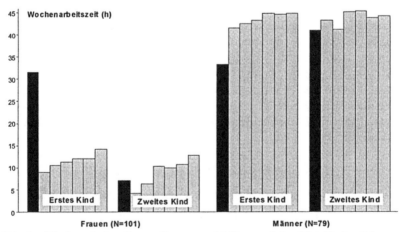

Abb. 1: Wochenarbeitszeit von Frauen und Männern beim Eintritt der Schwangerschaft sowie 1½, 3, 4¼, 5½, 7½ und 9¼ Jahre nach der Geburt des Zielkindes, differenziert nach Elterngruppe (erstes Kind vs. zweites Kind).

Dass sich diese geschlechtsspezifischen Erwerbsmuster entsprechend auf die persönliche Einkommenssituation der Partner auswirken, mag als selbstverständlich oder trivial erscheinen. Gleichwohl ist das Ausmaß dieser Einkommensverschiebung beachtlich: Bei den noch kinderlosen Paaren zeigen Frauen und Männer eine sehr ähnliche Einkommensverteilung (Abb. 2, obere Grafik), zehn Jahre später findet sich jeder zweite Mann in der höchsten Einkommenskategorie wieder (mehr als 3.000 Euro an persönlichem monatlichem Netto-Einkommen), wohingegen jede vierte Frau über gar kein persönliches Einkommen verfügt (Abb. 2, untere Grafik).

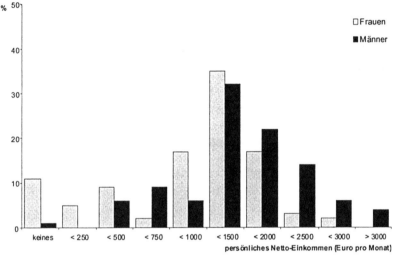

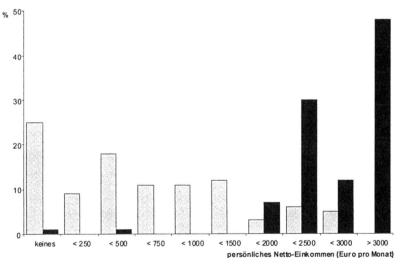

Die einseitige Zuweisung der Brotverdienerrolle an den Vater geht einher mit einer Zuweisung familiärer Aufgaben an die Mutter. Zwar ist die Verteilung der im Haushalt anfallenden Arbeiten (Waschen und Bügeln, Einkaufen, Kochen, Aufräumen und Putzen usf.) auch bei den noch kinderlosen Paaren keineswegs ausgewogen. Nach der Familiengründung verschiebt sich diese Lastenverteilung jedoch weiter zu Ungunsten der Frau.

Der Rückfall in traditionelle Rollenmuster wirkt sich unmittelbar auf das Befinden der Mütter aus. Eindrucksvoll sind die Befindlichkeitsverläufe der Frauen, wenn sie unter dem Blickwinkel des realisierten Erwerbsmusters betrachtet werden. Für die Zeitpunkte des Eintritts der Schwangerschaft sowie 18 Monate nach der Geburt des Kindes liegen Angaben zum Erwerbsstatus der Frauen vor. Anhand dieser Daten können vier resultierende Erwerbsmuster unterschieden werden:

a) Frauen, die zu beiden Zeitpunkten berufstätig waren (wir nennen dieses Muster der Rollenkombination „Beruf und Familie");
b) Frauen, die zu beiden Zeitpunkten nicht erwerbstätig waren („Hausfrau und Mutter");
c) Frauen, die vor der Schwangerschaft berufstätig waren, 18 Monate nach der Geburt des Kindes jedoch nicht mehr („Ausstieg aus dem Beruf");
d) Frauen, die anfangs nicht berufstätig und zum späteren Zeitpunkt jedoch im Beruf waren („Wiedereinstieg").

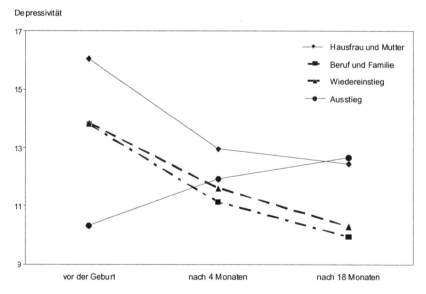

Abb. 3: Verlauf der mütterlichen Depressivität vom letzten Drittel der Schwangerschaft bis 18 Monate nach der Geburt des Zielkindes in Abhängigkeit vom zeitgleich realisierten Erwerbsmuster der Frau

Als Indikator für die Befindlichkeit nutzen wir die *Allgemeine Depressions-Skala* (ADS; Hautzinger und Bailer 1993). Die Gruppe der Frauen, die das Erwerbsmuster der „Hausfrau und Mutter" realisiert, zeigt deutlich erhöhte Depressivitätswerte. Sowohl die Frauen, die familiäre und berufliche Aufgaben kontinuierlich verknüpfen („Beruf und Familie"), als auch jene, die zu dieser Rollenkombination hin wechseln („Wiedereinstieg"), zeigen niedrige Depressivitätswerte. Die bisher beschriebenen drei Gruppen von Frauen erleben über den Zeitraum von der Schwangerschaft bis 18 Monate nach der Entbindung einen Rückgang der Depressivität, der als Bewältigungs- oder Anpassungseffekt verstanden werden kann. Einzig die Gruppe derjenigen Frauen, die im betrachteten Zeitraum aus dem Beruf aussteigen, erfährt einen merklichen Anstieg der Depressivität. Diese Frauen landen auf einem erhöhten Depressivitätsniveau, wie es für die „Hausfrau und Mutter" typisch ist (siehe Abb. 3). Zeiteffekt und Wechselwirkungseffekt dieser quasi-experimentellen Analyse sind statistisch signifikant.

Dass die Geburt eines Kindes häufig Anpassungsprobleme verursacht und Krisenlagen auf individueller wie auf der Partnerschaftsebene auslösen kann, gilt seit Jahrzehnten als gesichertes Wissen (Cowan und Cowan 1994; LeMasters 1957). Die langfristigen Folgen dieses familienbiografischen Übergangs auf die Paarbeziehung und auf die individuelle Anpassung der Mütter und Väter blieben jedoch ungesichert, wollte man nicht Querschnittsvergleichen zwischen jüngeren und älteren Partnerschaftsbeziehungen vertrauen. Hier liefert die vorliegende Längsschnittstudie mit einem Erhebungsintervall von knapp zehn Jahren neue Aufschlüsse: Die Qualität der Paarinteraktion (gemessen mit dem *Partnerschaftsfragebogen PFB*; vgl. Klann, Hahlweg und Heinrichs 2003) nimmt nach der Geburt des Kindes kontinuierlich ab. So sinkt das Ausmaß an Austausch und positiver Kommunikation und die sexuelle Beziehung verschlechtert sich; destruktives Streit- und Konfliktverhalten breitet sich aus. Auch die subjektive Partnerschaftszufriedenheit – in dieser Studie wurde die Unzufriedenheit mit der Person des Partners anhand von Diskrepanzen im tatsächlichen Partnerbild („So sehe ich meinen Partner") und im entsprechenden Wunsch- oder Idealbild („So hätte ich meinen Partner gerne") erfasst – ist von diesen Veränderungen betroffen. So steigt die Unzufriedenheit der Mütter deutlicher und nachhaltiger als die der Väter (siehe Abb. 4, nächste und übernächste Seite). Die Beeinträchtigung der Partnerschaft fällt im Übergang zur Elternschaft (Geburt des ersten Kindes) drastischer aus als bei der Erweiterung der Familie durch die Geburt des zweiten Kindes.

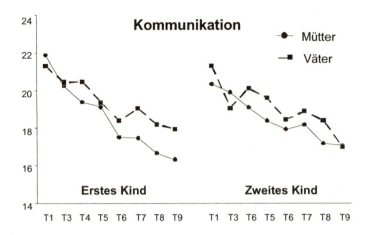

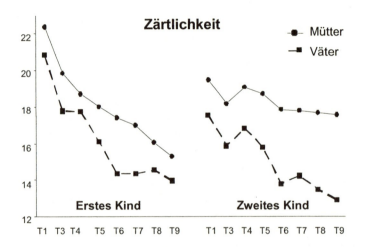

Abb. 4: (diese und nächste Seite): Veränderung der PFB-Partnerschaftsqualität (mit den Subskalen Kommunikation, Zärtlichkeit und Streit) sowie der Unzufriedenheit mit dem Partner im Erleben der Mütter und Väter von der Schwangerschaft bis 9¼ Jahre nach der Geburt des Kindes, differenziert nach Elterngruppe (erstes vs. zweites Kind).

Zugrunde liegende Prozesse

Die Verschlechterung der elterlichen Partnerschaft im Übergang zur Elternschaft kann als ein kaskadischer Prozess beschrieben werden (siehe Abb. 5, linke Pfade), in dessen Verlauf aufkommende situations- oder bereichsspezifische Unzufriedenheit zunächst die Kommunikation und soziale Interaktion der Partner beeinträchtigt. Ein chronisch raueres Paarklima führt in der

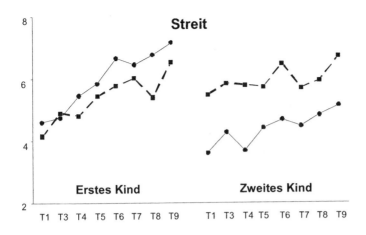

Folge zu verminderter Wertschätzung und Achtung, einer Vorstufe der Partnerschaftsauflösung (vgl. auch Gottman 1994; 2002).

Die skizzierte stufenweise Verschlechterung der Beziehung tritt jedoch nicht zwangsläufig auf, vielmehr können schützende (protektive) Bedingungen ausgemacht und in ihrer Bedeutung näher erläutert werden. Sie betreffen Aspekte der individuellen und dyadischen Anpassung und Bewältigung, der Form des Konfliktlösens sowie subjektive Interpretations- und Bewertungsprozesse (die moderierenden Faktoren sind in der Abbildung 5 jeweils rechts eingetragen). Dieses theoretische Modell der Partnerschaftsentwicklung, das für die Praxis bedeutsame Aussagen zu den Bedingungen gelingender bzw. misslingender Anpassung enthält, soll im Folgenden anhand empirischer Befunde erläutert werden.

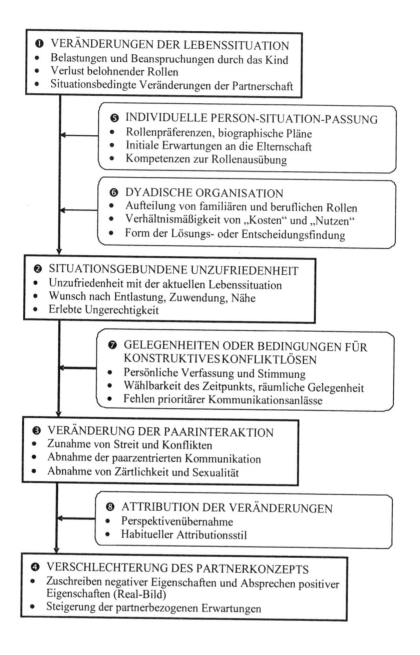

Abb. 5: Das Passungs- und Anpassungsmodell der Bewältigung des Übergangs zur Elternschaft (vgl. Fthenakis, Kalicki und Peitz 2002; Kalicki et al. 1999)

Individuelle Bewältigungsprozesse

Kaum ein vorhersagbares (normatives) Lebensereignis ändert die Lebenssituation der Betroffenen derart umfassend und nachhaltig wie die durch die Geburt des ersten Kindes markierte Übernahme der Elternrolle. Zu den typischen Beeinträchtigungen und Belastungen zählen beispielsweise die ständige Beanspruchung durch die Versorgung des Kindes, Schlafmangel und chronische Erschöpfung, Mehrarbeit in der Haushaltsführung, die Einschränkung von Freizeitaktivitäten und Freundschaftskontakten sowie eine insgesamt starke Gebundenheit an die Wohnung, finanzieller Druck aufgrund eines wegfallenden Einkommens bei zeitgleich hinzu kommenden neuen Kosten durch das Kind. Für Mütter und Väter stellt sich die Situation dabei häufig unterschiedlich dar. Da die Verantwortung für die Versorgung und Pflege des Kindes primär der Mutter zugeschrieben wird, sind die Frauen stärker mit kindbezogenen Aufgaben belastet; zudem verlieren sie mit dem Beruf eine wichtige Quelle des persönlichen Wohlbefindens (vgl. auch El-Giamal 1999; Kalicki 2009; Kalicki, Peitz und Fthenakis 2002). Die Väter spüren verstärkt die Verantwortung für die Sicherung des Familieneinkommens und vermerken häufig ein gesunkenes sexuelles Interesse ihrer Partnerin.

Bedeutsam für die individuelle Bewältigung dieser Veränderungen sind nicht nur Art und Ausmaß der Belastungen und Stressoren, sondern die Passung der situativ bedingten Herausforderungen zu Merkmalen der Person. Ob der Verlust der Berufstätigkeit als ein Verlust oder als ein Gewinn verbucht wird, hängt wesentlich von persönlichen Rollenpräferenzen, Lebenszielen und biografischen Plänen ab. Ob eine Mutter oder ein Vater in der Elternrolle Erfüllung findet oder Überforderung und persönliches Versagen erlebt, hängt nicht allein vom Temperament, Gesundheitszustand und frühen Entwicklungsverlauf des Kindes ab, sondern auch von den individuellen Kompetenzen zur Ausübung der Elternrolle (einschließlich der rollenspezifischen Kompetenzüberzeugungen). Ob der Alltag mit dem Säugling vorwiegend als frustrierend oder als bereichernd erlebt wird, ist schließlich mitdeterminiert durch die initialen Erwartungen an die Elternschaft: Allzu positive und illusionäre Vorstellungen von einem trauten Heim bergen das Risiko der Enttäuschung. Damit kann die Bewältigung als eine Funktion der Passung von Herausforderungen durch die gewandelte Lebenssituation und Personmerkmalen aufgefasst werden. Sowohl die Situationsaspekte wie die Merkmale der Person sind dabei allerdings nicht als statisch zu begreifen, sie sind ihrerseits offen für dynamische Anpassungsprozesse (Brandtstädter/Renner 1992; Heckhausen/Schulz 2002; Rothbaum, Weisz und Snyder 1982). So wirkt sich etwa ein komplikations- und beschwerdenreicher Verlauf der Schwangerschaft dann negativ auf das Wohlbefinden der Schwangeren in den Folgejahren aus, wenn die Schwangerschaft ungeplant eingetreten war oder wenn die werdende Mutter wenig Zutrauen in ihre eigene Kompetenz zur Rollenausübung besitzt. Bei entsprechend günstigen personseitigen Voraussetzungen – die Schwangerschaft war geplant, die Frau sieht sich der kommenden Aufgabe gewachsen – wirkt sich eine beschwerliche Schwangerschaft nicht auf das weitere Wohlbefinden aus. Neuere Analysen der Längsschnittdaten belegen überdies, dass sich die Lebenszufriedenheit und Wohlbefinden der Partner aus wechselnden Lebens- und Erfahrungsbereichen speisen kann, was wiederum auf ein dynamisches Selbst verweist (Kalicki 2009).

Dyadische Abstimmung

Mit der gemeinsamen Verantwortung für das Kind wächst die wechselseitige Abhängigkeit (Interdependenz) der Partner voneinander beträchtlich, was grundsätzlich Zündstoff in die Beziehung bringt und neben der fairen Verteilung von Lasten und Profiten (Mikula, 1994) die Regulation von Nähe erfordert (Grau 2003). Bezogen auf die Aufteilung von „Rechten" und „Pflichten" oder von „Kosten" und „Nutzen" der Partner prägt zunächst die tatsächlich realisierte Aufgabenteilung die Zufriedenheit der beteiligten Parteien. Je unausgewogener die dyadische Aufgabenaufteilung im Haushalt und bei der Sorge um das Kind zu Ungunsten der Mutter zu einem bestimmten Zeitpunkt, desto größer die momentane Unzufriedenheit der Frau. Und je deutlicher die Umverteilung zu Lasten der Mutter ausfällt, desto stärker wächst die Unzufriedenheit der Frau. Doch auch die dyadischen Passungskonstellationen hinsichtlich der Einstellung zur Schwangerschaft, der Rollenkompetenzen der einzelnen Partner und ihrer Erfahrungen in außerfamilialen Lebensbereichen (Beruf, Freundeskreis, Freizeit) wirken sich auf die Zufriedenheit der Partner aus. Zahlreiche solcher Passungsbefunde sind an anderer Stelle ausführlich dargestellt (Fthenakis et al. 2002).

Konstruktives vs. destruktives Konfliktlösen

Dass im Übergang zur Elternschaft eine Unzufriedenheit mit bestimmten Aspekten der eigenen Lebenssituation und des Zusammenlebens auftauchen, scheint nahezu unvermeidbar. Für den weiteren Verlauf der individuellen und familialen Entwicklung entscheidend ist also nicht das Auftreten von Paarkonflikten, sondern ob emergierende Probleme konstruktiv gelöst werden können oder aber fortdauernde Probleme und unergiebige Versuche der gemeinsamen Problemlösung zu einer Verschärfung von Paarkonflikten führen. Die vorliegenden theoretischen Arbeiten zu Kooperation und Konflikt (zum Überblick: Deutsch, Coleman und Marcus 2007; vgl. auch Engl und Thurmaier 2009) erfassen die Formen und Bedingungen kooperativen bzw. kompetitiven Konfliktverhaltens recht genau. Die eigenen Daten zeigen nun, dass die Streit- und Konfliktkultur in der frühen Phase der Elternschaft von herausragender Bedeutung für den Fortgang der Beziehung ist: Fällt das Elternpaar in den ersten Monaten nach der Geburt des Kindes in ein destruktives Konfliktmuster, so wachsen sich Streit- und Konfliktanlässe zu erheblichen Partnerschaftskrisen aus und die kaskadischen Prozesse der Kommunikationsvermeidung und Entfremdung werden in Gang gesetzt.

Die Attribution negativer Partnerschaftserfahrung

Enttäuschung, Wut und Ärger gehören ebenso zur Realität in engen Beziehungen wie Impulse der Vergeltung und Schädigung des Partners (Spitzberg und Cupach 1998). Erst die subjektive Auslegung negativer Beziehungsepisoden und Verhaltensweisen des Partners anhand vorgefertigter Erklärungsschemata wirkt sich nachhaltig auf die Partnerschaftszufriedenheit aus. Glücklichen Paaren gelingt es dabei, die Bedeutung negativer Vorfälle zu minimieren und die Aussagekraft positive Erfahrung zu maximieren. Prozesse der Kausalattribution des jeweiligen Ereignisses und der partnergerichteten Verantwortungszuschreibung steuern diese Verläufe (Kalicki 2003). So kann eine zunächst negativ bewertete Episode – der Partner entlastet die Mutter unzureichend in der Betreuung und Erziehung des Kindes; er stürzt sich über die Maßen in den Beruf und vernachlässigt seine familiären Aufgaben – grundsätzlich eher wohlwollend oder sehr kritisch interpretiert werden. Die wohlwollende Auslegung läuft dabei auf eine Entschuldigung des Partnerverhaltens hinaus: Die Ursachen für die Enttäuschung durch den Partner werden in der Situation oder in äußeren Zwängen gefunden; das negative Verhalten des Partners scheint durch einmalige und stark situationsspezifische Faktoren bedingt. Die Kränkung durch den Partner wird als unbeabsichtigt wahrgenommen und es werden dem Partner nicht etwa egoistische oder gar feindselige Motive unterstellt. Ein Schuldvorwurf für das negative Verhalten bleibt dementsprechend aus. Anders bei der kritischen Auslegung negativer Beziehungserfahrung: Hier werden die Ursachen für das negative Verhalten des Partners der Person zugeordnet (internale Kausalattribution), sie werden als zeitlich stabil und situationsunspezifisch (global) eingeschätzt. Dem Partner wird Absicht (Intentionalität) unterstellt, egoistische oder feindselige Motive werden vermutet. Dieses Deutungsmuster geht einher mit einem Schuldvorwurf.

Die vorliegenden Daten zeigen nun, dass ein wohlwollender Attributionsstil die Wirkung negativer Beziehungserfahrung auf die Achtung und Wertschätzung für den Partner abpuffert. Selbst wenn also die Partnerschaft in schweres Wasser gerät, muss die Liebe und Achtung für den anderen nicht zwangsläufig schwinden.

Ansatzpunkte für präventive und beraterische Hilfen

Das vorgestellte „Passungs- und Anpassungsmodell" der Partnerschaftsentwicklung im Übergang zur Elternschaft beschreibt die typischen Dynamiken, die in der frühen Phase des Familienzyklus zu Krisenlagen auf der individuellen und der Paarebene führen. Es wird empirisch gestützt durch eine ganze Reihe konsistenter Befunde. Dieses Modell beschreibt und erklärt nicht nur wesentliche Aspekte des Veränderungsgeschehens, es identifiziert auch sinnvolle Ansatzpunkte für praktische Maßnahmen. Die sozial- und familienpolitischen Schlussfolgerungen aus diesen Befunden wurden an anderer Stelle gezogen (BMFSFJ 2006; Kalicki 2004). Hier soll nun der Aussagegehalt dieser Erkenntnisse für die psychologische und beraterische Praxis herausgearbeitet werden. Das verallgemeinerbare Ziel solcher praktischer Maßnahmen ist die Prävention bzw. Lösung von individuellen, partnerschaftsbezogenen und familiären Entwicklungsproblemen.

Förderung der individuellen Anpassung von Müttern und Vätern

Die Bewältigung der Elternrolle sowie des mit der Elternschaft verbundenen Wandels der persönlichen Lebenssituation kann als ein erstes Oberziel praktischen professionellen Handelns festgehalten werden. Problemlagen können dabei grundsätzlich als Diskrepanzen zwischen einer aktuellen, unbefriedigenden oder belastenden Lebenssituation und einer wünschbaren, befriedigenderen oder entspannteren Lebenssituation verstanden werden („Ist-Soll-Diskrepanzen"). Damit sind bereits zwei grundsätzliche Stellschrauben der Problemlösung benannt, einerseits die Veränderung der Situation in Richtung des gewünschten Zielzustands und andererseits die Justierung von Zielvorstellungen und Bewertungsmaßstäben entlang erreichbarer Zielperspektiven.

Wie gelegen einer werdenden Mutter und ihrem Partner eine Schwangerschaft kommt mit Blick etwa auf den Alterszeitpunkt und Gesundheitszustand der Partner, ihre beruflichen Pläne und ihre finanzielle Situation, die Tragfähigkeit der Partnerschaft, mit Blick auf äußere Umstände wie die aktuelle Wohnsituation oder die Beanspruchung durch andere Aufgaben und wie sehr die anstehende Elternschaft insgesamt in die Lebensplanung beider Partner hineinpasst, dies wird die Betroffenen spätestens mit der Kenntnis der Schwangerschaft beschäftigen. Sofern die Schwangerschaft geplant ist, besteht im Vorfeld Raum für eine zukunftsgerichtete (prospektive) Handlungs- und Lebensplanung. Doch auch im Fall der ungeplanten Schwangerschaft bleibt prinzipiell Zeit für die Planung und aktive Gestaltung der künftigen Lebenssituation. Hier kann die Beratung Unterstützung und Hilfe bei der Klärung von Lebenszielen und biografischen Plänen bieten. Im Sinne eines präventiven Copings ist es darüber hinaus sinnvoll, die personalen Ressourcen der werdenden Eltern bzw. frischen Mütter und Väter zu stärken. Hierzu zählt die Information und Aufklärung über Elternschaft, die kindliche Entwicklung, die wirtschaftlichen und arbeitsrechtlichen Folgen des Elternstatus', über familienpolitische Angebote usf. Wichtig im Sinne der erfolgreichen Anpassung ist zudem der Aufbau realistischer Erwartungen an Elternschaft und Familienleben, da noch kinderlosen Schwangeren häufig illusionäre Vorstellungen und Zukunftserwartungen hegen, die dann zwangsläufig zu Frustration und Enttäuschung führen. Die Revision unrealistischer Erwartungen geschieht am effektivsten und überzeugendsten im direkten Kontakt mit Familien, die bereits einen Säugling oder ein Kleinkind haben. Paare, die über ihr Verwandschaftsnetz und ihren Freundes- und Bekanntenkreis keinen Kontakt zu Familien mit Kindern haben, profitieren u. U. besonders von Kursangeboten, bei denen sie mit anderen Familien zusammentreffen. Geburtsvorbereitungskurse und elternschaftsthematische Angebote der Familienbildung (zum Überblick: Minsel 2007) dienen u. a. dem Aufbau rollenspezifischer Kompetenzen und Fertigkeiten, zunächst mit Blick auf die Gestaltung und Bewältigung der Entbindung (bspw. Säuglingspflege, Stillgruppe, Rückbildung). Mit fortschreitendem Alter und Entwicklungsstand des Kindes gewinnen Erziehungsfragen der Eltern und entsprechende Programme zur Stärkung der elterlichen Erziehungskompetenz an Bedeutung (z. B. Schneewind 2005). Die Erziehungsberatung kann dazu beitragen, Eltern für entsprechende Angebote zu öffnen. Indem entsprechende Beratungsangebote familienzyklisch günstig platziert und institutionell vernetzt werden, kann ihre Reichweite erheblich gesteigert werden (Kalicki, Brandes und Schenker, in Druck).

Förderung der Abstimmung auf der Paarebene

Die unmittelbar mit der Elternschaft verbundenen neuen Aufgaben (Pflege und Versorgung des Kindes, Erziehungsarbeit) und auch die zusätzlich angestoßenen Restrukturierungen in der Familie (Neuverteilung von beruflichen und familialen Rollen, Umstellung von Alltagsroutinen, Neudefinition von Familienbeziehungen) erfordern, dass das Elternpaar hinreichend gut als ein Team funktioniert: Im Idealfall stimmen die Partner in wichtigen Zielen und Interessen überein, unterstützen und ergänzen sich gegenseitig mit ihren individuellen Kompetenzen und halten bei der Aushandlung dieser Fragen Fairnessnormen ein (vgl. auch Brandtstädter und Felser 2003). Weniger die vorherrschenden Elternschaftskonzepte als vielmehr die infrastrukturellen Rahmenbedingungen (fehlendes Angebot an qualifizierten Teilzeitarbeitsplätzen, fehlende Betreuungsmöglichkeiten, ein typisches Einkommensgefälle zuungunsten der Mutter) drängen viele Paare in realisierte Familienmodelle, die traditionellen Geschlechtsrollen entsprechen. Im Rückblick erscheint dem mit seiner Lebenssituation unzufriedenen Partner die Entwicklung in eine solche Konstellation in aller Regel als *nicht* bewusst gewählt. Für die Beratungspraxis bedeutet dies, die offene Aushandlung der Aufteilung familiärer und beruflicher Rollen zwischen den Partnern und die gemeinsame Suche und Gestaltung entsprechender Arrangements von stützenden und entlastenden Bedingungen zu fördern. Hierbei sollten die Partner einen vertrauensvollen Rahmen finden, der es zulässt, die eigenen Interessen und Bedürfnisse frühzeitig zu reflektieren und anzumelden. Selbst wenn die Familienentwicklung in dieser Lebensphase äußerst dynamisch verläuft und wenig Vorhersagbarkeit und Planbarkeit bietet, bedürfen die dyadischen Aushandlungsprozesse und die erzielten Absprachen einem Mindestmaß an Verbindlichkeit. Die Familienmediation kann diese Lösungsfindungen konstruktiv begleiten. Gleichzeitig wird an dieser Stelle deutlich, dass Elternschaft und Partnerschaft fortdauernde Baustellen bleiben.

Erhalt bzw. Aufbau konstruktiver Muster des Konfliktlösens

In der Konfliktmediation bearbeiten die Konfliktparteien ihre konkreten Konflikte und erlernen dabei u. U. konstruktive Formen der Konfliktbearbeitung, die sie auf neue Problemlagen anwenden können. Erfolgreiche Mediationen enden in aller Regel jedoch nicht mit Lösungen, die die Beteiligten voll zufriedenstellen. Als Erfolg im Sinne der Mediation gilt bereits, wenn alle Parteien in vergleichbarem Maße zufrieden bzw. unzufrieden sind mit der Lösung, zu der sie sich durchgerungen haben. Erfolgreiche Mediationen machen aus zerstrittenen Parteien keine glücklichen Partner. Der Aufbau konstruktiver Muster des Konfliktlösens sollte daher von den Partnern angestrebt und professionell angeleitet werden, bevor sich Konflikte selbst perpetuieren und ausweiten. Die Paarberatung stellt wie die Mediation prinzipiell ein geeignetes Setting dar, um in einem sozial kontrollierten Rahmen aufgetretene Interessenkonflikte zu bearbeiten. Als äußerst hilfreich erweist es sich dabei bereits, wenn die Partner lernen, dass und wie sie eine günstige Situation für konstruktive Paargespräche aktiv gestalten können. Noch stärker präventiv angelegt sind Kommunikationstrainings, in denen die Vermeidung offen feindseliger Interaktionsmuster erlernt und konstruktive kommunikative Fertigkeiten praktisch eingeübt werden.

Förderung partnerschaftsdienlicher Attributionsmuster

Im Alltag werfen uns kleine, nichtige Ärgernisse („daily hassles") nicht aus der Bahn. Allenfalls wenn wir bereits verärgert oder verstimmt sind, können sie unser Wohlbefinden empfindlich beeinflussen. Ähnlich verhält es sich im Beziehungsalltag: Bei allgemeiner Zufriedenheit mit sich, dem eigenen Leben und der Partnerschaft wird ein einzelnes negatives Erlebnis die subjektive Partnerschaftszufriedenheit kaum trüben können. Häufen sich jedoch Episoden der Enttäuschung oder Erfahrungen von Übervorteilung und Missachtung durch den Partner, so wird sich dies längerfristig in einer geringeren Wertschätzung für den Partner niederschlagen. Erst die Interpretation negativen Partnerverhaltens entscheidet darüber, welche Wirkung jene Erfahrung entfaltet. Aus dieser Erkenntnis leiten laienpsychologische Ratgeber den Aufruf zu „positivem Denken" ab. Angesichts als gravierend erlebter Beziehungsprobleme helfen solche Aufmunterungen jedoch nicht weiter, sie können zynisch wirken oder auch – da sie ja durchaus als ein Lob der Blauäugigkeit verstanden werden können – als eine intellektuelle Unterforderung. Gleichwohl kann das Wissen um die Bedeutung von Attributionsprozessen bei der Zufriedenheitsregulation praktisch genutzt werden. Die Verfügbarkeit partnerschaftsdienlicher, den Partner entlastender Deutungsalternativen für initial negatives Partnerverhalten kann aktiv gesteuert werden. Dies gelingt, wenn Kontextinformation sichtbar (salient) gemacht wird oder soziale Vergleiche mit anderen Paaren, die ebenfalls mit Partnerschaftskonflikten zu kämpfen haben, nahegelegt werden. Trifft eine Person, die von ihrem Partner tief enttäuscht wurde und die ihm dieses Verhalten in der Kausal- und Verantwortungsattribution voll zur Last legt („Es lag an seiner Unzuverlässigkeit und Selbstgenügsamkeit, dass er mich hier wieder im Stich gelassen hat. Er tut dies immer wieder bei den unterschiedlichsten Gelegenheiten. Und er macht es absichtlich, um mir zu schaden. Man sollte ihm mal den Kopf waschen!") auf andere Personen, die in vergleichbarer Situation ähnliche Erfahrungen machen, so wird der Schluss auf den besonders üblen Charakter ausgerechnet des eigenen Partners unplausibel. Allerdings müssen diese Einsichten spontan generiert werden, um zu überzeugen. Vorgefertigte Erklärungen und Entschuldigungen, die von außen an die betroffene Person herangetragen werden, können leicht Reaktanz hervorrufen. Auch dies spricht für die Thematisierung des Partnerschafts- und Erziehungsalltags in Paargruppen (Cowan und Cowan 1994; Honkanen-Schoberth 2003).

Die berichteten Forschungsergebnisse verdeutlichen, dass die Mutterrolle für die einzelne Mutter wie für das Elternpaar eine langwierige Baustelle darstellt. Die Startbedingungen bei der Familiengründung prägen zwar den persönlichen Lebensverlauf der Eltern und die weitere Beziehungs- und Familienentwicklung, doch fortdauernde Anpassungs- und Bewältigungsleistungen bleiben angesichts der bemerkenswerten Dynamik dieser Lebensphase nötig. Doch die Mutterrolle bleibt auch für unsere Gesellschaft eine Baustelle, die sozial-, wirtschafts- und familienpolitische Neujustierungen erfordert. Auf diese Reformbedarfe hinzuweisen, ist eine wichtige Aufgabe der sozialwissenschaftlichen Forschung. Daneben liefern empirische Daten, die theoretisch reflektiert sind, eine wichtige Grundlage für die Planung praktischer Maßnahmen. Beratende Dienste können, wie aufgezeigt wurde, an den unterschiedlichsten Stellen Information, Rat und Anleitung geben. Sich dem eigenen Familien- und Erziehungsalltag selbstbewusst zu stellen, auftretende Probleme gemeinsam anzugehen und familiäre Krisen durchzustehen, wird Müttern und Vätern dabei umso eher gelingen, je stärker sie sich frei machen von medial vermittelten Idealbildern. Vielleicht sollten wir ihnen raten, mit ihren Kindern am Abend eher die Simpsons anzusehen, statt ihnen Märchen wie Dornröschen oder Schneewittchen vorzulesen. Das Märchen endet stets mit der Hochzeit des Paares. Wir wissen jedoch, dass die Geschichte der Elternrollen mit der Familiengründung erst richtig losgeht.

Literatur

BMFSFJ (Hrsg.) (2006). Familie zwischen Flexibilität und Verlässlichkeit – Perspektiven für eine lebenslaufbezogene Familienpolitik. Siebter Familienbericht. Berlin: Bundesministerium für Familie, Senioren, Frauen und Jugend.

Brandtstädter, J. und Felser, G. (2003). Entwicklung in Partnerschaften. Risiken und Ressourcen. Bern: Huber.

Brandtstädter, J. und Renner, G. (1992). Coping with discrepancies between aspirations and achievements in adult development: A dual-process model. In L. Montada, S.-H. Filipp und M.J. Lerner (Eds.), Life crises and experiences of loss in adulthood (pp. 301-319). Hillsdale: Erlbaum.

Cowan, C.P. und Cowan, P.A. (1994). Wenn Partner Eltern werden. Der große Umbruch im Leben des Paares. München: Piper.

Deutsch, M., Coleman, P.T. und Marcus, E.C. (Eds.). (2007), The handbook of conflict resolution: Theory and practice. San Francisco: Jossey-Bass.

El-Giamal, M. (1999). Wenn ein Paar zur Familie wird: Alltag, Belastungen und Belastungsbewältigung beim ersten Kind. Bern: Huber.

Engl, J. und Thurmaier, F. (2009). Wie redest Du mit mir? Fehler und Möglichkeiten der Paarkommunikation. Freiburg: Herder.

Fthenakis, W.E. und Kalicki, B. (2000). Die „Gleichberechtigungsfalle" beim Übergang zur Elternschaft. In J. Maywald, B. Schön und B. Gottwald (Hrsg.), Familien haben Zukunft (S. 161-170). Reinbek: Rowohlt.

Fthenakis, W.E., Kalicki, B. und Peitz, G. (2002). Paare werden Eltern. Die Ergebnisse der LBS-Familien-Studie. Opladen: Leske + Budrich.

Gottman, J.M. (1994). What predicts divorce? The relationship between marital processes and marital outcomes. Hillsdale: Erlbaum.

Gottman, J.M. (2002). Die 7 Geheimnisse der glücklichen Ehe. Berlin: Ullstein.

Grau, I. (2003). Emotionale Nähe. In I. Grau und H.W. Bierhoff (Hrsg.), Sozialpsychologie der Partnerschaft (S. 285-314). Berlin: Springer.

Hautzinger, M. und Bailer, M. (1993). ADS. Allgemeine Depressionsskala. Weinheim: Beltz.

Heckhausen, J. und Schulz, R. (1995). A life-span theory of control. Psychological Review, 102, 284-304.

Herlth, A., Brunner, E.J., Tyrell, H. und Kritz, J. (Hrsg.). (1994). Abschied von der Normalfamilie? Partnerschaft kontra Elternschaft. Berlin: Springer.

Honkanen-Schoberth, P. (2003). Starke Kinder brauchen starke Eltern. Der Elternkurs des Deutschen Kinderschutzbundes. Berlin: Urania.

Kalicki, B. (2003). Attribution in Partnerschaften. In I. Grau und H.W. Bierhoff (Hrsg.), Sozialpsychologie der Partnerschaft (S. 377-402). Berlin: Springer.

Kalicki, B. (2004). Elternschaft im Familienentwicklungsprozess. Expertise zum Siebten Familienbericht der Bundesregierung. München: Staatsinstitut für Frühpädagogik.

Kalicki, B. (2009). Der Erhalt des Selbstwerts im Übergang zur Vaterschaft: Befunde aus einem 10-Jahres-Längsschnitt. Referatbeitrag zur 19. Tagung der Fachgruppe Entwicklungspsychologie der DGPs, Hildesheim, 14.-17. September 2009.

Kalicki, B., Brandes, H. und Schenker, I. (in Druck). Strategien und Konzepte der Frühprävention in Kindertageseinrichtungen. In G. Robert, K. Pfeifer und T.

Drössler (Hrsg.), Aufwachsen in Dialog und sozialer Verantwortung. Wiesbaden: VS-Verlag.

Kalicki, B., Peitz, G. und Fthenakis, W.E. (2002). Subjektive Elternschaftskonzepte und faktische Rollenausübung: theoretische Überlegungen und empirische Befunde. In W.E. Fthenakis und M.R. Textor (Hrsg.), Mutterschaft, Vaterschaft (S. 170-183). Weinheim: Beltz.

Kalicki, B., Peitz, G., Fthenakis, W.E. und Engfer, A. (1999). Passungskonstellationen und Anpassungsprozesse beim Übergang zur Elternschaft. In B. Reichle und H. Werneck (Hrsg.), Übergang zur Elternschaft (S. 129-146). Stuttgart: Enke.

Klann, N., Hahlweg. K. und Heinrichs, N. (2003). Diagnostische Verfahren für die Beratung. Göttingen: Hogrefe.

LeMasters, E.E. (1957). Parenthood as crisis. Marriage and Family Living, 19, 352-355.

Mikula, G. (1994). Gerechtigkeit und Ungerechtigkeit in der Familie: Ein Beitrag aus sozialpsychologischer Sicht. In C. Badelt (Hrsg.). Familien zwischen Gerechtigkeitsidealen und Benachteiligungen (S. 29-51). Wien: Boehlau.

Minsel, B. (2007). Stichwort: Familie und Bildung. Zeitschrift für Erziehungswissenschaft, 10, 299-316.

Nauck, B. (2001). Der Wert von Kindern für ihre Eltern. „Value of Children" als spezielle Handlungstheorie des generativen Verhaltens und von Generationenbeziehungen im interkulturellen Vergleich. Kölner Zeitschrift für Soziologie und Sozialpsychologie, 53, 407-435.

Reichle, B. (1996). Der Traditionalisierungseffekt beim Übergang zur Elternschaft. Zeitschrift für Frauenforschung, 14, 70-89.

Rothbaum, F., Weisz, J.R. und Snyder, S.S. (1982). Changing the world and changing the self: A two-process model of perceived control. Journal of Personality and Social Psychology, 42, 5-37.

Schneewind, K.A. (2005). „Freiheit in Grenzen" – Plädoyer für ein integratives Konzept zur Stärkung von Elternkompetenzen. In M. Cierpka (Hrsg.), Möglichkeiten der Gewaltprävention (S. 173-200). Göttingen: Vandenhoeck & Ruprecht.

Spitzberg, B.H. und Cupach, W.R. (Eds.). (1998). The dark side of close relationships. Mahwah: Erlbaum.

Ursula Mihçiyazgan

Elternschaft im interkulturellen Vergleich

Seit Peter Berger und Thomas Luckmann 1969 ihr grundlegendes Werk „Die gesellschaftliche Konstruktion der Wirklichkeit" veröffentlicht haben, ist allerorts von „Konstruktion" die Rede. Inzwischen wird gar radikaler formuliert: Alles, was wir wahrnehmen, ist konstruiert.[1]

Elternschaft als Konstruktion

Wir wissen nichts über die Natur des Menschen, wir kennen nur sehr verschiedene Konstruktionen des Mensch-Sein (des Mann-, Frau-, Kind-Seins etc.) in der Geschichte wie in der Gegenwart. Wenn dabei auf die Veränderungen und auch die Veränderbarkeit der Konstruktionen hingewiesen wird (wie in den Beiträgen von Meier-Gräwe, Kalicki u.a. in diesem Band), so ist dies sinnvoll und notwendig angesichts des permanenten Wandels nicht nur in dieser Gesellschaft. Im interkulturellen Vergleich zeigen sich jedoch auch Kontinuitäten und Persistenzen einerseits sowie Differenzen zu anderen kulturellen Konstruktionen andererseits. Letztere werden aufgrund der globalen Vernetzung und weltweiten Migrationsprozesse immer wichtiger auch für die pädagogische Arbeit mit „Familien mit Migrationshintergrund". So möchte ich hier tiefgreifende Unterschiede in der Bedeutung von Elternschaft thematisieren und die These darlegen, dass Schwierigkeiten in der pädagogischen Arbeit dann entstehen, wenn unterschiedliche Vorstellungen von Elternschaft und Erziehung einerseits zwischen Eltern und ErzieherInnen, andererseits aber auch zwischen Eltern und Kindern innerhalb der Familien aufeinandertreffen. Dazu werde ich zunächst, ausgehend von der Unterscheidung zwischen individualistischen und kollektivistischen Kulturen, die Differenz in den Familien- und Ehekonzepten aufzeigen und darauf hinweisen, dass die Liebe zwischen Mann und Frau nicht als die selbstverständliche Basis einer Ehe zu betrachten ist. Dann werde ich auf Unterschiede in den Erziehungskonzepten eingehen und deutlich machen, dass das *mothering*, d.h. die vor allem den Müttern zugeschriebene Aufgabe der Fürsorge für die Kinder, in kollektivistischen Kulturen auf viele Schultern verteilt ist, um daran anschließend die unterschiedlichen Akzente in den Erziehungszielen zur Selbständigkeit einerseits, zur sozialen Verantwortung andererseits aufzuzeigen. Abschließend werde ich anhand einiger Beispiele die Wirkung dieser kulturellen Differenzen in der Praxis thematisieren.

---

[1] Dies wird vor allem von „Radikalen Konstruktivisten" behauptet, vgl. Schmidt 1996.

In meiner Darstellung werden die Gegensätze der Konzepte betont und sowohl die Heterogenität und Pluralität der Formen innerhalb einer Kultur[2] als auch die „hybriden", aus unterschiedlichen kulturellen Elementen „gemischten" Formen vernachlässigt. Dies hat zum einen seinen Grund darin, dass in jedem Vergleich Differenzen umso deutlicher hervortreten. Zum anderen ist dies aber auch darin begründet, dass ich aufgrund meiner eigenen Forschungsarbeiten vor allem westliche, d.h. christlich geprägte, und muslimische, d.h. islamisch geprägte Konzepte vergleiche und dass durch den Islam geprägte Konzepte sich historisch im Gegensatz und in Abkehr von christlichen entwickelt haben. Hier werde ich nicht auf diese historischen Prozesse eingehen, wohl aber auf die religiösen Wurzeln der Konzepte.

Differente Familienkonzepte

Die Unterscheidung zwischen „individualistischen" und „kollektivistischen" Kulturen ist hilfreich, um unterschiedliche Akzentuierungen des Individuums zu beschreiben. Während in ersteren das Individuum im Mittelpunkt steht und stets vom Individuum aus gedacht wird, wird es in letzteren nie isoliert, sondern immer schon in sozialen Bezügen und eingebunden in eine Gemeinschaft vorgestellt: Der Mensch wird hineingeboren in eine Welt, die vor ihm da ist, und ist nur lebensfähig durch die Anderen. Dementsprechend wird er nicht als individueller Einzelner, sondern als Mitglied einer Gruppe gedacht.

Diese grobe Unterscheidung entspricht im Grunde der Unterscheidung zwischen *the west and the rest*, denn nur die westliche Kultur ist eine individualistische, während alle anderen – und zwar so unterschiedliche wie die chinesische, hinduistische, muslimische oder auch indianische – eine kollektivistische Orientierung aufweisen. Wenn man fragt, warum dies so ist, so ist ganz sicher auf die Religion hinzuweisen. Der Individualismus des Westens hat nicht nur, aber vor allem religiöse, christliche Wurzeln, denn durch das von der hellenistischen Spätantike übernommene Diktum der Einzigartigkeit des Individuums wurde in Kombination mit dem Diktum der Gottesebenbildlichkeit des Menschen der Einzelne sozusagen herausgehoben und losgelöst aus seinen sozialen Bezügen.

---

2 Eine Anmerkung zum Kulturbegriff: Nach der konstruktivistischen Wende wurde der Kulturbegriff von einigen radikal abgelehnt (vgl. Abu-Lughod 1996), von anderen verteidigt (vgl. Schiffauer 1997). Ich verwende ihn hier sozialkonstruktivistisch: Kulturen sind „Bedeutungsgewebe" (Geertz), die auch untereinander verwoben sind und sich wechselseitig „konstituieren und kontinuieren" (vgl. Kurt 2007, S. 190). Dabei gehe ich davon aus, dass kulturelle Differenzen sich nicht auflösen, sondern fortbestehen, denn „einzelne Kulturdifferenzen mögen gelegentlich überwunden werden, aber ebenso brechen permanent neue auf." (vgl. Dreher/Stegmeier 2007, S. 10).

Der Individualismus des Westens ist inzwischen ein Erfolgsmodell, das Wirkung auf den „Rest" der Welt hat.³ Es ist nicht nur die ökonomische Prosperität des Westens, die ihn so attraktiv macht, sondern eher schon und wohl vor allem das Versprechen auf Freiheit, das heißt auch: auf Befreiung des Einzelnen aus den Zwängen des Kollektivs. Dies ist ein Versprechen, das fragwürdig ist insofern, als mit Norbert Elias (1976) mit gutem Recht behauptet werden kann, dass die individuelle Freiheit nur um den Preis der Internalisierung der Fremdkontrolle zu haben ist. Mit anderen Worten: Das Individuum denkt sich selbst als frei, weil es nicht so sehr von anderen, von außen kontrolliert wird, sondern eher schon im Inneren sich ständig selbst überwacht. Für weitere Überlegungen ist hier jedoch weniger der Aspekt der (Selbst-)Kontrolle hervorzuheben, sondern vor allem der der Ab- und Loslösung, der nur in der westlichen Kultur von Bedeutung ist.⁴ Dies zeigt sich bei der Betrachtung der unterschiedlichen Familienkonzepte.

Eine Familie, so die gängige Definition, besteht aus mindestens zwei Generationen: der Elterngeneration zum einen, der Kindergeneration zum anderen.⁵ Nicht erst seit Freud und seinem Entwicklungsmodell zur Entstehung des Ich wird in den (westlichen) Erziehungs- und Bildungstheorien davon ausgegangen, dass eine Familie im Kern aus Vater, Mutter und Kind besteht, also eine Einheit aus drei Elementen bildet. Ich vermute, dass diese Vorstellung religiöse Wurzeln hat: Es ist im Grunde die Heilige Familie mit Maria, Josef und dem Christuskind, die noch heute das Verständnis von Familie so nachhaltig prägt. Und so wie diese in der Überlieferung relativ losgelöst von (groß-)familiären Bindungen erscheint, wird noch die moderne (Klein-)Familie als eine in sich geschlossene (und auf sich selbst gestellte) Einheit betrachtet (vgl. dazu Mihçiyazgan 1999).

Auch in kollektivistischen Kulturen ist Familie eine Einheit aus mindestens zwei Generationen, aber hier wird diese weniger als abgegrenzte Einheit, sondern eher als Kette vorgestellt, die in der Vergangenheit beginnt und

---

3 An dieser Stelle möchte ich darauf hinweisen, dass dieses Erfolgsmodell vor allem über die Allgemeine Erklärung der Menschenrechte weltweit als Vorbild und Maßstab proklamiert wird und nicht zuletzt über ökonomischen und politischen Druck durchgesetzt werden soll. Ob dies ein Segen für die Menschheit ist, möchte ich in Frage stellen, denn dieser Individualisierungsdruck hat in kollektivistischen Gesellschaften eine Erosion der sozialen Kollektive zur Folge, sodass die Gesellschaften destabilisiert werden. Da soziale Sicherungssysteme wie Kranken- oder Rentenversicherungen, Kitas oder Altenheime nur schwer aufgebaut und finanziert werden können, gleiten Bedürftige sehr schnell ins soziale Elend ab, und junge, aktive Menschen wählen sich allzu leicht immer neue, manchmal auch extremistische Kollektive, die ihnen vermeintlich Sicherheit bieten.
4 Beide Aspekte hängen insofern eng miteinander zusammen, als die Selbstkontrolle sozusagen nach der Ablösung einsetzt.
5 Das heißt: Von einer Familie ist auch dann zu sprechen, wenn sie nur aus zwei Personen, nämlich einem Erwachsenen und einem Kind besteht. Es ist dann eine „Ein-Elternteil-Familie", wie es inzwischen heißt.

sich in die Zukunft fortsetzt. Familie ist sozusagen das Band, das dem Individuum seine soziale Existenz verleiht und garantiert. Ohne sie ist der Einzelne nicht denkbar und sozial eine non-person.

Diese unterschiedliche Bedeutung der Familie lässt sich graphisch folgendermaßen veranschaulichen:

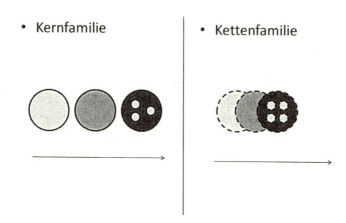

Abbildung 1: Familien-Modelle

Das Modell soll deutlich machen, dass in der Kettenfamilie das Individuum als Mit-Glied in seinen Herkunftsbezügen gedacht wird, sodass Vater und Mutter als Kinder ihrer Mütter und Väter und Kinder als zukünftige Mütter und Väter ihrer Kinder erscheinen. Mann bzw. Frau zu sein heißt daher immer schon, Vater bzw. Mutter zu sein oder zu werden. Selbst in den Gesellschaften, in denen heute „Familienplanung", d.h. Empfängnisverhütung quer durch alle Schichten praktiziert wird, also theoretisch die Option besteht, keine Kinder zu haben, gehört es nach wie vor zur Normalbiographie, mindestens ein Kind, nach Möglichkeit jedoch zwei Kinder zu haben, und das heißt auf der Kehrseite auch, dass Kinderlosigkeit als Makel betrachtet wird.[6]

In Hinblick auf meine späteren Ausführungen zur Erziehung möchte ich hier schon ergänzen, dass es charakteristisch für kollektivistische Kulturen ist, dass die Gesellschaft als Ganzes wie eine Familie vorgestellt wird. Das

---

6 Dass diese Normalerwartung auch in der Migration aufrecht erhalten wird, wird in einer vergleichenden Untersuchung von Herwartz-Emden und ihren Mitarbeiterinnen deutlich: Migrantinnen aus der Türkei und Aussiedlerinnen aus der ehemaligen Sowjetunion betrachten Mutterschaft als unbefragten (und statuserhöhenden) Bestandteil ihrer Lebensplanung. Bei ihnen seien, so folgert Herwartz-Emden (2002), die Einstellungen zur Mutterschaft nicht so „gebrochen" wie bei „einheimischen" deutschen Frauen.

heißt, dass alle Kontakte – auch die zu nicht blutsverwandten Anderen – nach dem Vorbild familiärer Beziehungen strukturiert werden. Ein wichtiger Aspekt ist dabei der Alters- bzw. Generationsunterschied, denn wie in der Familie haben Jüngere Älteren stets mit Respekt zu begegnen, während Ältere Jüngeren gegenüber zur Fürsorge und Opferbereitschaft verpflichtet sind.[7]

In dieser Darstellung ist auch angezeigt, dass in dem Maße, wie die Familien (nicht) abgelöst sind, die Einzelnen auch innerhalb der Familie (nicht) voneinander getrennt sind: Während die Einzelnen in der Kernfamilie sich mehr oder weniger stark voneinander abgrenzen und ein „independentes Selbst" ausbilden, haben die Mitglieder in der Kettenfamilie eher offene Außengrenzen und bilden ein „interdependentes Selbst" aus (vgl. Markus/Kitayama 1991).

Weiterhin ist zu erkennen, dass die Familie im engeren Sinnen in kollektivistischen Kulturen nicht aus drei, sondern aus vier Elementen besteht, nämlich Vater und Mutter in der einen, Sohn und Tochter in der anderen Generation. Dies hat seinen Grund darin, dass in diesen das Geschlecht viel deutlicher akzentuiert ist als in der westlichen Kultur.

Unterschiedliche Ehekonzepte

Um die unterschiedliche Ausdeutung der Geschlechtlichkeit aufzuzeigen, möchte ich an dieser Stelle auf das muslimische Ehekonzept[8] eingehen und es anhand des Modells der Trennungslinien verdeutlichen.

In diesem Modell wird angezeigt, dass im westlichen Körperkonzept Mann und Frau vor allem als Geisteswesen erscheinen: Ihre Geschlechtlichkeit und Sexualität ist wenig akzentuiert und liegt sozusagen unterhalb der Gürtellinie. Das hat für das Ehekonzept zur Folge, dass angenommen wird, dass Mann und Frau sozusagen im Geiste verschmelzen und auf diese Weise eine synthetische Einheit bilden.

---

7 Pointiert formuliert bedeutet dies auch, dass kollektivistische Kulturen hierarchische Gesellschaftsstrukturen begünstigen. Dies steht im Grunde im Gegensatz zu dem in der Menschenrechtserklärung verankerten Gleichheitsgrundsatz. So möchte ich darauf hinweisen, dass diese gleichwohl ein egalitäres Moment haben, und zwar insofern, als davon ausgegangen wird, dass die heute Jungen morgen die Alten sind, dass also ein Ausgleich im Laufe der Zeit stattfindet. Hier wird also Gleichheit in Zeiträumen gedacht, während sie in der Menschenrechtserklärung (und im Westen) synchron, d.h. ohne Zeitaspekt gedacht wird.
8 Dies erweist sich zwar im Vergleich zu anderen kollektivistischen Konzepten als ein besonderes, es ist aber für das Verständnis für Prozesse in der Weltgesellschaft wie auch für die pädagogische Arbeit mit muslimischen Familien von großer Bedeutung.

Modell der Trennungslinien

Westliches Körpermodell: horizontale Trennungslinie	MuslimischesKörpermodell: vertikale Trennungslinie
	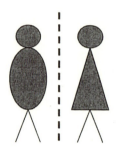

Abbildung 2:   Modell der Trennungslinien

Im muslimischen Ehekonzept hingegen gibt es keinen Verschmelzungsaspekt, Mann und Frau werden hier als voneinander unabhängige und gegensätzliche Wesen betrachtet, die vor allem eins verbindet: Sexualität. Sie bilden sozusagen eine antithetische Einheit, in der sich zwei gegensätzliche Pole vor allem körperlich anziehen (wobei dem weiblichen Körper mehr Anziehungskraft als dem männlichen zugeschrieben wird, weshalb es das Verhüllungsgebot für den Frauenkörper gibt).

Diese unterschiedliche Bedeutung der Ehe ist dadurch zu erklären, dass im Christentum und im Islam Sexualität diametral entgegengesetzt bewertet wird: Im Christentum wird sie seit Augustinus eher der Hölle und der Sünde zugeordnet und als „Einfallstor des Teufels" beschrieben (vgl. Pagels 1991), im Islam dagegen wird sie als Energie, die die geistige Aktivität fördert und einen Vorgeschmack auf das Paradies gibt (vgl. Mernissi 1987), beschrieben, also eher dem Himmel zugeordnet. Aus beiden Setzungen haben sich im Laufe der Jahrhunderte gesellschaftliche Strukturen entwickelt, durch die die Sexualität bzw. die Ausübung der Sexualität geregelt werden sollte. Während in den durch das Christentum geprägten westlichen Gesellschaften (nicht erst in der Moderne) das Individuum aufgefordert ist, seine „sexuellen Triebe" im Zaum zu halten, dazu sein Inneres ständig zu erforschen – zunächst in der Beichte (vgl. Hahn 1982), später auf der Couch des Analytikers (vgl. Foucault 1983) – und Rechenschaft noch über die kleinsten Regungen in seinem Innern abzugeben, wird in muslimischen Gesellschaften Sexualität über das Prinzip der Geschlechtertrennung geregelt: Männern und Frauen werden prinzipiell unterschiedliche Räume zugeschrieben. Das bedeutet, dass die Gesellschaft als Raum aufgeteilt wird in Frauen- und Männerräume, wobei Frauen eher die geschlossenen Räume (wie das Haus), Männern eher die offenen (wie die Straße oder das Teehaus) zugeschrieben werden.

Nun wird durch die Modernisierung in muslimischen Gesellschaften die räumliche Trennung der Geschlechter zunehmend aufgeweicht. Das heißt aber noch nicht, dass diese nun wie westliche nach dem Prinzip der Geschlechtsneutralität organisiert werden, eher im Gegenteil. Wenn das Kopftuch, das als Symbol für die Geschlechtertrennung oder genauer: als Symbol für die positive Bewertung der Sexualität und die Reize des weiblichen Körpers betrachten werden kann, immer deutlicher das Straßenbild muslimischer Großstädte prägt, dann ist daran auch zu erkennen, dass das Prinzip der Geschlechtertrennung eher aufrechterhalten als aufgegeben werden soll, zumindest von einem zunehmendem Teil der Bevölkerung.

Doch zurück zum Ehekonzept, das so eng mit dem der Elternschaft verknüpft ist: Wenn aufgrund der muslimischen Bedeutung der Sexualität die Ehe vor allem die Funktion hat, die Sexualität zwischen Mann und Frau zu regeln, so hat dies weitergefasst die Funktion, in der Gesellschaft die sexuellen Kontakte so zu regeln, dass Männer wissen, dass sie die Väter der Kinder sind. Das heißt: Nicht die Liebe zwischen einem Mann und einer Frau, sondern die sexuelle Beziehung ist die Basis für die Beziehung zwischen Mann und Frau. Wenn es in der westlichen Kultur als selbstverständlich und natürlich gilt, dass nur eine Ehe (oder Partnerschaft), die auf Liebe gegründet ist, Bestand haben kann, und wenn nicht Sexualität, erst recht nicht der Wunsch nach Kindern bzw. eine Familie zu gründen, sondern das Gefühl der Verbundenheit und der tiefen Zuneigung mit dem Versprechen, füreinander dazu sein, als Fundament der Partnerschaft gilt[9], dann zeigt sich, dass auch diese Vorstellung religiöse Wurzeln hat, denn diese sind heute noch in der kirchlichen Trauungszeremonie zu erkennen: „Und sie werden ein Fleisch und Blut."[10] Und obwohl sie nicht universal ist, erscheinen in westlicher Perspektive alle anderen Vorstellungen z.B. der Verheiratung schnell als „unmenschlich", „inhuman", „barbarisch".[11] Gleichzeitig wird aus nicht-westlicher Perspektive die Liebesheirat sehr skeptisch betrachtet, denn hier zählt eine romantische Liebe eher als Träumerei, Phanta-

---

9 Es liegt nahe zu vermuten, dass die Aspekte der Ablösung und der Verschmelzung, die sich zu widersprechen scheinen, sich wechselseitig bedingen: Je losgelöster der/die Einzelne, desto größer die Sehnsucht nach der Verbundenheit mit einem/einer anderen Einzelnen (vgl. Beck/Beck-Gernsheim 1990).
10 Und im Neuen Testament in Markus 10,8 heißt es: „Drum wird der Mensch seinen Vater und seine Mutter verlassen (und wird seinem Weibe anhangen) und werden die zwei ein Fleisch sein. So sind sie nun nicht mehr zwei, sondern ein Fleisch."
11 Dies steht im Hintergrund der medial aufbereiteten und aufheizenden Skandalisierung von „Zwangsehen", die natürlich, das sei ausdrücklich hinzugefügt, zu kritisieren sind. Aber das System der Verheiratung ist deshalb noch lange nicht per se schlecht. Die Ehe als Übereinkunft zwischen zwei Familien, ihre Kinder zu verheiraten, ist innerhalb der Logik kollektivistischer Kulturen sozusagen eine sinnvolle, vernünftige Einrichtung.

sie oder Verwirrung des klaren Verstandes denn als ein ernst zu nehmendes Gefühl, auf dem junge Leute ihre Lebensplanung aufbauen könnten.

Während also in der westlichen, individualistischen Kultur davon ausgegangen wird, dass die Ehe aufgrund einer Übereinkunft zwischen zwei Individuen, Mann und Frau, geschlossen wird, wird in nicht-westlichen kollektivistischen Kulturen davon ausgegangen, dass die Ehe aufgrund einer Übereinkunft zwischen zwei Familienketten geschlossen wird. Dabei war die Partnersuche früher alleinige Aufgabe der (Ketten-)Familie, vor allem der Mütter von Söhnen, eine Braut auszuwählen und den Sohn zu verheiraten. Heute suchen heiratswillige Frauen wie Männer selbst auch übers Internet oder in Fernsehshows ihre Partner. Dabei räumen sie jedoch Eltern und Verwandten nach wie vor ein Mitspracherecht (und nicht nur ein Veto) ein, denn dadurch bringen sie ihre Verbundenheit mit ihrer Herkunftsfamilie zum Ausdruck und können sich als „gute Tochter" bzw. „guter Sohn" darstellen.

Zur Verheiratung noch eine Anmerkung: Bei der Auswahl einer Schwiegertochter oder eines Schwiegersohns wird weniger auf persönliche Eigenheiten, sondern eher auf ihre/seine Loyalität (zur Herkunftsfamilie) und moralische Integrität (vor allem im sexuellen Sinne) geachtet. Zwar wird auch darauf geachtet, dass die Ehepartner zueinander „passen", da aber nicht die Vorstellung einer innigen Zweisamkeit der beiden besteht, sind die Anforderungen an diese „Passung" wesentlich geringer als bei einer Liebesheirat, leben die beiden doch weiterhin in den Bezügen der großfamiliären Familienketten und nach den Regeln der Geschlechtertrennung.

Unterschiedliche Erziehungskonzepte

Nach diesen Ausführungen zu sex- und gender-Aspekten der Elterngeneration möchte ich nun zur Kindergeneration übergehen und zunächst darauf hinweisen, dass der Gender-Aspekt auch für die Kinder in nicht-westlichen Kulturen wichtiger ist als in der westlichen. Anders formuliert: So wie das Geschlecht der Eltern aufgrund des westlichen synthetischen Ehekonzepts relativ unbedeutend ist, ist auch das Geschlecht der Kinder in der Erziehung relativ wenig akzentuiert. Diese Behauptung scheint im Widerspruch zu den Forschungen über die geschlechtsspezifische Sozialisation zu stehen, denn diese belegen, wie unterschiedlich die Interaktionen von Müttern und Vätern schon mit dem Baby sind, dass sie z.B. durch die Interpretationen der Bewegungen und lautlichen Äußerungen des Säuglings schon sehr früh das Geschlecht in das kleine Kind hineinschreiben: Wenn es z.B. wenig lächelt und nicht gleich auf ihr Streicheln reagiert, heißt es: „Typisch Junge!" etc. Doch noch diese Ergebnisse bestätigen meine Thesen, denn der Unterton dieser Forschungen ist stets, dass das Geschlecht des Kindes eigentlich ohne Bedeutung sein sollte, dass Babies, gleich ob Junge oder Mädchen, eigentlich gleich behandelt werden sollten. In interkulturell vergleichender

Perspektive zeigt sich, dass dies eine Besonderheit ist, die sich wiederum durch religiöse Wurzeln der Vorstellung erklären lässt, denn das Jesuskind in der Krippe erscheint kaum als Junge, und Jesus Christus trägt als zentrale Person des Christentums zwar männliche Züge, ist aber in seiner Männlichkeit nicht akzentuiert.

Auch hier möchte ich erwähnen, dass aus westlicher Perspektive häufig kritisiert wird, dass insbesondere in der muslimischen Kultur der „Wert" eines Sohnes höher eingeschätzt wird als der einer Tochter. Dies hat ökonomische Gründe, weil die soziale Absicherung durch die Familie zu leisten ist und Söhne für die Altersversorgung der Eltern zuständig sind, aber auch religiöse, denn der Islam begünstigt deutlicher als das Christentum patriarchale Strukturen.[12] Doch diese sind in allen Kulturen, also auch in der westlichen Kultur zu finden, trotz aller Fortschritte, die durch die Frauenbewegung inzwischen erreicht worden sind.[13] Gleichwohl (oder gerade deshalb) scheinen die Aufgaben in der Familie jeweils um die Mutter zentriert zu sein, wie sich am Begriff des *mothering*, der im weitesten Sinne die Fürsorge für das Kind meint, zeigt.

(All-)Mothering und Erziehung

Auch in kollektivistischen Kulturen gehört die Fürsorge und Erziehung der Kinder zu den zentralen Aufgaben und Pflichten der Familienkette. Schon der Säugling wird als ein Mitglied betrachtet, das von allen Älteren seiner Umgebung zu betreuen ist. Dazu gehören nicht nur Mütter, Väter und Geschwister, sondern auch Großmütter und Großväter, Tanten, Onkel etc. sowie – dies zu betonen ist wichtig – auch alle nicht zur Familie gehörenden, aber in direkter räumlicher Nähe wohnenden Älteren: Frauen, Männer und Kinder in der Nachbarschaft. Diese gemeinsame Betreuung lässt sich als *allmothering* bezeichnen. Damit ist gemeint, dass die Zuständigkeit für die Pflege des Kindes nicht primär der Mutter, sondern allen Müttern in seiner Umgebung und bei Jungen, wenn sie etwas größer sind, auch den Vätern zugeschrieben wird. Das Kind wächst also auf in einem *holding environment*, in einer Umgebung von Älteren, die es umsorgen und betreuen. Es hat Beziehungen zu vielen Anderen und entwickelt dementsprechend vielfältige Bindungen, nämlich zu allen „mutternden" Personen seiner Umgebung.

---

12 Dies ist weniger durch die (immer wieder zitierten) angeblich frauenfeindlichen Koransuren bedingt, sondern dadurch, dass die zentrale Person im Islam, der Prophet Mohammed, in seiner Männlichkeit akzentuiert ist.

13 Eigentlich ist es verwunderlich, dass sich das Patriarchat durchgesetzt hat, denn, wie Hartmut Tyrell (1978) in einem klugen Aufsatz aufgezeigt hat, ist die Familie als „Urinstitution" von Gesellschaft eigentlich nur von der Mutter her zu denken, weil nur Mütter wissen, welche Kinder sie geboren haben, Vaterschaft also immer schon eher prekär war (und ist). Aber vielleicht ist dies gerade der Grund für die Entstehung und Aufrechterhaltung des Patriarchats.

Die Vorstellung der exklusiven innigen Beziehung von Mutter und Kind, die offensichtlich durch das Bild von Maria mit dem Jesuskind geprägt ist, die gleichwohl nicht nur in Freuds Entwicklungstheorie als universal und grundlegend für die spätere Entwicklung des Kindes betrachtet wird, gibt es daher nicht. Auch wenn den leiblichen Müttern auch hier die primäre Zuständigkeit zugeschrieben wird, so ist dies ein gradueller, kein prinzipieller Aspekt.[14]

Im Zusammenhang mit Erziehung zeigen sich dabei unterschiedliche Gewichtungen: Während in der westlichen Kultur Erziehung sozusagen weitgehend getrennt vom *mothering* gedacht wird, erscheint Erziehung in nichtwestlichen Kulturen als Bestandteil des *allmothering*. Anders formuliert: Während in der individualistischen Kultur die Aufgabe der Eltern vor allem darin besteht, das Kind zur Autonomie, zur Selbständigkeit, Selbstbestimmung und Selbstverantwortung zu erziehen und in diesem Sinne zu fördern, haben Eltern und Ältere in kollektivistischen Kulturen vor allem die Aufgabe, für das Kind so zu sorgen, dass es zu einem wertvollen Mitglied des Kollektivs wird. Sie fordern daher sehr früh, dass Kinder Aufgaben für das Kollektiv übernehmen, dass Töchter z.B. die Aufgaben der Mütter wie Hausarbeit, Fürsorge für jüngere Geschwister etc. und Söhne die Aufgaben der Väter übernehmen, und sie gehen davon aus, dass die Kinder an diesen Aufgaben wachsen und sozusagen automatisch ihren Platz in der Gemeinschaft ausfüllen und sich dadurch als wertvolles Mitglied erweisen.

Wenn Erziehung definiert wird als „planmäßige Einwirkung auf einen Zögling mit einem bestimmten Ziel", dann ist hier auf die Unterschiede der Erziehungsziele hinzuweisen, denn Erziehen wird in kollektivistischen Kulturen eher als die Aufgabe, das Kind (auf)wachsen zu lassen, verstanden. Hierfür wird bisweilen das Bild des Baumes gewählt: Es geht darum, dem Kind einerseits Raum zu geben, damit es wachsen, sich entfalten kann, andererseits es zu beschneiden, damit es keinen Wildwuchs gibt und es andere nicht in ihrer Entwicklung behindert. Dieses Aufwachsen-Lassen ist einerseits ein laissez-faire mit viel Lob und positiver Unterstützung, andererseits ein rigides Eingreifen und Sanktionieren, wann immer Grenzen überschritten werden. Diese Beachtung der Grenzen, des „hadd" – ein Begriff, mit dem immer auch der jeweilige Platz in der Gemeinschaft assoziiert wird – ist von zentraler Bedeutung insofern, als damit nicht nur das Wissen um Rechte und Pflichten verbunden ist, sondern auch das Wissen um die Grenzen zwischen Älteren und Jüngeren einerseits, den Geschlechtern andererseits (vgl. dazu auch Schiffauer 2008, S. 67). Erziehung meint sozusagen

---

14 Ich möchte gar behaupten, dass in kollektivistischen Kulturen Mutterliebe sowohl von der Mutter als auch vom Kind aus gesehen weniger als Liebe im Sinne von tiefer Verbundenheit, sondern eher als Verpflichtung zur Opferbereitschaft der Mutter und als Verpflichtung zur Dankbarkeit des Kindes gedacht wird.

die Unterstützung des Kindes bei der Einordnung in ein zeitliches und räumliches Koordinatensystem.

Wie oben erwähnt obliegt es nicht nur den Eltern, sondern allen Älteren in der Umgebung des Kindes, für die Ausbildung dieser Grenzen zu sorgen. Dies gilt vor allem für die Erziehung der Mädchen. Ihre Erziehung wird für wichtiger gehalten als die der Jungen, nicht nur, weil sie später die Kinder der nächsten Generation erziehen, eher schon, weil die Beachtung und „Bewachung" ihrer körperlichen Grenzen für die Familienkette von Bedeutung ist – die Ehre der Familie wird über die Mädchen und Frauen, nicht über die Jungen und Männer bestimmt – vor allem aber wohl, weil sie stärker als die Jungen auf das Prinzip der Geschlechtertrennung achten müssen, denn nach der islamischen Setzung hat der weibliche, nicht der männliche Körper Anziehungskraft.

Diese Beachtung der Raumgrenzen stellt hohe und schwierige Anforderungen an die Erziehung der Familien, die in westlichen Gesellschaften leben, denn diese sind nicht nach Frauen- und Männerräumen, sondern nach privaten und öffentlichen Räumen strukturiert. Bevor ich weiter auf Schwierigkeiten in der Migration eingehe, möchte ich zusammenfassend festhalten, dass für das Aufwachsen der Kinder in westlichen Kulturen eher die Erziehung (zur Selbständigkeit), in nicht-westlichen Kulturen eher das allmothering im Vordergrund steht. Oder anders formuliert: Während in kollektivistischen Kulturen davon ausgegangen wird, dass vor allem die sozialen Fähigkeiten des Kindes entwickelt werden müssen und die kognitiven sich automatisch selbst entwickeln, wird in individualistischen Kulturen gerade umgekehrt davon ausgegangen, dass vor allem die kognitiven Fähigkeiten eines Kindes entwickelt und gefördert werden müssen und die sozialen sich dann von selbst entwickeln. Grob vereinfachend lassen sich diese unterschiedlichen Akzentuierungen folgendermaßen zusammenfassen:

Erziehung und *mothering*	vs.	*(all-)mothering* **und Erziehung**
→ **„Selbst":**	vs.	→ **„Mitglied":**
Ablösung von der Familie	vs.	**Eingebunden-Sein in Familienkette**

Diese Unterschiede in den Erziehungskonzepten erleben Migrantenkinder sozusagen am eigenen Leibe, wie ich kurz an einem Beispiel aus dem Kindergartenalltag verdeutlichen möchte:

Der kleine Ahmet wartet darauf, dass die Erzieherin seine Schuhe zubindet, und wenn sie es nicht tut, wartet er, bis die ältere Schwester ihn abholt und es dann selbstverständlich erledigt. Für die Erzieherin ist dies typisch für das „Pascha-Verhalten" des Kleinen. Für die ältere Schwester hingegen ist es eine Aufgabe des allmothering, und für Ahmet selbst ist es vielleicht gar der Versuch, auch von der Erzieherin ein mothering einzufordern, das für diese wiederum nicht zu ihren zentralen Aufgaben gehört.

Das Beispiel hilft vielleicht zum besseren Verständnis nicht nur der Kinder, sondern auch der Eltern: Sie sehen in der Kindertagesstätte vor allem eine Institution des *mothering*, weniger eine Institution zur Förderung der individuellen Entwicklung des Kindes. Letzteres ist in ihren Augen keine eigenständige Aufgabe, sondern ergibt sich sozusagen von selbst bei einem guten fürsorglichen *(all)mothering*. Im Übrigen hilft das Konzept des *allmothering* vielleicht auch, die Leichtigkeit zu verstehen, mit der in manchen Migrantenfamilien die Kinder für eine Zeit zu Verwandten in die Heimat geschickt werden. Damit komme ich abschließend zu den Wirkungen der unterschiedlichen Konzepte von Elternschaft und Erziehung in der Migration.

Zur Wirkung der unterschiedlichen Konzepte

Wenn ich eingangs auf den rapiden Wandel auch und gerade in Gesellschaften mit kollektivistischer Orientierung hingewiesen habe, so möchte ich zunächst wiederholend erwähnen, dass auch in diesen Gesellschaften inzwischen das westliche Ehekonzept mit der Liebesheirat, das Kernfamilienkonzept mit seinen drei statt vier Elementen sowie das Erziehungskonzept mit dem Schwerpunkt auf der Förderung kognitiver Fähigkeiten zu finden sind, zumindest in einigen, den westlich orientierten Stadtvierteln der Reichen in den urbanen Zentren, aber in abgeschwächter Form auch in der meist sehr dünnen Mittelschicht.[15] In westlichen Gesellschaften wiederum gibt es Stadtviertel oder -straßen mit einem hohen Anteil an „Familien mit Migrationshintergrund". In einigen dieser Familien wird auch heute z.B. die Verheiratung der Kinder praktiziert. Daran zeigt sich, dass diese Familien sich nicht als Klein- oder Kernfamilie, sondern als Kettenfamilie verstehen. Sie wählen die Verheiratung dabei weniger aufgrund bewusster Entscheidungen, sondern eher schon aufgrund ihrer „Normalerwartungen". Das kann auch in der Migration funktionieren, nämlich dann, wenn Eltern und Kindern identische Konzepte von Familie und Ehe haben. Schwierig wird es, wenn Eltern und Kinder unterschiedliche Konzepte haben, wenn z.B. die Töchter aufgrund ihrer schulischen Sozialisation in dieser Gesellschaft nach den westlichen Konzepten leben wollen.[16] Zur Bewältigung dieser Schwierigkeiten gibt es in den Großstädten inzwischen Einrichtungen, die m.E. jedoch nicht immer nachhaltige Lösungen für alle Beteiligten erar-

---

15 Die Veränderung der Konzepte hat manchmal auch zur Folge, dass Familien das *allmothering* nicht mehr für selbstverständlich halten und die Kinder, die auf Zeit zu ihnen geschickt werden, nur noch halbherzig „bemuttern".
16 Schwierig wird es sowohl für die Eltern, insbesondere für die Väter, als auch für die Töchter selbst, vor allem dann, wenn letztere kein independentes, sondern ein interdependentes Selbst ausgebildet haben.

beiten. Hier möchte ich auf weniger beachtete Schwierigkeiten, die eher die Jungen betreffen, hinweisen: In manchen Migrantenfamilien sind Phänomene der „Vernachlässigung" der Kinder zu beobachten, und zwar auch in Familien, die sehr wohl um das Wohl ihrer Kinder besorgt sind. Diese sind sich häufig selbst überlassen, sind draußen, auf dem Spielplatz, der Straße. Offensichtlich lassen ihre Eltern sie nach dem Konzept des *allmothering* aufwachsen. Wie selbstverständlich gehen sie davon aus, dass ihre Kinder in der Gemeinschaft und im Außen (das heißt für sie auch: in den Männerräumen) groß werden, obwohl es dort kaum Ältere gibt, die sich für sie verantwortlich fühlen und/oder die von den Jungen respektiert werden. Dies hat z.T. fatale Folgen für die Jungen, wenn sie älter werden, denn sie haben kein „hadd" ausgebildet und es fällt ihnen schwer, Grenzen einzuhalten. Aber auch für ihre Eltern sind die Folgen schwerwiegend, denn nun erst recht oder eigentlich erst jetzt fühlen sie sich verantwortlich und zur Opferbereitschaft für ihre Kinder verpflichtet.

Einleitend habe ich die These formuliert, dass Schwierigkeiten in der Zusammenarbeit mit Eltern mit Migrationshintergrund vor allem dann entstehen, wenn unterschiedliche Vorstellungen von Elternschaft und Erziehung nicht nur zwischen Eltern und Kindern innerhalb der Familie, sondern auch zwischen Eltern und ErzieherInnen auftreten. Diese These wird nun verständlicher, denn die hier beschriebenen unterschiedlichen Konzepte gehen den Handlungen, auch den Argumenten in Gesprächen, voraus und können kaum zur Sprache gebracht werden. Das heißt auch: Sie können weder in Gesprächen in der Familie noch in „Elterngesprächen" thematisiert werden. Die Schwierigkeiten der Verständigung entstehen zwar auch durch Sprachbarrieren und hierarchische Kommunikationsstrukturen, vor allem aber durch vor oder hinter der Sprache liegende Bedeutungen, die von den am Gespräch Beteiligten jeweils als selbstverständlich vorausgesetzt werden. Wenn die Gesprächs- oder Interaktionspartner in unterschiedlichen „Bedeutungsgeweben" stecken, fällt das Verstehen der jeweils anderen Seite schwer. Hier ist interkulturelle Kompetenz notwendig, auch innerhalb der Familien mit Migrationshintergrund.

Noch ein Wort zu den Eltern und ihrem Verhältnis zu den Kindern: Muslimische Eltern wünschen für ihre Kinder stets „das Beste" (vgl. Mihçiyazgan 1986, S.318ff). Damit meinen sie vor allem Schulbildung und ein Leben in Harmonie und Reichtum. Sie sind enttäuscht, wenn die Kinder in der Schule nicht erfolgreich sind, auch wenn nur wenige dies öffentlich zum Ausdruck bringen. Doch viele wissen nicht, wie sie ihre Kinder besser unterstützen können, damit sie erfolgreich sein könnten. Manche meinen, dass dies nur durch finanzielle Aufwendungen zu erreichen sei (Computer, Bücher, Nachhilfe), sehen sich dazu aber nicht in der Lage, weil die finanziellen Ressourcen meistens für die Familienkette und die Zukunft investiert werden sollen.[17]

Leider ist der Schul- und Bildungserfolg muslimischer Migrantenkinder viel zu selten, wodurch sie später auch in der Arbeitswelt Nachteile haben (vgl. Kalter 2006). Dies erklärt sich weniger durch sprachliche Defizite, eher schon dadurch, dass diese Kinder nicht das fraglose kulturelle Wissen – erst recht nicht das Wissen des Bildungsbürgertums, das in der Schule immer noch stillschweigend vorausgesetzt wird – mitbringen. Dass sie dies nur schwer erwerben, hat – und das ist mein Punkt – viel mit kulturellen Missverständnissen zu tun: Die Eltern haben Erwartungen, die die Schule nicht erfüllt und nicht erfüllen kann, und die Schule hat Erwartungen, die die Eltern nicht erfüllen können. Hier zeichnet sich ein Teufelskreis ab: Je weniger Bildungserfolg die Kinder haben, desto mehr sehen sich die Eltern in der Pflicht, ihren Kindern beizustehen, sie und ihre jungen Familien zu unterstützen, obwohl sie eigentlich erwarten, dass die Kinder allmählich Verantwortung für sie übernehmen, denn sie werden älter, fühlen sich nach Jahren harter Arbeit in der Fremde ausgelaugt, und nicht wenige von ihnen leiden unter Depressionen, weil sie ihre Migrationsziele nicht erreicht, die Kinder „verloren" und kaum noch Kontakte zu Anderen haben. Für in kollektivistischen Kulturen sozialisierte Menschen eine Existenz als nonperson, eine Nicht-Existenz.

Dies betrifft die Eltern-Generation. Und wie steht es um die Kinder? Sie stehen oft in einem Dilemma: Anders als ihre Eltern wissen sie (mehr intuitiv als bewusst) um die kulturellen Unterschiede. Schon in der Kita sehen sie, dass Kinder „ohne Migrationshintergrund" von ihren Eltern „anders" betreut werden als sie. Das sehen sie z.B. an so unauffälligen Kleinigkeiten wie dem Frühstücksbrot in der Tupperdose, ein kulturelles Pausenbrot mit langer Tradition, das in anderen Kulturen unbekannt ist wie auch das Frühstück insgesamt (ganz zu schweigen vom gemeinsamen Essen mit den obligatorischen Tischgesprächen in westlichen Familien vor allem mit protestantischer Tradition). Oft fühlen sie sich in der Gruppe deshalb nicht nur abgewertet und ausgegrenzt, sie machen auch ihren Eltern Vorwürfe. Dabei geraten sie jedoch schnell in einen inneren Konflikt, ist doch die Loyalität zur Familie ein wichtiger Wert in kollektivistischen Kulturen.

Wenn sie älter werden und in die Pubertät kommen, fühlen sich gerade die Mädchen eingeschränkt und ständig bewacht, kontrolliert und „unfrei". Nicht selten drängen sie dann auf die Unterstützung von Lehrern und Sozialpädagogen, um von den Eltern bzw. Älteren mehr Freiräume zu erhalten,

---

17 An dieser Stelle möchte ich nur kurz darauf hinweisen, dass „traditionale" muslimische Eltern eher einen additiven Lernbegriff haben (im Sinne von: „viel Wissen ist wichtig"), während westliche Eltern eher einen strukturellen Lernbegriff haben (im Sinne von „Wissen zu erwerben ist wichtig"). Die Konsequenzen hieraus sind erheblich.

und geraten dann doch in einen inneren Konflikt, wenn diese ihre Eltern kritisieren oder gar sanktionieren. Hier gibt es ein weites Feld von Spannungen zwischen Eltern und ErzieherInnen, aber auch innerhalb der Familien, ein Feld, das im Grunde ein Spannungsfeld zwischen den Kulturen ist und nicht einfach durch Aufklärung und/oder Argumente aufgelöst werden kann. Umso wichtiger ist es, nicht auf eine Überwindung der kulturellen Differenzen zu hoffen oder sie zu betreiben, sondern die Eltern, aber vor allem die Kinder darin zu unterstützen, eine Balance zwischen den unterschiedlichen Konzepten zu finden. Hier geht es um gegenseitigen Respekt, um die Anerkennung der Andersheit des Anderen, die gerade dort notwendig ist, wo sie schwer fällt, dort, wo vertraute Denkgewohnheiten infrage gestellt werden.

Ausblick

Dass trotz aller Schwierigkeiten auch Migrantenkinder in dieser Gesellschaft, in der Schule und im Beruf erfolgreich sein können, gibt Anlass zur Hoffnung und zum Weiterdenken, denn es zeigt sich ein Zusammenhang: Je erfolgreicher die Migrantenkinder in der Schule sind, desto mehr wissen sie auch um die westlichen Konzepte der Liebesheirat, der Kernfamilie und der Erziehung, denn dies alles gehört zum heimlichen Lehrplan der Schule. Desto eher sind sie aber auch in der Lage, beide Lebensmodelle auszubalancieren, d.h. z.B. selbst eine Partnerin/einen Partner zu wählen und eine Ehe auf einer Liebesbeziehung zu gründen und gleichzeitig die familiären Bindungen *nicht* zu kappen, denn Bildungserfolg schafft ihnen auf jeden Fall Freiräume, nicht nur in der westlichen Gesellschaft, sondern auch innerhalb der kollektivistisch orientierten Familienkette.

Wie aber ist der Bildungserfolg der Migrantenkinder zu verbessern? Aus meinen Ausführungen ergibt sich die Schlussfolgerung, dass die Förderung der (nicht nur sprachlichen) Fähigkeiten dieser Kinder so früh wie möglich notwendig ist. Dies ist keine neue Forderung. Neu ist vielleicht meine Behauptung, dass „Elternarbeit" nur insofern von Bedeutung ist, als nicht die Veränderung ihrer Erziehungsvorstellungen, wohl aber das Vertrauen und der Respekt, der ihnen entgegengebracht wird, im Vordergrund stehen sollten. Noch deutlicher formuliert: Unterstützung und Förderung brauchen vor allem die Kinder. Diese sollten jedoch zum einen nicht gegen die Eltern gegeben werden, zum anderen sollte sie viel kleinmaschiger und konkreter angelegt sein als bisher üblich, denn wenn in der Schule (im heimlichen Lehrplan) kulturelles Wissen vorausgesetzt wird, das diese Kinder nicht haben, so müssen Brücken gebaut werden, damit sie dieses überhaupt erwerben können. Dabei geht es vermutlich mehr um ein *knowing how* „Wissen-wie" als um ein *knowing that* „Wissen-dass".

Dazu sozusagen als Schlusswort noch ein praktisches Beispiel aus der Schule: Die Lehrerin kritisiert Ayses Schreibschrift und weist sie darauf hin, dass sie den Stift falsch hält. „So!" zeigt sie kurz und sagt ihr noch: „Du musst zu Hause fleißig üben!" Ayşe ist sehr motiviert zu lernen und schreibt zu Hause viel, weiß aber nicht, wie sie den Stift anders halten soll. Die Mutter will ihr helfen, weiß aber nicht wie, und wiederholt den Auftrag der Lehrerin: „Meine Tochter, du muss fleißig üben!". Im Übrigen hält sie den Stift genauso, denn sie hat in der Schule ganz anders schreiben gelernt. Mit kleineren Übungsschritten zur Schreibhaltung hätte die Lehrerin Ayşe und ihrer Mutter viel Kummer ersparen können. Hoffentlich verliert Ayşe in den nächsten Schuljahren nicht ihre Freude am Schreiben – und am Lernen!

Literatur

Abu-Lughod, Lila (1996): Gegen Kultur Schreiben. In: I. Lenz/A. Germer; B. Hasenjürgen (Hrsg.): Wechselnde Blicke. Frauenforschung in internationaler Perspektive. Opladen. S. 14–46.

Beck, Ulrich/Beck-Gernsheim, Elisabeth (1990): Das ganz normale Chaos der Liebe. Frankfurt, Suhrkamp

Berger, Peter/Luckmann, Thomas (1969): Die gesellschaftliche Konstruktion der Wirklichkeit. Hamburg, Rowohlt.

Dreher, Jochen/Stegmaier, Peter (2007); „Kulturelle Differenz" aus wissenssoziologischer Sicht. In: (dies.): Zur Unüberwindbarkeit kultureller Differenz. Grundlagentheoretische Reflexionen. S. 7–20. Bielefeld, transcript.

Foucault, Michel (1983): Der Wille zum Wissen. Sexualität und Wahrheit 1. Frankfurt/Main, Suhrkamp.

Elias, Norbert (1976): Über den Prozess der Zivilisation. 2 Bde. Frankfurt/Main, Suhrkamp.

Geertz, Clifford (1997[1987]): Dichte Beschreibung. Beiträge zum Verstehen kultureller Systeme. Frankfurt/Main, Suhrkamp.

Hahn, Alois (1982): Zur Soziologie der Beichte und anderer Formen institutionalisierter Bekenntnisse: Selbstthematisierung und Zivilisationsprozeß. In: Kölner Zeitschrift für Soziologie und Sozialpsychologie, Jg. 34., S. 408–434.

Herwartz-Emden, Leonie (2002): Kindheit, Erziehung und Geschlechterbilder in interkultureller Perspektive. In: Breitenbach et al. (Hrsg.): Geschlechterforschung als Kritik. Zur Relevanz der Kategorie Geschlecht S. 119–137. Bielefeld, transcript.

Kalter, Frank (2006): Auf der Suche nach einer Erklärung für die spezifischen Arbeitsmarktnachteile von Jugendlichen türkischer Herkunft. In: Zeitschrift für Soziologie, Jg. 35, H. 2. S. 144–160.

Kurt, Ronald (2007): Indische Musik – Europäische Musik: Möglichkeiten und Grenzen interkulturellen Verstehens. In: J. Dreher; P. Stegmeier (Hg.): Zur Unüberwindbarkeit kultureller Differenz. S. 183–210. Bielefeld, transcript.

Markus, H.R., Kitayama, S. (1991): Culture and the self: Implications for cognition, emotion, and motivation. In: Psychological Review, 98, S. 224–253.

Mernissi, Fatima (1987): Geschlecht, Ideologie, Islam. München, Antje Kunstmann.

Mıhçıyazgan, Ursula (1986): Wir haben uns vergessen. Ein intrakultureller Vergleich türkischer Lebensgeschichten. Hamburg, E.B. Verlag.

Mihçiyazgan, Ursula (1999): Eurozentrismus in Sozialisations- und Bildungstheorien. In: S. Basu/E. Höhme-Serke/M. Macher (Hrsg.): Eurozentrismus: Was gut ist, setzt sich durch? S. 139–162. Frankfurt, Fischer.

Pagels, Elaine (1991): Adam, Eva und die Schlange. Die Theologie der Sünde. Hamburg, Rowohlt.

Schiffauer, Werner (1997): Die Angst vor der Differenz. Zu neuen Strömungen in der Kultur- und Sozialanthropologie. In: (ders.): Fremde in der Stadt. Zehn Essays über Kultur und Differenz. S. 157–171. Frankfurt/Main, Suhrkamp.

Schiffauer, Werner (2008): Parallelgesellschaften. Wie viel Wertekonsens braucht unsere Gesellschaft? Für eine kluge Politik der Differenz. Bielefeld, transcript.

Tyrell, Hartmann (1978): Die Familie als „Urinstitution". Neuerliche spekulative Überlegungen zu einer alten Frage. In: Kölner Zeitschrift für Soziologie und Soziopsychologie. Jg. 30, H. 4, S. 611–651.

Schmidt, Siegfried J. (1996[1987]): Der Radikale Konstruktivismus: Ein neues Paradigma im interdisziplinären Diskurs. In: S. J. Schmidt (Hrsg.): Der Diskurs des Radikalen Konstruktivismus. S. 11–88. Frankfurt/Main, Suhrkamp.

Karl Heinz Brisch

Kinder brauchen sichere Bindungen

Bedingungen gelingender Elternschaft

Im folgenden Beitrag werden die Grundlagen der Bindungsentwicklung mit der Perspektive der Bindung zwischen zwei Menschen und Bindungsbeziehungen in der Gruppe und die daraus entstehenden Entwicklungen dargestellt. Ein besonderer Schwerpunkt liegt auf den qualitativen Bedingungen, die für die verantwortungsvolle Fremdbetreuung von Säuglingen, Kleinstkindern und Kindergartenkindern aus der Sicht der Bindungstheorie und der vorliegenden Forschungsergebnisse für eine sichere Bindungsentwicklung des Kindes notwendig sind.

Das Bindungssystem in der Zweierbeziehung zwischen Eltern und Kind

Das Bindungssystem ist eins der basalen motivationalen Systeme, die für die kindliche Entwicklung grundlegend sind. Als weitere Entwicklungssysteme sind von Bedeutung die Versorgung des Kindes mit physiologischen Bedürfnissen (Wärme, Schutz, Ernährung) sowie Anregungen und Bereiche zur Exploration, eine ausreichende sensorische Stimulation auf den verschiedensten Wahrnehmungskanälen, die Möglichkeit zur Selbstwirksamkeit und die Vermeidung von negativen Reizen, wie etwa Schmerzen (Lichtenberg u. a., 2000; Brisch und Hellbrügge 2008; Brisch 2008b; Brisch und Hellbrügge 2007; Brisch 2007).

Die Bindung des Kindes an die Pflegeperson ist die „emotionale Ernährung" für die kindlichen Gene, den kindlichen Körper und das kindliche Gehirn und damit für die kindliche Psyche. Wenn eine gesunde sichere Bindung des Kindes an die Pflegeperson etabliert ist, dann ist auch durch die ausreichende emotionale Ernährung die gesunde körperliche, emotionale und soziale Entwicklung des Kindes eher gewährleistet. Gleichzeitig ist die Bindung der Pflegeperson an das Kind so etwas wie die emotionale Ernährung für die Pflegeperson. Es handelt sich somit im Bindungssystem um ein wechselseitiges System zwischen Bindung des Kindes an die Bindungsperson und der Bindung der Bindungsperson an das Kind. Aus der Sicht der Eltern müssen diese in ihrem Pflegesystem, das alle Pflegeverhaltensweisen umfasst, mit feinfühligem Körperkontakt, Aufnehmen des Kindes, Trösten, Beruhigen, Pflegen und Sicherheit geben auf die Bindungssignale des Kindes reagieren. Umgekehrt muss das Kind in der Lage sein, in Situationen der Angst, die sein sehr früh in der Evolution angelegtes Bindungssystem aktivieren, mit der Suche nach der Bindungsperson (z.b. durch Nachlaufen, Weinen, Protest, Klammern) sein Bindungsbedürfnis zum Ausdruck zu bringen. Das Kind mit seinem Bindungsbedürfnis und die Pflegeperson mit ihrem Pflegebedürfnis beeinflussen sich in ihren Bindungsverhaltensweisen wechselseitig und sind wie Schlüssel und Schloss aufeinander abgestimmt. Entscheidend für die gesunde Bindungsentwicklung eines Säuglings ist eine Persönlichkeit der Pflegeperson, die verschiedene hilfreiche Eigenschaften in sich vereint, damit eine sichere Bindungsentwicklung des Kindes auf den Weg kommen kann. Hierzu gehört etwa die Fähigkeit, feinfühlig die Signale eines Säuglings wahrzunehmen und angemessen und prompt darauf zu reagieren. Weiterhin muss die Pflegeperson emotional für die Gefühle, Gedanken und Handlungsabsichten des Kindes verfügbar sein, indem sie sich aus der eigenen Perspektive heraus in die Innenwelt des Kindes empathisch hineinfühlen können muss. Hierzu gehört eine gewisse Empathiefähigkeit. Wenn die Bindungsperson selbst sicher gebunden ist, verfügt sie über eine große Breite von Empathie, die es ihr ermöglicht, sich in die Innenwelten des Kindes hineinzuversetzen und die Welt mit den Augen des Kindes zu betrachten (Brisch 2009c).

Weiterhin ist es sehr wünschenswert, dass Pflegepersonen eigene traumatische Erfahrungen aus der Kindheit möglichst verarbeitet haben sollten, bevor sie selbst Kinder bekommen oder mit der Pflege von Kindern betraut sind. Andernfalls besteht die Gefahr der Weitergabe von eigenen traumatischen Erfahrungen aus der Elterngeneration in der Interaktion mit dem Kind auf die Kindgeneration, so dass hieraus eine psychopathologische Entwicklung des Kindes entstehen kann. Zumindest sollten Pflegepersonen die Bereitschaft mitbringen, eigene Traumata durch Begleitung, Beratung und psychotherapeutische Hilfestellungen und Selbsterfahrung zu verarbeiten, damit sie möglichst frei sind von bzw. geschützt sind vor Verhaltensweisen, durch die sie alte eigene schmerzliche Erfahrungen aus ihrer Kindheit mit ihren eigenen Kindern – trotz bester Vorsätze, sich nie und nimmer schädigend gegenüber ihren Kindern zu verhalten – schließlich doch wiederholen. Solche Wiederholungen früherer traumatischer Erfahrungen der Mutter oder des Vaters mit dem eigenen Kind könnten in der Regel eine gesunde – d. h. eine sichere – Bindungsentwicklung des Kindes sehr behindern und im schlimmsten Falle eine kranke Bindungsentwicklung, d. h. eine Bindungsstörung, des Kindes fördern (Brisch und Hellbrügge 2003; Brisch 2008a). Auch ausreichende persönliche emotionale, soziale und kognitive Ressourcen sowie die Einbindung in eine Partnerschaft oder auch in eine Unterstützungsgruppe, wie die erweiterte Familie, Selbsthilfegruppen, Elterngruppen, sind von großer Bedeutung für die sichere Bindungsentwicklung der anvertrauten Kinder (Brisch u. a. 2002; Brisch und Hellbrügge 2009).

Die sichere Bindungsentwicklung stellt ein sehr breites „Fundament der Persönlichkeit" dar mit größtmöglicher körperlicher und psychischer Widerstandskraft gegen die Entwicklung von Psychopathologie bei Widrigkeiten des Lebens. Sie bietet einen psychischen Schutz bei Belastungen und fördert eine gesunde körperliche und sozial-emotionale Entwicklung mit der Fähigkeit, sowohl in der eigenen Persönlichkeitsentwicklung Ressourcen zu etablieren als auch diese in einer sozialen Gruppe einzubringen. Kinder mit sicherer Bindung haben mehr Bewältigungsmöglichkeiten, wenn das Leben stressvoll wird, sie können sich Hilfe holen, haben mehr freundschaftliche Beziehungen, sind teamfähiger, lösen Konflikte prosozialer und kreativer, ihre Lern- und Gedächtnisleistungen sind besser, ebenso ihre Sprachentwicklung, und sie sind bereits im Kindergartenalter empathiefähiger für die Gefühle, Gedanken und Handlungsabsichten sowohl ihrer Spielkameraden als auch ihrer Pflegepersonen (Brisch 2009c).

Die unsichere Bindungsentwicklung hingegen ist eher ein psychischer Risikofaktor, insbesondere bei der Konfrontation mit emotionalen Belastungen, wie sie aus der Beziehung zur Bindungsperson, aber auch aus anderen Beziehungen entstehen. Hier ist das Fundament der Persönlichkeit schmaler angelegt und das Fundamentgestein ist nicht so hart und stabil gegenüber psychischen Belastungen wie bei der sicheren Bindungsentwicklung. Diese Kinder lösen Konflikte eher alleine, reagieren häufiger aggressiv, holen sich bei Belastungen seltener Hilfe, ziehen sich eher zurück, haben weniger Freunde und auch ihre Lern- und Gedächtnisleistungen sowie ihre Empathiefähigkeiten sind nicht so gut ausgeprägt wie bei sicher gebundenen Kindern.

Beginnende kranke Bindungsentwicklungen

Wenn Eltern ungelöste traumatische Erfahrungen von Verlusten, aber auch von jedweder Form der Gewalterfahrung (körperlich, emotional, verbal, sexuell) aus der eigenen Biografie bis hin zur frühesten Kindheit in sich tragen, ist die Wahrscheinlichkeit sehr groß, dass sie diese Erfahrungen auf die eine oder andere Weise mit ihren Kindern wiederholen. Dies geschieht dadurch, dass sie durch ängstliches, Angst machendes, hilfloses Verhalten oder auch direkte Gewalt versuchen, Verhaltensweisen des Kindes, die ihnen großen emotionalen Stress bereiten, zu unterdrücken oder im besten Falle zu kontrollieren. Bei diesen Kindern entwickelt sich häufig eine desorganisierte Bindung als beginnende Form der kranken Bindung. Das Fundament der Persönlichkeit ist hier durch fehlende Fundamentteile oder auch „Löcher" gekennzeichnet. Das desorganisierte Bindungsmuster zeigt auch Zusammenhänge mit der Entwicklung von Störungen der Hyperaktivität und Aufmerksamkeit im Kindergarten- und Schulalter (Brisch, im Druck) (Brisch 2002). Klassischerweise können sich aus diesen frühen desorganisierten Bindungsmustern spätere Borderline-Persönlichkeitsstörungen im

Jugend- und Erwachsenenalter entwickeln (Brisch 2009b). Diese sind dadurch charakterisiert, dass teilweise „normale" gesunde Verhaltensweisen in den Interaktionen mit Mitmenschen beobachtet werden können, bei stressvollen Erfahrungen – besonders in Beziehungen – und der Konfrontation mit angstvollen Situationen, die eben gerade an ängstigende oder Angst machende Erfahrungen etwa mit den Bindungspersonen erinnern, kommt es zu auffällig widersprüchlichen Verhaltensweisen. So laufen desorganisiert gebundene Kinder nach einer Trennung von ihrer Bindungsperson in der Wiedervereinigung etwa auf diese freudig zu, bleiben auf halbem Wege stehen, erstarren wie in Trance, drehen sich plötzlich abrupt um, laufen unmittelbar von der Bindungsperson wieder weg, bekommen einen Wutanfall, weinen, und wenn ihre Bindungsperson sie dann zum Trost auf den Arm nehmen will, verhalten sie sich aggressiv und versuchen etwa, diese zu beißen. Geht die Bindungsperson erschrocken weg, brüllen sie noch lauter und strecken die Arme nach ihr aus, um dann zu erstarren und emotional und körperlich wie in Trance einzufrieren, wenn die Bindungsperson sie schließlich auf den Arm nimmt, d. h. sie dissoziieren in der körperlichen Nähe mit ihrer Bindungsperson. Innerlich sind sie in diesen Moment hochgradig erregt. Diese Verhaltensweisen sind für die Kinder selbst sehr stressvoll, aber auch für ihre Bindungspersonen, die in der Regel noch hilfloser und geängstigter darauf reagieren und u. U. durch dieses Verhalten an eigene traumatische Erfahrungen erinnert werden, so dass sich ein Teufelskreis aus ängstlich hilflosen Interaktionen entwickeln kann oder auch die Interaktion sich „hochschaukelt", wenn die Bindungsperson mit Wut und Aggression oder lauten verbalen Vorwürfen auf dieses Verhalten reagiert. Verbale Aggression der Bindungsperson gegenüber dem Kind ist eine eigenständige, traumatisierende Erfahrung des Kindes, die ebenfalls zur Entwicklung eines desorganisierten Bindungsmuster beitragen kann (Lyons-Ruth 2008). Reagieren die Bindungspersonen in diesen Situationen mit Gewalt gegenüber dem Kind, schon beginnend in der Säuglings- und Kleinkindzeit, sind dies die Bedingungen, die – falls sie oft und über längere Zeit vorkommen – zur Entwicklung einer kranken Bindung – nämlich der Bindungsstörung – führen können.

Bindungsstörungen

Wenn die frühen Erfahrungen eines Säuglings und Kleinkindes durch verschiedenste Formen der Gewalt geprägt sind, wie sie z. B. durch körperliche, emotionale, verbale und sexuelle Gewalt oder auch durch die Zeugenschaft von Gewalt zwischen den Bindungspersonen erfahren werden können, und diese Gewalterfahrungen dem Säugling durch die Bindungspersonen selbst zugefügt werden, sind dies die Bedingungen, unter denen sich klassischerweise eines der Muster der Bindungsstörungen entwickeln kann. Diese kann verschiedene Formen annehmen, die sich in unterschiedlichen pathologischen Verhaltensweisen nach außen zeigen. Bindungsstörungen sind als wiederholbares Verhaltensmuster erkennbar, d. h. diese Kinder verhalten sich etwa in einem bindungsrelevanten Kontext von Angst und Trennungserfahrung mit promiskuitivem Bindungsverhalten als einer Form der Störung, indem sie auf jede Person zulaufen und bei jeder Person austauschbar und unspezifisch Körperkontakt und Nähe suchen. Dieses Verhalten ist vorhersagbar und hat sich somit im Gehirn bereits „festgeschrieben". So können klassischerweise Kinder, aber auch Jugendliche und Erwachsene, deren „inneres Arbeitsmodell von Bindung" durch Angst aktiviert wird, in ihrem Verhalten promiskuitiv-bindungsgestört sein, d. h. sie wechseln Beziehungen ohne Form von wirklichem emotionalen Kontakt, andere verhalten sich ausgesprochen aggressiv in bindungsrelevanten Situationen und wieder andere können Bindungspersonen in größter Not nicht als sichere Basis nutzen, weil sie gleichzeitig immer große Angst empfinden, sobald sie sich hilfesuchend an einen anderen Menschen wenden (Bindungsstörung mit Hemmung des Bindungsverhaltens). Bei Bindungsstörungen zeichnet sich die strukturelle Störung der Persönlichkeitsentwicklung dadurch aus, dass das Bindungsfundament von einer „Sumpflandschaft" geprägt ist. Im Vergleich zur desorganisierten Bindungs-Psychopathologie fehlen nicht nur Fundamentanteile oder wurden Fundamentteile an einzelnen Stellen zerstört, sondern es finden sich überhaupt keine soliden Fundamentanteile, auf die die Persönlichkeit stabil aufgebaut sein könnte. Es leuchtet unmittelbar ein, dass solche Persönlichkeiten in bindungsrelevanten Situationen rasch auf ihre Verhaltensweisen, wie Distanzlosigkeit in Beziehungen, Aggressivität, Rollentausch oder sozialer Rückzug (bei Bindungsstörungen mit Hemmung) reagieren (Brisch 2009c).

Die Weitergabe von Bindungserfahrungen über Generationen

Durch vielfältige Längsschnittstudien ist belegt, dass es einen Zusammenhang zwischen den positiven, hilfreichen und sicheren Bindungserfahrungen von Eltern und der sicheren Bindungsentwicklung von Kindern gibt. Eltern mit eigenen sicheren Bindungserfahrungen haben mit einer hohen Wahrscheinlichkeit bis zu ca. 75% sicher gebundene Kinder. Ähnliches trifft für Eltern mit unsicheren Bindungserfahrungen zu: sie haben mit hoher Wahrscheinlichkeit Kinder mit unsicheren Bindungsmustern.

Traumatisierte Eltern, die bisher ihre eigenen traumatischen Erfahrungen noch nicht aufgearbeitet haben, haben mit höherer Wahrscheinlichkeit Kinder mit einem desorganisierten Bindungsmuster, aus denen heraus sich später in der Adoleszenz oder auch im jungen Erwachsenenalter Verhaltensweisen entwickeln können, wie wir sie von einer Borderline-Persönlichkeitsstörung kennen. Eltern mit eigenen traumatischen Erfahrungen sind auch mit höherer Wahrscheinlichkeit davon belastet, ihre eigenen z. B. Gewalterfahrungen mit ihren Kindern schon im frühen Säuglingsalter in stressvollen Situationen zu wiederholen und ihre eigenen Kinder z. B. wieder zu traumatisieren. Wenn dies häufig passiert und Gewalt in jedweder Form ein Muster der Bindungserfahrungen von Kindern mit den Bezugspersonen darstellt, entwickeln solche Kinder später mit hoher Wahrscheinlichkeit Bindungsstörungen als Form einer kranken Bindung. Das Verhalten von Kindern, aber auch von Jugendlichen mit desorganisierter Bindung ist dadurch charakterisiert, dass es im Wesentlichen widersprüchlich ist, besonders in bindungsrelevanten Situationen. Für Außenstehende und selbst für die Bindungsperson ist nicht voraussagbar, welches Verhalten das Kind zeigen wird, z. B. Nähe suchen oder Nähe vermeiden. Es finden sich auch rasch wechselnde Verhaltenszustände zwischen Nähe suchen, vermeiden oder Ignorieren der Bindungsperson. In diesen oft stressvollen, angespannten Situationen kommt es zu stereotypen motorischen Verhaltensweisen, die teilweise wie Übersprungshandlungen aussehen, aber auch zum Einfrieren und Verlangsamen der Motorik (sog. Unterwasserbewegungen) sowie auch zu komplettem motorischen Einfrieren (Freezing), wie wir es von dissoziativen Zuständen bei traumatisierten Patienten kennen. Dieses motorische Einfrieren ist nicht immer komplett ausgeprägt und zeigt sich manchmal in kleinen, kurzen Sequenzen, sog. Einsprengseln, von absenceartigem Verhalten, d. h. die Kinder sind für wenige Sekunden wie in einer Trance und scheinen nach innen gekehrt, nicht ansprechbar oder in einem inneren Stresszustand der Verarbeitung von aktuellen inneren Spannungszuständen, die durch Desorganisation und widersprüchlich aktivierte Arbeitsmodelle von Bindung charakterisiert sind. Klassischerweise geht man davon aus, dass diese Kinder verschiedene Arbeitsmodelle von Bindung neuronal angelegt haben, ein Modell etwa, das Nähe sucht und ein anderes Modell, das Nähe vermeiden möchte, wenn angst- und stressvolle Situationen entstehen und das basale Muster der Bindungssuche etwa aktiviert wird. Wenn gleichzeitig das Bindungsarbeitsmodell aktiviert wird, das Bindung vermeiden möchte, weil das Kind gegenüber der Bindungsperson angstvolle Erfahrungen gemacht hat, gerät das Kind in einen inneren Zwiespalt von Nähe suchen und Nähe vermeiden, der letztendlich für kurze Momente in einem „Freezing" oder in einer „Absence" resultieren kann, die auch einem kurzen dissoziativen Zustandsbild gleichen kann.

Weiterhin finden sich bei Kindern mit desorganisierter Bindung aggressive Gefühlsausbrüche mit Wutzuständen, Selbstverletzung, Aggressionen gegen andere Personen oder Gegenstände oder auch gegen sich selbst. Auch akute und chronische Körpersymptome, insbesondere mit Schmerzzuständen, die sehr heftig und überwältigend sein können, werden bei diesen Kindern beschrieben und von uns beobachtet (Brisch und Hellbrügge 2006).

Bindung bei Pflege- und Adoptiveltern sowie in pädagogischen Beziehungen

Die gleichen Übertragungsmuster treffen auch für Pflegepersonen zu, die nun als Adoptiveltern, Pflegeeltern oder in pädagogischen Institutionen mit Säuglingen, Kleinkindern oder auch mit Schulkindern arbeiten. Haben diese Pflegepersonen unverarbeitete traumatische Erfahrungen, besteht die große Gefahr, dass sie den ihnen anvertrauten Kindern Angst machen und sie nicht Schutz und Sicherheit erfahren lassen (Brisch 2006). Hierzu gehören auch verbale Formen der Abwertung, Demütigung und wiederholter täglicher Kränkungen, wie sie etwa in Lehrer-Schüler-Bindungsbeziehungen vorkommen. Unter diesen Bedingungen entwickeln die Kinder bevorzugt ein desorganisiertes Bindungsmuster zu ihren Bindungspersonen. Beginnen die Pflegepersonen eigene frühere Erfahrungen von Gewalt mit den Kindern in Pflegekontexten zu wiederholen, indem sie den Kindern nicht nur drohen und Angst machen sondern sie gewalttätig behandeln, entwickeln sich Bindungsstörungen. Hat sich das Muster einer Bindungsstörung im Kindergarten- oder Grundschulalter bei Kindern erst einmal manifestiert, ist die therapeutische oder auch pädagogische Arbeit extrem schwierig und langwierig. Auf jeden Fall erfordert es Pflegepersonen, die möglichst eine eigene sichere Bindungsentwicklung und auch sehr gute Supervision, die helfen kann, eigene traumatische Erfahrungen mit bindungsgestörten Kindern nicht zu wiederholen und die psychische Situation dieser Kinder nicht noch zu verschlimmern. Das Gegenteil sollte ja eigentlich der Fall sein, dass Bindungspersonen bindungsgestörten Kindern so viel Sicherheit und Ressourcen vermitteln, dass diese neue, emotional sichere Erfahrungen in bindungsrelevanten Interaktionen machen und dadurch in einen emotionalen Heilungsprozess kommen.

Bindungssicherheit und Gruppe

Kinder entwickeln nicht nur eine Bindung zu einzelnen Personen in der Zweierbeziehung, vielmehr bauen sie auch Bindungsbeziehungen zu Gruppen auf; dies kann die Gruppe der Krippenkinder sein, die Kindergartengruppe, die Schulgruppe, die Peergruppe im weiteren Adoleszentenleben sowie später auch Vereine, Clubs und andere Gruppen, die von größter Bedeutung sind für das Erleben von emotionaler Sicherheit. Die Gruppe hat bestimmte Vorteile gegenüber der Bindungssicherheit in der Zweierbeziehung: sie bietet eine größere emotionale Basis durch mehrere Mitglieder, dadurch kann häufiger zumindest einer aus der Gruppe sich emotional auf den Hilfesuchenden einstellen und ihm Schutz, Sicherheit und einen emotionalen Hafen zur Verfügung stellen, die Gruppe hält insgesamt auch mehr Angst aus, so dass sie eine besondere Ressource für die Bindungsentwicklung von Kindern, aber auch von Jugendlichen und Erwachsenen darstellt. Zweifelsohne ist es nicht immer möglich, dass sich eine gesamte Gruppe so feinfühlig wie eine einzelne Person in einer Zweierbeziehung auf die Signale des Einzelnen in der Gruppe einstellt, es braucht sicherlich auch eine längere Eingewöhnungszeit bis zur Bindungssicherheit in der Gruppe, aber dafür überwiegen auf der anderen Seite die Vorteile der Bindungssicherheit in der Gruppe (Brisch 2009a).

Schon ab dem 2. Lebensmonat kann man beobachten, dass Babys in einer Gruppe miteinander interagieren, wenn ihre Bindungspersonen anwesend sind und ihnen einen emotionalen Rückhalt bieten. Es kommen Bewegungen und Interaktionen zustande, die von einem gewissen Rhythmus und von einer gewissen Wechselseitigkeit geprägt sind, man kann Beobachtungen des anderen in der Gruppe, Imitationen sowie auch Koordination und Abstimmung in der Interaktion beobachten (Simoni 2005).

Gruppenbindung

Eine sichere Gruppenbindung ist dadurch charakterisiert, dass die gesamte Gruppe oder auch Untergruppen für den einzelnen einen sicheren emotionalen Hafen darstellt, den er bei Angst nutzen kann. Gleichzeitig ist die sichere Bindung an eine Gruppe auch der Ausgangspunkt für exploratives Verhalten. Das kann entweder mit der gesamten Gruppe oder in Teilgruppen zusammen erfolgen oder auch als Einzelner, der sich aus der Gruppe herausbewegt, die Umwelt oder Angst machende Situationen erkundet, weil er die Gruppe als „Rückendeckung" im Hintergrund weiß und spürt. Er lebt und fühlt sich in der Sicherheit, dass er jederzeit bei Angst und Gefahr in die Gruppe zurückkehren kann und dort zum Schutz und zur Entängstigung wieder aufgenommen wird (Brisch 2009a).

Eine unsicher-vermeidende Gruppenbindung zeigt sich darin, dass die Gruppe gerne für hilfreiche gemeinsame Aktivitäten und Explorationen genutzt wird, emotionale Beziehungen in der Gruppe erzeugen aber eher Angst und werden daher vermieden.

Eine unsicher-ambivalente Gruppenbindung ist geprägt von einen intensiven Wechsel zwischen Gruppenaktivitäten und Einzelaktivitäten. Wenn der Einzelne die Gruppe verlässt, fühlt er sich eher verunsichert und flieht dann wieder in die Nähe der Gruppe, so dass es ein ambivalentes Verhalten zwischen Nähe suchen und Vermeidung der Gruppe gibt.

Krankhafte Bindungsmuster innerhalb der Gruppenbindung

Die desorganisierte Gruppenbindung fällt dadurch auf, dass die Gruppe einerseits mehr oder weniger Angst erzeugt, gleichzeitig aber insgesamt noch weniger bedrohlich erlebt wird als die dyadische Bindungsbeziehung. Die Gruppe bietet dem Einzelnen mehr Projektionsmöglichkeiten zur Angstentlastung und auch einen größeren Raum für Handlung und Agieren, wie das zum Beispiel von Borderline-Patienten gezeigt und von diesen auch genutzt wird. Zwischen Abbruchsdrohung, sexuellen Beziehungen in der Gruppe und heftigen, auch feindseligen aggressiven Affekten und Handlungen in der Gruppe sowie Idealisierung der Gruppe als der absolute Ort von Schutz, Sicherheit und Omnipotenz zeigen sich alle Verhaltenspathologien, wie sie von Borderline-gestörten Patienten bekannt sind.

Patienten mit einem Bindungsstörungsmuster ohne Bindungsverhaltensweisen suchen weder die Gruppe als sicheren Ort noch die Zweierbeziehung auf. Sie fliehen insgesamt Beziehungen, ziehen sich extrem zurück in die Einsamkeit zurück und leben allein, um nicht durch Bindungsbeziehungen in ihren traumatischen Erfahrungen getriggert zu werden.

Patienten mit promiskuitiver Bindungsstörung wechseln Gruppen, haben scheinbar überhaupt kein Problem, in neue Gruppen hineinzukommen und verhalten sich beim Erstkontakt mit einer Gruppe so, als wären sie schon jahrelang Mitglied einer solchen Gruppe.

Wenn Menschen das Bindungsstörungsmuster mit Übererregung zeigen und dies in einer Gruppenbindung aktiviert wird, können sie von ihrem subjektiven Gefühl her ohne Gruppe nicht existieren, geraten aber in extreme Panik.

Genau das Gegenteil ist bei Bindungsstörungen mit Hemmungen zu beobachten: solche Menschen haben große Angst vor Gruppen, gehen auf Gruppen nicht zu, vermeiden Gruppen und schließen sich eher aus. Sie brauchen sehr lange, bis sie zu einer Gruppe Zutrauen fassen und auch dann sind sie nur mit Angstspannung innerhalb der Gruppe, weil sie von der Gruppe Feindseligkeit erwarten.

Menschen mit Bindungsstörungen mit aggressivem Verhalten zeigen in Peergruppen klassischerweise provokantes, destruktives und aggressives Verhalten gegenüber der Gruppe insgesamt oder auch gegenüber einzelnen Personen. Dabei ist gleichzeitig die Angst sehr groß, von der Gruppe ausgeschlossen und nicht akzeptiert zu werden (Brisch und Hellbrügge 2010).

Bei Bindungsstörungen mit Unfallrisikoverhalten finden wir parasuizidale Handlungen, die mit einer ganzen Gruppe durchgeführt werden.

Bei Bindungsstörungen mit Rollenwechsel versorgt ein Einzelner die Gruppe und ist gleichzeitig „Bindungsperson" für die Gruppe; dabei werden die eigenen Wünsche nach Schutz, Sicherheit und Versorgung an die Gruppe altruistisch abgetreten.

Patienten mit Bindungsstörungen mit psychosomatischer Reaktion erleben vor und in einer Gruppe großen Stress mit somatoformen Störungen verschiedenster Art, weil die Gruppe als Ort von Angst und Bedrohung erlebt wird, dies kann aber nicht kommuniziert werden, sondern wird auf körperlicher Ebene mit hohen Stresserlebensweisen beantwortet.

Die Folgen von Bindungsstörungen zeigen sich dadurch, dass eine sichere emotionale Basis als Fundament der Persönlichkeit nie aufgebaut wurde. In bindungsrelevanten Situationen kommt es zu hochgradigen Verhaltensstörungen. Die Gehirnentwicklung, die Stressregulation, die Affektregulation und auch der Bereich Lernen und Gedächtnis sind gravierend gestört. Auf psychopathologischer Ebene kann es zu Borderline-Entwicklungsstörungen bis hin zu schizophrenen Entwicklungen und psychotischen Erkrankungen kommen. Es ist gut vorstellbar, dass diese frühen emotionalen Stresserfahrungen und Störungen, die mit Gewalt und traumatischen Erfahrungen des Säuglings einhergehen, auch auf der genetischen Ebene und bei der Aktivierung des Stresshormonsystems entsprechende Folgen hinterlassen. Aus diesem Grunde sehen wir vermutlich auf der psychopathologischen Ebene Angst- und Panikzustände, mit Desorganisation, Derealisation, Depersonalisation bis hin zu dissoziativen Zuständen. Auch Angststörungen, somatoforme Störungen, Depressionen, Borderline-Störungen und psychotische Erkrankungen sowie narzisstische Persönlichkeitsstörungen können klassischerweise mit Bindungsstörungen assoziiert sein. Suchterkrankungen und Drogenabhängigkeit sowie Zwangsstörungen und selbstverletzendes Verhalten einschließlich Suizidalität könnten als Versuch verstanden werden, die enormen Angstpotentiale und Erregungszustände, wie sie bei Patienten mit Bindungsstörungen gesehen werden, unter Kontrolle zu bringen. Sie sind ein verzweifelter Versuch der Selbstheilung oder der Selbstmedikation. Es ist nachvollziehbar, dass solche Versuche die psychopathologischen Stresssymptome momentan mildern, insgesamt aber zu einer Chronifizierung und Verfestigung des Krankheitsbildes führen. Eine lang anhaltende Stimulation der Stresshormone und des gesamten Hormonregulationsapparates in der HPA-Achse mit hohen Cortisolwerten im Blut zerstört auf die Dauer Nervenzellen, so dass es zu Abbauprozessen im Gehirn kommen kann.

Bindung und gesellschaftliche Entwicklung

Wenn Bindung in der Zweierbeziehung wie auch in der Gruppe von Bedeutung ist für die emotionale gesunde Entwicklung eines Kindes, bis hin zum Erwachsenen sowie auch von Familien, dürfte das Bindungskonzept auch für die gesellschaftlichen Veränderungsprozesse von größter Relevanz sein. Grundsätzlich könnte man sich vorstellen, dass der Staat als solcher eine sichere emotionale Basis für die Familien und die Kinder darstellt, somit als Gesamtgesellschaft einen „sicheren Hafen" auf der Gruppenebene realisiert. Hierzu gehört als Grundvoraussetzung für eine sichere Entwicklung eine materielle, körperliche, emotionale, soziale und kognitive Sicherheit für die Familien und die Kinder. Die untere Ebene des Fundamentes einer solchen mehr gesellschaftlich orientierten Bindungsbetrachtungsweise würde so aussehen, dass der Staat und die Gesellschaft das basale Fundament darstellen, auf dem sich Gruppenbindungsprozesse, etwa in Krippe, Kindergarten, Schule, Vereinen, Berufsgruppen etablieren können und die Familie selbst mit Kindern eine solche „Bindungsgruppe", ein Hort von emotionaler Sicherheit und ein Hafen von Schutz und Geborgenheit darstellen könnte. Diese Schichten von emotionaler Gruppenbindung und -sicherheit funktionieren aber nur dann, wenn der Staat als basale Instanz die notwendigen Grundvoraussetzungen für die Sicherheit garantieren kann. Wenn die Gesellschaft und die von ihr gewählte Regierung allerdings toleriert, dass es eine rasant wachsende Kinderarmut in einer der reichsten Gesellschaften der Welt gibt (ca. 14% bzw. 2,5 Mio. Kinder leben unterhalb der Armutsgrenze in Deutschland), nimmt er die Verwahrlosung von Familien und Kindern in Kauf und damit eine staatlich mitverursachte Zunahme von kindlichen Bindungsstörungen und – wegen der Weitergabe über Generationen- allen ihren Auswirkungen für die nächsten Generation. Würden Familien mit ihren Kindern in dieser Art umgehen und zu einer Deprivation von Kindern führen, in der Art, wie der Staat seine Fürsorgepflicht für Familien nicht ausreichend wahrnimmt, würde man eine Familie mit der Inobhutnahme ihrer Kinder konfrontieren, um das Wohl und die gesunde Entwicklung von Kindern sicherzustellen. Hier stellt sich die Frage, ob angesichts der dramatischen Armutsentwicklung in Deutschland der Staat bzw. die verantwortlichen Staatsorgane und Institutionen bzw. die verantwortlichen staatlichen Vertreter mit dem Entzug des „staatlichen Sorgerechts" für Familien und Kinder konfrontiert werden könnten.

In dieser gesellschaftlichen Situation wird nun mit aller Brisanz diskutiert, in welcher Form und mit welcher Qualität Kinder familienergänzend betreut und begleitet werden sollen, damit sie sich optimal entwickeln können.

Bindungsorientierte familienergänzende Betreuung und Begleitung von Kindern

Pflege von Kindern im Alter unter 3 Jahren (Säuglings- und Kleinstkindalter)

Kinder sollten die Möglichkeit haben, während des ersten Lebensjahres eine sichere emotionale Bindung an eine Hauptbindungsperson entwickeln zu können. Diese Hauptbindungsperson kann die leibliche Mutter, die Pflegemutter oder die Adoptivmutter oder respektive auch der leibliche Vater, der Pflege- oder Adoptivvater sein. Damit die Krippenerzieherin zu einer gewünschten und sehr gezielt ausgewählten sekundären Bindungsperson und damit eine weitere Bindungsressource für das Kind werden kann, muss sie ebenfalls alle Voraussetzungen für eine gute Pflegeperson erfüllen: Sie muss möglichst eigene Bindungssicherheit mitbringen, muss emotional verfügbar sein und feinfühlig und prompt auf die Signale des Kindes eingehen. Längere Trennungen und die Aufnahme in familienbegleitende Tageseinrichtungen, wie etwa Krippen und Kindertagesstätten, sollten erst dann erfolgen, wenn das Kind am Ende des ersten und Anfang des zweiten Lebensjahres eine emotional stabile, sichere Bindung zur Hauptbindungsperson entwickelt hat. Im Laufe des ersten Lebensjahres entwickeln sich auch Objekt- und Selbstrepräsentationen, die sich im Laufe des zweiten Lebensjahres stabilisieren und auch ohne die reale Anwesenheit der Mutter intrapsychisch aktiviert werden können. Dies bedeutet, dass das Kleinstkind auch ohne Anwesenheit der Mutter phasenweise und mit zunehmenden Alter immer länger die Mutter erinnern, imaginieren und die damit verbundenen Gefühle, im besten Falle von Sicherheit, Schutz und Enttängstigung, erleben kann. Dies bedeutet, das Kind entwickelt ein inneres Bild von seiner Bindungsperson, so dass es dieses innere Bild aktivieren kann, wenn es Trennungen ohne die Anwesenheit der Hauptbindungsperson überstehen muss. Auf dem Boden und der Basis einer sicheren Bindungsbeziehung zu einer Hauptbindungsperson kann das Kind dann am Ende des ersten Lebensjahres – und im zweiten Lebensjahr noch leichter – auch eine weitere sekundäre Bindungsbeziehung zu einer weiteren Bindungsperson, etwa der Krippenerzieherin, aufbauen. Wenn die Aufnahme in eine Krippe bereits wenige Wochen nach der Geburt erfolgt und die Krippenerzieherin sehr feinfühlig entsprechend allen Kriterien der emotionalen Bindungsentwicklung mit dem Säugling umgeht, wird sie mit hoher Wahrscheinlichkeit die Hauptbindungsperson werden. Bleibt sie dem Kind über mehrere Jahre erhalten, ist dies für die psychische Stabilität sehr förderlich. Wechselt die Krippenerzieherin aber ihre Arbeitsstelle, hat sie Urlaub oder wechselt das Kind mit wachsendem Alter die Gruppen und geschieht dies nicht mit entsprechenden Eingewöhnungs-, Trennungs- und Abschiedsphasen, verliert das Kind im frühen Alter seine Hauptbindungsperson. Ist die Krippenerzieherin selbst sogar etwa traumatisiert und hat sie diese traumatischen Erfahrungen aus ihrer eigenen Vergangenheit nicht verarbeitet, besteht eine große Gefahr, dass das Kind mit der Krippenerzieherin eine desorganisierte Bindung oder gar eine Bindungsstörung entwickelt, wenn es sogar Gewalt oder emotionale Deprivation erfahren würde.

Weiterhin spielt die Qualität der Pflege für die sichere Bindungsentwicklung in der Krippe an die Krippenerzieherin eine große Rolle. Der Betreuungsschlüssel sollte unter 3 Jahren möglichst 1:2 bis 1:3 sein, d. h. eine Erzieherin betreut max. 2-3 Säuglinge. Die Eingewöhnungszeit muss von hoher Konstanz der Erzieherin geprägt sein, sie muss ausreichend lange geplant und auch lange durchgeführt werden. Der Zeitraum für die Eingewöhnung muss individuell bemessen sein und so lange dauern, bis das Kind in Anwesenheit (!) der Mutter sich von der Erzieherin füttern, wickeln und schlafenlegen sowie nach dem Aufwachen aufnehmen lässt. Ein weiteres Anzeichen dafür, das das Kind seine Bezugserzieherin als sichere emotionale Basis nutzen kann, zeigt sich darin, dass das Kind etwa bei Unwohlsein, Schmerzen nach Stürzen, Angst und Frustration seine Bezugserzieherin aufsuchen und sich mit Körperkontakt bei ihr trösten lässt, um nach einer Phase der Beruhigung sich wieder zu lösen und weiterzuspielen. Erst dann sollten kleinere, zeitlich gestaffelte Trennungen von der Mutter erprobt werden, und die Mutter sollte zurückkehren, bevor das Kind etwa in Panik schreit. Eventuell müssen die vorgesehenen Zeitintervalle nochmals verkürzt werden, wenn die Schritte der Trennungsdauer sich als zu groß bemessen erweisen sollten.

Es sollten keine Traumatisierungen bei den Erzieherinnen vorhanden sein, die unverarbeitet sind, und die Erzieherinnen sollten die Möglichkeit zur Selbsterfahrung und regelmäßiger externer Supervision erhalten. Besonders für Kinder aus Risikokonstellationen, mit emotionaler oder materieller Armut in der familiären Situation, sollten Krippenbetreuungsplätze mit höchster Qualität zur Verfügung gestellt werden. Bei niedrigen Einkommen sollten die Krippenplätze gebührenfrei sein (Brisch 2009d) (Gesellschaft für Seelische Gesundheit in der Frühen Kindheit (GAIMH) 2009).

Pflege von Kindern im Alter zwischen 3 und 6 Jahren (Kindergartenalter)

Auch hier ist eine entsprechend lange Eingewöhnungsphase mit Anwesenheit der Hauptbeziehungsperson erforderlich. Eine hohe Qualität der Betreuung sollte durch einen Betreuungsschlüssel von max. 1:6 bis 1:8 Kindern je nach Altersgruppierung betragen. Auch die Kindergartenerzieherinnen brauchen eine hohe emotionale Verfügbarkeit und hohe Feinfühligkeit für die Signale ihrer Kindergartenkinder. Es sollte möglichst eine Konstanz der Erzieherinnen gewährleistet sein, keine unvorhergesehenen Trennungen und Abschiede passieren. Unverarbeitete Traumatisierungen der Erzieherinnen sollten möglichst durch Selbsterfahrung im Einzel- und Gruppensetting bearbeitet sein und regelmäßige externe Supervisionen sollten die Arbeit der Erzieherinnen entlasten und unterstützen.

Auch hier sollten Kindergartenplätze für Kinder aus Risikokonstellationen mit emotionaler und materieller Armut mit höchster Qualität zur Verfügung gestellt werden, der Betreuungsschlüssel sollte hier noch geringer sein. Für Kinder, die bereits im Kindergartenalter Verhaltensstörungen bei Aufnahme zeigen, sollte die Kinderpsychotherapie als festes Angebot in die Kindergartenzeit integriert sein. Auch der Kindergarten sollte für Eltern mit niedrigem Einkommen gebührenfrei sein.

Pflege von Kindern im Alter von 7 bis 16 Jahren,
Grund- und Hauptschulzeit

Auch der Beginn der Schule benötigt eine Eingewöhnung, bis das Kind die neue Lehrerin als sichere emotionale Basis nutzen kann. Erst dann wird es voll seine kognitiven Fähigkeiten im Sinne der Exploration auf dem Bindungssicherheitsboden nutzen können. Der Betreuungsschlüssel sollte je nach Altersstruktur von Säuglingen, Kleinkindern und Schulkindern angepasst werden. Erfahrungsgemäß ist eine Gruppengröße von 8 Kindern und einer Betreuungsperson für das Lernen, die Unterrichtung und die emotionalen Beziehungen in der Gruppe sowie auch der emotionalen sicheren Basis mit der Lehrerin ganz hervorragend. Die Lehrerin hat unter diesen Bedingungen die Möglichkeit, emotional verfügbar zu sein und auch die emotionalen Signale und Bedürfnisse der Kinder gut zu beantworten. Wenn Kinder emotionale Trennungsschwierigkeiten haben, sollte den Eltern die Möglichkeit gegeben werden, als Hauptbindungsperson so lange anwesend zu sein, bis das Kind die Lehrerin als sichere weitere emotionale Basis nutzen kann. Die Lehrerinnen sollten möglichst konstant über lange Zeit und mehrere Jahre vorhanden sein, damit bei soviel Bindungssicherheit der Lernprozess ungestört vonstatten gehen kann.

Auch für die Grund- und Hauptschullehrerinnen und -lehrer wäre es eine Voraussetzung, dass sie keine unverarbeiteten Traumatisierungen mitbringen, oder diese durch Selbsterfahrungen im Einzel- und Gruppensetting möglichst verarbeitet haben. Regelmäßige externe Gruppensupervisionen ca. alle 14 Tage wären eine absolute Grundvoraussetzung, um als Lehrer effektiv mit Gruppenprozessen von Kindern zwischen 7 und 16 Jahren umgehen zu können. Für Kinder, die bereits bei der Einschulung affektive und emotionale Verhaltensstörungen mitbringen, sollte der Betreuungsschlüssel eher kleiner sein (1:6). Kinder mit speziellen Problemen, Behinderungen oder Erkrankungen sollten auf jeden Fall in Klassen mit gesunden Kindern integriert werden. Lehrer mit Spezialausbildung für Sonderschulaufgaben sollten in Grund- und Hauptschulen in die Klassen integriert werden. Ein Konzept der integrativen Schule ist auf jeden Fall Ausgrenzungen unter bindungsdynamischen Gesichtspunkten vorzuziehen. Auf diese Weise könnten die Kinder in der ihnen bereits vertrauten Sprengelgruppe emotionale Bindungen aufbauen, die auch am Nachmittag und in der Freizeit fortgesetzt werden können. Kinderpsychotherapeutische und jugendpsychotherapeutische Behandlungen sollten absolut in die Schulzeit integriert werden, damit auf diese Weise Elternarbeit und psychotherapeutische Erfahrungen im pädagogischen Konzept der Schule einen festen Bestandteil einnehmen könnten. Diese psychotherapeutische Arbeit sollte auf jeden Fall Krankenkassenleistung sein und damit für die Eltern und die Kinder kostenfrei zugänglich sein.

Primäre Prävention durch „SAFE® – Sichere Ausbildung für Eltern"

Ziele der primären Prävention

Eine primäre Prävention im psychischen Bereich sollte die Förderung der psychischen Gesundheit von Eltern und Kind zum Ziel haben. Die Entwicklung eines sicheren Bindungsverhaltens ist hierbei eine grundlegende Zielsetzung, die mit erheblichen Vorteilen für die Entwicklung von Kindern verbunden ist. Kinder mit einer sicheren Bindungsentwicklung sind in der Lage, sich in Notsituationen Hilfe zu holen, sie haben mehr freundschaftliche Beziehungen, ein ausgeprägtes und differenziertes Bewältigungsverhalten, sie können auf verschiedenste Bewältigungsstrategien zurückgreifen, können partnerschaftliche Beziehungen eingehen, die eine gewisse emotionale Verfügbarkeit für den Partner beinhalten und für beide Seiten befriedigend sind. In ihren kognitiven Funktionen sind Kinder mit einer sicheren Bindung kreativer, ausdauernder und differenzierter. Ihre Gedächtnisleistungen und ihr Lernverhalten sind besser. Sie lösen Konflikte konstruktiver und sozialer und zeigen in Konfliktsituationen weniger aggressives Verhalten. Auch die Sprachentwicklung von Kleinkindern ist besser und weist weniger Störungen auf (Dieter et al. 2005; Klann-Delius 2002). Alle diese positiven Effekte sind bei Kindern mit unsicherer Bindungsentwicklung verlangsamt oder weniger ausgeprägt; Kinder mit Bindungsstörungen dagegen zeigen in all diesen Entwicklungsbereichen sogar erhebliche Irritationen und psychopathologische Auffälligkeiten (Brisch 1999, 2003a, im Druck a; Zeanah und Emde 1994).

Das Ziel einer primären Prävention sollte daher darin bestehen, die Eltern möglichst bereits vor der Geburt für die emotionalen Bedürfnisse und Signale ihrer Kinder zu sensibilisieren. Feinfühlige Eltern, die emotional für die Signale ihrer Kinder verfügbar sind, fördern eine sichere Bindungsentwicklung ihrer Kinder. Wenn die Eltern dagegen traumatisierend auf ihre Kinder einwirken, indem sie ihnen gegenüber körperliche, emotionale oder sexuelle Gewalt ausüben, können bei den Kindern aus diesen Erfahrungskontexten Bindungsstörungen mit verschiedensten Mustern entstehen (Brisch 1999). In der Prävention sollten die Eltern daher für die Signale ihrer Kinder mit Videofeedback sensibilisiert und sollte feinfühliges Interaktionsverhalten der Eltern mit ihrem Säugling eingeübt werden. Gerade die Videodemonstration von Interaktionsverhaltensweisen zwischen Eltern und Kind erweist sich als hervorragendes Instrument und Hilfsmittel, um die Eltern für die Signale ihrer Säuglinge zu sensibilisieren und ihnen eine angemessene Interpretation der Signale zu ermöglichen (Bakermans-Kranenburg et al. 1998; Downing & Ziegenhain 2001; Thiel-Bonney 2002; Bodeewes 2002; Beebe 2003; Downing 2003; Papoušek 2000; Grossmann et al. 1985; Kindler und Grossmann 1997).

Aus der klinischen Arbeit ist bekannt, dass Eltern mit eigenen unverarbeiteten traumatischen Erfahrungen dazu neigen, diese Erfahrungen mit den Kindern zu inszenieren, und sie so zu Mitakteuren in einem alten Theaterstück machen. Genau dies sind die klassischen Situationen, in denen die Eltern durch Reaktivierung von alten Traumata vielfältige heftige Affekte wie Wut, Scham und Angst wiedererleben und – unbewusst, ungewollt und mit eingeschränkter Fähigkeit zur Handlungssteuerung – ihre Kinder zu Opfern von körperlichen, emotionalen oder sexuellen Gewalttaten machen. Genau diese Verhaltensweisen der Eltern aber führen zur Entwicklung von Bindungsstörungen bei ihren Kindern. Es entsteht auf diese Weise ein Teufelskreis von traumatischen Erfahrungen, die von der Eltern- auf die Kindergeneration übertragen werden, so dass wir aufgrund der Traumatisierung Bindungsstörungen über Generationen diagnostizieren können. Man könnte annehmen, dass solche Weitergaben von Entwicklungsstörungen genetisch bedingt wären; eine Familienanamnese zeigt aber, dass die „Familiengeschichten" von Gewalt seit Generationen durch unfeinfühlige bis gewalttätige Verhaltensweisen der Eltern gegenüber ihren Kindern weitergegeben werden (Brisch 2003b, 2004a).

Zielgruppe für eine Prävention

Die Zielgruppe für eine primäre Prävention zur Förderung einer sicheren Bindungsentwicklung sind insbesondere werdende Eltern – sowohl Erst- wie auch Mehrgebärende –, damit diese schon mit Beginn der Schwangerschaft in ihren Kompetenzen und Fähigkeiten geschult und für die Bedürfnisse ihres Kindes emotional und auch kognitiv sensibilisiert werden. Grundsätzlich sollten die Eltern die Motivation mitbringen, sich auf die emotionale Entwicklung ihres Kindes einzulassen und hierfür als unterstützende Maßnahme ein Präventionsprogramm in Anspruch zu nehmen. Die klinische Erfahrung zeigt, dass Eltern gerade während der Schwangerschaft sehr mit ihren eigenen traumatischen Erfahrungen aus ihrer Kindheit beschäftigt sind. Gerade die Beziehung zu den eigenen Eltern – sowohl mit den positiven Bindungserfahrungen wie auch mit traumatischen Erfahrungen – wird wieder aus der Erinnerung wachgerufen und ist den Eltern während der Schwangerschaft, mit allen affektiven Erinnerungen von Freude, Angst, Wut und Enttäuschung, oftmals sehr nahe. Die Eltern überlegen sich, ob sie im Entwurf einer eigenen Mutterschaft oder Vaterschaft so werden möchten wie ihre Eltern oder ob sie auf gar keinen Fall die eigenen Erfahrungen mit ihren Eltern in der neuen eigenen Elternschaft wiederholen möchten.

Gerade während der Schwangerschaft sind die Eltern aufgrund der eigendynamischen Prozesse bei der Beschäftigung mit ihrer Kindheit und Vergangenheit sehr motiviert und bereit, sich mit den selbst erlebten Erfahrungen nochmals auseinanderzusetzen. Ist ein Baby erst einmal geboren, sind die Eltern mit vielen dynamischen Prozessen beschäftigt, die aus den täglichen Anforderungen – wie Füttern, Wickeln und Schlaf des Babys – entstehen. Daher treten nach der Geburt Erfahrungen und Gefühle aus der eigenen Kindheit – positive wie schmerzliche – wieder in den Hintergrund.

In dieser Phase nach der Geburt benötigen die Eltern während des ersten Lebensjahres zusätzliche Hilfestellungen, da viele Fragen erst in dem Moment auftauchen, wenn sie konkret durch das Baby damit konfrontiert sind. Oft sehen wir Eltern in der psychosomatischen Ambulanz erst dann, wenn viele interaktionelle Schwierigkeiten mit Füttern, Schlafen, Beziehungsaufbau sich bereits chronifiziert haben, ein Baby also etwa bereits über mehrere Wochen täglich für viele Stunden weint und sich nicht beruhigen lässt. Die Eltern suchen unsere Ambulanz oftmals erst zu einem Zeitpunkt auf, wenn sie bereits im Stadium der psychischen Dekompensation sind. Um solche Zustände möglichst frühzeitig abzufangen und den Eltern unmittelbar bei den ersten Irritationen und Schwierigkeiten eine Hilfestellung anzubieten, sollte ein Präventionsprogramm Eltern mit einem Säugling möglichst während des ersten Lebensjahres in der Adaptationsphase nach der Geburt unterstützen.

Inhalte des Programms SAFE®

Vor diesem Hintergrund wurde ein primäres Präventionsprogramm mit dem Namen „SAFE® – Sichere Ausbildung für Eltern" entwickelt, das spezifisch eine sichere Bindungsentwicklung zwischen Eltern und Kind fördern, die Entwicklung von Bindungsstörungen verhindern und ganz besonders die Weitergabe von traumatischen Erfahrungen über Generationen verhindern soll. Aus diesem Grund wurde auch der Name SAFE® gewählt, der symbolisch impliziert, dass die Entwicklung sowohl für die Eltern als auch für das Kind sicher sein soll.

Die Eltern werden über die Auslage von Informationsmaterial in Apotheken, Arztpraxen (Gynäkologen, Kinderärzte), Familienbildungsstätten, Schwangerschaftsberatungsstellen sowie durch Presseberichte über das Präventionsprogramm informiert und für neue SAFE®-Gruppen geworben. Es gibt unterschiedliche Finanzierungsmodelle, die jeweils davon abhängen, wo die SAFE®-Gruppen stattfinden und wer der Organisator ist. Teilweise werden SAFE®-Gruppen über Familienbildungsstätten oder Schwangerschaftsberatungsstellen organisiert und angeboten und auch über Zuschüsse finanziert, so dass die Eltern selbst nur einen kleinen Teilnehmerbeitrag zahlen müssen; manchmal werden die Gruppen aber auch etwa von niedergelassenen Hebammen und Psychotherapeuten organisiert, die eine verabredete Honorarvergütung direkt von den Eltern erhalten, die sie zuvor mit diesen vereinbart haben. In der Regel werden die Gruppen gemeinsam von einem Leiter (einer Leiterin) und einer Co-Leitung über den gesamten Zeitraum von der Schwangerschaft bis zum Ende des ersten Lebensjahres geführt.

Das SAFE®-Programm besteht insgesamt aus *vier Modulen*. Im pränatalen sowie im postnatalen Modul treffen sich die Eltern in Elterngruppen. Die Gruppe mit den Eltern, die gleichzeitig in ähnlichen Schwangerschaftsphasen sind, stellt dabei für das gesamte Programm einen wesentlichen haltenden Rahmen dar. Es entsteht über die Kursdauer, von der 20. Schwangerschaftswoche bis zum Ende des ersten Lebensjahres, eine große Gruppenkohäsion. Die individuelle Traumapsychotherapie sowie die Benutzung einer Hotline werden von den Eltern individuell in Anspruch genommen. Somit kombiniert SAFE® gruppentherapeutische Effekte wie auch individualtherapeutische Möglichkeiten in einem einzigen Präventionsprogramm.

SAFE® – pränatales Modul

Im *pränatalen Modul* treffen sich die Elterngruppen an vier Sonntagen während der Schwangerschaft, beginnend ab ca. der 20. Schwangerschaftswoche (SSW) und dann folgend in der 24., 28. und der 32. SSW. Das Programm beginnt bereits sehr frühzeitig zu einem Zeitpunkt, an dem in der Regel die Ultraschall-Fehlbildungsdiagnostik abgeschlossen ist und es somit an der Existenz und der Fortführung der Schwangerschaft keinen großen Zweifel mehr geben sollte. Der Sonntag hat sich als exzellenter Kurstag bewährt, da die Elternpaare an diesen Tagen in der Regel sehr entspannt teilnehmen können und besonders auch die Väter stärker motiviert sind.

Die Inhalte des pränatalen Moduls beinhalten umfassende Informationen und den Austausch in der Gruppe, etwa über Kompetenzen des Säuglings und der Eltern, Erwartungen der Eltern – z. B. an das ideale Baby, die ideale Mutter, den idealen Vater –, Phantasien und Ängste der Eltern, die pränatale Bindungsentwicklung und Eltern-Säuglings-Interaktionen. Diese Interaktionen werden mit Videobeispielen veranschaulicht, und die Eltern werden dabei gezielt geschult, die Signale eines Babys genau wahrzunehmen und richtig zu interpretieren. Das Video-Interaktionstraining ermöglicht den Eltern, ganz spezifisch an konkreten Videoaufnahmen etwa zum Füttern, Stillen, Wickeln sowie zum Spiel und Zwiegespräch zwischen Eltern und Kind erste Erfahrungen zu sammeln und sich auf die Signale des Säuglings feinfühlig einzustellen. Hierbei werden auf diese intensive Weise anhand von kurzen Videosequenzen auch elterliche Kompetenzen und die Reaktionsbereitschaft des Säuglings geschult.

Weiterhin erlernen die Eltern bereits von Kursbeginn Stabilisierungs- und Entspannungsverfahren, um mit stressvollen Situationen während der Schwangerschaft und nach der Geburt besser umgehen zu können. Es ist aus der Forschung bekannt, dass sich Ängste und Stresserleben während der Schwangerschaft sowohl auf die emotionale Bereitschaft der werdenden Mutter, sich im Sinne der vorgeburtlichen Bindung auf den Säugling einzulassen, als auch auf den Säugling selbst und seine Reizbarkeit und Stresstoleranz negativ auswirken können. Weiterhin können die Eltern die pränatal gelernten Stabilisierungs- und Entspannungstechniken sehr gezielt nach der Geburt einsetzen, wenn Stressvolle Phasen mit dem Säugling entstehen, und in der Regel entwickeln sich solche Phasen bei allen Eltern-Kind-Paaren früher oder später. Solange das Baby aber noch im Bauch versorgt ist, haben die Eltern mehr Zeit und innere Bereitschaft, solche Entspannungsverfahren zu erlernen. Ist das Baby erst einmal da, und fordert es die Eltern Tag und Nacht, finden sie weniger bis oft keine Ruhe mehr, sich auf das Erlernen neuer Entspannungsverfahren einzulassen.

SAFE® – postnatales Modul

Nach der Geburt werden die Elterngruppen bei sechs ganztägigen Sonntagsseminaren im 1., 2., 3., 6., 9. und 12. Monat fortgeführt. Die Eltern werden somit während der schwierigsten Zeit der Kindesentwicklung und Adaptation nach der Geburt des Säuglings sowie auch in der Phase der Umstellung in der Partnerschaft und der Neuentwicklung einer Beziehung zu dritt mit dem Säugling unterstützt.

Auch postnatal zeigt sich die Kohäsion in der Gruppe als hilfreicher Faktor, da alle Eltern in einem vergleichbaren Entwicklungsprozess stecken. Einzelne Eltern mit ihren Säuglingen treffen sich auch außerhalb der Gruppensonntage, um sich auszutauschen und gemeinsame Aktivitäten zu unternehmen. Es entwickelt sich somit eine Eltern-Peer-Gruppe, die sich bereits vor der Geburt stabilisierend auf die Eltern ausgewirkt hat. Dieser positive Effekt intensiviert sich noch nach der Geburt. Die postnatalen Inhalte beziehen sich auf die Verarbeitung des Geburtserlebnisses, das nicht immer mit positiven Erfahrungen verbunden ist. Manchmal erfolgt die Geburt als „Notfall" durch Kaiserschnitt oder auch zu früh (Frühgeburt), so dass in der Gruppe und auch individuell eine intensivere psychotherapeutische Hilfestellung notwendig ist, damit sich die Eltern-Kind-Beziehung nicht mit Angst und Schrecken entwickelt. Unverarbeitete Erlebnisse von der Geburt können sich negativ auf den Aufbau der Eltern-Kind-Interaktion und -Bindung auswirken. Auch die postpartale Depression, an der 12–15% aller Mütter laut Längsschnittstudien erkranken, könnte durch eine frühzeitige psychotherapeutische Gruppenbegleitung vielleicht verhindert werden.

Als weitere Inhalte nach der Geburt stehen die elterlichen Kompetenzen, die Triangulierung zwischen Mutter, Vater und Kind, interaktionelle Schwierigkeiten mit Füttern, Stillen, Schlafen sowie der Aufbau der emotionalen Beziehung im Mittelpunkt. Die Eltern bringen die Babys zu den Terminen mit, so dass das Bindungsverhalten der Eltern und das des Kindes sowie das Explorationsverhalten des Babys in der Gruppe direkt beobachtet und daraus gelernt werden kann.

Während dieser Zeit werden von den Eltern und ihrem Baby auch individuelle Videoaufnahmen angefertigt, mit Interaktionen beim Wickeln, Füttern,

Stillen, Spielen. Diese Videoszenen werden sowohl mit der Mutter als auch mit dem Vater in einem individuellen Feedbacktraining besprochen. Ziel ist es, dass die Eltern nun mit den realen aktuellen Erfahrungen mit ihrem Baby lernen sollen, dessen individuelle Signale besser zu erkennen, richtig zu interpretieren und angemessen und prompt hierauf zu reagieren. Irritationen und emotionale Schwierigkeiten der Eltern sowie Fehlinterpretationen und Projektionen aus der eigenen Kindheitsgeschichte können bereits in diesem Stadium, also frühzeitig, erkannt und besprochen sowie korrigiert werden. Wenn die Eltern einverstanden sind, können ihre individuellen Videoaufnahmen mit ihrem Baby auch in der Gruppe als Feedbacktraining für alle Teilnehmer verwendet werden. Die Eltern sind meist sehr motiviert, die Aufnahmen mit ihren Interaktionsverhaltensweisen auch der Gruppe zur Verfügung zu stellen, damit zum einen alle aus den positiven Interaktionen lernen können, zum anderen andere aus Feinabstimmungsschwierigkeiten oder „Mißverständnissen" in der Interaktion Hinweise darauf bekommen, was sie bei ihrem Baby vielleicht anders sehen oder besser interpretieren könnten. Wegen der Vertrauensbeziehungen, die sich bis dahin innerhalb der Gruppe entwickelt haben, bestehen in der Regel keine größeren Schwierigkeiten, sehr offen über Ängste, Befürchtungen und auch interaktionelle Schwierigkeiten zu sprechen.

Individuelle Traumapsychotherapie

Mit allen Eltern wird ein Erwachsenen-Bindungs-Interview (Adult Attachment Interview – AAI) durchgeführt. Der spezifische Zweck dieses Interviews ist es, jeweils bei der werdenden Mutter und dem werdenden Vater festzustellen, welche Bindungsressourcen und welche traumatischen Erfahrungen, die eventuell noch ungelöst sind, von ihnen mit in die Beziehung zu ihren Kindern hineingebracht werden. Nach den bisherigen Erfahrungen gibt es bei ca. 30% der Eltern solche ungelösten traumatischen Erfahrungen, die eine *individuelle Traumapsychotherapie* benötigen.

Besonders diese *ungelösten* traumatischen Erfahrungen sind von großer Bedeutung, weil die klinische Erfahrung zeigt, dass Kinder durch ihre Verhaltensweisen ganz ungewollt bei ihren Eltern traumatische Erfahrungen und die dazugehörigen Affekte wieder wachrufen können. Diese sind wie „Geister im Kinderzimmer" (Fraiberg et al. 1975), die ungerufen kommen. So kann etwa das Weinen eines Kindes, die Suche nach Zärtlichkeit, können Wutanfälle oder auch Forderungen des Kindes nach Nähe und Kontakt ungelöste traumatische Erfahrungen bei der Mutter oder dem Vater in Erinnerung bringen. Wenn dies unkontrolliert und unbewusst geschieht, können sich die Eltern plötzlich auf einer imaginären Bühne „im Kampf" befinden. Ihr Kind wird im schlimmsten Fall gleichzeitig Akteur und Opfer in einem alten traumatischen Theaterstück, in dem ihm eine Rolle zugeschrieben wird, die es sich selbst nicht ausgesucht hat. Es kann etwa von selbst zur Zielscheibe und Projektionsfläche für gewalttätige Phantasien werden, und im schlimmsten Fall kann es zu einer realen Wiederholung von Gewalterfahrungen kommen, indem das Kind unbeabsichtigt von der Mutter oder dem Vater geschüttelt wird. Solche oft zeitlich kurzen traumatischen Re-Inszenierungen können fatale Folgen haben, da das Kind etwa durch eine Hirnblutung oder eine Augenblutung nach einem Schütteltrauma zeitlebens behindert oder geschädigt sein kann.

Wenn sich in dem Bindungsinterview zeigt, dass die Eltern solche unverarbeiteten eigenen traumatischen Erfahrungen mitbringen, werden sie von uns darauf hingewiesen, dass diese Erfahrungen wegen der bisherigen Nichtverarbeitung einen gewissen Risikofaktor für die Entwicklung des Kindes und die Eltern-Kind-Beziehung darstellen. Es könnte sich eine Möglichkeit ergeben, in der die Eltern solche eigenen traumatischen Erfahrungen mit ihrem Kind zu irgendeinem Zeitpunkt wiederholen und sich dadurch der Teufelskreis von etwaiger selbst erlebter Gewalt und der Weitergabe dieser Gewalt in der nächsten Generation wiederholt.

Es ist ein spezielles Ziel von SAFE®, diese Teufelskreise zu durchbrechen. Wenn die Eltern sich motivieren lassen und bereit sind, können wir mit ihnen bereits während der Schwangerschaft beginnen, ihre psychische Situation durch gezielte Stabilisierungstechniken aus der Traumpsychotherapie zu verbessern. Nach der Geburt besteht die Möglichkeit, den Eltern in individuellen traumazentrierten psychotherapeutischen Sitzungen durch eine Verarbeitung der traumatischen Erlebnisse mit modernen Methoden der Traumatherapie (z. B. mit der Methode der Eye Movement Desensitization Reprocessing - EMDR (Hofmann)) zu helfen. Gerade dieser Anteil von SAFE® zielt auf Prävention durch Vermeidung einer Wiederholung des erlebten Traumas mit den eigenen Kindern.

Hotline

Ein weiteres Interventionsmodul besteht in einer *Hotline*. Gerade nach der Geburt sind Schwierigkeiten mit Adaptationsprozessen – etwa beim Einschlafen – relativ typisch, so dass Eltern hier in der Regel zum ersten Mal in Not geraten, wenn ihr Baby sich nicht ablegen lässt und stundenlang weint, ohne dass sie das Baby beruhigen können oder ohne dass sie für das unstillbare Schreien einen Grund ausmachen können (Brisch, im Druck b). Aus der klinischen Erfahrung ist bekannt, dass die Eltern in diesen sehr stressvollen Situationen oft erst viel zu spät Hilfe suchen. Im schlimmsten Fall kommen sie erst in die Kinderklinik, wenn es bereits zu einer Gewalthandlung gegenüber dem schreienden Baby gekommen ist.

Die Hotline bietet den Eltern die Möglichkeit, die SAFE®-Gruppenleiter (innen) anzurufen und sich unmittelbar Rat und Unterstützung zu holen. Hierbei ist es von großem Vorteil, dass die- oder derjenige, die/der an der Hotline erreichbar ist, den Eltern bereits aus den Gruppensitzungen vor der Geburt bekannt ist und hier ein Vertrauensverhältnis entstanden ist (Brisch

2000b). Die Häufigkeit der Inanspruchnahme der Hotline ist sehr unterschiedlich und schwankt sowohl beim einzelnen Elternpaar als auch zwischen den Elternpaaren, je nach individuellen Krisen- und Belastungssituationen, die sich nur schwer voraussagen lassen. Die möglichen Interventionen sind jetzt sehr gezielt einsetzbar, weil die individuelle Geschichte der Eltern und ihre Ressourcen sowie ihre besonderen Risiken und Schwierigkeiten dem/der Gruppenleiter/in durch die vorausgegangenen Seminartage sowie auch durch das Erwachsenen-Bindungsinterview sehr gut bekannt sind. In der Regel konnten die Fähigkeiten der Eltern, Signale eines Babys wahrzunehmen und zu interpretieren, auch schon vor der Geburt anhand des Videotrainings erkannt und gefördert werden. Aufgrund der individuellen Videoaufnahmen, die mit den Eltern selbst und ihrem Baby etwa beim Wickeln und Füttern gemacht wurden, sind die elterlichen Kompetenzen und Ressourcen sehr gut bekannt, so dass bei einem Anruf über die Hotline eine rasche und gezielte Intervention und Beratung ermöglicht werden kann. Falls die Eltern eigene unbewusste Ängste und Erwartungen auf ihr Baby projizieren und diese die Ursache der Interaktionsstörung sind, können solche Probleme im Rahmen einer Eltern-Säuglings-Therapie frühzeitig erkannt und behandelt werden (Brisch 1995a; Bakermans-Kranenburg et al. 1998; Beebe 2000; Bodeewes 2002; Papoušek 2000; Zelenko und Benham 2000; Brisch et al. 2005a).

Ziel des gesamten SAFE®-Programms ist es, dass nach dem Ablauf des ersten Lebensjahres möglichst viele Kinder von Eltern, die an der SAFE®-Gruppe teilgenommen haben, sichere Bindungsmuster aufweisen und sich die Erfahrungen der elterlichen Traumata nicht mit dem Säugling wiederholt haben.

SAFE®-Mentorenausbildung

Zur Verbreitung des Programms besteht die Möglichkeit, sich als SAFE®-Mentor am Dr. von Haunerschen Kinderspital in München ausbilden zu lassen (Info unter: www.safe-programm.de). In Zukunft sollen auch regionale Ausbildungsgruppen entstehen. Hierzu können sich grundsätzlich alle Berufsgruppen, die mit Schwangeren, Eltern und ihren Säuglingen arbeiten, als potentielle SAFE®-Mentoren melden, wie etwa Schwangerschaftsberaterinnen, Hebammen und Stillberaterinnen, Krankenschwestern, Geburtshelfer, Psychologen, Kinderärzte, Kinder- und Jugendlichenpsychotherapeuten. Entscheidend für die Arbeit in SAFE®-Gruppen ist die Fähigkeit, sich auf Schwangere und Eltern mit Säuglingen einzulassen und aus der alltäglichen beruflichen Praxis bereits konkrete praktische Erfahrungen in der Arbeit mit dieser Zielgruppe mitzubringen.

Die Ausbildung zum SAFE®-Mentor umfasst drei ganztägige Seminartage und zusätzliche Praxistage, die je nach praktischer Vorerfahrung unterschiedlich lang und intensiv sein können. Die Mentoren organisieren dann jeweils vor Ort unter ihren spezifischen Arbeitsbedingungen SAFE®-Gruppen. Vorzugsweise wird mit Mentorenpaaren, d. h. mit Gruppenleitung und Co-Leitung, gearbeitet. Dieses Leitungsmodell eröffnet die Möglichkeit, dass ein Mentor jeweils Inhalte vermitteln kann, während der andere die gruppendynamischen Prozesse im Auge behält und die Gruppe leitet.

Evaluation und Forschung zum Programm SAFE®

In der Pilotphase konnten das SAFE®-Programm und seine Inhalte sehr gut realisiert werden. Inzwischen wird eine prospektive randomisierte Längsschnittstudie durchgeführt, die die SAFE®-Gruppenintervention im Vergleich zu einer herkömmlichen Schwangerschafts- und Geburtsvorbereitung und Stillbegleitung evaluiert. Die Kontrollgruppe trifft sich für die gleiche Seminardauer und -häufigkeit wie die SAFE®-Gruppe, so dass die Effekte der unterschiedlichen Interventionen – SAFE®-Gruppe versus konventionelle Schwangerschafts-, Geburts- und Nachgeburtsbegleitung – untersucht werden können. Zur Kontrollgruppe gehören ebenfalls Eltern, die sich im gleichen Zeitfenster – bis zum Ende des ersten Lebensjahres ihres Säuglings – an Sonntagen zu ganztägigen Seminartagen treffen. In der SAFE®- und in der Kontrollgruppe werden jeweils zu den gleichen Zeitpunkten mit verschiedenen Videoaufnahmen die Mutter-Kind- und Vater-Kind-Interaktion beim Wickeln, Füttern sowie beim Spielen evaluiert, außerdem wird am Ende des ersten Lebensjahres die Entwicklung der Bindungsqualitäten der Säuglinge untersucht und ausgewertet.

Zusätzlich werden mit Hilfe von Fragebogen prä- und postnatale Daten erhoben, und bei allen Eltern werden Erwachsenen-Bindungsinterviews durchgeführt. Sowohl bei den Müttern als auch bei den Vätern werden vor und nach solchen Interviews – sowie auch bei den Kindern vor und nach der Untersuchung der Bindungsqualität – physiologische Stressparameter anhand von Untersuchungen der Werte des Stresshormons Cortisol im Speichel erhoben.

Zusammenfassung

Eine sichere Bindungsentwicklung in der Zweierbeziehung sowie auch in einem Gruppenkontext ist eine gute Ressource und Grundvoraussetzung für gesunde emotionale und körperliche Entwicklung von Säuglingen, Kleinkindern und Schulkindern. Sie ist das Fundament einer gesunden Persönlichkeit auch im Erwachsenenerleben und die Voraussetzung für die entwicklungsfördernde Pflege von Kindern oder im pädagogischen Kontext.

Es wäre wünschenswert, dass der Staat die ausreichenden materiellen und emotionalen Sicherheiten für Familien zur Verfügung stellt, dass Kinder und ihre Eltern bei ausreichender finanzieller Absicherung sowohl in der Familie als auch in Gruppenkontexten, wie Krippe, Kindergarten und Schule, emotionale sichere Erfahrungen machen können, die den sekundären Bindungspersonen wie Krippenerzieherinnen, Kindergärtnerinnen und LehrerInnen die Möglichkeit gibt, das Bindungsnetz von Kindern zu verbreitern, damit sie auf diesem Hintergrund sowohl emotional als auch in ihren kognitiven Fähigkeiten gefördert werden können und eine gesunde Persönlichkeitsentwicklung und -reifung durchlaufen bis zum Erwachsenenalter.

Ausblick

Da die Forschungsevidenz heute sehr eindeutig ist und belegt, dass die frühen emotionalen Entwicklungsprozesse durch die frühen Interaktionserfahrungen in einer geschützten sicheren Umwelt die Voraussetzung sind für die gesunde soziale, emotionale und Gehirnentwicklung, besteht kein Zweifel daran, dass investierte finanzielle Mittel und Ressourcen einer Gesellschaft für Säuglinge, Eltern, Familien und Kleinkinder der absolute Fundamentbaustein dafür sind, dass eine Gesellschaft insgesamt sich gesund und stabil mit allen kreativen Ressourcen weiterentwickeln kann. Deswegen sollten keine finanziellen Ressourcen und Mittel gescheut werden, um möglichst vielen Kindern mit exzellenten Startbedingungen die Möglichkeit zu einer gesunden Persönlichkeitsentwicklung zu ermöglichen. Die auf diese Weise investierten „Kosten" werden sich langfristig auf der Seite reduzierter Jugendhilfeausgaben und durch Kreativität, Gruppen- und Teamfähigkeit und „Produktivität" von jungen Menschen für die gesamte Gesellschaft mehrfach auszahlen.

Literatur

Brisch, K. H. (2002): Hyperaktivität und Aufmerksamkeitsstörung aus der Sicht der Bindungstheorie. In: Bovensiepen, G., H. Hopf und G. Molitor (Hrsg.) Unruhige und unaufmerksame Kinder. Psychoanalyse des hyperkinetischen Syndroms. Frankfurt/M.: Brandes & Apsel, S. 45-69.

Brisch, K. H. (2006): Adoption aus der Perspektive der Bindungstheorie und Therapie. In: Brisch, K. H. und T. Hellbrügge (Hrsg.) Kinder ohne Bindung. Deprivation, Adoption und Psychotherapie. Stuttgart: Klett-Cotta, S. 222-258.

Brisch, K. H. (2007): Prävention durch prä- und postnatale Psychotherapie. In: Brisch, K. H. und T. Hellbrügge (Hrsg.) Die Anfänge der Eltern-Kind-Bindung. Schwangerschaft, Geburt und Psychotherapie. Stuttgart: Klett-Cotta, S. 271-303.

Brisch, K. H. (2008a): Bindung und Trauma - Diagnostik und Anwendung der Bindungstheorie in der Psychotherapie von traumatisierten Kindern und Erwachsenen. In: Vogt, R. (Hrsg.) Körperpotenziale in der trauma-orientierten Psychotherapie. Aktuelle Trends in körperorientierter Psychotraumatologie, Hirnforschung und Bewegungswissenschaften. Gießen: Psychosozial-Verlag, S. 17-38.

Brisch, K. H. (2008b): Eltern-Säuglings-Therapie. Von der Prävention zur Beratung und Therapie. In: Brisch, K. H. und T. Hellbrügge (Hrsg.) Der Säugling - Bindung, Neurobiologie und Gene. Grundlagen für Prävention, Beratung und Therapie. Stuttgart: Klett-Cotta, S. 313-346.

Brisch, K. H. (2009a): Attachment and adolescence: The influence of attachment patterns on teenage behaviour In: Perry, A. (Hrsg.) Teenagers and attachment. London: Worth Publishing, S. 9-30.

Brisch, K. H. (2009b): Bindung, Psychopathologie und gesellschaftliche Entwicklungen. In: Brisch, K. H. und T. Hellbrügge (Hrsg.) Wege zu sicheren Bindungen in Familie und Gesellschaft. Prävention, Begleitung, Beratung und Psychotherapie. Stuttgart: Klett-Cotta, S. 350-371.

Brisch, K. H. (2009c): Bindungsstörungen - Von der Theorie zur Therapie. 9., vollständig überarbeitete und erweiterte Neuauflage, Stuttgart: Klett-Cotta.

Brisch, K. H. (2009d): Die frühkindliche außerfamiliäre Betreuung von Säuglingen und Kleinstkindern aus der Perspektive der Säuglingsforschung. Analytische Kinder- und Jugendlichen-Psychotherapie AKJP, 142, 143-158.

Brisch, K. H. (im Druck): Posttraumatische Belastungsstörung und Störungen der Aufmerksamkeit und Hyperaktivität. In: Kinderschutz-Zentren, D. (Hrsg.) ADHS – Diagnostik und Hilfen für Kinder und Jugendliche (und ihre Familien). (Die Kinderschutz-Zentren), S.

Brisch, K. H., K. E. Grossmann, K. Grossmann und L. Köhler (Hrsg.) (2002): Bindung und seelische Entwicklungswege. Grundlagen, Prävention, klinische Praxis (2. Auflage 2006). Stuttgart: Klett-Cotta.

Brisch, K. H. und T. Hellbrügge (Hrsg.) (2003): Bindung und Trauma. Risiken und Schutzfaktoren für die Entwicklung von Kindern. (3. Auflage 2009). S Stuttgart: Klett-Cotta

Brisch, K. H. und T. Hellbrügge (Hrsg.) (2006): Kinder ohne Bindung. Deprivation, Adoption und Psychotherapie. (2. Auflage 2007). Stuttgart: Klett-Cotta.

Brisch, K. H. und T. Hellbrügge (Hrsg.) (2007): Die Anfänge der Eltern-Kind-Bindung. Schwangerschaft, Geburt und Psychotherapie. (2. Auflage 2008). Stuttgart: Klett-Cotta

Brisch, K. H. und T. Hellbrügge (Hrsg.) (2008): Der Säugling - Bindung, Neurobiologie und Gene. Grundlagen für Prävention, Beratung und Therapie. Stuttgart: Klett-Cotta.

Brisch, K. H. und T. Hellbrügge (Hrsg.) (2009): Wege zu sicheren Bindungen in Familie und Gesellschaft. Prävention, Beratung, Begleitung und Psychotherapie. Stuttgart: Klett-Cotta.

Brisch, K. H. und T. Hellbrügge (2010): Bindung, Angst und Aggression. Theorie, Therapie und Prävention. Stuttgart: Klett-Cotta.

Gesellschaft für Seelische Gesundheit in der Frühen Kindheit (GAIMH) (2009): Verantwortung für Kinder unter 3 Jahren. Empfehlungen der Gesellschaft für Seelische Gesundheit in der Frühen Kindheit (GAIMH) zur Betreuung und Erziehung von Säuglingen und Kleinkindern in Krippen. Zürich/Schweiz (GAIMH).

Lichtenberg, J., D., F. M. Lachmann und J. L. Fosshage (2000): Das Selbst und die motivationalen Systeme. Zu einer Theorie psychoanalytischer Technik. Frankfurt: Brandes & Apsel.

Lyons-Ruth, K. (2008): From infant attachment disorganization to adult dissociation. In Vortrag bei der 1. Bi-Annual Conference European Society for Trauma and Dissociation (ESTD) Amsterdam:

Simoni, H. (2005): Partizipation von Kleinkindern in Kindergruppen. Frühe Kindheit – die ersten sechs Jahre, 5, 12-15.

Andrea Caby und Filip Caby

Eltern stärken

Wenn man die Zahlen der Erziehungsratgeber oder die neueste „Tyrannenliteratur" zugrunde legt, dürften Eltern heute kaum noch in der Lage sein, Kinder zu erziehen. Viele Eltern haben tatsächlich das Gefühl in Sachen Erziehung hilflos zu sein. Dazu kommen viele andere Aufgaben wirtschaftlicher, beruflicher oder gesellschaftlicher Natur, die den familiären Alltag belasten. Mehr noch als früher hängt das wirtschaftliche Überleben einer Familie häufig von der Koordination dieser unterschiedlichen Aufgaben ab.

Elternsein heute

Statistisch gesehen sind knapp 20% der Kinder und Jugendlichen in Deutschland mäßig bis deutlich auffällig bzw. behandlungsbedürftig (Barkmann u. Schulte-Markwort 2004). Ressourcenorientiert betrachtet heißt das, dass fast 80% relativ unauffällig sind – eine Zahl, die wiederum etwas beruhigt. Was macht das Erziehen heute so schwer? Wenn man die aktuellen Belastungsfaktoren für Eltern und Kinder zusammenfasst, könnte die Liste wie folgt aussehen:

- Die Familienstruktur hat sich verändert:
- Es gibt mehr Einzelkinder als je zuvor.
- Die Zahl der alleinerziehenden Eltern hat deutlich zugenommen.
- Die Patchwork-Familie ist in ihrer Häufung ein neues Phänomen: Die Patchwork-Familie hat nicht die Möglichkeit, allmählich zusammenzuwachsen, sondern muss – praktisch von heute auf morgen – Lösungen für die veränderten Konstellationen und den damit einhergehenden Konflikten finden.
- Die Großelterngeneration ist oftmals sehr weit weg.
- Viele Familien werden mit erheblichen wirtschaftlichen Engpässen konfrontiert.
- Die beruflichen Perspektiven sind nicht nur in jungen Familien unsicher geworden.
- Für die Kinder haben die schulischen Belastungen zugenommen, was zu einem erhöhten Leistungsdruck bei Kindern und Eltern führt.
- Die Bereitschaft unserer Gesellschaft, sich mit dem „Anders sein" auseinanderzusetzen, hat abgenommen.

Häufige Anliegen von Eltern in Beratung und Therapie

Durch die vielen gesellschaftlichen Veränderungen sind Eltern verunsichert. Sie wissen häufig nicht mehr wie Erziehung „geht". Daraus ergeben sich vor allem folgende Fragestellungen:

- Wie funktioniert Kommunikation mit dem Erziehungspartner?
- Wie kommunizieren Eltern mit Kindern?
- Wo und wie dürfen Grenzen aufgezeigt werden?
- Wie soll mit den knappen Zeitressourcen umgegangen werden?
- Wie kann der Erziehungsstil, den ich selbst als Kind erlebt habe, in Einklang gebracht werden mit dem meines Erziehungspartners?
- Wie können diese Erziehungsstrategien auf heutige Bedürfnisse übersetzt werden?

Einige dieser Fragen werden häufig sehr gut gelöst, andere eher nicht. Daraus ergeben sich viele unterschiedliche Anliegen der ratsuchenden Eltern.

Unser Verständnis von Psychotherapie bzw. Beratung

Starke Kinder brauchen starke Eltern. Wenn wir für Kinder etwas tun wollen, sollten sich unsere beraterischen und therapeutischen Bemühungen auch auf die Stärkung von Eltern konzentrieren.

Dafür eignet sich der systemische Ansatz sehr gut, wenn nicht am besten. Seit in den 50er-Jahren die Familie immer mehr in die Psychotherapie des Einzelnen einbezogen wurde, fing man an darüber nachzudenken, dass alle Mitglieder eines Familien-Systems gemeinsam daran beteiligt sind, den Kontext, in dem das Problem entsteht, zu gestalten. Dieser Kontext setzt sich zusammen aus der Art, die Dinge zu sehen, und der Art, innerhalb der Familie zu kommunizieren, und der Art, mit der Außenwelt Kontakt aufzunehmen. Die Kommunikation mit Außenstehenden erweitert/verändert das Ursprungssystem automatisch. So wird auch verständlich, dass das Aufsuchen eines Beraters oder eines Therapeuten auch schon eine Veränderung des Familiensystems darstellt.

Der Berater bringt zwangsläufig seinen eigenen Kontext in das bestehende System mit hinein und verändert und erweitert die Handlungsmöglichkeiten des zu beratenden Systems.

Wenn man Therapie bzw. Beratung lösungs- und ressourcenorientiert versteht, dann sieht man seine Aufgabe nicht darin, den Eltern eine fertige Lösung anzubieten, sondern man bietet sich an, mit der Familie gemeinsam Lösungen zu finden, bzw. unterstützt die Familie darin, eine eigene Lösung zu schaffen. Der Berater oder Therapeut wirft durch sein „Dazugehören" Fragen auf, die ein neues Licht auf die Abläufe in der Familie werfen und dadurch Sichtweisen ermöglichen, die wiederum neue Ideen entstehen lassen.

Zirkularität vor Linearität

Systemisch zu arbeiten heißt also, die Linearität zwischen Ursache und Folge aus dem medizinischen Denkmodell zu verlassen und die Zirkularität in den Vordergrund zu stellen. Ein Problem entsteht und beeinflusst seine eigenen Anfangsbedingungen, die wiederum im Sinne eines Regelkreises das Problem beeinflussen.

Ressourcenorientiertes Arbeiten

Wenn man als Therapeut in einem Problemsystem arbeitet, bewährt es sich, sich der Ressourcen des Systems zu bedienen, um es damit zu neuen Lösungen einzuladen. Zu den Ressourcen gehören sämtliche Talente, Fähigkeiten, Stärken, Kompetenzen und Begabungen, die sich im System verbergen. Der Therapeut entpuppt sich also nicht als Problemlöser, sondern als Ressourcenentdecker und als Katalysator des Ressourcenfindens im Problemsystem. Die Familie ist daher einerseits aktiv an der Ressourcenentdeckung und -wertschätzung beteiligt, andererseits wird sie dorthin begleitet.

Konsequentes Verfolgen der Lösungsorientierung

Der Therapeut lädt nicht nur dazu ein, Ressourcen zu finden, zu erfinden oder neu zu entdecken, sondern auch dazu, neue Lösungen zu entwickeln. Ausgehend von der Annahme, dass das geschilderte Problem auch nicht mehr – aber auch nicht weniger ist – als eine versuchte Lösung. Diese wurde erforderlich, weil sich ein Problem ergeben hat, das mit den Kommunikations- und Konfliktlösungsstrategien des Systems nicht mehr anders zu bewältigen gewesen war.

Jetzt kommt es darauf an, das System einzuladen, darüber nachzudenken, wie gelungene Kommunikation aussehen kann und dieses schon einmal zu üben. Dieses Üben muss ggf. sehr kleinschrittig stattfinden. Dafür stehen dem Berater und Therapeuten viele systemische Interventionen zur Verfügung (Retzlaff 2008; Caby und Caby 2009).

Konstruktivistisches Wahrnehmen und Denken

Der konstruktivistische Denkansatz ermöglicht es uns, den Klienten und Patienten sehr respektvoll und bewundernd entgegenzutreten. Das Problem ist in deren Kontext entstanden. Der Kontext des Therapeuten ist allenfalls dazu dienlich, das Problem zu verstehen. Verstehen ist allerdings keine Voraussetzung, um zu einer Lösung zu kommen. Das Verstehen des Therapeuten kann das „sich aufgehoben fühlen" des Patienten aber stark fördern.

Die beobachtete Realität des Therapeuten ist zwangsläufig eine andere als die beobachtete Realität des Systems, auch wenn beide sich den gleichen Prozess anschauen.

Der konstruktivistische Ansatz macht auch verständlich, warum es wichtig ist, mit den Lösungen und Ressourcen des Systems zu arbeiten. Diese entstehen aus dem Kontext des Systems heraus und finden dadurch eine wesentlich höhere Akzeptanz, als die Lösungen des Therapeuten, die zwangsläufig systemfremd sein müssen und daher das Risiko beinhalten, nicht zum Patienten-/Klientenkontext zu passen.

Eltern stärken – gleich von Anfang an: Interventionen

Eltern kommen meistens mit dem Gefühl zur Therapie oder Beratung, hilflos zu sein oder gar versagt zu haben, weil alle davon ausgehen, dass die anderen davon ausgehen, dass man seine Kinder im Griff hat. Wenn das der Fall zu sein scheint, dann hat man also wahrscheinlich etwas falsch gemacht.

Aus der Position des Versagers heraus ist es aber besonders schwer, den Zugang zu seinen Ressourcen zu finden, geschweige denn, auf neue Lösungen zu kommen. Das sollten wir als Berater im Hinterkopf haben, wenn wir den Eltern mit unseren Interventionen begegnen.

Interessiertes Loben

Die Lebens- u. Erziehungsberater betonen immer wieder, dass Eltern ihre Kinder loben sollen (*„Haben Sie ihr Kind heute schon gelobt?"*). Die Hefte und Bücher wimmeln nur von Vorschlägen, die Eltern dazu tun sollten. Aber wer lobt Eltern? Und zwar so, dass es nicht abgedroschen therapeutisch wirkt?

Wenn die Idee dabei ist, Energien und Ressourcen freizusetzen, um an neuen Lösungen zu arbeiten, müssen wir die Eltern aus ihrer „Defizit-Lethargie" herauslocken (F. Caby 2008).

Eltern haben Anerkennung dafür verdient, dass sie zu uns kommen, um sich beraten zu lassen, wie sie es anders machen können. Sie haben bereits eine nicht immer sehr einfache Schwelle überspringen müssen ...

Mögliche Varianten dafür sind:

- „Ich bewundere Ihren Mut, mit diesem Problem hierher zu kommen. Das ist nicht selbstverständlich!"
- „Dass Sie hier sind, sagt mir, dass Sie sich Sorgen machen und dass Sie Ihrem Kind das Bestmögliche zukommen lassen möchten."

Interessiertes Fragen

Wenn wir im systemischen Kontext fragen, tun wir dies mit der Gewissheit, dass Fragen beim Befragten neue Fragen erzeugen, die kontexterweiternd wirken sollten: Eine Frage sollte eine Einladung sein, selbstverständliche Abläufe genauer zu betrachten und andere Aspekte – Unselbstverständlichkeiten – am eigenen Handeln zu entdecken.

So wird deutlich, dass das Problem ein Prozess ist, der in einem Beziehungskontext stattfindet (Schweitzer u. von Schlippe 1996). Deswegen ist Fragen nicht zur Wissenserweiterung da, sondern auch als Intervention zu sehen. Nicht ohne Grund spricht man von der „Kraft des Fragens".

Fragen zur Ressourcenaktivierung

Wir interessieren uns für die Art und Weise, wie Eltern bislang mit dem Problem umgegangen sind. Das lässt meistens sehr viele Ressourcen erkennen! Diese Art zu fragen wird in der systemischen Literatur als das Stellen von „Coping-Fragen" bezeichnet:

- „Wie haben Sie das bislang ausgehalten?"
- „Welche Fähigkeiten haben Sie eingesetzt, um dafür zu sorgen, dass es nicht noch schlimmer gekommen ist?"

Fragen zur Diagnostik – aber nicht nur!

Als Therapeut oder Berater meinen wir, viel wissen zu müssen. Es wäre gut, dieses Wissen um das Problem als Investition des Klienten/Patienten in neue Lösungen zu betrachten, z.B. mit folgender Frage:

- „Wie geht das Problem? Wie machen Sie das genau?"

(Lassen Sie die Eltern genau schildern, wie sie mit den Kindern gemeinsam das Problem gestalten: *Wie fängt die Problemkonstellation an, wer macht wann was, wer reagiert wie worauf? usw. ...*) Damit kriegen alle, sowohl Berater wie auch Eltern, eine Idee davon, welche „Mikrostufen" sich hinter dem Problemablauf verbergen. Diese bieten alle eine Basis für weitere Interventionen.

Fragen zum Nicht-Verstehen und weitere Fragetechniken

Manchmal ist es hilfreich, in einem Familien- oder Elterngespräch mit dem „Nicht-Verstehen" von geschilderten Situationen zu arbeiten. Indem der Zuhörer eine fragende Haltung einnimmt und das bisher Gehörte durch weiteres Nachfragen ergänzt bzw. einräumt:

- „Das müssten Sie mir jetzt aber noch mal genauer erläutern!" oder
- „Wie kann ich mir das bei Ihnen zuhause konkret vorstellen?"

sind alle Beteiligten eingeladen, die Situation noch klarer darzustellen, was oft zu ersten Lösungsideen führt.

Weitere Fragetechniken sind in der entsprechenden Literatur zu finden. Wir verweisen auf das Lehrbuch der systemischen Therapie und Beratung (von Schlippe und Schweitzer 1996).

Weitere Familiendiagnostik

Hierarchische Strukturen aufdecken

Aus der strukturellen (Minuchin 1977) sowie der strategischen (Haley 1977) Familientherapie sind auch für heutige Familien bedeutsame Themen und Methoden hervorgegangen, die in der derzeit praktizierten Familientherapie aufgegriffen werden sollten.

Bei der Betrachtung einer Familie ist es wichtig, ein Auge dafür zu haben, ob die Subsysteme gut voneinander abgegrenzt sind. Funktionieren Eltern als Eltern oder mischt eines der Kinder auf der Elternebene mit? Im letzteren Falle wäre das Subsystem *Eltern* nicht intakt.

Auch heute ist es so, dass das Subsystem *Großeltern* oft in das Subsystem *Eltern* eingreift oder dass es Koalitionen zwischen einem der beiden Elternteile und einem der Kinder gibt. Dieses zu verdeutlichen und an einer Tafel oder einem Flipchart aufzuzeichnen ist für viele Familien gewinnbringend und sehr klärend.

Manchmal ist es sogar erforderlich, etwas provokativ nachzufragen, mit wem ein Elternteil verheiratet sei: Mit dem Ehepartner oder mit einem der Kinder. Diese brüskierenden Fragen führen oft dazu, dass die Betroffenen ihre Augen öffnen und sich auf ihre eigentlichen Aufgaben konzentrieren können.

Strategisch betrachtet, kann man sich als Therapeut oder Berater in das Koalitionsgefüge einsortieren, um zur Re-Stabilisierung der Subsysteme beizutragen.

Ein Beispiel

Das Beobachten der Subsysteme kann man auch anhand einer eher psychodramatischen Intervention deutlich machen.

Wenn Eltern z.B. nicht überzeugt sind, dass man an einem Strang ziehen sollte, wenn es um die Erziehung eines schwierigen Kindes geht, dann bittet man sie z.B., sich mit dem Kind in der Mitte hinzustellen. Beide Eltern ziehen an einem Arm des Kindes und stellen fest, dass beide einen großen Kraftaufwand aufbringen und das Kind natürlich in der Mitte stehen bleibt, weil beide in entgegen gesetzter Richtung ziehen.

Man bittet ein Elternteil die Seite zu wechseln und gemeinsam an einem Arm zu ziehen. Das Kind hat keine Chance mehr. Für viele Eltern war diese Intervention sehr einleuchtend.

Beziehungsdreiecke

Zur eigenen diagnostischen Einschätzung bewährt sich bis heute die aus der strategischen Familientherapie Jay Haleys bekannte Vorgehensweise:

Stabile und instabile Beziehungsdreiecke

In einem Beziehungsgefüge von vier Menschen lassen sich vier Beziehungsdreiecke herausarbeiten. Das Kriterium, nach dem die Beziehung beurteilt wird, ist die Konfliktträchtigkeit. Damit werden die Beziehungen zwar relativ undifferenziert als „gut" oder „schlecht" eingestuft sowie andere Beziehungsqualitäten nicht berücksichtigt, aber aus strategischer Sicht bieten sie einen guten Überblick darüber, wie die Gesamt-Beziehungskonstellation aussieht.

Die schematische Darstellung macht die Dreiecke sehr plausibel und es wird möglich, die Dreieckskonstellationen als *stabil* oder *instabil* einzustufen. Ein stabiles Dreieck ergibt sich dann, wenn innerhalb eines Dreiecks alle Beziehungen in der Summe eine Logik ergeben.

Einige Beispiele

Wenn ich meine beiden Beziehungspartner im Dreieck mag, ist die Wahrscheinlichkeit groß, dass beide mich und sich gegenseitig auch mögen werden. Gekürzt heißt das:
Der Freund meines Freundes ist mein Freund (Abb. 1).
Genauso stabil ist allerdings:
Der Feind meines Freundes ist mein Feind (siehe auch Abb. 1).

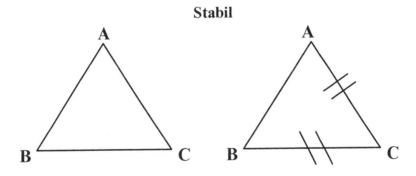

Abbildung 1: Stabile Beziehungsdreiecke

Nicht logisch sind dagegen:
Der Feind meines Freundes ist mein Freund.
Oder: Der Feind meines Feindes ist mein Feind (siehe Abb. 2).

Instabil

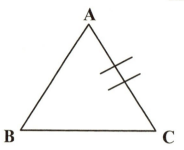 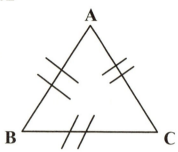

Abbildung 2: Instabile Beziehungsdreiecke

Die beiden letzteren Dreiecke sind als instabil zu bezeichnen. Instabile Dreiecke bieten am ehesten die Voraussetzungen für Veränderung. Aus strategisch-familientherapeutischer Sicht bestehen viele Problemsysteme aus stabilen Dreiecken und lassen somit keine Veränderung mehr zu.

Im therapeutisch-strategischen Vorgehen wird es also darum gehen, stabile Dreiecke zu destabilisieren, um Veränderung zu ermöglichen.

Das gelingt am besten, indem man als Therapeut neue Dreiecke schafft oder durch therapeutische Interventionen die Beziehungsqualität in den vorhandenen Dreiecken verändert. Dafür stehen uns systemische Interventionen wie das zirkuläre Fragen, das Stellen von Coping-Fragen, lösungsorientierte Beobachtungsaufgaben usw. zur Verfügung.

Die strategische Familientherapie bietet also – eingebettet im lösungs- und ressourcenorientierten Denken – Möglichkeiten, blockierte Systeme zu mobilisieren.

Weitere Ressourcenrecherche

Das Ressourcengenogramm (Andrecht und Geiken 1999)

Die Genogrammarbeit ist nicht nur, aber vor allem aus der systemischen Therapie bekannt. Wenn man das Erstellen eines Genogramms mit der Zuordnung der Ressourcen der jeweiligen Personen aus dem Stammbaum verbindet, entdeckt man unheimliche Schätze in dieser Familie, die irgendwie im genetischen Material der Eltern bzw. der Kinder verankert sein müssen. Es kommt lediglich darauf an, neben den Todesursachen auch die Stärken und besonderen Fähigkeiten der einzelnen Familienmitglieder und Vorahnen zu erfragen und zu notieren. Aus dieser Quelle lässt sich fast endlos schöpfen, nach dem Motto:

„Wie könnte Ihnen die Fähigkeit von Ihrer Urgroßmutter heute von Nutzen sein?" oder

„Wenn ich Ihre Großmutter, die immerhin sieben Kinder großgezogen hat, mit Ihrem Anliegen konfrontieren würde, was würde sie uns dann sagen, was zu tun sei?"

(Dieses ist eine klassische zirkuläre Fragetechnik, mit der die Vorahnen in die Therapie mit einbezogen werden können.)

Das Ressourcenbarometer

Das Ressourcenbarometer ist eine Intervention, die viele Chancen bietet. Man bittet z.B. die Eltern, sich eine gemeinsame Fähigkeit herauszusuchen und auf einer Skala von 1 bis 10 einzustufen, wie sehr sie diese im Moment nutzen. 1 bedeutet „kaum genutzt", 10 wäre dann „ständig im Einsatz". Wenn sich die Eltern dann festgelegt haben, fragt man sie, woran sie feststellen würden, dass sie um einen Punkt höher gekommen sind auf ihrer Skala.

Die meisten Eltern haben dazu gute Ideen und wissen, welche Veränderungen sie sich vorstellen können. Als nächster Schritt bestünde die therapeutische bzw. beraterische Aufgabe darin, diese Veränderung bis zum nächsten Termin zu empfehlen.

So greift man die Ressourcen des Elternsystems auf und lädt ein, sie weiter auszubauen. Eine Ressource könnte hier sein: Sich gegenseitig informieren.

Lösungen (er)finden und andere Aufgaben

Das Finden bzw. Erfinden von Lösungen ist eine der wichtigsten Aspekte der lösungsorientierten systemischen Arbeit. Der Weg zu Lösungen führt auch hier häufig über Fragen:

„Gehen wir mal davon aus, dass Sie eine Lösung für Ihr Problem gefunden haben – was werden Sie dann anders tun?"

Den meisten Eltern fällt dazu auf Anhieb nicht allzu viel ein. Sie dürfen also einige Minuten Bedenkzeit bekommen und sie dürfen auch mehrere Ideen dazu haben. Daher ist es wichtig, nach der ersten Antwort noch weiter zu fragen:

„Woran werden Sie es noch merken?" und: „Woran noch?"

Hausaufgaben für Eltern

In der systemischen Therapie oder Beratung liegen die Termine nicht selten relativ weit auseinander. Das hat einen guten Grund: Neue Ideen, neue Lösungen brauchen Zeit um ausprobiert, korrigiert und erfahren zu werden.

Diesen Findungsprozess kann man durch gezielte Hausaufgaben unterstützen.

Eine beliebte Hausaufgabe ist die sogenannte

Beobachtungsaufgabe:

Eltern möchten sich bis zum nächsten Termin gegenseitig dahingehend beobachten, wie der Partner dem jeweils anderen in Punkto Vater- oder Mutterfunktion gut gefallen hat. Beim nächsten Termin werden die – vorzugsweise schriftlich fixierten – Erfahrungen ausgetauscht.

Veränderungsaufgaben

Einer der Partner hat den Auftrag bis zum nächsten Termin etwas zu verändern, wovon der andere und auch die Kinder sagen werden: „Es ist eine gute Veränderung."

Aufgabe des/ der Anderen ist es, diese Veränderung herauszufinden.

Diese Aufgaben bringen ein etwas spielerisches Element in die Therapie mit hinein und werden gerne aufgegriffen.

Interventionen für Eltern und Kinder

Das Honorieren und Erfragen von Ritualen

Rituale in einer Familie sind oft überlebenswichtig. Sie bieten Sicherheit und Sicherheit macht wiederum stark. Das trifft sowohl für die Kinder wie auch für die Eltern zu. In vielen Patchwork-Familien geht der Start daneben, weil die Eltern, die sich gerade zusammengetan haben, auf die alten Rituale verzichten, um den Neuanfang nicht zu gefährden. Für die Kinder ist das Beibehalten dieser Rituale aus den alten Familien aber immanent wichtig, um Sicherheit in der neuen Familie zu finden. Daher ist es gerade bei neu zusammengestellten Familien wichtig, die Rituale zu erörtern.

Allerdings ist bei bestehenden Familien auch in der Beratung bzw. Therapie sehr viel Wert auf die Arbeit an Ritualen zu legen. Wird abends noch vorgelesen? Gibt es Aufstehrituale? Gibt es noch gemeinsame Mahlzeiten im Sinne eines stabilisierenden ritualisierten Vorgehens?

Gemeinsame Interventionen

Malen und Zeichnen mit der gesamten Familie

- z.B. das Familienlösungsbild oder
- z.B. das ressourcenorientierte Familienwappen

Eltern können in ihrer erzieherischen Arbeit gestärkt werden, wenn gemeinsame Ziele und Anliegen zwischen den Ehepartnern und anderen Familienmitgliedern definiert werden können.

Bei einem Familienbild, das von allen zusammen gestaltet wird, ist bereits der Prozess ein spannender Vorgang, der im Austausch über das Geschehen für alle Beteiligten oft neue Erkenntnisse birgt.

Der Vorschlag für ein solches Familienbild könnte lauten:

„Wie müssten/müsstet Sie/Ihr Ihre/Eure Familie darstellen, wenn das Problem, mit dem Sie/Ihr gekommen sind/seid, nicht mehr da ist?"

(Bei diesem Auftrag ist es wichtig darauf hinzuweisen, dass alle gemeinsam malen sollen und nicht nur die Kinder – wie es häufig zunächst versucht wird.)

Mottos und Mythen

In vielen Familien gibt es ungeschriebene Gesetze, die über Generationen hinweg entweder verbal oder nonverbal weiter gegeben werden und einen sehr großen Stellenwert für die Familie haben. Für den Therapeuten oder für den Berater ist es wichtig, dieses Motto zu kennen bzw. eins zu entwickeln: „Was könnte das Motto Ihrer Familie sein?"

So ein gemeinsames Motto hat einerseits etwas bindendes, andererseits aber auch etwas verbindliches. Die Voraussetzung für die therapeutische Wirksamkeit eines solchen Mottos ist allerdings, dass es positiv konnotiert ist. Ein solches Motto könnte z.B. sein:

„Unsere Familie hat immer einen Weg gefunden" oder

„In unserer Familie wurde nie jemand im Stich gelassen."

Ein ähnliches Beispiel ist das Erforschen von Familienmythen:

Ein Mythos ist eine überlieferte Geschichte, die von Generation zu Generation weitergegeben wird und die meistens etwas Zauberhaftes hat. Sie ist in den allermeisten Fällen ebenfalls positiv konnotiert und daher gut therapeutisch einsetzbar.

Eltern können sich solche Mythen bzw. die obigen Mottos gut als Hilfe heranziehen in der Erziehung ihrer Kinder. Für alle Eltern ist es wichtig, ihren Kindern ein gutes Vorbild zu sein. Dabei kann der Familienmythos bzw. das Motto eine sehr große Hilfe sein.

Therapeutisch äußerst relevant ist das Erfinden eines Familienmythos: „Gesetzt der Fall in Ihrer Familie vor zehn Generationen gab es einen Mythos. Er ist aber im Laufe der Zeit verloren gegangen. Wie könnte der ausgesehen haben?"

Eine solche Aufgabe lässt sich wunderbar mit Eltern und Kinder erarbeiten und führt häufig zu ganz überraschenden Wendungen in Familientherapien.

Time-Line mit Familien

Die biografische Lebenslinien-Arbeit („Time-Line") lässt sich sehr gut auch gemeinsam mit Eltern oder ganzen Familien durchführen. Wie auch in der Beratung einer Einzelperson bittet man die Anwesenden, wichtige Ereignisse in ihrem bisherigen Leben auf kleinen Kärtchen oder Zetteln zu notieren bzw. durch Gegenstände symbolisch zu markieren. Diese werden dann entlang einer Lebenslinie, für die man eine Schnur oder ähnliches wählt, in der chronologischen Reihenfolge platziert. Anschließend kann an dieser Lebenslinie entlang gegangen werden, man kann sie in verschiedenen Richtungen anschauen (Vergangenheit – Zukunft) und dann gezielt (ressourcenorientierte) Fragen dazu stellen:

„Welche Ihrer Fähigkeiten hat Ihnen in der Situation besonders geholfen?"

Betrachtet man die mit Hilfe von Seilen, Bändern oder anderen Materialien auf dem Boden dargelegten „Lebenslinien", kann man diese mit zwei oder mehr Personen anders wertschätzen und kommentieren als in einem Einzelgespräch:

„Wie haben Sie es damals geschafft, zusammen zu bleiben...?"

Auch lassen sich die Lebenslinien einander „nahebringen" oder „auseinanderlegen", ggf. sogar verknoten (*„Und wie fühlt sich das jetzt für Sie an ...?"*) – der Berater oder Therapeut kann all diese Möglichkeiten nutzen, um Familienmitglieder über mögliche Lösungen miteinander in den Dialog zu bringen.

Neben der Darstellung von einzelnen Lebenslinien kann von allen Beteiligten auch eine „Familien-Lebenslinie" erarbeitet werden, die man gemeinsam zum aktuellen Stand, zur Vergangenheit wie auch im Hinblick auf zukünftige Entwicklungen und Perspektiven betrachten kann.

Fazit

Die therapeutische bzw. beraterische Aktivität in Familien ist dazu gedacht, Familien in die Lage zu versetzen ihre eigenen Lösungswege neu zu betrachten und evtl. andere Lösungswege zu (er)finden.

Für dieses Ziel sind der Kreativität sowohl des Therapeuten bzw. Beraters wie auch der Familie keine Grenzen gesetzt. Allen Eltern ist zu unterstellen, dass sie es erst einmal gut meinen und ein großes Interesse daran haben, ihren Kindern einen möglichst guten Start ins Leben zu bereiten. Dafür sind sie allerdings auf den Respekt und die Anerkennung der professionellen

Helfer angewiesen, damit sie ihre eigenen Lösungen für sich und ihre Kinder umsetzen können.

Als Berater oder Therapeut Eltern in diesem Prozess zu begleiten, verlangt häufig Kreativität, Flexibilität und schnelle Reaktionen – eine gelingende Lösung ist dann umso befriedigender und der Weg dorthin nicht selten mit viel Witz und Begeisterung auf beiden Seiten gesäumt ...

Literatur

Andrecht, U.; Geiken, G. (1999): Ressourcenorientierte Familiendiagnostik in der Kinder- und Jugendpsychiatrie. In: Vogt-Hillmann, M. und Burr, W. (Hrsg.): Kinderleichte Lösungen. Lösungsorientierte Kreative Kindertherapie. Dortmund: Borgmann.

Barkmann, C.; Schulte-Markwort, M. (2004): Prävalenz psychischer Auffälligkeit bei Kindern und Jugendlichen in Deutschland – ein systematischer Literaturüberblick. In: Psychiatrische Praxis, 31, 1-10.

Caby, F. (2001): Aspekte einer systemischen Gruppentherapie. In: Rotthaus, W. (Hrsg.): Systemische Kinder- und Jugendlichenpsychotherapie. Heidelberg: Carl-Auer-Systeme.

Caby, F. (2008): Reflektierende Familien oder Bench-Marking für Familiensysteme. Forum für Kinder- und Jugendpsychiatrie, Psychosomatik und Psychotherapie.

Caby, F.; Caby, A. (2009): Die kleine psychotherapeutische Schatzkiste. Dortmund: Borgmann-Verlag.

Haley, J. (1977): Direktive Familientherapie. Strategien für die Lösung von Problemen. München: Pfeiffer.

Minuchin, S. (1977): Familien und Familientherapie. Freiburg: Lambertus.

Rotthaus, W. (2007): Wozu erziehen? Entwurf einer systemischen Erziehung. Heidelberg: Carl-Auer-Systeme.

Schlippe, A. von; Schweitzer, J. (1996): Lehrbuch der systemischen Therapie und Beratung. Göttingen: Vandenhoeck & Ruprecht.

Barbara Ollefs und Arist von Schlippe

Familiäre Eskalation, elterliche Präsenz und systemisches Elterncoaching im gewaltlosen Widerstand

Elterliche Präsenz und *Gewaltlosigkeit* prägen einen neueren Beratungsansatz für hilflose Eltern von Kindern mit Verhaltensproblemen, der in den letzten Jahren zunehmend Aufmerksamkeit erfahren hat. Elterliche Präsenz – im ursprünglichen Wortsinn verstanden als „Anwesenheit" der Eltern im Leben ihres Kindes – kann verloren gehen, wenn konflikthafte Zuspitzungen zwischen Eltern und ihren Kindern so sehr Teil des Alltags der Familie geworden sind, dass die Eltern diese Prozesse nicht (oder nicht mehr) konstruktiv handhaben können. *Elterncoaching im gewaltlosen Widerstand* bietet eine Möglichkeit, Eltern zu unterstützen, ihre Präsenz wiederzuerlangen. Ausgehend von der sozial-politischen Doktrin Gandhis wurde das Elterncoaching als Ansatz der Erziehungsberatung für hilflose Eltern von Kindern und Jugendlichen mit massiven Verhaltensproblemen von dem israelischen Psychologen Haim Omer entwickelt und in Deutschland von ihm gemeinsam mit Arist v.Schlippe vorgestellt (Omer und v. Schlippe 2002; 2004; 2009).

Ein Elternpaar kam in die Beratungsstelle, weil es sich hilflos fühlte, angesichts des Extremverhaltens seines 12-jährigen Sohnes: Der Junge beschimpfte seine Mutter, griff sie gelegentlich sogar körperlich an, gleichzeitig setzte er die Geschwister massiv unter Druck, schlug auch sie und ignorierte jegliche Regeln innerhalb der Familie. Die Mutter hatte resigniert, der Vater war nur selten zu Hause. Beide Eltern schämten sich, über ihre Sorgen zu reden; der Gang in die Beratung war für sie ein großer Schritt. Dort wurde über das Verhalten des Jugendlichen gesprochen und den Eltern vorgeschlagen, dem Sohn gegenüber in einem ruhigen, kurzen Gespräch gemeinsam anzukündigen, dass sie sich große Sorgen um ihn machen und zukünftig nicht mehr bereit seien, das beklagte Verhalten hinzunehmen. Sie seien entschlossen, alles daran zu setzen, um ihn davon abzubringen, weiter wie bislang fortzufahren, – außer ihm Gewalt oder Schaden zuzufügen. Auch seien sie entschlossen, nicht mehr über die Vorkommnisse in der Familie zu schweigen, sondern andere davon in Kenntnis zu setzen, um sich gegebenenfalls Hilfe und Unterstützung von außen zu erbitten. Die Ankündigung und das Signal des damit einhergehenden gemeinsamen Pro-

tests der Eltern gegen das Verhalten des Sohnes verbunden mit der Botschaft, notfalls auch Dritte mit einzubeziehen, machte es möglich, dass sich der Jugendliche wieder kooperativer zeigte und das extreme Verhalten einschränkte. Natürlich umfasste die Beratung noch wesentlich mehr Elemente, doch in diesem Fall hatte die gemeinsame Ankündigung der Eltern, sein Verhalten nicht mehr dulden zu wollen und das „Siegel der Geheimhaltung" hinsichtlich der Gewalt in der Familie gegenüber Dritten zu brechen, dazu beigetragen, dass sich die Familiensituation zunehmend entspannte und die Eltern sich in ihrer Präsenz wieder stärker fühlten.

Die in dem Fallbeispiel skizzierte elterliche Verpflichtung zur Gewaltlosigkeit, die gemeinsame elterliche Ankündigung an den Sohn als auch die Schritte zur Aktivierung des sozialen Unterstützungssystems entstammen dem Interventionsspektrum des Ansatzes. Im Mittelpunkt der Beratung steht die Wiederherstellung der Elterlichen Präsenz, um so überhaupt wieder eine Basis für Beziehung zu ermöglichen.

Was ist elterliche Präsenz?

Präsenz oder die elterliche Anwesenheit im Leben der Kinder beruht auf dem Prinzip der Beziehung (Omer und v. Schlippe 2004; 2009) und nicht der Macht. Es geht nicht um Sieg und Niederlage, Belohnung und Bestrafung, sondern um Kooperation von Partnern, die zwar in einer Situation ungleich verteilter Macht leben, aber gleichwohl auf der Basis der Gleichberechtigung ihrer Stimmen, (d.h. beide Seiten werden gehört) miteinander in Verhandlung treten können. Kinder bzw. Jugendliche erleben ihre Eltern als präsent, wenn sie in ihrem Verhalten folgende Botschaft vermittelt bekommen:

„Wir sind deine Eltern und sind da und bleiben da, als Freunde, Beschützer, Begleiter, Zuhörer, Schützer der Familie, aber auch als Grenzensetzer, Schrankensteller, Erzieher und Bremser. In diesen Funktionen können wir nicht abgeschüttelt werden, wir können nicht umgangen werden, wir können nicht bestochen werden, wir sind da und bleiben da."

Es gibt keine einheitliche Definition zur elterlichen Präsenz, da es sich bei dem Begriff um ein Konstrukt handelt, was durch verschiedene Facetten beschrieben werden kann. Eine mögliche Differenzierung findet sich in Omer und v. Schlippe (2004). Hier wird aufbauend auf oben genannte Beschreibung zwischen Erlebensaspekt, Verhaltensaspekt und systemischem Aspekt unterschieden (Abb. 1).

Erlebensaspekt

Zum Erlebensaspekt gehört die *individuelle Präsenz* der Eltern. Gemeint ist das Bewusstsein, als Vater oder Mutter über eine persönliche Stimme zu verfügen, die der eigenen Individualität entspricht. „Für Kinder müssen die

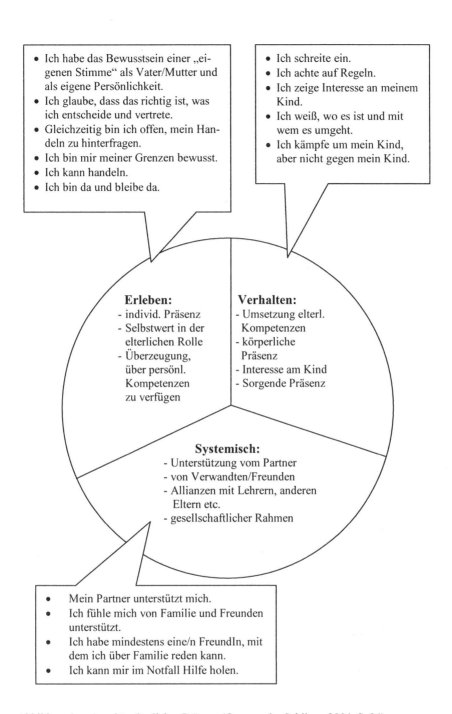

Abbildung 1: Aspekte elterlicher Präsenz (Omer und v.Schlippe 2004, S. 34)

Eltern als Personen sichtbar werden, als lebendige, wütende, aufmerksame, traurige, ungeduldige, kranke, zärtliche Personen ..." (Levold 2002). Im Zusammensein mit ihren Kindern kann sich diese Haltung z.B. darin ausdrücken, dass Eltern ihre Kinder an Weltanschauungen, Hobbys und Aktivitäten heranführen, die ihren Neigungen und Präferenzen entsprechen. Auch das *Selbstwertgefühl* in der Elternrolle und der damit verbundene Grad an Zufriedenheit prägen, wie die elterliche Überzeugung, über *persönliche Kompetenzen* zu verfügen und sich in den eigenen Handlungen selbstwirksam wahrzunehmen, das Präsenzerleben.

Zusammengefasst beschreibt der Erlebensaspekt das elterliche Gefühl, „das Richtige" zu tun, also das Bewusstsein für ein eigenes moralisches und persönliches Selbstvertrauen (Omer und v. Schlippe 2002; 2004), was natürlich eine gewisse Offenheit für das Hinterfragen eigener Vorstellungen mit einbezieht.

Verhaltensaspekt

Der Verhaltensaspekt fokussiert die *Umsetzung elterlicher Kompetenzen* im Umgang mit dem Kind. Zunächst ist hierbei das Stillen kindlicher Grundbedürfnisse gemeint: das Kind zu versorgen, es zu schützen und ihm Aufmerksamkeit zu schenken. Darüber hinaus gilt es, abhängig von der jeweiligen kindlichen Entwicklungsphase, *körperliche Präsenz* zu zeigen. Dazu gehört, dass Eltern Raum und Zeit im Leben des Kindes einnehmen, wobei Körperkontakt sicherlich eines der existentiellsten Grundbedürfnisse eines kleinen Kindes ist. Mit dem Älterwerden des Kindes entwickelt sich die körperliche Präsenz zunehmend in eine repräsentierte Präsenz.

Neben dem Körperkontakt ist hier auch der Raum bedeutsam, den Eltern beispielsweise in ihrer Wohnung einnehmen: Der mögliche elterliche Zugang zu allen Räumen der Wohnung – unter Wahrung der Sphäre des Kindes, ist als eine Form der Präsenz zu sehen. Wenn Eltern etwa aus Angst vor dem Druck des Kindes keinerlei Zugang zum Kinderzimmer wagen (während dieses sich womöglich in der Wohnung „ausbreitet"), so kann dies ein „soft indicator" für fehlende Präsenz sein. Auch die Zeit, die Eltern aufwenden, um mit ihrem Kind zusammen zu sein bzw. einfach da zu sein, ist als ein Aspekt körperlicher Präsenz zu verstehen.

Zum Verhaltensaspekt gehören ebenfalls das *Interesse* am Kind und seinem Freundeskreis und die Bereitschaft, seine Fähigkeiten und Besonderheiten zu fördern. Beispielsweise stellt im Zuge der Pubertät das „Monitoring" (Lamorn, Dornbusch und Steinberg 1996) der Kinder ein wesentliches Mittel dar, angemessene Beaufsichtigung auszuüben, weil damit ein geringeres Ausmaß dissozialen Verhaltens bei Jugendlichen assoziiert wird. Omer und v.Schlippe (2009) schlagen dabei vor, den recht technischen Begriff durch „wachsame Sorge" zu ersetzen.

Welchen Begriff auch immer man wählt, es geht darum, dass dem Kind auf der Verhaltensebene vielfältig die Botschaft vermittelt wird, dass die Eltern "hinter ihm" stehen. Im Falle von Auseinandersetzungen zwischen Eltern und Kind ist das Wesentliche des Verhaltensaspektes, dass Eltern in Auseinandersetzungen um das Kind und nicht *gegen* ihr Kind kämpfen.

Systemischer Aspekt

Der systemische Aspekt berührt sowohl die Frage nach der sozialen Einbindung der Eltern, als auch das elterliche Bewusstsein darüber, von bedeutsamen anderen Personen in der Beziehung, Erziehung und Versorgung des Kindes unterstützt und begleitet zu werden. Zunächst sind damit das gegenseitige Vertrauen und die wechselseitige Verlässlichkeit auf der Paarebene gemeint. Auch die Kommunikation und Konsensbildung über Erziehungsstile, Erziehungsziele, der Umgang mit Konflikten und Unstimmigkeiten im Kontakt mit dem Kind spielen in den systemischen Aspekt hinein. Denn gerade bei Streitigkeiten kommt dem Willen zur Kooperation auf der Paarebene besondere Bedeutung zu, da die Präsenz beider geschwächt wird, wenn sich die Partner gegenseitig boykottieren.

Des Weiteren gehört zum systemischen Aspekt die Frage nach der *Haltung weiterer wichtiger Personen* – wie Familienmitglieder, Verwandte und Freunde – bezogen auf die Erziehung und Entwicklung des Kindes. Der wertschätzende Blick bedeutsamer Dritter auf die Anstrengungen der Eltern in der Erziehung stärkt diese in ihren Erziehungsbemühungen und gibt ihnen die Möglichkeit des Austausches über Sorgen und Belastungen. Dagegen schwächt ein Boykott anderer, an der Erziehung beteiligter Personen die elterliche Präsenz (z.B. Eltern und Lehrer/Erzieher bzw. Eltern und Großeltern werten sich gegenseitig ab).

Zuletzt umfasst der systemische Aspekt die Möglichkeit zur *Bildung konstruktiver Allianzen* mit anderen Personen, die ebenfalls an der Erziehung des Kindes partizipieren, beispielsweise Lehrer/innen, Erzieher/innen, Gruppenleiter/innen. Das Bündnis mit weiteren Personen aus dem sozialen Umfeld stärkt die Eltern sowohl in ihrem eigenen Erleben von Präsenz, als auch in den Augen des Kindes. Je stärker die Eltern in der Erziehung auf ein tragendes soziales Netzwerk zurückgreifen können, desto besser können sie ihre Kräfte bündeln und Belastungen tragen. Im Erleben eines Kindes (besonders eines kleinen) stellt das Netzwerk der Eltern „die Welt" dar. Erfährt das Kind die Einbettung der Eltern in verlässliche Beziehungen zu bedeutsamen Dritten, dann stärkt dies die Präsenz der Eltern in den Augen des Kindes und ermöglicht dem Kind das Gefühl von Geborgenheit und rückhaltgebender Orientierung (Omer und v. Schlippe 2002).

Die elterliche Präsenz geht häufig in Familien verloren, in denen konflikthafte Zuspitzungen zwischen Eltern und ihren (jugendlichen) Kindern Teil des Alltagslebens der Familie geworden sind. Grob lassen sich die Dynamiken dieser Streitigkeiten als komplementäre und symmetrische Muster beschreiben (Bateson 1981).

Eskalationsdynamiken

Die komplementäre Form der Eskalation:
Nachgiebigkeit zieht Forderungen nach sich

Die komplementäre Form der Eskalation scheint anfangs in der Eltern-Kind Interaktion wenig dramatisch: Einer Forderung wird nachgegeben, ein Eskalationsschritt des Kindes wird begütigend beantwortet und zieht neue Forderungen nach sich. Solche Dynamiken entstehen selbstorganisiert, doch können sie insbesondere unter bestimmten Bedingungen chronifizieren: Erschöpfte Eltern geraten in einen Zirkel aus kurzfristiger Beruhigung des Kindes – Nachgeben um des lieben Frieden willen – mit späterer „Steigerung der Dosis": Gegen die folgenden Forderungen des Kindes wird der Widerstand schwächer (s. hierzu z.B. Patterson 1980; Patterson et al. 1984). Schuldgefühle und Selbstvorwürfe sowie persönliche Werte vor dem Hintergrund eigener Erziehungserfahrungen mögen weitere Randbedingungen für elterliche Nachgiebigkeit darstellen, etwa der Wunsch, sich gegen in der eigenen Kindheit erfahrene Strenge und Kontrolle abzugrenzen und zu emanzipieren. Allgemeine familiäre Belastungsfaktoren wie die Notwendigkeit, sein Kind allein erziehen zu müssen, überlastete Mütter, Depressionen der Eltern (Mattejat 2001), Familien- und Partnerkonflikte als auch psychische Besonderheiten des Kindes (Konzentrationsschwäche, Reizoffenheit, Rastlosigkeit, Hyperaktivität, eingeschränkte soziale Kompetenz, aggressives und dominanzorientiertes Verhalten) können Eltern in ihrer Präsenz schwächen. Auch kindliche, chronisch-somatische Erkrankungen wie Asthma, Diabetes, Neurodermitis (Theiling, v. Schlippe 2003; Ollefs, v. Schlippe 2005; Ollefs, Theiling 2006) können nicht nur erziehungsunsichere Eltern an den Rand ihrer Belastbarkeit führen: Die Eltern können sich durch Gefühle von Angst, Schuld und Scham, die mit einer chronischen Krankheit häufig verknüpft sind, gebunden fühlen. Sie wagen nicht, ihre elterliche Autorität einzusetzen beispielsweise „weil dem Kind durch die Krankheit sowieso schon so viele Nachteile entstehen". Sie verlieren zunehmend ihre „persönliche Stimme", ihre Selbstwirksamkeitsüberzeugung und rücken sukzessive an den Rand der Familie, in deren Zentrum das Kind zunehmend seinen Einfluss und seine Herrschaft ausbaut. Es kann so zu einem regelrechten „Devianztraining" kommen, das das Kind durchläuft (Patterson et al. 1984).

Auch das Temperament des Kindes kann die Qualität der Eltern-Kind-Interaktion zusätzlich beeinflussen: Empfinden Eltern ihr Kind von Anfang an als anstrengend und „schwierig", scheint die emotionale Beziehung darunter zu leiden (Wahl et al. 2006). Vor allem willensstarke Kinder mit dominanzorientiertem Verhalten zeigen in jungen Jahren oft starkes, oppositionelles Verhalten, wenn sie mit Anforderungen seitens der Eltern konfrontiert werden. Die mangelnde „Passung" zwischen elterlichem Erziehungsvermögen und den kindlichen Bedürfnissen kann früh einsetzendes oppositionelles Problemverhalten begünstigen und steht in der Adoleszenz in deutlichem Zusammenhang mit speziellen Problemen mit Ablehnung und Zurückweisung durch Gleichaltrige, Drogenmissbrauch, Depression, Jugenddelinquenz und Schulversagen (Loeber 1990).

Die komplementäre Eskalation bietet häufig den „Nährboden" für eine weitere Steigerung der Eskalation, der symmetrischen Form der konflikthaften Zuspitzung.

Symmetrische Eskalation:
Feindseligkeit, die Feindseligkeit fördert

Symmetrische Eskalation ist geprägt von einer wechselseitigen Zuspitzung des Konfliktes um die Macht: Feindseligkeit fördert Feindseligkeit, negative Gefühle schaukeln sich auf beiden Seiten hoch und verschärfen sich. Diese Form der Zuspitzung, die von gegenseitigen Anklagen, Beschuldigungen und Abwertungen gekennzeichnet ist, kann auf komplementären Eskalationen aufbauen, wenn Eltern in Sorge um den Machtverlust in der Familie das „Ruder herumreißen möchten" („Jetzt ist endgültig Schluss!"). Es entflammt ein Kampf darüber, wer Recht hat, wer sich durchsetzt und um Gewinner und Verlierer. Symmetrische Eskalationen folgen der Devise: „Auge um Auge, Zahn um Zahn".

Wenn eine Familie in der Dominanzorientierung festgefahren ist, laufen solche Dynamiken Gefahr, immer wieder den kritischen Punkt zu überschreiten, an dem man vielleicht noch etwas ändern oder eingrenzen könnte, bis hin zu eskalierender Gewalt. In Familien mit überwiegend symmetrischen Mustern sind Eltern und Kinder oft aufeinander sehr böse und das Misstrauen wächst. Zugleich haben die Eltern oft zusätzlich starke Schuldgefühle, so dass Konflikte von ihnen ungelöst abgebrochen werden – „Mach doch was Du willst!" –, weil man es nicht bis zum Äußersten kommen lassen will. So können in dieser Eskalationsform die Eltern langfristig die Präsenz verlieren, während die Kinder meist Profis der Eskalation sind. Sie haben diese Schuldgefühle nicht so ausgeprägt, sondern v.a. ihre Wut. Durchgängig ist auf beiden Seiten, dass der Selbstwert niedrig ist, beide Seiten sich sehr verletzt, entwertet, verraten fühlen. Häufig kommen noch die elterlichen „Gardinenpredigten" hinzu, die dem Kind bzw. Jugendlichen die elterliche Hilflosigkeit signalisieren, die in konflikthaften Situationen die Eskalationen verschärfen (Patterson et al. 1980).

Die beschriebenen Eskalationsdynamiken machen deutlich, dass die Beziehung unter den Machtkämpfen massiv leiden kann, der gegenseitige Groll zunimmt, die Momente von Verständnis füreinander sowie gemeinsame positive Erfahrungen dagegen zunehmend schwinden und im Familienalltag immer karger werden. Die liebevollen oder warmen Gefühle zwischen Eltern und Kindern flachen vor diesem Hintergrund zunehmend ab.

Parentale Hilflosigkeit

Die beschriebenen Eskalationsdynamiken gehen auf der elterlichen Seite zunehmend im Erleben mit einem Verlust an Selbstwirksamkeitsüberzeugung und dem schwindenden Bewusstsein einher, überhaupt noch als Mutter oder Vater handeln zu können. Die Beziehungsgestaltung zum betroffenen Kind und der Umgang mit dem Problemverhalten sind seitens der Eltern in der Regel von Verunsicherung, Verwirrung, Ratlosigkeit und Hilflosigkeit geprägt. Die elterlichen Bewältigungs- und Lösungsstrategien zeigen einerseits ein gedankliches, hoch affektiv geladenes Beschäftigtsein mit dem Kind und dem Problem, begleitet andererseits von vermeidenden und dissoziativen Tendenzen im Kontakt zu ihm. Pleyer (2003) hat in diesem Zusammenhang den Begriff der „parentalen Hilflosigkeit" geprägt, ein Konstrukt, das in der Zusammenarbeit mit Eltern einen Verstehensrahmen liefert und sehr anschlussfähig an elterliche Selbst- und Problembeschreibungen ist. Pleyer (2003; 2004) zufolge lassen sich vier Felder identifizieren, auf denen hilflose Eltern häufig gravierende Auffälligkeiten zeigten:

- *Selektive Wahrnehmung bzw. Fehldeutung kindlicher Signale:* Die Eltern nehmen ihr Kind selektiv wahr bzw. interpretieren das kindliche Verhalten fehl. Kindliche Signale, mit denen es (aus Sicht eines Beobachters) den Wunsch nach Nähe anzeigt, können von den Eltern als „Unterdrückungsversuche" verstanden werden oder kindliche Wünsche nach Rückzug als Zurückweisung der Eltern missinterpretiert werden. Das dissoziative Ausblenden scheint besonders diejenigen kindlichen Signale zu betreffen, die bei den Eltern Unbehagen, Schmerz oder Angst auslösen.

- *Konfliktvermeidung:* Die Eltern leben mit ihrem Kind meist seit längerer Zeit in einer permanenten Spannung und im Dauerkonflikt zwischen dem Gefühl, einerseits nicht aufgeben zu können, andererseits aber auch nicht in letzter Konsequenz den Konflikt zu Ende führen zu können. Komplementäre und symmetrische Eskalationen wechseln sich ab, wobei die Eltern in der unentrinnbaren Zwangslage sind, zwischen gleichermaßen angstbesetzten Möglichkeiten entscheiden zu müssen: entweder vergeblich zu versuchen, das Kind zu dominieren oder mit dem Gefühl konfrontiert zu sein, ihm hilflos ausgeliefert zu sein, wobei ein resignatives Nachgeben häufig dominiert.

- *Distanzierung von der elterlichen Verantwortung:* Die Zuständigkeit und Verantwortung für das Kind wird von Eltern vor dem Hintergrund ihrer Hilflosigkeit und Erschöpfung an helfende Fachleute delegiert. Sie erwarten von helfenden Institutionen häufig eine intensive therapeutische und pädagogische Beschäftigung mit dem Kind, wobei sie sich i.d.R. keine wirksame Hilfe von einer eigenen Mitarbeit in der Therapie versprechen.

- *Defizite in der Kooperation auf der Elternebene:* Die Eltern zeigen sich auch demoralisiert, was den Einsatz gemeinsamer Kräfte für ihr Kind anbetrifft: Sie sind oft in einem Machtkampf um den „richtigen" Weg von Erziehung gefangen und somit als Paar handlungsunfähig. An dieser Stelle sei betont, dass der Paarkonflikt nicht gleichzeitig die „Ursache" für das kindliche Verhalten sein muss. Vielmehr zeigt die beraterische Praxis, dass die Verhaltensauffälligkeiten des Kindes fast immer mit einem Paarkonflikt einhergehen: „Weil Du so nachgiebig bist, muss ich umso strenger sein!", wobei sich die elterlichen Anklagen gegenseitig aufschaukeln und sich die elterlichen Positionen in aller Regel zunehmend polarisieren und verfestigen.

Wege aus der Krise – der gewaltlose Widerstand in der Erziehung

Die Idee des gewaltlosen Widerstands als Mittel des Protestes gegen Unterdrückung geht auf Mahatma Gandhi und Martin Luther King zurück (Sharp 1973). Die praktischen Erfahrungen mit der Übertragung des Ansatzes auf die Erziehung von Kindern zeigen, dass damit weder die Unterwerfung noch die Umwandlung der betroffenen Kinder erwirkt werden kann (ein wenig schulinteressiertes Kind wird auch mit diesem Ansatz bei noch so viel Engagement der Eltern kein begeisterter Schüler werden). Vielmehr scheinen sich die Kinder und Jugendlichen durch das veränderte Verhalten ihrer Eltern und durch die Erhöhung von Präsenz an die neue Situation anzupassen (Ollefs, v. Schlippe, Omer und Kriz 2007). Daher geht es in der Beratung zunächst und vor allem darum, den Eltern eine gewaltlose Haltung nahe zu bringen. Die Konzentration auf die Interventionen könnte die gefährliche Hoffnung erzeugen, vielleicht doch verfeinerte Mittel der Kontrolle in die Hand zu bekommen. Es geht jedoch bei diesem Ansatz darum, die Eltern-Kind Beziehung auf eine neue Basis zu stellen und destruktive Denkweisen aufzugeben, die häufig mit hoch eskalierten Konflikten verbunden sind (Omer, Alon, v. Schlippe 2007) wie:

- „Es kann nur Sieg oder Niederlage geben!"
- „Einer muss gewinnen!"
- „Erst die vollständige Kapitulation des anderen wird endgültig Ruhe bringen!"
- „Auge um Auge, Zahn um Zahn!"

Dem werden konstruktive Prinzipien gegenüber gesetzt, wie:

- Abschied von der Illusion, den Anderen kontrollieren zu können
- Asymmetrie in der Wahl der Mittel, d.h. einer (die Eltern) muss den Anfang machen und sich für strikte Gewaltlosigkeit entscheiden

- Das Prinzip der Offenheit (hemmt Gewalt und erlaubt öffentliche Unterstützung)
- Respekt und Versöhnung

Die Überzeugung, niemand anderen verändern zu können als sich selbst, wird den Eltern mithilfe von Interventionen vermittelt, die den vier „Säulen des Widerstandes" zugeordnet werden können:

1) Elterlicher Protest
2) Elterliche Selbstkontrolle
3) Aktivierung sozialer Unterstützung
4) Versöhnung

Wie die elterliche Präsenz lässt sich auch der gewaltlose Widerstand in der Erziehung in die drei Bereiche von Erlebens-, Verhaltensaspekt und systemischem Aspekt unterteilen, wie Abbildung 2 zeigt.

Erlebensaspekt und therapeutische Haltung im Elterncoaching

Hilflose Eltern, die das Gefühl haben, nichts gegen das destruktive Verhalten ihres Kindes ausrichten zu können, haben in aller Regel ihr moralisches und persönliches Selbstvertrauen verloren. Daher ist es im Coaching wesentlich, Eltern wieder zu stärken und ihnen das Gefühl zu vermitteln, dass man als TherapeutIn „hinter" ihnen steht, sowie ihnen Unterstützung, Solidarität und Empathie für ihre Situation zu vermitteln.

Vor allem sollte der Platz der Eltern im Zentrum der Familie betont werden, als derjenigen, die Verantwortung für die Unversehrtheit für die gesamte Familie tragen. Dabei ist wichtig, die Eltern weder direkt noch indirekt anzuklagen bzw. Schuldzuweisungen vorzunehmen. Eltern, die in Eskalationsdynamiken gefangen sind, haben in aller Regel schon eine hohe Sensibilität für versteckte und offene Vorwürfe, sowie für Anklagen aus der Umwelt entwickelt. Es geht im Coaching nicht um die Suche nach der Ursache für das Verhalten des Kindes, sondern darum, den Blick auf die Zukunft zu richten: Was benötigen die Eltern, um wieder mehr Präsenz zu entwickeln? Wie können sie ihre Entschlossenheit zum Ausdruck bringen, sich dem bedrohlichen Verhalten zu widersetzen und gleichzeitig in keiner Weise körperlich oder verbal „übergriffig" zu sein, so dass die Grenzen der Unversehrtheit des Gegenübers geschützt werden können? Das Coaching bietet den Eltern einen Raum, in dem gemeinsam mit dem Therapeuten erarbeitet wird, welche Art von Präsenz das Kind benötigt und aufgebracht werden kann. Es geht darum, eine Sprache im Kontakt mit den Eltern zu finden, die anschlussfähig an das Erleben der Eltern ist. Es sollte dabei auch der Art der Elternbeschreibungen und der damit verbundenen Bilder besondere Aufmerksamkeit geschenkt werden, um Zugang zu ihren Erfahrungen und ihrer „Geschichte" zu erhalten.

Abbildung 2: Aspekte des Gewaltlosen Widerstands

Mit solchen elementaren Formen der Gesprächsführung setzt sich der Aufbau eines therapeutischen Narrativs (Omer und Alon 1997), d.h. das therapeutische Aufgreifen der Erzählungen der Eltern, auseinander. Dabei lassen sich TherapeutInnen von den Klienten in ihre Geschichten einführen und unterstützen sie bei der Entwicklung einer neuen, weniger zwingenden Geschichte, die neue Optionen eröffnet und den Handlungsspielraum von Eltern erweitert, z.B.: „Ihr Kind verhält sich wie ein König in Ihrer Familie? Dann sollte es Ziel sein, dass er sich von einem absolutistischen Herrscher zu einem demokratischen Monarchen wandelt."

Die im gewaltlosen Widerstand enthaltene Botschaft von der moralischen Aufrichtigkeit kann darüber hinaus die Beharrlichkeit der Eltern im gewaltlosen Kampf nähren. Zudem führt die Erfahrung von Selbstwirksamkeit mit dem gewaltlosen Widerstand zu einer inneren Bestärkung der Eltern als Widerständler. Die Erfahrung, zwar keinen unmittelbaren und dirigierenden Einfluss auf das Verhalten des Kindes zu haben, dafür aber das eigene Verhalten auf eine Weise verändern zu können, wie es den eigenen Werten entspricht, kann dabei eine positive Veränderung im Selbstwerterleben der Eltern unterstützen.

Verhaltensaspekt und Interventionen aus dem Elterncoaching

Wenn Eltern im Zuge von symmetrischen Eskalationen gegen ihr eigenes Kind kämpfen, werden ihnen im Coaching konkrete Handlungsmöglichkeiten an die Hand gegeben, die ihnen helfen, eskalierendes Verhalten zu vermeiden, sich und die Familie vor Gewalt zu schützen und wieder eine persönliche und elterliche Präsenz innerhalb der Familie aufzubauen. Hierzu ist eine Reihe spezieller Methoden entwickelt worden; eine detaillierte und beispielhafte Beschreibung findet sich in Omer und v.Schlippe (2004, S. 229ff) bzw. in Ollefs und v. Schlippe (2007, S. 45 ff):

Ankündigung

Mit der Ankündigung präzisieren die Eltern ihre konkreten Ziele für ihr zukünftiges Familienleben und ihre Entschlossenheit, das schädigende Verhalten nicht mehr hinzunehmen. Die Ankündigung beinhaltet den elterlichen Protest gegen konkrete Handlungen und thematisiert in erster Linie eine Selbstverpflichtung der Eltern. Wichtig ist hier vor allem, jede Art von Drohung zu vermeiden. Im Gegenteil, die Erklärung, das Kind nicht besiegen zu wollen (und nicht zu können), ist expliziter Teil der (meist kurzen, schriftlich formulierten) Botschaft.

Deeskalation, Provokationen widerstehen

Das Wichtigste und anfangs für Eltern auch Schwerste ist, sich nicht mehr in die Teufelskreise der Eskalation hineinziehen zu lassen. Schwer ist dies vor allem, weil die Anlässe und „Einladungen" so zahlreich sind. Doch sollten unnötige Konfrontationen unbedingt vermieden werden. Bekannte Eskalationsfallen werden daher sorgfältig analysiert und gezielt umgangen. Elterliche Reaktionen können in solchen konflikthaften Situationen hinausgezögert werden, die Eltern können das „Predigen" beenden und die Erfahrung machen, dass ihr Schweigen dann kraftvoll sein kann, wenn es nicht mit dem Verlust an Präsenz verbunden ist. Eine Aussage wie: „Ich bin damit nicht einverstanden, ich komme darauf zurück!" – und anschließendes Schweigen, ohne den Raum zu verlassen, ist etwas ganz anderes, als wenn mit den resignativen Worten: „Ach, mach doch was du willst!" die Tür zuschlägt. Deeskalationsmethoden anzuwenden, erfordert von den Eltern ein hohes Maß an Selbstkontrolle, um aus eingefahrenen Interaktionsmustern ausbrechen zu können.

Sit-In
Dies ist eine starke Form elterlichen Protestes gegen das kindliche Problemverhalten und die Vermittlung der Botschaft von Beharrlichkeit, Geduld und Zeit gegenüber dem Kind. Diese Intervention kommt eher nur in Einzelfällen zum Einsatz (Ollefs 2008) und sollte erst dann angewendet werden, wenn die weiteren Interventionen keine Änderung bewirken. Eltern betreten das Kinderzimmer zu einem ihnen passenden Zeitpunkt und für einen vorher von ihnen entschiedenen Zeitraum. Sie vermitteln, wie in der Ankündigung, ihre Entschlossenheit, etwas zu verändern und ihren Wunsch, dass das Kind Vorschläge machen solle. Wenn konstruktive Vorschläge kommen, wird das Sit-In sofort beendet, anderenfalls gehen die Eltern am Schluss ohne Drohung aus dem Raum: „Wir haben noch keine Lösung gefunden!" und wiederholen die Maßnahme am folgenden Tag oder zu einem späteren Zeitpunkt.

Nachgehen und Aufsuchen der Orte des Kindes
Diese Intervention ist besonders geboten in Fällen, wo Gefahr für das Kind droht bzw. die Eltern nicht wissen, an welchen Orten und mit welchen Personen sich das Kind aufhält. Diese Intervention muss besonders gut vorbereitet werden, um Eskalationen vor Ort zu vermeiden. Es geht darum, die Präsenz der Eltern zu steigern (auch mittelbar, indem etwa Unterstützer sich an den Orten zeigen und Botschaften hinterlassen), und nicht in erster Linie darum, dass z.B. das Kind unbedingt nach Hause mitkommt.

Gesten der Wertschätzung und der Liebe
Um die Bereitschaft der Eltern zu betonen, ihren Widerstand nicht gegen das Kind auszuüben, werden unabhängig vom Wohl- oder Fehlverhalten des Kindes kleine liebevolle Gesten in das Alltagsleben eingestreut, ohne damit eine Bedingung zu verknüpfen („Ich habe Dein Lieblingsessen gekocht, weil ich weiß, dass Du es gerne isst"). Hierbei geht es nicht um größere materielle Geschenke, sondern vorwiegend um ideelle Werte, wie gemeinsame Zeit, alte gemeinsame Hobbys wieder aufleben zu lassen, auf besondere Vorlieben bzw. Interessen des Kindes einzugehen usw. Anders als im verhaltenstherapeutischen Ansatz ist es sehr wichtig, die Gesten nicht an Belohnung oder Bestrafung zu koppeln, so dass so der Logik der Kontrolle entgegengewirkt werden kann. Die Erfahrung mit hoch eskalierten Eltern-Kind Beziehungen zeigt, dass die „guten Momente" zwischen Eltern und Kind häufig verloren gehen, wenn Streitigkeiten Teil der Alltagssprache in

der Familie geworden sind und die Beziehung massiv leidet. Die Versöhnungsgesten sind unmissverständliche Signale, die dem Kind vermitteln: Ich bin an einer guten Beziehung zu Dir interessiert! Dies ist umso wichtiger, als Studien gezeigt haben, dass aggressive Kinder häufig verzerrten sozial-kognitiven Mechanismen unterliegen. Sie interpretieren freundliche oder neutrale Beziehungsangebote als aggressive Akte und reagieren darauf im Sinne einer Vorwärtsverteidigung (Dodge 1993) – die Gesten müssen so gestaltet sein, dass sie überhaupt nicht in diesem Sinn missverstanden werden können.

Den Interventionen gemeinsam ist, dass die Eltern im Geist des gewaltlosen Widerstandes ihre elterliche Präsenz im Leben des Kindes auf liebevolle Weise stärken. Es ist nicht das Ziel, das Kind zu kontrollieren oder zu besiegen, sondern als Eltern wieder präsent zu sein, auf der Basis von Gewaltfreiheit.

Systemischer Aspekt

Eltern haben sich möglicherweise in ihrer Hilflosigkeit und aus Schamgefühlen über ihr „Versagen" in der Elternrolle isoliert. Damit zementieren sie jedoch die Position der fehlenden Präsenz. Auch kann es zu einem Kooperationsverlust und zu einem Konflikt um die „richtige Erziehung" auf der Paarebene gekommen sein, was häufig geschieht, wenn Kinder dominant agieren (siehe Punkt 3). Im Elterncoaching sollte daher sowohl die elterliche Kooperation gefördert werden, indem zumindest der eine Partner den anderen nicht mehr in seinen Bemühungen boykottiert, als auch der Fokus auf die Gewinnung von Unterstützern gerichtet werden. Schon bei Gandhi spielte die Unterstützung durch die Öffentlichkeit eine große Rolle, ähnlich wirksam ist die Übertragung auf den Familienkontext. Die Auflösung des Tabus der Geheimhaltung, das Schmieden von Allianzen mit anderen Bezugspersonen des Kindes und das Einschalten von Vermittlern stärkt die Präsenz der Eltern in den Augen des Kindes und im Erleben der Eltern. Eltern fühlen sich weniger einsam und finden mit dem gewaltlosen Widerstand einen Weg, der ihren Überzeugungen und Lebensanschauungen häufig entspricht. Damit Eltern aus der parentalen Hilflosigkeit aussteigen, Kraft, Ausdauer und Zuversicht im gewaltlosen Widerstand entwickeln können, kommt der Stärkung durch andere Menschen, der Einbindung der Eltern in ein tragfähiges Netz von Unterstützern eine besondere, wenn nicht die zentrale Bedeutung zu. Darüber hinaus bewirkt die Tabuisierung der Gewalt, eine Schwächung der Opfer (z.B. allein erziehenden Müttern, die unter der psychischen und physischen Gewalt ihres jugendlichen Kindes leiden). Ein afrikanisches Sprichwort besagt: „Um ein Kind aufzuziehen, bedarf es eines ganzen Dorfes." Die Erfahrungen bestätigen diese Aussage. Wenn heftige Konflikte zwischen Eltern und Kindern bestehen, sind Eltern oftmals allein mit der Deeskalation überfordert. Die Gewinnung von Unterstützung ist dann essentiell.

Forschung zum Elterncoaching im gewaltlosen Widerstand

Das Elterncoaching wurde bislang in Israel exploratorisch auf seine Wirksamkeit hin überprüft (z.b. Weinblatt 2005; Weinblatt und Omer 2008). In Deutschland wurden seit 2001 im Fachgebiet Psychotherapie und Klinische Psychologie der Universität Osnabrück diverse Studien zu diesem Ansatz durchgeführt. Köllner, Ollefs und v.Schlippe (2007) entwickelten einen „Fragebogen zur Elterlichen Präsenz", der sich explizit auf das Konzept bezieht. Süllow (2005) befragte bundesweit eine Gruppe von Therapeuten zu ihren ersten (positiven) Erfahrungen mit dem Ansatz. Ein Kategoriensystem zur Einschätzung der therapeutischen Interventionen von Kötter und v.Schlippe (2007) ermöglichte es, die Konzeptadhärenz abzuschätzen; so konnte an drei Einzelfallanalysen die sachgemäße Umsetzung eines von Ollefs und v.Schlippe (2007) erarbeiteten Manuals belegt werden (Kötter 2006). Herbst und Lampkemeyer (2008) begleiteten die Implementierung des Coaching-Konzepts in einer Suchtkrankenhilfeeinrichtung. Aufbauend auf den positiven Erfahrungen mit dem Elterncoaching folgte eine erste Feldstudie mithilfe quantitativer Methoden (Ollefs et al. 2009). In der Erhebung wurden hilflose Eltern untersucht, deren Kinder im Alter von 11 bis 18 Jahren oppositionelles, aggressives, dissoziales Verhalten bzw. Störungen in der Aufmerksamkeit aufwiesen. Drei Bedingungen wurden dabei unterschieden:

- Die *Gruppe „Elterncoaching"* (ECG) umfasste 59 Elternteile, die in Erziehungsberatungsstellen oder psychologischen Praxen an einem Elterncoaching im gewaltlosen Widerstand teilgenommen hatten, das nach Manual durchgeführt worden war (Ollefs und v. Schlippe 2007).
- Die *Gruppe „Triple-P TEEN"* (TPG) bestand aus 21 Elternteilen. Triple-P („positiv parenting program") ist ein verhaltenstheoretisch fundierter Ansatz zur Prävention von Störungen im Kindes- und Jugendalter, der eine breite empirische Basis hinsichtlich seiner Wirksamkeit, insbesondere bei Störungen des Sozialverhaltens aufweist (Taylor und Biglan 1998; Webster-Stratton und Hammond 1997). Diese Vergleichsgruppe wurde auf Grund der empirisch nachgewiesenen Effektivität von Triple-P gewählt und weil sich das „TEEN"-Programm u.a. an Eltern von Jugendlichen richtet, die bereits Verhaltensauffälligkeiten zeigen (Sanders und Ralph 2005).
- In der *Wartekontrollgruppe* (WKG) befanden sich 9 Elternteile, die auf eine Intervention in Beratungsstellen des Emskreises warteten.

Es handelte sich bei der Studie um ein quasiexperimentelles Prä-Posttest Forschungsdesign.

Ergebnisse

Eine detaillierte Beschreibung der Erhebung, der Instrumente und Ergebnisse findet sich in Ollefs, v.Schlippe, Omer, Kriz 2009:

- In der „Elterncoaching- bzw. Triple-P TEEN-Gruppe zeigten sich im Vergleich zur Warte-Kontrollgruppe signifikante Verbesserungen in der „Elterlichen Präsenz" über den Erhebungszeitraum.

- In beiden Interventionengruppen konnte bezüglich des „elterlichen Erziehungsverhaltens" in Hinblick auf Eskalationen eine signifikante Verbesserung festgestellt werden.

- Auch hinsichtlich der elterlichen Hilflosigkeit und Depressivität konnten in beiden Interventionsgruppen hoch signifikante Verbesserungen festgestellt werden. Bemerkenswert scheinen die signifikanten Verbesserungen in der ECG auch deshalb zu sein, weil die Probleme (externales Problemverhalten, Depressivität und mangelnde Präsenz) in dieser Gruppe gravierender waren (zum Zeitpunkt T0) und das Alter der jugendlichen Kinder über dem der Vergleichsgruppen lag, was für eine längere Existenz der Probleme in den Familien sprechen könnte. Damit scheint das Elterncoaching auch bei Eltern mit älteren Jugendlichen wirksam zu sein. Explizit soll an dieser Stelle noch einmal darauf verwiesen werden, dass die Depressionswerte der Eltern der ECG anfangs bereits klinisch auffällig waren, sie lagen in der Nachbefragung deutlich in subklinischen Bereich.

- Im „externalen Problemverhalten" der Kinder und Jugendlichen ließen sich die Effekte nur in der ECG nachweisen, nicht in der TPG, was möglicherweise auf niedrigere Ausgangswerte zum ersten Erhebungszeitpunkt zurückzuführen ist.

Abschlussbemerkung

Das hier vorgestellte Konzept beansprucht nicht, eine eigene therapeutische Richtung sein zu wollen. Auch wenn es sich auf die Selbstorganisationstheorie beruft, versteht es sich als Brücke zwischen verschiedenen therapeutischen Konzepten. Der Ansatz möchte Beraterinnen und Beratern, die mit sehr hilflosen Eltern von Kindern und Jugendlichen arbeiten, die extreme Verhaltensauffälligkeiten zeigen, in Krisensituationen einen Rahmen und Handlungsmöglichkeiten anbieten, in denen Eltern wieder ihre Präsenz entwickeln können. Auf diese Weise kann die „Passung" (Resch 2004) zwischen dem kindlichen Temperament und seiner Motivation und den Erwartungen, Anforderungen und Möglichkeiten seiner Eltern wieder verbessert werden. Dabei ist die Stärkung der elterlichen Präsenz mit den Methoden des gewaltlosen Widerstandes nicht als „Sprint" zu verstehen, sondern als ein „Marathon", ein auf langfristiges Bemühen, Standvermögen und Ausdauer angelegter Prozess.

Literatur

Bateson, G. (1981): Ökologie des Geistes. Frankfurt a. M.: Suhrkamp.

Dodge, K. (1993): Social-cognitive mechanisms in the development of conduct disorder and depression. Annual Review of Psychology 44, S. 559-584.

Herbst, S.; Lampkemeyer, S. (2008): Autorität ohne Gewalt – ein anwendungsbezogenes Beispiel aus der Suchtkrankenhilfe. Saarbrücken: VDM Verlag Dr. Müller.

Köllner, A.; Ollefs, B.; Schlippe, A. v. (2007): „Elterliche Präsenz". Entwicklung eines Fragebogens für Eltern. In: Schlippe, A. v.; Grabbe, M. (Hg.): S. 237-268.

Kötter, C. (2006): Gewaltloser Widerstand als systemisches Beratungskonzept – Prozessanalysen dreier Elterncoachings. Osnabrück: Unveröffentlichte Diplomarbeit am FB Humanwissenschaften der Universität.

Lamborn, S. D.; Dornbusch, S. M.; Steinberg, L. (1996): Ethnicity and community context as moderators of the relations between family decision-making and adolescent adjustment. Child Development, 67, S. 283-301.

Levold, T. (2002): Elternkompetenzen – zwischen Anspruch und Überforderung, Systeme 16 (1): 2-13.

Ollefs, B.; Schlippe, A. v. (2005): Der „Luftikurs – ein familienmedizinisches Angebot für Kinder und Jugendliche mit Asthma bronchiale. In: Schlippe, A. v.; Theiling, S. (Hg.): „Niemand ist alleine krank – Osnabrücker Lesebuch zu chronischen Erkrankungen im Kindes- und Jugendalter. Lengerich: Pabst, S. 218-244.

Ollefs, B.; Theiling, S. (2006): Elterliche Präsenz und Typ 1 Diabetes. In: Tsirigotis, C.; Schlippe, A. v.; Schweitzer, J. (Hg.): Systemisches Elterncoaching. Heidelberg: Carl-Auer-Systeme (in Vorbereitung).

Ollefs, B.; Schlippe A. v. (2007): Manual für das Elterncoaching auf der Basis des gewaltlosen Widerstands. In: Schlippe, A. v.; Grabbe, M. (Hg.): Werkstattbuch Elterncoaching – Elterliche Präsenz und gewaltloser Widerstand in der Praxis. Göttingen: Vandenhoeck & Ruprecht.

Ollefs, B. (2008): Jugendliche mit externalem Problemverhalten – Effekte von Elterncoaching. Universität Osnabrück: Dissertation am FB Humanwissenschaften.

Ollefs, B.; Schlippe, A. v.; Omer, H.; Kriz, J. (2009): Jugendliche mit externalem Problemverhalten. Familiendynamik 34(3), pp. 256-265.

Omer, H.; Alon, N. (1997): Constructing therapeutic narratives. Northvale, NJ: Jason Aronson.

Omer, H.; Schlippe, A. v. (2002): Autorität ohne Gewalt. Coaching für Eltern mit Verhaltensproblemen. Göttingen: Vandenhoeck & Ruprecht.

Omer, H.; Schlippe, A. v. (2004): Autorität durch Beziehung. Die Praxis des gewaltlosen Widerstands in der Erziehung. Göttingen: Vandenhoeck & Ruprecht.

Omer, H.; Alon, N.; Schlippe, A. v. (2007): Feindbilder-Psychologie der Dämonisierung. Göttingen: Vandenhoeck & Ruprecht.

Omer, H.; Schlippe, A. v. (2009). Stärke statt Macht. ‚Neue Autorität" als Rahmen für Bindung. Familiendynamik 34 (3), pp. 246-254.

Patterson, G. R. (1980): Mothers: The unacknowledged victims. Monograph of the Society for Research in Child Development, 186, vol. 45, N. 5, pp. 1-47.

Patterson, G. R.; Dishion, T. J., Bank, L. (1984): Family interaction: a process model of deviancy training. Aggressive Behavior, 10, pp. 253-267.

Pleyer, K. H. (2003): „Parentale Hilflosigkeit", ein systemisches Konstrukt für die therapeutische und pädagogische Arbeit mit Kindern. Familiendynamik 28(4), S. 467-491.

Pleyer, K. H. (2004): Co-traumatische Prozesse in der Eltern-Kind Beziehung. Systhema 17(2), S. 132-149.

Resch, F. (2004): Entwicklungspsychopathologie der frühen Kindheit im interdisziplinären Spannungsfeld. In: Papoušek, M.; Schieche, M.; Wurmser, H. (Hrsg.): Regulationsstörungen der frühen Kindheit. Bern: Huber, S. 31-48.

Sanders, M. R.; Ralph, A. (2005): Trainermanual für das TEEN Triple-P Gruppenprogramm. Münster: Verlag für Psychotherapie.

Sharp, G. (1973): The Politics of Nonviolent Action. Porter Sargent (Pub.) Boston, MA.

Süllow, M. (2005): Die Praxis des gewaltlosen Widerstands in der Erziehung. Osnabrück: Unveröffentlichte Diplomarbeit am FB Humanwissenschaften der Universität.

Theiling, S.; Schlippe, A. v. (2003): Diabetesbetreuung bei Kindern und Jugendlichen nach systemisch-familienmedizinischem Konzept. In: Altmeyer, S.; Kröger, F. (Hg.): Theorie und Praxis der Systemischen Familienmedizin. Göttingen: Vandenhoeck & Ruprecht, pp. 163-182.

Taylor, T. K.; Biglan, A. (1998): Behavioral family interventions for improving child-rearing: A review of the literature for clinicians and policy makers. Clinical Child and Family Psychology Review, 1, 41-60.

Webster-Stratton, C.; Hammond, M. (1997): Treating children with early-onset conduct problems: A comparison of child-and parent-training interventions. Journal of Consulting and Clinical Psychology, 65, 93-109.

Weinblatt, U. (2005): Non-violent resistance as parent-therapy: A controlled study. Doctoral dissertation. Department of Psychology, Tel-Aviv University.

Weinblatt, U.; Omer, H. (2008): Non-Violent Resistance: A Treatment for Parents of Children with Acute Behavior Problems. Journal of Marital and Family therapy. 34, 75-92.

Charlotte Strobl und Ursula Grave-Lävemann

Systemisches Elterncoaching
Türöffner bei familiären Teufelskreisen

Elterncoaching ist eine methodische Bereicherung für die Kommunikation mit Eltern und die Begleitung von Familien, nicht nur in belastenden Familienphasen. Das systemische Elterncoaching ist immer dann hilfreich, wenn wir mit Eltern neue Wege gehen wollen. (Abb. 1) Wir erarbeiten mit ihnen gemeinsam neue Sichtweisen und kreative Lösungen für immer wiederkehrende schwierige oder scheinbar unlösbare Alltagssituationen. Wie die Eltern begeben wir uns als „Coach" auf eine neue Ebene: Wir verlassen unsere Position des „Fachmanns" und des kommentierenden Beobachters, vermeiden die Ebene der Bewertung und Interpretation der familiären Situation und sind mit den Eltern gemeinsam auf der Suche nach den Ressourcen der Familienmitglieder und ihren Verhaltensmustern.

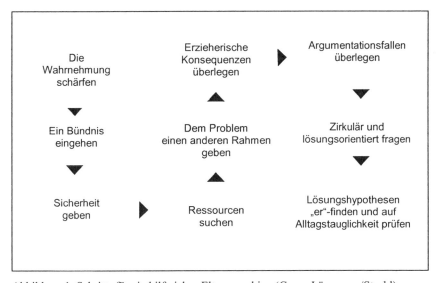

Abbildung 1: Schritte für ein hilfreiches Elterncoaching (Grave-Lävemann/Strobl)

Somit ist die Begleitung der Eltern durch die von uns entwickelte Form des Elterncoaching nicht nur eine Methode, sondern schließt immer auch eine besondere Haltung des Trainers ein.

Erziehung besteht aus einer unzähligen Menge an Interaktionen zwischen Eltern und Kindern. Um die für eine Veränderung im Erziehungsalltag wichtigen Interaktionen auszuwählen, ist Folgendes zu bedenken: Kinder suchen Nähe und Verbundenheit zu ihren Eltern, sie brauchen aber auch Raum für Autonomie und Kompetenzerwerb. In dem Moment, in dem Kinder für ihre Autonomie einstehen, verweigern sie in der Regel elterliche Forderungen (z.B. *„Ich will jetzt nicht aufräumen"*), und es kommt zu einem Konflikt.

Eltern wollen ihre Kinder leiten, auf die Regeln und Anforderungen des Lebens vorbereiten, und sie wollen sie zu selbstbewussten, starken Persönlichkeiten erziehen. Eltern wollen Partner für ihre Kinder sein, die ihnen eine zuverlässige Beziehung bieten, die es ihnen ermöglichen zu lernen und vielfältige Erfahrungen zu machen, und sie wollen ihren Kindern Sicherheit geben. Im Alltagstrubel passiert es rasch, dass Eltern sich von ihren Aufgaben überfordert fühlen. Der Spagat zwischen Beruf, Haushalt und Erziehung ist groß, und nicht nur Kinder mit besonderen Bedürfnissen (Behinderung, Verhaltensauffälligkeit) sind eine Herausforderung für Eltern, die manchmal zur Überforderung wird (Abb. 2). Dann wird es immer schwerer, die elterlichen Aufgaben wahrzunehmen ...

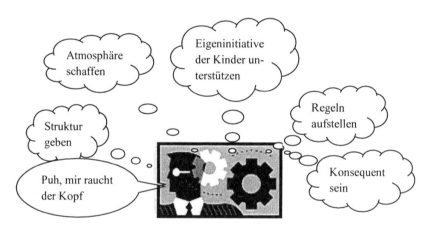

Abbildung 2: Eine Herausforderung für Eltern...

Dieses Spannungsfeld führt oft dazu, dass Eltern ihre eigenen Bedürfnisse nicht mehr spüren und sich nicht mehr handlungskompetent fühlen.

Elterncoaching ist lösungs- und handlungsorientiert und hat das Ziel, die Eltern dabei zu unterstützen, ihre Aufgaben als Eltern wieder wahrnehmen zu können, ohne sich dabei selbst aufzugeben. Im Coaching geben wir den Eltern Feedback, wir suchen ein Bündnis mit ihnen, suchen die Ressourcen der Eltern und der Kinder, um ihre Position zu stärken. Es geht darum, gemeinsam neue Lösungswege aus den „Teufelskreisen" des Alltags zu erarbeiten, auf die sie in schwierigen Situationen zurückgreifen können. Aus Teufelskreisen in der Interaktion sollen wieder „Engelskreise" im Sinne Papouseks (Papousek 2004) werden: Der Austausch soll in „positiver Gegenseitigkeit" erfolgen, d.h., Eltern sind zunehmend in der Lage, Kindern positives Feedback zu geben, und erhalten durch die positive Antwort ihrer Kinder selbst eine positive Rückmeldung. Familiäre Teufelskreise entstehen durch:

- verzerrte Beobachtungen
- lösungsferne Interpretationen des Verhaltens der Kinder
- gegenseitige emotionale Verletzungen und Angst
- Konfliktvermeidung

Wenn die Ratlosigkeit bei Eltern wächst, entwickeln sie (unbewusst) Vermeidungsstrategien; sie geben die Verantwortung für die Erziehung ihrer Kinder – ohne es zu merken – immer mehr aus der Hand. Gefühle der fehlenden Handlungskompetenz und die Empfindung, nicht wirksam zu sein, in dem was ich meine, tun zu müssen, führen zu höherer Stressanfälligkeit (Antonovsky 1997), was wiederum Gefühle der elterlichen Inkompetenz verstärkt. Vermeiden ist häufig die Ursache für das Familienleben belastende Verhaltensmuster.

Eltern können sich durch das Elterncoaching eine Vielfalt neuer Handlungsmöglichkeiten erschließen und ihre Rolle als Eltern mit gestärktem Selbstvertrauen einnehmen. Sie werden angeregt, ihre Ziele für die Erziehung ihrer Kinder neu zu formulieren. Sie erschließen sich durch den Austausch mit anderen Eltern ein neues Bewusstsein für ihre Kompetenzen und Ressourcen. Sie können erleben: Ich fühle mich meinen Aufgaben wieder gewachsen!

Wollen wir Eltern im Elterncoaching begleiten, beschäftigt uns vor allem die Frage: Was brauchen die Eltern, um ihre Kinder angemessen begleiten zu können? Welchen Beitrag können wir als Wegbegleiter der Eltern leisten, um die Eltern so zu stärken, dass sie neue Kräfte für ihren Familienalltag mobilisieren können?

Das Elterncoaching hat sich in unserer Einrichtung (Integrationskindergarten) bewährt als für Eltern einfach zu nutzendes Angebot zur Stärkung der elterlichen Erziehungskompetenz (Lävemann, Strobl 2006). Das Coaching in einer Gruppe von Eltern nutzt dabei vor allem auch die gegenseitige Unterstützung der Eltern.

Schritte für ein hilfreiches Elterncoaching

Die Wahrnehmung schärfen

Dadurch, dass wir als Trainerinnen die Aufmerksamkeit der Eltern auf deren Gefühle und Befindlichkeiten und die des Kindes lenken, sie in der Beobachtung ihrer Kinder und in der Selbstbeobachtung schulen, lernen die Eltern, ihre Kinder mit neuen Augen zu sehen. Am Beginn des Kurses steht die häufig verlorengegangene Wahrnehmung eigener Stärken, verbunden mit dem erfrischenden Aha-Erlebnis: *„Hoppla, das mache ich eigentlich ganz gut"*.

Im weiteren Verlauf des Kurses, wenn die Eltern neue Informationen über Kommunikation bekommen (Friedemann Schulz von Thun 1981) und üben, die nonverbale Kommunikation mit Hilfe von Videosequenzen (Schneewind 2003, 2005, 2007) zu beobachten, kann man immer wieder auf die Stärken zurückkommen und einen Prozess des Nachdenkens bei den Eltern in Gang setzen: Wie nutze ich meine Stärken auf der Basis der neuen Informationen und Erfahrungen?

Die Eltern lernen, die positiven Initiativen der Kinder in die „richtige" Richtung wahrzunehmen (Aarts 2002). Sie entwickeln ein Verständnis dafür, dass es nicht darum geht, die Persönlichkeit ihres Kindes umzukrempeln, sondern ein bestimmtes störendes Verhalten des Kindes im Alltag zu verändern. Die in den Filmsequenzen von Schneewind dargestellten Erziehungssituationen nutzen wir im ersten Schritt, um besonders die Wahrnehmung für die nonverbale Kommunikation (Mimik, Gestik, Stimme, Tonfall) zu schärfen. Dadurch, dass drei verschiedene Elternreaktionen auf dasselbe kindliche Verhalten gezeigt werden, können die Eltern gut analysieren, wie eine veränderte nonverbale Kommunikation das Verhalten des Kindes verändert. Sie erfahren Watzlawicks Axiom: „Man kann nicht nicht kommunizieren" (Watzlawick 1969) und schärfen ihre Sinne für ihre eigene Kommunikation mit dem Kind, auch wenn nicht gesprochen wird.

Zunächst sehen wir mit den Eltern eine Filmsequenz dreimal unter verschiedenen Blickwinkeln:

- Was sehen Sie (Mimik, Gestik, Körpersprache, Blicke)?
- Was hören Sie (Stimme, Tonfall, Wortwahl, Lautstärke)?
- Was fühlen Sie (Was geht in Ihnen vor, wenn die Mutter …, wenn das Kind …?)?

Mit Handouts und konkreten Fragestellungen ausgestattet bearbeiten die Eltern das Gesehene in Kleingruppen. Mit diesen für die nonverbalen Elemente der Kommunikation geschärften Augen sind die Eltern vorbereitet dafür, die positiven Elemente in der Kommunikation mit dem Kind schneller wahrzunehmen. Eltern sind es gewöhnt, sich auf das störende Verhalten der Kinder zu konzentrieren und müssen langsam an einen anderen Blickwinkel herangeführt werden, um dauerhaft zu einer veränderten Haltung zu gelangen.

In der Arbeit mit Eltern von Kindern im Vorschulalter und behinderten Kindern informieren wir die Eltern über die Marte-Meo-Methode (Hawellek, von Schlippe 2005). „… eine Grundannahme von Marte Meo (ist), dass Eltern und Kind natürliche ‚intuitive Fähigkeiten' haben, die sie befähigen, auf eine entwicklungsfördernde Art und Weise miteinander zu kommunizieren." (Hawellek und Meyer zu Gellenbeck 2005) Mit Hilfe von Videofeedback lernen die Eltern, diese Fähigkeiten zu nutzen: Sie lernen wahrzunehmen, wo das Kind mit seiner Aufmerksamkeit ist, wann das Kind Initiativen zeigt, die sie unterstützen können, und sie lernen, wie sie diese verbal und nonverbal unterstützen können. Die einzelnen Schritte, die die Eltern machen können, lassen sich anhand der Videosequenzen gut verständlich, konkret und einfach zeigen. So erkennen die Eltern die besonderen Entwicklungsbedürfnisse ihres Kindes und lernen es auf neue Weise zu verstehen. Wir ermutigen sie dazu, ihre Aufgaben als Eltern wahrzunehmen, auch wenn es nicht leicht ist, das, was man verstanden hat, und was im Video so einfach und klar zu sehen war, in Handlung umzusetzen. „It's simple but not easy" (Satir 2009) Auf diese Weise gelingt es entmutigten Eltern wieder besser, die Initiative für die Erziehung zu ergreifen und ihrem Kind Orientierung zu geben:

- Sie schaffen eine unterstützende familiäre Atmosphäre
- Sie formulieren die Kompetenzen ihres/r Kindes/r und ihre eigenen Kompetenzen
- Sie geben ihrem Kind Raum für Eigenaktivitäten
- Sie unterstützen ausgewählte Aktivitäten des Kindes in besonderer Weise
- Sie geben dem Familienalltag eine Struktur

Ein Bündnis eingehen

Coaching ist ein Lern- und Arbeitsprozess. Will ich im Alltag eine Verhaltensänderung erreichen, bedeutet das harte Arbeit und kann ohne entsprechende Unterstützung und Ermutigung scheitern. Das wissen wir alle aus eigenen Erfahrungen sehr genau. Ein Beispiel ist der Versuch, die Ernährung umzustellen, um abzunehmen, oder das Bemühen, sich das Rauchen abzugewöhnen. Beides klappt in der Gruppe besser als im Alleingang. Auch hier werden – wie im Coaching für Elterngruppen – gruppendynamische Ressourcen genutzt.

Voraussetzung für ein gelingendes Elterncoaching ist, im Kurs eine vertrauensvolle Arbeitsgrundlage der TrainerInnen mit den Eltern und der Eltern untereinander herzustellen.

Wir konzentrieren uns in unseren Kursen auf die Ressourcen der Eltern. Gut gelungene Erziehungs-Situationen, die Eltern erzählen, rücken wir in den Mittelpunkt. Im Kurs besprochene Alltagsbeispiele anderer Teilnehmer ermutigen auch die zurückhaltenden TeilnehmerInnen dazu, über eigene Familiensituationen zu berichten. Sie werden von den positiven Berichten anderer KursteilnehmerInnen dazu animiert, eine erfolgreiche Strategie selbst auszuprobieren. Als Trainerinnen zeigen wir Interesse und Respekt für die Befindlichkeiten und Bedürfnisse der Eltern. Dieses Erleben der Wertschätzung für die eigene Person motiviert die Eltern, dasselbe Interesse für die Persönlichkeit ihres Kindes zu zeigen. Das führt im Alltag zwischen Eltern und Kindern dazu, dass Eltern zunehmend Gelegenheiten nutzen, ihre Wertschätzung den Kindern gegenüber zu äußern.

Jedes als belastend geschilderte Alltagsbeispiel birgt auch positive Aspekte. Diese suchen wir und versuchen, dazu einen positiven Ansatzpunkt zu formulieren. Einige Fragen helfen, diese Ansatzpunkte zu finden:

- Wozu ist dieses Verhalten nützlich?
- Welche Vorteile bringt dieses Verhalten?
- Wem in der Familie bringt dieses Verhalten welche Vorteile?

Schon kleine Verhaltensänderungen verändern auch die Kommunikation der Eltern mit ihrem Kind und bewirken oft sofort eine Erleichterung schwieriger Alltagssituationen. Indem wir den Eltern ein möglichst konkretes Feedback geben, wollen wir den Blick der Eltern für kleine Veränderungen schärfen.

Ein Coaching-Kurs bietet ein gutes Forum für Bündnisse der Eltern untereinander. Gelingt es den TrainerInnen, die KursteilnehmerInnen in guten Kontakt miteinander zu bringen, können Eltern auch nach dem Kurs mit vertraut gewordenen Personen über den Erziehungsalltag sprechen.

Sicherheit geben

In einem Coaching-Kurs erfahren Eltern, dass es in anderen Familien ähnliche Schwierigkeiten gibt. Sie erfahren auch, dass sich im Gespräch mit anderen Eltern Lösungen finden lassen. Das Vertrauen in die eigene Erziehungskompetenz wächst, die Eltern erleben sich zunehmend wieder als wirksam und fühlen sich nach und nach in ihrer Elternrolle sicherer. Der Aspekt des Erlebens von Selbstwirksamkeit spielt eine zentrale Rolle für die seelische Gesundheit (Antonovsky 1997), prägt die Familienatmosphäre positiv und führt auch dazu, dass die Kinder sich sicher und aufgehoben fühlen.

Grundvoraussetzung dafür, dass Eltern, die Tag für Tag mit ihrem „schwierigen" Kind verbringen, sich öffnen können, ist, dass wir ihnen Respekt und Anerkennung für ihre Leistungen aussprechen. Wenn sie sich als zunehmend kompetent erleben, erzeugt das in ihnen die Hoffnung, dass es sich lohnt, am Ball zu bleiben, dass sich auch das Wagnis lohnt, neue Wege in der Erziehung zu gehen. Die Eltern sollen sich (wieder) zum Experten für ihr Kind bzw. ihre Kinder entwickeln.

Wesentlich für ein Gefühl von Sicherheit in der Elterngruppe ist das Gelingen des guten Austausches unter den Eltern. Deshalb werden gleich im ersten Setting die Kurs- und Gesprächsregeln ausführlich besprochen und in einem „Partnerinterview" umgesetzt. Dazu gehören vor allem die Verschwiegenheitsregel über im Kurs geschilderte Probleme sowie allgemeine Gesprächsregeln des aktiven Zuhörens und das gegenseitige Feedback geben (Ruth Cohn, Carl Rogers, Schulz von Thun).

Die Ressourcen suchen und Schwierigkeiten als Herausforderung sehen

Indem die Eltern in einem Coaching-Kurs ihre Aufmerksamkeit und Wahrnehmung durch entsprechende Übungen schärfen, ermöglichen wir ihnen einen anderen Blickwinkel für häusliche Schwierigkeiten. Wir fordern die Eltern auf, im Alltag auf gut gelungene Erziehungssituationen zu achten und von diesen zu berichten, so dass die anderen Kursteilnehmer oder die Kurstrainer ein bestärkendes Feedback an die Eltern geben können. Auf welches Verhalten die Eltern in welcher Weise reagieren wollen, entwickeln sie selbst unter Einbeziehung der Informationen, die sie von uns bekommen haben, ihrer ganz persönlichen Stärken und der neuen Ideen, die sie nach jedem Kurstermin mit nach Hause nehmen.

Als hilfreich empfanden die teilnehmenden Eltern, wenn ihre Stärken schriftlich fixiert wurden, so dass sie diese als „Anker" auf Moderationskärtchen mit nach Hause nehmen konnten. Ins Licht gerückte Ressourcen erhalten auf diese Weise doppelte Wertschätzung und Gewicht.

In „Powersätzen" formulierte Ressourcen der Kursteilnehmer ermuntern Eltern, sich auch einmal Ressourcen der anderen KursteilnehmerInnen auf Moderationskärtchen mit nach Hause zu nehmen und sich im Familienalltag auf die Suche zu begeben, ob der eine oder andere nicht auch in der eigenen Familie Einzug halten kann. „Powersätze" finden die Eltern durch eine Lösungstrance, die in Erinnerung an schon Gelerntes dazu auffordert, eine positive Aussage über sich selbst zu machen (methodisch der Hypnotherapie entnommen).

Eine große Herausforderung für Eltern ist immer wieder das Thema Konflikte (aufnehmen, „durcharbeiten" und zu einer Lösung kommen) und die Geschwisterrivalität. Wir kamen darauf, dass es hilfreich ist, den Konflikt im Lichte eines sportlichen Wettkampfes zu sehen. Sportlicher Ehrgeiz macht vielen Menschen Spaß und oftmals setzt er ungeahnte Energien frei.

Die Coaching Gruppe sehen wir als Sportlerteam, und sie erarbeitet Strategien gegen den Gegner: Alltagsstress.

Zu Hause ist die Familie das Sportlerteam und besteht gemeinsam den Hürdenlauf. Hürden sind hier: Konflikte.

Dem Problem einen anderen Rahmen geben oder Reframing

Konflikte und Probleme zeigen sich in der Regel an den empfindlichsten Stellen bei den einzelnen Familienmitgliedern und im Familiensystem. Konflikte ermöglichen den beteiligten Personen einen sehr engen und von emotionalen Äußerungen geprägten Kontakt. Gegenseitige Verletzungen sind häufig.

Ein Konflikt in der Familie kündigt manchmal einen neuen Entwicklungsschritt an. Ein Konflikt entsteht an Schwellen zur Veränderung und kann aus liebgewordenen Alltagsgewohnheiten, die dem Entwicklungsstand der Kinder oder der Familiensituation nicht mehr angemessen sind, herausreißen. Eine neue Situation erzeugt Unsicherheit und ist damit häufig das Streichholz, das einen Konflikt entzündet. Erst wenn ich den Konflikt als Chance erleben kann, eine Veränderung einzuleiten, komme ich meinen Lösungsmöglichkeiten und damit alternativem Verhalten näher.

Durch Fragen kann ich eine Konfliktsituation in einen anderen Zusammenhang stellen:

- Welche Wünsche habe ich für eine veränderte Beziehungsgestaltung zu meinem Kind in dieser Konfliktsituation?
- Kann ich aus Elternsicht meine eigenen Verletzungen in diesem Konflikt formulieren?
- Welche Erinnerungen und Verletzungen aus meiner eigenen Kindheit erlebe ich in der Situation mit meinem Kind wieder?
- Was „tut" dieser Konflikt für die Beziehung zu meinem Kind? (z.B. schafft Nähe, veranlasst mich, mich meinem Kind zuzuwenden, durch die geweckten Emotionen spüre ich mich intensiver, ...)
- Welche Chance steckt in diesem Konflikt für mich, für mein Kind, für meinen Partner, für die anderen Familienmitglieder?

Können die Eltern lernen, einen Konflikt als Startschuss für einen neuen Entwicklungsschritt in der Beziehung zu ihrem Kind zu sehen, verliert er langsam sein Image als Schreckgespenst des familiären Alltags und kann als Wachstumschance begriffen werden. Eine Vielzahl von Beispielen findet sich in den Videosequenzen von Schneewind, eines sei hier erwähnt (Schneewind 2005):

Ein Vater sitzt mit seiner jugendlichen Tochter beim Abendessen und wartet auf den Sohn, der noch am PC an einem sogenannten „Ballerspiel" sitzt, auch auf Rufen nicht reagiert. Eltern, die den Film sehen, können nun unter der Fragestellung „Wie würden Sie reagieren?" eine von drei Alternativen wählen, den Film Clip ansehen und mit Hilfe eines Kommentars bewerten und für eigenes Erzieherverhalten nutzen. Eine Alternative zeigt, wie der Vater es schafft, der Provokation durch den Sohn zu begegnen, und den Konflikt als Chance für ein Gespräch mit dem Sohn zu nutzen. Das beruhigt die Tochter, die sich wegen des ihrer Meinung nach schon fast süchtigen Spielverhaltens ihres Bruders Sorgen gemacht hatte, und wirkt sich positiv auf die Familienatmosphäre aus.

Präsent sein

Im Familienalltag präsent sein bedeutet, dass die Eltern lernen, ihren Familienalltag bewusst zu gestalten. Grundvoraussetzung hierfür ist, dass die Eltern sich selbst und ihr Kind möglichst genau beobachten und lernen, diese Beobachtungen möglichst genau zu schildern. Erziehung ist immer ein Experiment und erzieherisches Handeln erfolgt in der Regel spontan. Auf der Basis der geschärften Wahrnehmung können sich Eltern sehr konkrete (kleinschrittige) Ziele setzen. Wenn ich mir als Vater/Mutter Ziele gesetzt habe und weiß, wie unser familiäres Miteinander aussehen soll, bleibe ich im Alltag auch in prekären Situationen handlungskompetent.

Präsent sein meint auch: Ich bin da und ich werde alles mir Mögliche dazu tun, um wieder in einen guten Kontakt mit meinem Kind zu kommen. Das kann u.U. bedeuten: Ich gebe nicht nach, ich weiche nicht zurück, ich halte Stand. Besonders wichtig ist dies in Situationen mit Kindern, die als tyrannisch oder gewalttätig erlebt werden (Omer, von Schlippe 2004). Stand halten und elterliche Präsenz zeigen im Sinne des von Haim Omer entwickelten Konzeptes des „gewaltlosen Widerstands" (GWL) bedeutet, sich Grundannahmen, die zur Eskalation im Konflikt führen, bewusst zu machen, und eine neue Grundhaltung zu entwickeln im Umgang mit dem Kind: Es geht nicht darum, einen Kampf zu gewinnen, das kindliche Verhalten zu „verteufeln", das Kind zu kontrollieren (ich kann nur mich selbst, aber nicht andere kontrollieren), sofort und auf gleicher Ebene im Konflikt zurück zu „schießen". Sondern es geht darum, den elterlichen Standpunkt zu vertreten (unter anderem mit einem „Sit in" im Kinderzimmer), auch die positiven Aspekte des kindlichen Verhaltens wahrzunehmen und sich bewusst zu sein, dass meine Beziehung zum Kind in jedem Augenblick aufs Neue definiert wird und nicht schicksalhaft in unglücklichen Momenten für die Ewigkeit festgeklopft ist.

Um sich in Problemsituationen anders verhalten zu können, sind Fragen hilfreich:

- Was passierte genau vor einer eskalierenden Situation?
- Was genau habe ich gesagt?

- Wie habe ich mich gefühlt und was habe ich gefühlt?
- Was hat mein Kind gerade getan, bevor es zu dieser Situation kam?
- Wann kam es nicht zu der befürchteten eskalierenden Situation und was habe ich da genau (anders) gemacht?

Wichtig ist auch, das Kind zu der Situation zu befragen. Fragen nach dem, was ein Kind beschäftigt und nach seinen Gefühlen geben den Eltern Aufschluss darüber, welche Befindlichkeiten, Bedürfnisse und Gefühle ein bestimmtes Verhalten im Familienkontext beeinflussen.

Indem ich benenne (Maria Aarts 2002), was ich fühle und welche Befindlichkeiten ich bei meinem Kind, meinem Partner vermute, schaffe ich die Möglichkeit dafür, dass alle in meiner Familie über unsere Gefühlswelt etwas lernen und dadurch zu neuen Umgangsformen miteinander zu finden.

Erzieherische Konsequenzen überlegen und mit den Kindern vereinbaren

Ein schwieriger Familienalltag wandelt sich langsam. Eine eskalierende Situation kann ich bisweilen durch ein paradoxes Verhalten stoppen, aber eingeschliffene Familienmuster wandeln sich nur allmählich.

Im Coaching üben wir mit den Eltern, konkrete Ziele zu formulieren. „Mein Kind soll aufhören, mich zu nerven" reicht da nicht. Eltern werden sich nicht nur darüber klar, womit genau das Kind aufhören soll (z.B. mich beim Telefonieren zu stören), sondern auch, was das Kind konkret tun kann (ich kann z.B. dem Kind eine Beschäftigung geben und es darüber informieren, wie lange ich ungestört sein möchte).

Verhaltensmuster in Beziehungen zu verändern erfordert Geduld und einen langen Atem von den Eltern. Ziele, Regeln und Konsequenzen für ein neues Verhalten in der Familie müssen klar und konkret formuliert sein und immer wieder besprochen werden. Sie gelten für alle Familienmitglieder, auch für die Eltern. Hilfreich für alle Familienmitglieder ist es, diese zu visualisieren und an einer gut sichtbaren Stelle im häuslichen Bereich aufzuhängen. Je jünger die Kinder sind, desto bildhafter müssen diese Visualisierungen sein. Bücher oder Bilderbücher können den Prozess unterstützen.

Wichtig ist, dass in die Familien der Gedanke einzieht, dass es keine Gewinner und Verlierer geben muss, sondern dass es möglich sein kann, seinen Standpunkt zu vertreten und zu kooperieren, ohne dass eines der Familienmitglieder sein Gesicht verliert (Omer, v. Schlippe 2004). Regeln und Konsequenzen müssen gut besprochen und auch immer wieder veränderten Situationen angepasst werden, so dass alle Familienmitglieder die Bereitschaft entwickeln, sich gleichermaßen daran zu halten.

Argumentationsfallen vermeiden

Wenn Eltern beginnen, ihren Familienalltag genau zu beobachten, stellen sie oftmals fest: Unsere Konflikte laufen immer nach einem ähnlichen Schema ab. Dieses Schema und ebenso die Argumentationsfallen gilt es aufzuspüren, wenn man kindlichem Verhalten standhalten möchte, das man als provokant empfindet. Argumentationsfallen sind Botschaften, die immer wieder auf die gleiche verletzende Weise vom „Beziehungsohr" (Schulz v. Thun 1981) gehört werden und immer wieder die gleiche ablehnende Haltung erzeugen.

Aus der Kommunikationswissenschaft wissen wir, dass der Empfänger die Bedeutung einer Botschaft bestimmt. Wie eine Botschaft beim Empfänger ankommt, hängt wesentlich davon ab, welche Informationen er auf der Beziehungsebene heraushört (Schulz von Thun 1981). Es hilft den Eltern, sich daran zu erinnern, welche Sätze aus der eigenen Kindheit ein konfrontatives Verhalten bei ihnen selbst ausgelöst hatten. Das schärft ihre Wahrnehmung für „Konfliktkeulen" (Pöhlmann, Roethe 2003), die sie selbst ungewollt verteilen. Es gibt viele verbale „Keulen", die im Alltag gedankenlos verwendet werden. Im Coaching-Kurs sammeln wir diese verbalen Keulen und formulieren die Sätze so um, dass sie sich in „Türöffner" verwandeln. So wird z.B. aus Kritik („so geht das nicht, ... du machst das falsch") ein Feedback („ich finde das nicht in Ordnung, weil ..., ich finde besser, wenn ...").

Um die neuen Erfahrungen aktiv machen zu können, laden wir die Eltern ein, die konflikthaften Sätze auszuprobieren, indem sie tatsächlich eine große Keule aus Pappe schwingen, die Stimme erheben und die Wirkung spüren. In Kleingruppen können die Eltern dann die Kehrseite der „Keule", also eine konstruktive Äußerung erarbeiten. Sie probieren diese aus, indem sie den gefundenen Satz auf der als Hand gekennzeichneten Rückseite der Pappkeule schreiben und mit entsprechendem Ton und Gestik (die Hand reichen) inszenieren. Auf diese Weise können die Eltern mit Leichtigkeit und Spaß (oft sind die Kleingruppen von Gelächter begleitet) sich selbst reflektieren und ans Rollenspiel herangeführt werden. Das spielerische Ausprobieren verschiedener Sätze ermutigt die Eltern, zu Hause auch zu experimentieren und bewusst in schwierigen Situationen etwas ganz Neues auf für sie und die Kinder ungewohnte Weise zu sagen.

Das verhilft den Eltern zu einer besseren Kommunikation mit ihren Kindern, und hilft auch, den Provokationen des Alltags standzuhalten.

Zirkuläres und lösungsorientiertes Fragen

Zirkuläre und lösungsorientierte Fragen unterstützen den Prozess des Reframings, helfen, schwierige Situationen umrahmt von neuen Gedanken in einem anderen Licht wahrzunehmen (v. Schlippe, Schweitzer 1999). Zirkuläre Fragen erforschen die Annahmen der Familienmitglieder über Gedanken und Gefühle übereinander:

- Was meinen Sie, hat ihre Frau gedacht, als Sie ...?
- Was glauben Sie, hat Ihr Kind in dieser Situation empfunden?
- Welche Vermutung haben Sie darüber, was Ihre Frau, Ihr Kind glaubt, was Sie von ihr/ihm halten?

Zirkuläres Fragen rückt unterschiedliche Deutungen der Situation ins Bewusstsein. Solche Fragen geben Aufschluss über die Beziehungen zwischen den Familienmitgliedern und damit Einblicke in die „heimlichen" Sehnsüchte der Konfliktpartner. So kann beispielsweise ein trotziges „Nein, jetzt will ich nicht aufräumen" herausgenommen werden aus dem gedanklichen Rahmen: „Der hört nicht auf mich, nimmt mich als Vater/Mutter gar nicht ernst". Ein neuer gedanklicher Rahmen könnte sein: „Mein Kind ist mit dem Chaos im Zimmer überfordert und braucht einen Tipp, womit es beginnen kann", oder: „Mein Sohn ist enttäuscht, dass ich so wenig Zeit für ihn habe und möchte mit mir spielen". Je nachdem, welche Idee das Handeln und den Umgang miteinander leitet, wird die elterliche Reaktion sehr verschieden ausfallen. Die Art und Weise der Reaktion lässt im Kind ein Bild darüber entstehen, was die Eltern von ihm halten.

Im Rahmen des Elterncoaching ermöglichen Fragen und Übungen mit Rollenspielen den TeilnehmerInnen ein „Aha-Erlebnis". Eine Mutter sagte einmal nach einem Rollenspiel, in dem sie ihren Sohn spielte: „Jetzt verstehe ich zum ersten Mal, warum Peter nicht aufräumt und es ihm sogar Spaß macht, mich beim Aufräumen zu ärgern."

Die lösungsorientierte Therapie von Steve de Shazer und Insoo Kim Berg beginnt mit Fragen an den Klienten, in unserem Fall an die Eltern, in dem Moment, in dem erste Lösungsansätze im Bericht des Klienten auftauchen, also ein erstes Licht am düsteren Horizont erscheint. Durch skalierende Fragen („wo auf einer Skala zwischen 1 und 10 stehen Sie im Moment") und Fragen danach, was genau passieren müsste, um auf der Skala einen Punkt in der Bewertung nach oben zu kommen, nimmt der Therapeut den Klienten an die Hand und führt ihn sozusagen ans Licht heran.

Lösungsorientiertes Vorgehen im Elterncoaching bedeutet, einen Prozess bei den Eltern in Gang zu setzen, der mit dem Entdecken des ersten Hoffnungsschimmers auf Veränderung beginnt. Wir haben eine Reihe von Fragen entwickelt, die Eltern in diesem Sinne an die Hand nehmen. Damit sich in einer eingefahrenen Situation etwas verändern kann, braucht man Fragen, die den Ist-Zustand beschreiben, und Fragen, die neue Möglichkeiten in das Blickfeld rücken. Fragen, die den Ist-Zustand lösungsorientiert beschreiben, sind:

- Wann zeigt Peter dieses Verhalten?

- Was passierte kurz bevor Peter dieses Verhalten zeigte?
- Wann zeigt er dieses Verhalten in einer vergleichbaren Situation nicht?
- Was war anders, als er dieses Verhalten nicht zeigte?
- Was geht in Ihnen vor, wenn Peter dieses Verhalten zeigt?
- Wie reagieren der Vater/ die Mutter/ die Geschwister/ die Großmutter, wenn Peter dieses Verhalten zeigt?
- Wie reagiert Peter auf die Reaktionen der anderen Familienmitglieder?
- Was hat sich seit unserem letzten Treffen verändert?
- Woran würden Sie merken, dass ein Problem gelöst ist? (Steve de Shazer 1989)

Fragen, die neue Möglichkeiten ins Blickfeld rücken, sind:

- Was haben Sie anders gemacht, als das Verhalten nicht auftrat?
- Wie lange ist das Problem nicht aufgetreten?
- Was machen Sie gut?
- Was müssten Sie tun, damit Sie es schaffen, mehr davon zu machen?
- Was würden Sie vermissen, wenn Peter nicht mehr dieses Verhalten zeigen würde?

Lösungshypothesen „er"-finden und auf Alltagstauglichkeit prüfen

Wichtig ist, die gefundenen Lösungswege mit den Eltern auf ihre Umsetzbarkeit im Alltag hin zu überprüfen. Hören die Eltern Lösungsmuster aus anderen Familien, werden sie selbst erfinderisch und haben den Mut, etwas auszuprobieren, was bei anderen gut funktioniert hat. Manchmal klappt das gut, manchmal entpuppt sich das, was in der einen Familie gut funktioniert, in einer anderen Familie als besonderer Zündstoff. Da zeigt sich ganz schnell, dass die Superlösungen der Supernanny nicht ganz so effektiv sind, wie sie uns manchmal erscheinen. Anregungen und der Austausch mit anderen Familien sind ganz wichtig. Die Integration des Neuen in der Familie ist jedoch ein Prozess, den jede Familie in der für sie ganz eigenen Weise leistet.

Zurück zum Ausgangspunkt

An dieser Stelle möchten wir wieder zum Ausgangspunkt zurückkehren, die Wahrnehmung zu schärfen für das, was im Alltag einer Familie gut funktioniert. Das passiert in unserem Elterncoaching-Kurs in vier Schritten:

1. Wahrnehmen der eigenen Stärken
2. Wahrnehmen der nonverbalen Aspekte der Kommunikation

3. Wahrnehmen der Entwicklungschancen, die Konflikte beinhalten
4. Wahrnehmen der Lösungen für konflikthafte Situationen und diese ins Familienleben integrieren.

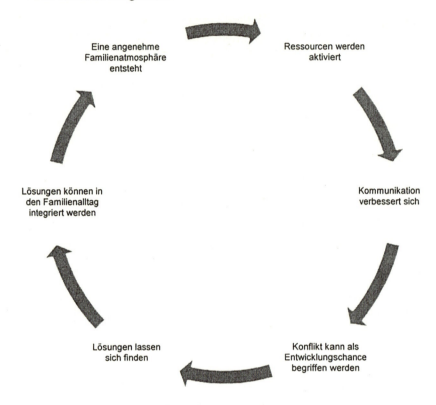

Abbildung 3: Schritte des Elterncoachings

Die Eltern lernen, mit konfliktgeladenen Situationen umzugehen und die schönen Momente im Leben mit ihren Kindern zu genießen. Um Zeit zum Experimentieren mit Neuem zu geben, haben die Eltern zwischen den vier Kursterminen je 2 Wochen Zeit. Die Eingangsrunden beim nächsten Treffen, in denen die Eltern von ihren Erfahrungen berichten, sind sehr spannend, für uns TrainerInnen und für die Eltern. Manchmal erleben die Eltern, dass das problematische Verhalten ihres Kindes „verschwunden" ist, wenn sie nach Hause kommen und eine neue Strategie ausprobieren wollen. Das liegt daran, dass die Kinder die veränderte Haltung und die veränderte Erwartung der Eltern spüren, die sich in einer Fülle nonverbaler Botschaften an die Kinder unbewusst weiterleitet. Dies zeigt auch die therapeutische Erfahrung mit Eltern und Kindern: Wir erleben es immer wieder, dass Symptome bei Kindern sich verändern oder manchmal sogar ganz verschwinden, wenn es Eltern gelingt, ihre Haltung zu verändern und damit verbunden andere Botschaften an Kinder zu übermitteln (Strobl 2000). Kinder reagieren sehr sensibel auf die Elternerwartung, auch die unbewusste (Juul 2001), nicht sprachlich kommunizierte. Auf dieser vorsprachlichen Basis lernen Babies Schritt für Schritt, sich in einer aus ihrer Perspektive immer komplexeren Welt mit immer neuen Lernzielen zurechtzufinden (Stern 2007). Diese Fähigkeit bleibt unser Leben lang erhalten und kann bewusst genutzt werden, besonders auch von Eltern in der Erziehung ihrer Kinder. (Abb. 3).

Literatur

Aarts, Maria (2002): Marte Meo. Ein Handbuch. Harderwijk: Aarts Pruductions.
Antonovsky, Aaron. (1997): Salutogenese – Zur Entmystifizierung der Gesundheit. Tübingen: Deutsche Gesellschaft für Verhaltenstherapie.
Hawelleck, Christian; Schlippe, Arist von (2005): Entwicklung unterstützen – Unterstützung entwickeln. Systemisches Coaching nach dem Marte Meo Modell. Göttingen: Vandenhoeck & Ruprecht.
Hawelleck, Christian; Meyer zu Gellenbeck, Kai (2005): Die Kunst der kleinen Schritte. In: Hawelleck, C.; Schlippe, A. v. (Hg.). Entwicklung unterstützen – Unterstützung entwickeln. Göttingen: Vandenhoeck & Ruprecht, S. 83.
Juul, Jesper (2001): Das kompetente Kind. Reinbeck: Rowohlt.
Lävemann, Ursula; Strobl, Charlotte (2006): Eltern-Gruppen-Coaching, systemisch, lösungsorientiert, ressourcenorientiert. Weinheim: systhema, Zeitschrift des Instituts für Familientherapie, Heft 1, S.43-51.
Omer, Haim; Schlippe, Arist von (2004): Autorität durch Beziehung. Die Praxis des gewaltlosen Widerstands in der Erziehung. Göttingen: Vandenhoeck & Ruprecht.
Papousek, Mechthild (2004): Regulationsstörungen der frühen Kindheit. Bern: Huber.
Pöhlmann, Simone; Roethe, Angela (2003): Die Streitschule. Paderborn: Junfermann.
Satir, Virginia (2009): Selbstwert und Kommunikation. Stuttgart: Klett-Cotta.
Schlippe, Arist von; Schweitzer, Jochen (1999): Lehrbuch der systemischen Therapie und Beratung. Göttingen: Vandenhoeck & Ruprecht.
Schneewind, Klaus (2003): Eine interaktive CD-Rom/DVD zur Stärkung der elterlichen Erziehungskompetenzen für Eltern mit Kindern zwischen 6 und 12 Jahren. München: Communication Concepts GmbH.
Schneewind, Klaus (2005): Eine interaktive CD-Rom/DVD zur Stärkung der elterlichen Erziehungskompetenzen für Eltern mit Jugendlichen. München: Communication Concepts GmbH.
Schneewind, Klaus (2007): Eine interaktive CD-Rom/DVD zur Stärkung der elterlichen Erziehungskompetenzen für Eltern von Kindern im Vorschulalter. München: Preview Production.
Schulz von Thun, Friedemann (1981): Miteinander reden 1. Störungen und Klärungen. Reinbek bei Hamburg: Rowohlt.
Shazer, Steve De (1989): Wege der erfolgreichen Kurztherapie. Stuttgart: Klett-Cotta.
Stern, Daniel (2007): Die Lebenserfahrung des Säuglings. Stuttgart: Klett-Cotta.

Strobl, Charlotte (2000): Systemisches und kindertherapeutisches Arbeiten im Vorschulbereich. Entwicklungsmöglichkeiten im Integrationskindergarten. Weinheim: systhema, Zeitschrift des Instituts für Familientherapie, 14. Jahrgang, Heft 3, S. 268.

Watzlawick, Paul; Beavin, Janet, H.; Jackson, Don, D. (1969): Menschliche Kommunikation – Formen, Störungen, Paradoxien. Bern: Huber.

Meinrad M. Armbruster

ELTERN-AG

Das Empowerment-Programm
für mehr Elternkompetenz in Problemfamilien

Das Projekt ELTERN-AG richtet sich an sozial benachteiligte und bildungsferne Eltern sowie Eltern mit Migrationshintergrund mit Kindern von 0–6 Jahre an. Sein Angebot besteht in einem niedrigschwelligen Training zur Steigerung der Erziehungskompetenzen. Das Konzept der ELTERN-AG (Armbruster, 2006) ist für Familien geschaffen, die sich den üblichen Beratungsangeboten verschließen und welche durch die am Markt befindlichen – meist mittelschichtorientierten – Erziehungskursen nicht zu erreichen sind. ELTERN-AG arbeitet zu 100 Prozent mit Eltern, die nach soziodemographischen Kriterien von Marginalisierung betroffen sind (s. Abbildung 1).

Problem

- *Soziale Benachteiligung* wird in Deutschland häufig an die nächste Generation weiter gegeben
- Studien wie Pisa, Timss, OECD-Bildungsbericht, IGLU, Worldvision-Kinderstudie belegen, dass insbesondere in Deutschland die *soziale Herkunft über die persönliche Zukunft* entscheidet
- Der Entwicklungszeitraum zwischen *Geburt und Einschulung* ist die wichtigste Entwicklungsphase im Leben eines Menschen und wird am nachhaltigsten durch die Eltern geprägt.
- Die meisten sozialen und psychischen Probleme des Kindes- und Jugendalters haben ihren Ursprung in *Störungen der frühen Kindheit* ausgelöst durch eine inkonsequente Eltern-Kind-Interaktion, ungenügende Sensibilität und Erziehungsfehler.
- *Sozial benachteiligte Eltern* suchen i.d. R. weder von sich aus Hilfe auf noch sind sie *vorhandenen Angeboten gegenüber aufgeschlossen.*

Bedarf

Sozial benachteiligte Eltern benötigen Hilfe zur Selbsthilfe, um

- die eigenen Erziehungskompetenzen zu verbessern
- die sozio-emotionalen und kognitiven Fähigkeiten ihrer Kinder zu stimulieren
- für gesunde Ernährung, Bewegung und förderliche Konsumgewohnheiten ihrer Kinder zu sorgen
- nachbarschaftliche Netzwerke zur gegenseitigen Hilfe aufzubauen
- die Kooperationsfähigkeit mit Einrichtungen im frühpädagogischen Bereich zu steigern

Abb. 1: Sozial benachteiligte Kinder und ihre Eltern benötigen ein auf ihre Bedürfnisse zugeschnittenes Hilfe-zur-Selbsthilfe-Angebot.
Quelle: MAPP- Empowerment gGmbH.

Der Ansatz steht nicht in Konkurrenz zu anderen Programmen (Elternkurse wie u.a. TripleP, Starke Eltern – Starke Kinder und STEP), da diese nach eigenen Angaben sozial benachteiligte Eltern kaum ansprechen bzw. die Eltern über die Kursdauer an sich binden können. Zur Zeit ist das Projekt hauptsächlich in Sachsen-Anhalt und Mecklenburg-Vorpommern aktiv.

Kernpunkt der Überlegungen zu Anfang war es, dass die meisten sozialen und psychischen Probleme des Jugend- und Erwachsenenalters ihren Ursprung in Störungen haben, die in der Kindheit angelegt wurden. Sie werden sehr oft durch elterliche Fehlhaltungen, unbeabsichtigte Erziehungsfehler und eine nicht gelingende Eltern-Kind-Interaktion hervorgerufen. Die Kindheit vieler Eltern aus der sozialen Risikogruppe war selbst durch günstige Entwicklungs- und Bildungserfahrungen bestimmt, welche vor allem in Armut, unzureichender Förderung und sozialer Ausgrenzung begründet sind. Solche Eltern weisen chronifizierte Verletzungen auf, die sie im emotionalen, kognitiven und sozialen Persönlichkeitsbereichen beeinträchtigen und deren Erscheinungsformen sich negativ auf die Entwicklung der eigenen Kinder auswirken. Andere Eltern leiden unter gravierenden lebensgeschichtlichen Einschnitten, wie etwa Dauerarbeitslosigkeit oder chronischer Erkrankung, die ihr Selbstwertgefühl massiv herabsetzen und sie an ihren eigenen Fähigkeiten und ihrer Bedeutung für die Gesellschaft zweifeln lassen. Die wahrgenommene Vergeblichkeit eigener Anstrengungen und die Perspektivlosigkeit werden an die Kinder weitergegeben.

Das Leid und die Frustration dieser Problemfamilien, welche die og. Faktoren evozieren, können gemindert oder sogar gestoppt werden, wenn es gelingt, möglichst frühzeitig in der Lebensphase der frühen Kindheit und des Vorschulalters durch Maßnahmen der Prophylaxe und klein kalibrierter Interventionen einzugreifen. Hier setzt ELTERN-AG als selektives Programm der primären Prävention zur Steigerung elterlicher Erziehungskompetenzen an.

Dieses Präventionsprogramm für Eltern, die unter langfristig erschwerten Bedingungen leben, soll in Sachsen-Anhalt (und darüber hinaus) ein fester Bestandteil bei den gegenwärtigen Bemühungen um eine Verbesserung der frühen familiären Bildung werden. Frühe familiäre Bildung, insbesondere eine angepasste Elternbildung, wird bislang zugunsten der institutionellen Bildung im Elementarbereich vernachlässigt, obwohl alle einschlägigen Studien zeigen, dass es die elterliche Erziehung ist, die den größten Einfluss auf die kindliche Entwicklung ausübt (Krumm et al. 1999).

Elternbildung liegt deshalb im öffentlichen Interesse und ist gleichermaßen ethisch als auch volkswirtschaftlich angezeigt. ELTERN-AG verspricht insbesondere hinsichtlich der folgenden Punkte eine nachhaltige Verbesserung in der elementaren Erziehung:

- Randständige bildungsferne Eltern erfahren für die Phase der Nestbildung und die ersten sechs Lebensjahr ihrer Kinder durch die ELTERN-AG oft erste und entscheidende Impulse für die Erziehung und Bildung ihrer Kinder. Sie erfahren persönliche Aufwertung und Verstärkung. Sie lernen, ihr Tun zu reflektieren und vorhandene Kompetenzen wahrzunehmen, zu nützen und auszuweiten.
- Für die unterprivilegierten Kinder erhöht sich die Chance, zu einem biographisch sehr frühen Zeitpunkt eine sensible, liebevolle Erziehung, Stimulation und Förderung durch einfühlungsfähige, verantwortungsbewusste, aber auch durchaus authentische Eltern zu erfahren. Dadurch steigt für diese Kinder die Wahrscheinlichkeit, ihre kognitiven und emotionalen Fähigkeiten besser zu entwickeln, Kontrollerfahrungen zu machen und Belastungen stabiler standzuhalten und Schule und Berufsausbildung erfolgreicher zu durchlaufen.
- Investitionen in die Elternbildung gerade bei sogenannten Problemgruppen erweisen sich als besonders wichtig, da dem Elternhaus für die Erziehung mindestens ebenso große Bedeutung zukommt wie dem Kindergarten. Jüngste Forschungsarbeiten zeigen eindrucksvoll, dass die institutionelle Erziehung elterliche Erziehungsdefizite nicht auszugleichen vermag. Nach Ergebnissen der PISA-Studien gehören zwischen 20 und 25% der 15-Jährigen eines Jahrgangs in Deutschland zu den unterprivilegierten Kindern.

Empirische Untersuchungen zeigen auf, dass die eher mittelschichtorientierten Elternschulen, die konventionelle Erziehungsberatung oder die Ratgeberliteratur die Eltern der sozialen Randgruppe nicht erreichen. Die ELTERN-AG hat deshalb einen spezifischen Ansatz von Empowerment entwickelt, der den Sozialisations- und Lebensbedingungen der sozial benachteiligten Klientel besonders Rechnung trägt.

Mentoren und Mentorinnen (Elterntrainer) als Fachleute des Befähigens bemühen sich in einer sog. Vorlaufphase sehr intensiv um die Gewinnung ihrer Klientel, d.h. sie werben um ihre „Kunden": Nicht die Eltern sind an das Programm anzupassen, sondern das Programm an die Eltern. Sie betrachten die Eltern als Experten ihrer Kinder sowie ihrer Lebenswelt und bringen ihnen die entsprechende Hochachtung entgegen. Mentoren arbeiten mit Methoden der positiven Psychologie stringent ressourcenorientiert, d.h. sie vermeiden bewusst die übliche verbale Problemfokussierung und die Fixierung auf die Defizite. Mentoren „empowern" nach dem Prinzip der „gleichen Augenhöhe" konsequent elterliche Stärken und Fähigkeiten im Bereich früher Erziehung.

Theorie: Bedürfnis- und entwicklungspsychologische Grundlagen

ELTERN-AG ist ein Präventionsprogramm, das ausgehend vom bedürfnispsychologischen Theorienmodell von Grawe (2004) auf die Schulung der Früherziehungskompetenzen und die Stärkung der Selbsthilfepotentiale von Eltern durch Empowerment abzielt. Aufgrund von Bildungsferne, Armut und Migrationshintergrund sind Eltern mit sozialer Benachteiligung an der Befriedigung ihrer essentiellen persönlichen Bedürfnisse gehindert, so dass sie nicht in der Lage sind, die Grundbedürfnisse ihrer eigenen Kinder angemessen wahrzunehmen und zu befriedigen.

Kinder mit Risikobedingungen entwickeln in ihren ersten Lebensjahren häufig ein geringes Selbstbewusstsein, mangelndes Konzentrations- und Durchsetzungsvermögen, schwache Durchsetzungskraft, gelernte Hilflosigkeit und letztlich psychische Labilität, wenn die psychischen Grundbedürfnisse dauerhaft frustriert werden. Diese frühen vorsprachlichen Erfahrungen hinterlassen neurologisch ungünstige Bahnungen und wirken als „funktionale Narben" (Braun, 2006). Nach Grawe (2004) sind alle Menschen auf psychische Konsistenz ausgerichtet. Sie stellt das Streben nach einem übergeordneten Wohlbefinden dar, das auf einer Befriedigung der Grundbedürfnisse beruht. Bleiben ihre Bedürfnisse zeitlich überdauernd ungestillt, leiden sie an einem hohen Maß an Inkonsistenz, weil sich eine Vielzahl aktuell aktivierter Prozesse gegenseitig behindert und zu Dysregulationen führt. In der frühkindlichen Lebensphase formt sich die Persönlichkeitsstruktur des Menschen heraus, jedoch können Mangelerfahrungen noch nicht sprachlich kodiert werden. Solche defizitären Erfahrungen wirken im Unbewussten fort und sind für die Aufarbeitung schwer zugänglich. Das verletzte Selbst von sozial benachteiligten Menschen versucht sich zu schützen, indem es sich gegen äußere Zugriffe immunisiert und Vermeidungsstrategien entwickelt. Eine Vielzahl entwicklungs- und neuropsychologischer Studien bestätigen, dass sich die Störung emotionaler und sozialer Kompetenzen bereits in den ersten Lebensabschnitten strukturell niederschlagen und manifestieren.

Bedürfnis nach Orientierung und Kontrolle

Prinzipiell ist das Bedürfnis nach Orientierung und Kontrolle eng mit anderen Grundbedürfnissen assoziiert. Personen mit positiven Kontrollüberzeugungen verfügen über ein höheres Maß an Selbstwirksamkeitserwartungen, Selbstvertrauen und Lebenszufriedenheit. Dadurch fühlen sie sich insgesamt wohler und sind optimistischer und resistenter gegenüber Stress. Verletzungen des Kontrollbedürfnisses münden in emotionsorientiertem Verhalten anstelle eines problemorientierten Bewältigungsverhaltens. Personen mit emotionsorientiertem Verhalten leiden häufiger unter körperlichen und psychischen Störungen, Stress, generalisierten Beeinträchtigungen des

Wohlbefindens, Frustrationen, Ängsten, erlernter Hilflosigkeit und Depression. Die Unkontrollierbarkeit aversiver Ereignisse in den ersten Lebensjahren ist einer der wichtigsten Vulnerabilitätsfaktoren für Erkrankungen im Erwachsenenalter und für hohe Komorbidität. Viele Verletzungen des Kontrollbedürfnisses in der frühen Kindheit, z. B. chronische Vernachlässigung tauchen später in posttraumatischen Belastungsstörungen wieder auf (Armbruster 2000; Armbruster u. Bartels 2005).

Bedürfnis nach Bindung

In den ersten Lebensmonaten sind Säuglinge vollkommen von ihren Bezugspersonen abhängig. Bereits in dieser Zeit verinnerlichen sie ihre frühen Beziehungserfahrungen, welche im weiteren Entwicklungsverlauf ihre Erwartungen an die eigene Selbstwirksamkeit und die Kontrolle über Ereignisse bestimmen. Wenn Säuglinge und Kleinkinder die Erfahrung machen, dass bestimmte primäre Bezugspersonen stets dann verfügbar sind, wenn sie es brauchen, bahnen sich in ihnen positive Strukturen und sie sind in der Lage, alle kommenden Entwicklungsaufgaben besser zu bewältigen. So gelingt es ihnen im Kindesalter besser, soziale Kontakte aufzunehmen, und im Jugend- und Erwachsenenalter, stabilere intime zum anderen Geschlecht aufzubauen und verhilft dauerhaft zu einer stabilen Erwartungshaltung. Auf der anderen Seite führen Zurückweisungen und fehlende Verlässlichkeit, die unsicher gebundene Kinder im Alter von wenigen Monaten erfahren, zu sehr heftigen Gefühlsregungen. Diese legen sich im impliziten Gedächtnis nieder und bahnen negative Wahrnehmungs-, Verhaltens-, emotionale und motivationale Reaktionsbereitschaften.

Bedürfnis nach Selbstwerterhöhung

Das Grundbedürfnis nach Selbstwerterhöhung setzt sich aus dem Bewusstsein seiner selbst und der Fähigkeit zu reflexivem Denken zusammen. In der kindlichen Entwicklung dauert es einige Jahre bis sie sich so weit herausgebildet haben, dass Empfindungen der Selbstwertverletzung wie z. B. Scham oder Kränkung überhaupt erst als Kognition in Erscheinung treten. Im ersten Lebensabschnitt können zwar das Kontroll- und Bindungsbedürfnis frustriert werden, jedoch nicht das Bedürfnis nach Selbstwerterhöhung. Nichtsdestotrotz beeinflussen die von außen provozierte Nichtbefriedigung der Bedürfnisse auf der Kontroll- und Bindungsdimension das sich formierende Selbst in dieser frühen Zeit negativ und führen somit zum verinnerlichten negativen Selbstbild in der späteren Kindheit und im Jugendalter. Die wiederholten vorsprachlichen Frustrationen von Erwartungen münden in dominanten, dem Bewusstsein nicht zugänglichen Vermeidungsmustern, da sich die intentionalen Annäherungsschemata nicht ausprägen konnten.

Bedürfnis nach Lust

Das Bedürfnis nach Lustgewinn und Unlustvermeidung geht automatisch mit positiv und negativ bewerteten Ereignissen einher. Diese rufen Annährungs- und Vermeidungstendenzen hervor. Kinder, die wiederholt unangenehme und frustrierende Erfahrungen erleben, unterdrücken diejenigen Verhaltensweisen, die mit Misserfolgen einhergehen. So verhindern sie einerseits auf Dauer negative Emotionen. Andererseits werden weniger Annährungsschemata durch neuronale Bahnung und Strukturbildung erzeugt. Kinder mit einem hohen Maß an Unlusterfahrungen sind störanfälliger. Sie beantworten Frustrationen ihres Bindungs- und Kontrollbedürfnisses mit negativen Emotionen und höherer Irritierbarkeit. In ihrem Explorations- und Interaktionsverhalten reagieren sie eher ausweichend. Diese ersten Lebenserfahrungen sind vorsprachlich und graben sich tief in das implizite Gedächtnis ein, und sind später nur schwer zugänglich. Dennoch beeinflussen sie das Selbst in seinen Verhaltens- und Lernbereitschaften in der Zukunft nachhaltig, wodurch sich das Risiko von Entwicklungsrückständen, sozio-emotionalen Störungen und kognitiven Defiziten erhöht.

Nichtsdestotrotz stellen diese Befunde kein Anlass zu Hoffnungs- und Tatenlosigkeit dar. Bei Vorliegen negativer Bindungserfahrungen ist es durchaus möglich durch gezielte Maßnahmen die elterliche Empathie zu verbessern. Viele Menschen haben trotz ausgeprägter Vermeidungsstrategien ein starkes Bedürfnis nach selbst aufwertenden Wahrnehmungen. Das implizite Funktionssystem tendiert eher zu selbstwerterhöhenden Emotionen und Verhaltensweisen als das explizite (Grawe 2004). Es liegt demzufolge nahe, Menschen mit schlechtem Selbstwertgefühl auf implizitem Weg positiv zu beeinflussen. Deshalb wird dem impliziten Funktionsmodus im Zusammenhang mit dem Lernen in der ELTERN-AG eine bestimmende Rolle zugeschrieben (vgl. Armbruster 2006).

Umsetzung

Ablauf

Das Kernprojekt gliedert sich in drei Teile: a) die Schulung der ELTERN-AG-Mentoren und Zertifikation, b) Zusammenstellung der Elterngruppen, c) Durchführung von Elterngruppen mit jeweils 20 Sitzungen durch zwei Mentoren der Mentoren (s. Tafel 2). Die Mentorenausbildung umfasst neben der theoretischen Schulung eine ausgedehnte Praxisphase, in welcher eine komplette ELTERN-AG unter engmaschiger Praxisanleitung, Hospitation und Supervision durchgeführt wird.

Für die theoretische Ausbildung der Mentoren sind ca. acht und die Nachbereitung ca. vier Wochen eingeplant. Diese Vorbereitung der Mentoren – i.d.R. AkademikerInnen aus Sozialberufen (Sozialpädagogik, Psychologie,

Erziehungswissenschaften) - findet berufsbegleitend in drei mehrtägigen Blöcken statt. Hier werden die inhaltlichen und methodischen Bausteine zum Konzept der ELTERN-AG und dem Konzept der ELTERN-AG vermittelt sowie die spezifische Arbeitsweise praktisch eingeübt.

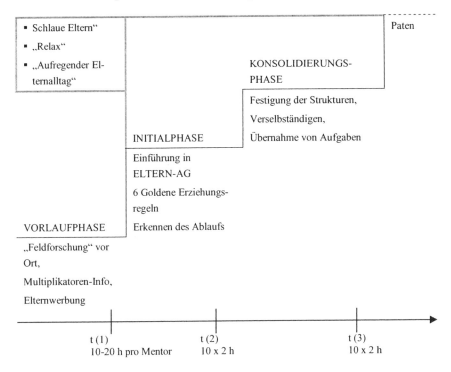

Abb. 2: ELTERN-AG-Ablaufschema. Quelle: MAPP-Empowerment gGmbH

Teil I:	Theoretische Mentorenausbildung
Teil II:	Praktische Mentorenausbildung und Elterntraining • Vorlaufphase (Zusammenstellung der Eltergruppen) • Initialphase (Elterngruppensitzungen 1-10) • Konsolidierungsphase (Elterngruppensitzungen 11-20)
Teil III:	Theorie-/ Praxisintegration

In der anschließenden Vorlaufphase wird die Elternwerbung eingeübt. In den ersten zwei Wochen machen die Mentoren zunächst „Feldforschung" und treten in Kontakt zu Einrichtungen des Kiezes wie Kindertagestätten, Bildungsträgern und Fachleuten wie Kinderärzten und Streetworkern, um Orte und Lebensbedingungen ihres künftigen Klientels kennenzulernen. In den darauf folgenden Wochen werden die Eltern kontaktiert. Mit Hilfe bestimmter Formen wie z.B. Spielplatz- oder Clownaktionen und Basaren für Kinderkleidung wird die Begegnung gesucht und im persönlichen Gespräch den Eltern – wenn möglich Mutter und Vater – der Ansatz vorgestellt: Sie werden über die ELTERN-AG und den Ablauf informiert und zur ersten Sitzung eingeladen.

In der sog. Initialphase finden die ersten 10 Sitzungen mit den Eltern statt. Schwerpunkte bilden die Kernelemente „SchlaueEltern/Wissensvermittlung", „Relax" und „Mein aufregender Erziehungsalltag" sowie das Herausbilden einer Gruppenidentität.

Im Verlauf der *Konsolidierungsphase* – Sitzungen 11-20 – erfolgt die Vertiefung von Gruppenthemen und die Diversifizierung der Gruppe mit weiteren erziehungsrelevanten Aktivitäten. In dieser Phase übernehmen die Eltern im Sinne künftiger Selbsthilfe zunehmend Verantwortung für die Gestaltung der Treffen. Die Inhalte der Treffen beider Phasen richten sich ausschließlich nach den Bedürfnissen der Eltern mit der einzigen Einschränkung, dass das Thema stets um die Erziehung und die Kinder kreisen soll. Die Mentoren übernehmen die Rolle von Begleitern und Beratern im Hintergrund, welche einerseits den Austausch zwischen den Eltern anregen, andererseits den Prozess flankieren und im Sinne des ELTERN-AG-Ansatzes moderieren. Außerdem vermitteln sie Sachinformationen in kurzen Blöcken.

Vor Abschluss der Ausbildungsphase findet gemeinsam mit dem Projektteam und den Mentoren ein weiterer Kursbaustein zur Reflexion der praktischen Erfahrungen statt, der mit dem Abschlusskolloquium und der Übergabe eines Zertifikates endet. Die zertifizierten Mentoren führen in Kooperation mit dem Träger auf der Basis von Werkverträgen eigenständig Elterngruppen durch. Die Elterngruppen werden von jeweils zwei ELTERN-AG MentorInnen mit akademischer Ausbildung durchgeführt. Für jede Elterngruppe wird Kinderbetreuung bereitgestellt. Im Rahmen von Qualitätssicherung und Evaluation werden die teilnehmenden Eltern während des Trainings am Ende jeder Sitzung befragt. Die Mentoren dokumentieren die Ergebnisse und erstellen unter Wahrung von Vertrauens- und Datenschutz einen strukturierten Abschlussbericht für die Auftraggeber. Der Träger sorgt jeweils für kostenlose Beratung, Supervision und Fortbildung der Mentoren. ELTERN-AG® ist seit 2006 ein eingetragenes Markenzeichen.

Das Projekt wurde über drei Jahre durch eine intensive Begleitforschung intensiv auf seine Wirksamkeit untersucht. Mit den Kindern wurde ein Entwicklungs- und Fähigkeitstest durchgeführt, welcher die Veränderungen erfasste. Nichtteilnehmende Eltern mit parallelisierten Merkmalen, die sich zur Untersuchung bereit erklären, wurden einer Kontrollgruppe zugeordnet, um die Effekte der ELTERN-AG-Interventionen zu sichern.

Finanzierung

Das Präventionsprogramm ELTERN-AG finanzierte sich zwischen 2004 und 2006 zum einen aus öffentlichen Geldern (Förderung des Kultusministerium des Landes Sachsen-Anhalt, Ministerium für Gesundheit und Soziales des Landes Sachsen-Anhalt) und zum anderen aus Sponsoren- und Stiftungsgeldern sowie Spenden der freien Wirtschaft. Seit 2007 erwirtschaftet das Projekt auf der Basis eines Business-Plans seine Mittel durch Verkauf der Gruppen sowie durch Fort- und Weiterbildung selbst in der Rechtsform einer gemeinnützigen gGmbH. Wichtige Vertragspartner sind Träger wie Wohlfahrtsverbände, Jugendämter sowie Krankenkassen und Stiftungen.

Da das Programm sich ausschließlich sozial benachteiligte und bildungsferne Eltern sowie Eltern mit Migrationshintergrund richtet, ist für Eltern die Teilnahme an den Gruppen des Projekts ELTERN-AG kostenfrei.

Organisation

Träger des Projektes war zwischen 2004 und 2006 die gemeinnützige Magdeburger Akademie für Praxisorientierte Psychologie (MAPP e.V.), ein eingetragener Verein. Die Initiatorinnen und Initiatoren führen das Projekt ab 2007 im Rahmen einer Existenzgründungsinitiative als Gesellschafter in einer gGmbH. ELTERN-AG ist als An-Institut der Hochschule Magdeburg-Stendal anerkannt. Im Projekt sind neben dem wissenschaftlichen Leiter hauptberuflich eine Projektleiterin, eine Koordinatorin und eine Ausbildungsleiterin sowie zwei SupervisorInnen tätig. Die wissenschaftliche Begleitung erfolgt durch ForschungsmitarbeiterInnen. Als Mentorinnen und Mentoren wirken fortlaufend ca. 65 zertifizierte Fachkräfte nebenberuflich mit. Honorarkräfte, Praktikanten und Studenten unterstützen die ELTERN-AG bei verschiedenen Aktivitäten.

Bedarf an niedrigschwelligen Elternschulen

Bislang waren über 650 teilnehmende Eltern in das Programm der ELTERN-AG involviert, zu denen mehr als 1250 Kinder gehören (s. Tafel 3). Sie leben in der Landeshauptstadt Magdeburg, allen Regionen Sachsen-Anhalts sowie Regionen in Mecklenburg-Vorpommern. Das Projektteam bemüht sich, eine möglichst weite Streuung der Elterngruppen über Sachsen-Anhalt und die angrenzenden Bundesländer zu erreichen. Davon ausgehend dass in Sachsen-Anhalt die Arbeitslosenquote im Jahr 2007 bei 17,4% liegt (vgl. Statistisches Landesamt Sachsen-Anhalt, 2009), muss bei einer Bevölkerung von 2,2 Mio. von deutlich über 200.000 arbeitslosen Frauen und Männern ausgegangen werden. Dabei sind zusätzliche andere Aspekte wie erschwerende familiäre Bedingungen (z.B. Alleinerziehendenstatus) noch nicht separat berücksichtigt. Der Armutsbericht der Bundesregierung aus dem Jahr 2009 geht davon aus, dass 14,3% der Bevölkerung unter der Armutsgrenze leben, in Ostdeutschland beträgt die Armutsquote fast 20% (vgl. Armutsbericht der Bundesregierung, 2009). So gibt es bundesweit etwa 11,4 Mio Menschen, die hinsichtlich ihrer Einkommensverhältnisse als sozial benachteiligt gelten können.

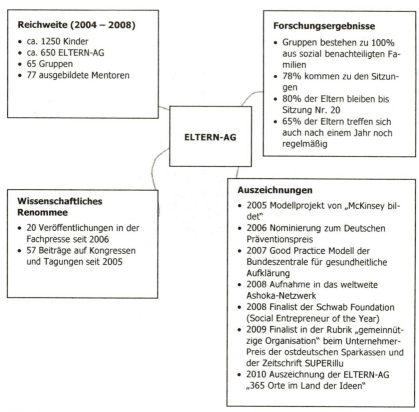

Abb. 3: Bisher ist die Eltern-AG in Sachsen-Anhalt tätig – die bisherigen Erfolge bestätigen das Konzept der Eltern-AG. Quelle: MAPP-Empowerment gGmbH.

Kurz-, mittel- und langfristige Ziele

Angestrebt wird bei der Einführung und Etablierung von ELTERN-AG-Strukturen die Umsetzung von kurz-, mittel- und langfristigen Zielen. Hierfür ist eine möglichst breite Vernetzung mit allen Trägern der Jugend- und Familienhilfe notwendig. In der ersten Phase der Institutionalisierung (kurzfristige Ziele) werden über die Träger Mentoren ausgebildet, relevante Einrichtungen informiert sowie Familien aus der Zielgruppe informiert. In den darauffolgenden Monaten – mittelfristige Ziele – werden. Elterngruppen geworben und zusammengestellt. In diesen Gruppen werden jeweils insgesamt 20 ELTERN-AG-Sitzungen durchgeführt. Langfristiges Ziel ist es, die Bildung von Selbsthilfegruppen auf der Grundlage des ELTERN-AG-Ansatzes zu fördern und diese zu pflegen. Die elterlichen Selbsthilfe- und

Erziehungsfähigkeiten sollen mittels Empowerment nachhaltig beeinflusst und verbessert werden, die Chancen der Kinder auf eine positive Entwicklung sollen erhöht sowie die Kooperationsfähigkeiten der Eltern gestärkt werden. Dafür unterliegt das Projekt ELTERN-AG der ständigen empirischen Qualitätskontrolle und passt sein Angebot den sich ändernden Anforderungen durch Weiterentwicklung an. So soll das übergeordnete Ziel erreicht werden, dass Kinder mithilfe des Programms verbesserte Schuleinstiegschancen haben und ihr weiterer schulischer Werdegang sowie ihre Berufsbildungsbiographie positiv beeinflusst werden. ELTERN-AG will durch die frühe Intervention Eltern zu erfolgreichen Erziehern machen und die kindliche Resilienz sowie soziale Schutzfaktoren stärken.

Begleitforschung 2004 bis 2006

Mit Unterstützung des Kultusministeriums Sachsen-Anhalt wurde von April 2004 bis Dezember 2006 eine Begleitforschung durchgeführt, auf die sich die unten stehenden Daten beziehen (Sodtke und Armbruster 2007).

In dem genannten Zeitraum von 2004 bis Ende 2006 erfolgten in ganz Sachsen-Anhalt 37 ELTERN-AG-Gruppen. 70 Mentoren wurden ausgebildet. 323 Eltern, davon 84,8 Prozent weiblichen Geschlechts und 15,2 Prozent männlichen Geschlechts, die den soziodemographischen Kriterien entsprachen, und über 600 Kinder haben in dieser Zeit von der ELTERN-AG profitieren können. Im Verlauf der 20 Sitzungen lag die durchschnittliche Anwesenheit bei 70,3 Prozent, wobei lediglich knapp 10 Prozent der Teilnehmer ohne Grund den Kurs abgebrochen haben. 11 Prozent der Eltern konnten den Sitzungen nicht mehr beiwohnen, da sie schwerwiegende persönliche Probleme hatten, unter anderem Trennung vom Partner, erneute Schwangerschaft, Erkrankung des Kindes. 3,9 Prozent der Eltern haben aufgrund einer Maßnahme des Arbeitsamtes zeitlich nicht mehr an dem Kurs teilnehmen können. 3,4 Prozent der Teilnehmer sind schwer erkrankt, dadurch bestand für sie keine Möglichkeit mehr, an den Treffen teilzunehmen. Die Kurse fanden in 16 verschiedenen Orten (Blankenburg, Burg, Dessau, Genthin, Halberstadt, Haldensleben, Magdeburg, Osterburg, Parey, Quedlinburg, Schönebeck, Seehausen, Staßfurt, Stendal, Wernigerode, Wittenberg) statt.

Eine Vielzahl der ELTERN-AGs trifft sich nach Beendigung des Kurses als Selbsthilfegruppe mit Patenschaft der bisherigen Mentoren weiter. 89,4% (N=198) der Eltern waren mit den Themen, die in der ELTERN-AG angesprochen wurden, zufrieden. Im Verlaufe des Kurses hatten 70,2 Prozent der Teilnehmer die Möglichkeit, ihre Erfahrungen im Alltag oft bis sehr oft anzuwenden. 24,7 Prozent der Eltern bemerkten bei der Umsetzung in ihrer häuslichen Umgebung Schwierigkeiten. So gelang es ihnen bisher nur manchmal, die neu erlernten Fähigkeiten umzusetzen. Diese Personen wünschten sich nach Beendigung des Kurses, an einem weiteren teilnehmen zu dürfen. Insgesamt hatten 82,3 Prozent der teilnehmenden Personen nach Beendigung des Kurses das Gefühl, ihre Erfahrungen auch weiterhin oft bis sehr oft nutzen zu können. Sie fühlten sich gestärkt im Umgang mit ihren Kindern, schätzten insgesamt die Beziehung zu ihren Kindern positiver ein und fühlten sich sicherer im Umgang mit Problemen.

Des weiteren schätzten sie den Austausch mit anderen Eltern. Der Wandel, den die Eltern während des Kurses an sich wahrnahmen, fiel sowohl den Mentoren auf und wurde als positive Veränderung von den Multiplikatoren bestätigt. Alle Eltern hatten mehr oder weniger ein soziales Netzwerk aufbauen können, sei es durch das Fortbestehen der Treffen über das offizielle Ende des Kurses hinaus (74,25 Prozent) oder durch die positivere Kommunikation verbunden mit einer besseren Zusammenarbeit mit den Multiplikatoren der frühpädagogischen Einrichtungen (24,75 Prozent). 1 Prozent der Teilnehmer haben hierzu keine Angaben getätigt.

Wie gestärkt und positiv motiviert sich die Eltern zum Ende des Kurses fühlten, sowohl im Umgang mit der eigenen Kompetenz, dem eigenen Stressverhalten und im Umgang mit ihren Kindern, zeigt sich letzten Endes auch darin, dass 97 Prozent der Teilnehmer, die ELTERN-AG weiterempfehlen. Zusammengefasst verteilen sich die Effekte der ELTERN-AG auf folgende Bereiche:

- Für sozial benachteiligte Kinder erhöht sich die Chance beträchtlich, zu einem biographisch sehr frühen Zeitpunkt eine kompetente Erziehung, Stimulation und Förderung durch verantwortungsbewusste und sensibilisierte Eltern zu erfahren, die im Austausch mit anderen Eltern stehen. Es ist zu erwarten, dass sich dadurch ihre Chancen auf eine gute psychosoziale Entwicklung und auf Schul- und Ausbildungserfolg verbessern.

- Die Untersuchungsergebnisse zeigen, dass Eltern, vor allem solche, die den traditionellen Unterstützungsangeboten eher skeptisch bis ablehnend gegenüberstehen – z.B. sogen. Bildungsferne und Modernisierungsverlierer – sich in der Phase der ersten Lebensmonate ihres Kindes bzw. während der Vorschulphase als erste und entscheidende Erziehungs- und Bildungsinstanz unterstützt, gestärkt und aufgewertet erfahren. Sie berichten, dass die ELTERN-AG ihnen geholfen hat zu lernen, wie sie ihre Kompetenzen besser wahrnehmen, nützen und ausweiten können.

- Last but not least, die Untersuchungsergebnisse zeigen, dass die Eltern durch das Empowerment lernen, ihre eigenen Kräfte, Fähigkeiten und Potentiale in ELTERN-AG-Selbsthilfegruppen einzubringen und die psychosoziale Infrastruktur vor Ort besser für ihre Kinder und sich selbst zu nutzen.

Literatur

Armbruster, M.M. (Hrsg.) (2000): Misshandeltes Kind - Hilfe durch Kooperation. Freiburg: Lambertus Verlag.

Armbruster, M. M. und Bartels, V. (2005). Kooperation der verschiedenen Dienste bei Kindesmisshandlung, -vernachlässigung und sexuellem Missbrauch. In: Deegener, Günther; Körner, Wilhelm (Hrsg.): Kindesmisshandlung und Vernachlässigung. Ein Handbuch (S. 405-417). Göttingen: Hogrefe.

Armbruster, M. [2006]. Eltern-AG: Das Empowerment-Programm für mehr Elternkompetenz in Problemfamilien. Heidelberg: Carl Auer Verlag.

Braun, A.K. (2006): Wie Gehirne Lernen lernen. Oder. Früh übt sich wer ein Meister werden will. Magdeburger Akademie für Praxisorientierte Psychologie e.V. Vortrag vom 02.02. 2006. Magdeburg.

Grawe, K. (2004): Neuropsychotherapie. Göttingen: Hogrefe.

Krumm, V., Wetzek, G., Tietze, W., Hundertmark-Mayser, J., Rossbach, H.-G., Paiacios, J., Lerra, M. J. [1999]. European Child Care and Education Study. School-age Assessment of Child Development: Long-term impact of Pre-school Experiences on School Success, and Family-School Relationships. Brussels: Final Report for Work Package 2.

Sodtke, D. und Armbruster, M. M. (2007). ELTERN-AG - Die niedrigschwellige Elternschule für die frühe Kindheit. Praxis der Kinderpsychologie und Kinderpsychiatrie 56(8), 707-720.

Stierle, M., Stierle, G. und Jazbinsek, D. [2006]. Deutscher Präventionspreis 2006. Stärkung der Elternkompetenz in Schwangerschaft und früher Kindheit. Gütersloh: Bertelmann Stiftung.

Gabriele Engel und Ursula Klotmann

Patchworkfamilien sind anders

Patchworkfamilien[1] (PF) sind zu einem festen Bestandteil unserer Gesellschaft geworden. Um sie ranken sich viele Mythen sowohl in der Gesellschaft als auch im professionellen Kontext, die dem Gelingen des Zusammenlebens nicht förderlich sind.

Systemisches Arbeiten und Patchworkfamilien (PF)

Dass sich immer mehr Paare auf das Abenteuer einer PF einlassen spiegelt sich auch in der täglichen Arbeit der Erziehungsberatung wider. In diesem Kontext haben die Autorinnen als Systemische Familientherapeutinnen und Elterncoaches gemeinsam über viele Jahre Erfahrungen in der Beratung von PF gemacht. Die Grundlage ihrer Arbeit ist das Systemische Denken und Handeln.

Systemisches Denken bedeutet ganzheitliches Denken. Das Verhalten des Einzelnen wird nicht isoliert verstanden, sondern im Kontext seiner Geschichte, Beziehungen und Lebensumstände. Der Blick auf die Gegenwart mit ihren aktuellen Fragen, Konflikten, Entscheidungen und Herausforderungen wird verknüpft mit dem Wissen um die Vergangenheit und mit den Zielen der Zukunft.

Dabei werden Symptome als Vorboten von anstehenden Veränderungen gewürdigt. Leid bringende Kommunikationsmuster, Beziehungsdynamiken und Verstrickungen werden erkannt, hinterfragt und gegebenenfalls verändert. Verhalten wird nicht mehr nach seiner Ursache, sondern in Bezug auf seine wechselseitige Wirkung betrachtet.

Die Akzeptanz unterschiedlicher Sichtweisen erweitert den Horizont und ermöglicht, die vorhandene Vielfalt an Bildern und Lösungen zu nutzen. Vor dem Hintergrund dieses Ansatzes wird im folgenden Fachwissen über Entwicklung, Struktur, Rollen, Aufgaben und typische Beziehungsdynamiken in PF vermittelt.

---

1 Die Patchworkfamilie wird auch als Stieffamilie, Mehrelternfamilie, Zweitfamilie bezeichnet. Im folgenden Text wird die Patchworkfamilie PF genannt.

Was ist eine Patchworkfamilie?

Einer Trennung und Scheidung oder Verwitwung folgt in vielen Fällen die Bildung einer neuen Lebensgemeinschaft oder Ehe. Eine PF ist ein sehr komplexes Familiensystem, bei der zwei Erwachsene (ein Paar) mit mindestens einem Kind immer oder zeitweise zusammen leben. Mindestens ein Partner bringt eines oder mehrere Kinder aus vorangegangenen Beziehungen mit. Häufig kommen noch gemeinsame Kinder hinzu. PF[2] sind hinsichtlich ihrer Zusammensetzung sehr unterschiedlich

- In der *Stiefvaterfamilie* leben die Kinder unter einem Dach mit der Mutter und deren neuem Mann bzw. Lebensgefährten.
- In der *Stiefmutterfamilie* leben die Kinder mit dem Vater und dessen neuer Frau bzw. Lebensgefährtin zusammen.[3]
- In der *Zusammengesetzten PF* bringen sowohl der Mann als auch die Frau Kinder aus vorangegangenen Beziehungen mit. Die Kinder bekommen somit nicht nur einen Stiefvater bzw. eine Stiefmutter, sondern auch eines oder mehrere Stiefgeschwister.
- Bei der *PF mit gemeinsamem Kind* wird ein Kind des neuen Paares in eine der o.g. Familienformen hineingeboren. Dieses ist dann das Halbgeschwister der anderen Kinder.

Die zeitliche und räumliche Ausgestaltung dieser Lebensformen wird individuell sehr unterschiedlich gehandhabt. Den Kindern obliegt die Aufgabe, zwischen der Alltags-PF und der Wochenend-PF hin und her zu pendeln. Dies ist eine große Herausforderung für alle Beteiligten und sollte in der Beratung besondere Berücksichtigung finden.

Die Besonderheit von Patchworkfamilien

In der professionellen Beratung und Begleitung von PF muss die Besonderheit dieser Familienform ausreichend berücksichtigt werden.

Geschichte mit Verlusterfahrungen

Der Gründung einer PF geht in jedem Fall ein gravierender Verlust voraus, sei es durch die Trennung des ehemaligen Paares oder durch den Tod eines Partners bzw. Elternteils. Solche Verluste gehen mit starken Gefühlen des Schmerzes, der (Verlust-)Angst und mit Schuldgefühlen einher. Ob dies offen gezeigt werden darf oder versteckt und verleugnet wird und wie gut der Abschied gelungen ist, wirkt sich auf die Entwicklung der PF stark aus.

---

2 Der Begriff wird verwendet unabhängig davon, ob das Paar verheiratet ist.
3 Auf eine Stiefmutterfamilie kommen derzeit ca. vier Stiefvaterfamilien.

Keine Phase ohne Kinder

Mann und Frau als Paar sind immer die Architekten einer Familie. Für die Entwicklung der Kinder ist die Stabilität der Paarachse außerordentlich wichtig. Sie vermittelt das Gefühl von Kontinuität und ist damit die Basis für Vertrauen in Beziehungen. In einer PF sind die Voraussetzungen für den Aufbau der Paarbeziehung allerdings erschwert. Es gibt keine Zeit als Paar, in der nicht mindestens ein Erwachsener die Verantwortung für ein Kind hat und dafür Energie benötigt. Die Trauer um das Fehlen einer ersten unbeschwerten Zeit ist bei Paaren in PF häufig noch nach Jahren zu spüren.

Fragmentierte Elternschaft

Es gibt in einer PF mindestens drei Elternfiguren, häufig vier oder sogar mehr. Wir unterscheiden vier Grundtypen von Elternrollen: Väter und Mütter, Stiefväter und Stiefmütter. Die Anforderungen und Aufgaben an leibliche Väter und Mütter unterscheiden sich gravierend zu denen an Stiefväter und Stiefmütter. Das Gelingen der neuen Familie hängt wesentlich von der klaren Zuordnung und Einhaltung der jeweiligen Verantwortlichkeit ab.

Rollen- und Beziehungsvielfalt

Der am meisten beeindruckende Unterschied durch neue Partnerschaften und Wiederheirat ist die Vielzahl der dazugehörenden Personen und Beziehungen. Wichtige Plätze scheinen mehrmals besetzt zu sein.[4] Wenn es auf der Kinderebene Stiefgeschwister gibt, kann es zu erheblichen Veränderungen der Geschwisterpositionen kommen, was mit Irritationen und Verlustängsten einhergeht. Bekommt das neue Paar gemeinsame Kinder, haben diese als Halbgeschwister der älteren Kinder eine ganz besondere Stellung inne, weil sie als einzige mit allen verwandt sind.

Fehlende positive Leitbilder

Für die Ausgestaltung der Stiefelternrollen gibt es wenig positive Leitbilder. Mit der bösen Stiefmutter aus dem Märchen möchte die neue Partnerin des Vaters sich ebenso wenig identifizieren wie der neue Partner der Mutter mit dem Bild des gewalttätigen Stiefvaters. So orientieren sich Stiefeltern häufig am Vorbild der leiblichen Elternschaft. Die Kinder reden dann über ihre Stiefeltern als von ihren Eltern, die Stiefeltern reden von ihren Stiefkindern als von ihren Kindern und stürzen sich, unterstützt und bestärkt durch ihre Partner, hoch engagiert in Versorgungs- und Erziehungsaufgaben. Dies ist auch bei Personen der Öffentlichkeit zu beobachten. Der besondere Status der PF wird so geleugnet und implizit als negativ bewertet.

---

4 Zu den leiblichen Großeltern kommt mindestens ein Stiefgroßelternpaar hinzu, zu den leiblichen Onkeln und Tanten Stiefonkel und Stieftanten.

Die Entwicklung zur Patchworkfamilie anhand des Modells „Das Familienhaus" von Engel und Klotmann

Das Familienhaus der Kernfamilie

In ihrer gemeinsamen Arbeit mit Paaren, Eltern und Familie verwenden die Autorinnen das Bild eines Hauses als Metapher für die Familie. Dabei dienen die Stockwerke und die Zimmer dieses Hauses als Metapher für die Beziehungen der Einzelnen zueinander und zu sich selbst.

Die Idee: Auf das Fundament der individuellen Einzelzimmer von Mann und Frau eröffnen beide das gemeinsame Paarzimmer, dem nach der Geburt des ersten gemeinsamen Kindes die Elternetage und die Kinderetage folgen.

Durch das Visualisieren und Strukturieren können Rollen, Aufgaben, Bedürfnisse und Erwartungen sowie wichtige Themen, Problemlagen und Konflikte der verschiedenen Familienphasen anschaulich und verblüffend einfach den jeweiligen Beziehungsebenen zugeordnet werden.

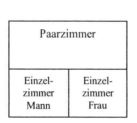
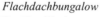
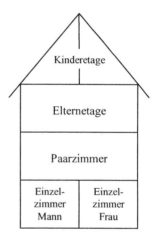

Flachdachbungalow   *Familienhaus*

Abbildung 1: Das Familienhaus

Jede Etage korrespondiert mit der/den anderen Etage/n und Zimmern. Zu Beginn der Paarbeziehung gleicht das Familienhaus einem Flachdach-Bungalow mit den Einzel- und Paarzimmern. Diese Phase gibt es in der PF nie, da die Eltern- und Kinderetage zumindest bei einem der Partner schon vor der Paarbildung bestand.

Ebenso, wie Menschen sich in Häusern mit geeigneten Einrichtungen wohler fühlen, werden Beziehungen, die den Rollen, Aufgaben, Werten und Bedürfnissen der einzelnen Familienmitglieder gerecht werden, eher zur

Zufriedenheit der Einzelnen, der Subsysteme und des Gesamtsystems beitragen.

Das Einzelzimmer

Das Einzelzimmer ist der Raum für die Individualität von Mann und Frau in genetischer, kultureller, ursprungsfamiliärer und sozialer Hinsicht. Hier werden Ich-Entscheidungen getroffen. Das Einzelzimmer ist begründet in der jeweiligen Herkunftsfamilie und der sich daraus ergebenden individuellen Biografie und Sozialisation. Hier wird der Schatz der individuellen Erfahrungen, Erlebnisse, Erfolge und Frustrationen von Geburt an aufbewahrt.

Rollen und Fakten

Im Einzelzimmer haben Mann und Frau die vielfältigen familiären, beruflichen und freizeitlichen Rollen der Gegenwart, Vergangenheit und Zukunft inne: Sohn/Tochter, Bruder/Schwester, Enkel/in, Freund/in, Nachbar/in, Vereinsmitglied, Kollege/Kollegin, Chef/in, Mitarbeiter/in.

Die Ausgestaltung dieser Rollen birgt eine große Vielfalt und macht aus Systemischer Sicht den „Unterschied, der den Unterschied macht". Entsprechend der jeweiligen Erfahrungen, Modelle und Muster sind die Einzelzimmer eines jeden Hauses einzigartig gestaltet und eingerichtet.

Themen und Aufgaben

Die Kernaufgaben des Erwachsenen umfassen Selbstverantwortung und Selbstgestaltung in allen Lebensbereichen. Darunter verstehen wir das Erkennen und Erfüllen eigener Bedürfnisse ebenso wie die Bindungs- und Beziehungsgestaltung und die Organisation des eigenen Lebens und Alltags sowohl privat als auch beruflich.

Bedürfnisse und Erwartungen

Von Geburt an bis zu seinem Tod hat jeder Mensch körperliche, psychische und soziale Bedürfnisse auf unterschiedlichen Stufen, die hierarchisch aufeinander aufbauen und im Laufe des Lebens andere Formen annehmen. Zugehörigkeit und Autonomie, Geld und ökonomisches Auskommen, Kontakt zur Herkunft und zu Freunden, Gesundheit und Liebe sind einige der grundlegenden Bedürfnisse und Erwartungen im Einzelzimmer. Auch die Sehnsucht, Spuren zu hinterlassen und dadurch unsterblich zu werden und damit verbunden der Wunsch nach eigenen Kindern gehört dazu.

Das Paarzimmer

Das Paarzimmer ist der Raum für die Bezogenheit auf einen Liebes- und Sexualpartner und der Ort der Wir-Entscheidungen. Hier geht es darum, die Erfahrungen und Wünsche aus den Einzelzimmern einzubringen, zu vertreten und mit dem geliebten Menschen neue Regeln des Zusammenlebens zu verhandeln und zu entwickeln. Mit der Ausgestaltung des Paarzimmers legen der Mann und die Frau den Grundstein für ihre gemeinsame Familie und sind somit die Architekten ihres einzigartigen Familienhauses.

Rollen und Fakten

Im Paarzimmer haben Mann und Frau die Rollen des Geliebten und der Geliebten, des Lebenspartners und der Lebenspartnerin bzw. des Ehemannes und der Ehefrau. Aufgrund der Entscheidung für diesen Mann und diese Frau, und nur dadurch, wird jeder auch Teil der Familie des jeweils anderen. Somit gehören auch die Rollen des Schwiegersohnes und der Schwiegertochter, des Schwagers und der Schwägerin zum Paarzimmer.

Themen und Aufgaben

Für das Gelingen und Misslingen des Paarzimmers tragen beide zu gleichen Teilen die Verantwortung: 50% der Mann und 50% die Frau. Eine wesentliche Aufgabe besteht darin, aus der Mitgift der jeweiligen Einzelzimmer gemeinsame Paarwerte und Paarregeln über Verhandeln zu finden.

Die Beziehung als Paar zueinander steht als Hauptthema im Mittelpunkt. Relevant bei allen Grundsatz- und Alltagsthemen ist dabei der gemeinsame Umgang mit Lust und Leidenschaft, mit Nähe und Distanz, mit Geben und Nehmen und mit Bestimmen und Folgen (vgl. Jellouschek 2003). Diese Überthemen sind immer verknüpft mit dem gegenseitigen Streben nach Dank und Ausgleich. Zu den wichtigsten Grundsatz- und Alltagsthemen eines Paares zählen: Sexualität; Lebensentscheidungen und Zukunftsplanung wie Wohnort und Wohnform, Heirat, Kinderfrage; Ressourcenverteilung von Geld und Zeit; Aufgabenverteilung im Alltag wie Berufsarbeit, Hausarbeit, Versorgung der Kinder; Alltags- und Jahresrituale wie Rhythmisierung von Tag, Woche, Jahr, große Feste und Familienfeste; Kontaktgestaltung als Paar zu den Herkunftsfamilien, Freunden, Nachbarn etc.

Eine ideale Voraussetzung für beidseitige Zufriedenheit im Paarzimmer ist die Entwicklung einer konstruktiven Kommunikationskultur, die auch Streiten und Versöhnen beinhaltet.

Bedürfnisse und Erwartungen

Im Paarzimmer geht es um die physischen, psychischen, emotionalen und sozialen Bedürfnisse und Erwartungen von Mann und Frau bezogen aufeinander. Es handelt sich um eine horizontale Beziehung zwischen Erwachsenen mit dem Ziel der Gleichberechtigung bezüglich der Erfüllung der Bedürfnisse. Dazu zählen: Körperkontakt, Zärtlichkeit, Leidenschaft, Sexualität, Begehrt werden und für den anderen wichtig sein; Liebe geben und empfangen, Fürsorge, Respekt und Achtung.

Wenn sich ein Paar für ein Kind entschieden hat, verdoppeln sich die Stockwerke des Familienhauses. Aus dem Flachdachbungalow wird ein

Haus mit vier Stockwerken. Dem Paarzimmer schließen sich die Elternetage und die Kinderetage an.

Die Elternetage

Die Elternetage ist ein reines Arbeitszimmer, in dem Wir-Entscheidungen im Blick auf die Kinder verhandelt, getroffen und in Aufgaben umgesetzt werden müssen. Die Verantwortung für diese Etage haben beide Eltern immer zu je 50%.

Rollen und Fakten

Mit Zeugung und Geburt des ersten gemeinsamen Kindes nehmen Mann und Frau zusätzlich zu ihren bisherigen Rollen die Rollen als Vater und Mutter in der gemeinsamen Elternschaft ein, die unabhängig von ihrer Ausgestaltung und der jeweiligen Lebensform lebenslang bestehen.

Themen und Aufgaben

Der Auftrag in der Elternetage beinhaltet adäquate Fürsorge und Versorgung, Schutz und Unterstützung, Entwicklungsbegleitung und Erziehung. Das Elternverhalten orientiert sich an den Bedürfnissen und Entwicklungsaufgaben der Kinder (Maslow 1981; Glöckner 1999). Die Geschwisterposition muss immer im Blick sein.

Erziehungswerte, -ziele und -verhalten sowie funktionale Aufgabenverteilung werden zwischen Vater und Mutter verhandelt. Die Beziehungsstärkung zwischen Eltern und Kindern kann durch die Erziehungsberater angeleitet werden, z.B. durch den Hinweis auf explizite Vater-Kind-Zeiten bzw. Mutter-Kind-Zeiten.

Bedürfnisse und Erwartungen

Da Elternsein anstrengend ist und viel Energie erfordert braucht es Unterstützung von innen und von außen: innerhalb der Elternetage durch Kooperation, gegenseitiges Vertrauen, Anerkennung und Dank und von außen durch ein stützendes Netzwerk[5]. Bei der Erlernung der Elternrolle braucht es Informations- und Wissensvermittlung sowie Anerkennung der elterlichen Leistung durch Fachleute. Hier kann Erziehungsberatung ansetzen. Struktur und Rhythmisierung von Arbeitszeit und Pausen sind hilfreich.

Die Kinderetage

Die Kinderetage ist der Raum, in dem die Kinder heranwachsen und ihre Persönlichkeit entwickeln. Hier erleben sie Fürsorge und Versorgung und machen erste Bindungs- und Beziehungserfahrungen: vertikal zu den Eltern, Großeltern etc., horizontal zu Geschwistern, Cousins, Freunden, etc.

---

5 Verwandte, Freunde, Nachbarn, Babysitter, Vereine, Kirchen und andere Institutionen, Fachleute.

Rollen und Fakten
Hier hat das Kind die familiären, schulischen und freizeitlichen Rollen inne, die im Laufe der Entwicklung immer vielfältiger werden: Sohn/Tochter, Bruder/Schwester, Enkel/in, Cousin/Cousine, Nichte/Neffe, Spielkamerad/in, Freund/in, Schüler/in, sowie alle Rollen im Freizeitbereich wie Sport, Musik, Kunst, Kultur, Kirche etc.

Der Geschwisterposition kommt eine besondere Bedeutung zu. Es macht einen Unterschied und hat Auswirkungen, ob ein Kind Erstgeborenes, mittleres Kind, jüngstes Kind oder Einzelkind ist.[6]

Themen und Aufgaben
In der Kinderetage geht es um die Entwicklung der Identität auf körperlicher, geistiger, psychischer und sozialer Ebene. Es geht um Wachsen, Lernen und Erfahrungen in vielfältiger Hinsicht. Entwicklungsaufgaben müssen gemeistert werden im Prozess von der völligen Abhängigkeit als Säugling hin zum selbständigen Erwachsenen.[7]

c) Bedürfnisse und Erwartungen
Zur Bewältigung der o.g. Aufgaben benötigt das Kind Begleitung und Unterstützung der Eltern und anderer Erwachsener. Es braucht gute Rahmenbedingungen, altersgerechte Strukturen und das rechte Maß bei der Erfüllung folgender Bedürfnisse: Versorgung, Schutz und Orientierung, Liebe und soziale Zugehörigkeit, Erziehung und Anleitung, Förderung und Unterstützung, Vertrauen und Respekt, Raum zur Entfaltung und Begrenzung, Kompetenz durch Bildung und gute Modelle, elterliche Präsenz (Omer 2006) sowie eltern- und erwachsenenfreie Zeit (Maslow 1981; Glöckner 1999).

Aus Systemischer Sicht bedeutet Kind-Sein-Dürfen nach Engel und Klotmann auch das Recht, aus den Themen der Paar- und Einzelzimmer der Eltern herausgehalten zu werden, um die vorhandenen Energie für die eigenen Entwicklungsaufgaben zu nutzen.

Wie im Folgenden aufgezeigt wird, ist das bei PF eine ganz besondere Herausforderung. PF haben eine andere Geschichte als Kernfamilien und somit eine andere Normalität. Daher haben die Autorinnen das Modell des Familienhauses für die PF weiter entwickelt, um deren Besonderheit gerecht zu werden.

---

6   Auch bei Zwillingen ist es wichtig, zwischen älter und jünger zu unterscheiden.
7   Vgl. Theorien über Persönlichkeitsentwicklung bei Inge Seiffge-Krenke, (2004).

Das Familienhaus nach Trennung und Scheidung oder Tod eines Elternteils

Wenn ein Paar sich trennt oder ein Ehepartner bzw. ein Elternteil stirbt handelt es sich aus Systemischer Sicht um eine existenzielle Verlustkrise mit gravierenden Auswirkungen auf alle Etagen des Familienhauses. Tatsächlich wird bei Trennung und Scheidung nur das Paarzimmer geschlossen und die anderen Zimmer bleiben bestehen, wobei ihre Stabilität in Mitleidenschaft gezogen und in Gefahr ist. Beim Tod eines Partners bzw. eines Elternteils trifft dies strukturell ebenfalls zu, allerdings hat es auf die Beziehungen andere Auswirkungen. Die gemeinsame Geschichte und die Erfahrungen des Paarzimmers werden in das jeweilige Einzelzimmer integriert.

Die Trennung und die Zeit danach ist eine Phase des Umbruchs, der Krise und des Chaos' in sozialer, emotionaler und ökonomischer Hinsicht in allen Zimmern des Familienhauses. Alte Strukturen sind weggebrochen und neue noch nicht vorhanden.

Die Kinder leben jetzt in der Regel bei einem alleinerziehenden Elternteil. Der Kontakt zum anderen wird auf vielfältige Weise gelebt. Die Spanne reicht von absolut gerechter Aufteilung – eine Woche bei der Mutter und eine Woche beim Vater – bis hin zum Kontaktabbruch zu einem Elternteil. Das Drama für Kinder besteht nicht selten darin, dass sie die Präsenz beider Eltern vorübergehend verlieren. Einer ist ausgezogen und somit physisch weg, der andere psychisch vorübergehend zumindest teilweise nicht anwesend. Die Kinder spüren die Lücke und versuchen, sie auszufüllen:

Sie trösten, beraten, unterstützen, ersetzen und verbünden sich und rutschen dadurch aus der Kinderetage in andere Etagen des Familienhauses. Sie stehen dann auf der gleichen Ebene mit ihren Eltern:

- als Partnerersatz im Paarzimmer,
- als Co-Erzieher bei kleineren Geschwistern an der Seite eines Elternteils im Elternzimmer,
- als Freund/Freundin in den Einzelzimmern der Eltern.

Als Steigerung davon können sie auch auf die Ebene über die Eltern rutschen in Form einer Rollenumkehr und Parentifizierung. Scheinbar ziehen dann die Eltern ins Kinderzimmer ein und die Kinder ins Elternzimmer. Sie übernehmen Verantwortungen, die sie nicht tragen können.

Die genannten Dynamiken sind massive Überforderungen der Kinder. Die Energie, die sie zur Bewältigung ihrer Entwicklungsaufgaben benötigen, wird für das Erfüllen von Erwachsenenaufgaben abgezogen und steht im Kinderzimmer nicht mehr zur Verfügung. Leistungsabfall in der Schule, sozialer Rückzug und Verhaltensauffälligkeiten jeglicher Art sind dann die Symptome dafür, dass die kindlichen Bedürfnisse übersehen werden.

Für die Elternetage bedeutet dies, dass die Verantwortung für die gemeinsamen Kinder immer bei beiden leiblichen Eltern gleichermaßen verbleibt, auch wenn das Paarzimmer geschlossen wird. Dies gilt insbesondere bei gemeinsamem Sorgerecht. Dieser Anspruch erscheint in der Praxis oft wie die Quadratur des Kreises: Paare, die in der Paaretage zu keiner Einigung mehr kommen können und sich gerade deshalb getrennt haben, sollen nun in der Elternetage gut kooperieren. Dass diese Trennung der Ebenen gelingt, ist nicht selbstverständlich. Eltern brauchen hierbei Unterstützung und müssen für ihre Leistung auch von Seiten der Erziehungsberater anerkannt und gewürdigt werden. Folgende Themen rücken dabei in den Mittelpunkt: Wichtige Entscheidungen gemeinsam treffen (Wohnort, Schule etc.), finanzielle Versorgung und Absicherung, Absprache und Einhaltung bzgl. der Kontakte zum anderen Elternteil, Vermeidung von Auseinandersetzungen bei der Begegnung der Eltern und Übergabe der Kinder; Kinder nicht als Boten einsetzen, sondern eine Kommunikationsform wählen, die emotionalen Streit verhindert (E-Mail, Post, SMS); Kinder aus der Paaretage raushalten, nicht schlecht über den jeweils anderen Elternteil reden etc.

Das Familienhaus der Patchworkfamilie

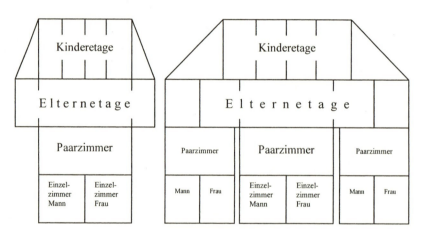

Links: Patchworkfamilienhaus aus der Sicht der Alltagspatchworkfamilie. Der Überhang der Eltern- und Kinderetagen wird sichtbar.

Rechts: Patchworkfamilienhaus mit allen möglichen Ebenen. Durch die Einbeziehung der ehemaligen Partner (und deren neue Familien) wird das Gesamtsystem stabiler.

Abbildung 2: Das Familienhaus der Patchworkfamilie

Die PF braucht ein eigenes Familienhaus. Man kann nicht einfach an das alte Familienhaus anbauen oder dieses umbauen, vielmehr muss das Alte ins Neue integriert werden. Jeder braucht einen guten Platz in der jeweils richtigen Etage im richtigen Zimmer, niemand darf vergessen oder ausgegrenzt werden.

Die Reihenfolge des Aufbaus eines PF-Hauses ist eine völlig andere als beim traditionellen Familienhaus: Die Elternetage und die Kinderetage existieren vor der Paaretage. Es gibt Eltern-Kind Subsysteme mit gemeinsamen Geschichten und Erfahrungen und daraus resultierenden Bindungsintensitäten. Hingegen fangen die Beziehungen zwischen Mann und Frau als Paar und zwischen Stiefeltern und Stiefkindern bei Null an.

Eine neue Identität als PF mit einer gemeinsamen Familiengeschichte und Zugehörigkeitsgefühlen wird erfahrungsgemäß frühestens nach drei bis vier Jahren[8] erreicht. Dies bedeutet, dass all diejenigen, die in PF leben und mit ihnen arbeiten, viel Geduld und Durchhaltefähigkeit benötigen.

Die folgenden Erläuterungen beziehen sich sowohl auf die Alltags- als auch auf die Wochenend-PF. Dabei werden die in Kapitel III aufgelisteten Rollen und Fakten, Themen und Aufgaben sowie Bedürfnisse und Erwartungen der verschiedenen Etagen als Grundlage auch für die PF vorausgesetzt. Die im Folgenden genannten kommen hinzu.

Das Einzelzimmer

Jetzt bringt mindestens ein Partner des neuen Paares im Einzelzimmer die Erfahrungen aus mindestens einem vorangegangenen Familienhaus mit.

Rollen und Fakten

Mindestens ein Partner des neuen Paares ist jetzt ehemalige(r) Lebenspartner(in), Geschiedene(r) oder Witwe(r). Hinzu kommen alle Rollen aus der ehemaligen Paaretage bezogen auf die Familie des ehemaligen Partners bzw. der ehemaligen Partnerin, d.h. man ist ehemalige(r) Schwiegertochter(sohn), Schwägerin/Schwager etc.

Themen und Aufgaben

Alle Erfahrungen auf allen Ebenen des vergangenen Familienhauses müssen verarbeitet und in das Einzelzimmer integriert werden: Die gravierenden Verlusterfahrungen und deren Folgen müssen ebenso gewürdigt werden wie die guten Zeiten mit dem ehemaligen Partner. Signale, an denen man erkennen kann, dass das Alte, Unerledigte noch wirkt, finden sich in allen Etagen des neuen Hauses.[9]

Eventuelle berufliche Neuentscheidungen, bedingt durch die neuen Rollen als Stiefeltern in der Elternetage und den daraus resultierenden Alltagsaufgaben[10], und die Bedingungen der Fortführung der eigenen finanziellen

---

8 Vgl. Verena Krähenbühl, u.a. (2001).
9 So können z.B. Hass, Wut, Rachgefühle und Verachtung gegenüber ehemaligen Partnern viel Energie rauben, schwächen und von den eigenen Themen und Wünschen ablenken.
10 Wenn Stiefmütter ihren Beruf aufgeben, um die Kinder ihres Mannes zu versorgen und wenn Stiefväter die finanzielle Versorgung der Kinder ihrer Frau übernehmen.

Versorgung auch im Alter müssen genau überlegt werden. Erfahrungsgemäß wird dieses zentrale Thema von den neuen Paaren oft ausgeklammert.

Bedürfnisse und Erwartungen

Aufgrund der hohen Anforderungen und Belastungen in den anderen Etagen ist die Gefahr in PF groß, die Bedürfnisse des Einzelzimmers zurückzustellen oder aus den Augen zu verlieren. Die Erziehungsberater sollten daher immer danach fragen, was Mann und Frau für sich selbst tun. Die wichtigsten Themen sind Beruf, Freizeit, Freunde, Erholung und Gesundheit sowie Kontakte zur eigenen Herkunft.

Das Paarzimmer

Die neue Paarbeziehung muss aufgebaut und gepflegt werden und im Zentrum des neuen Familienhauses stehen. Mit diesem grundlegenden Anspruch kollidieren in der PF die besonderen Bedürfnisse und Erwartungen der Eltern- und Kinderetage. Dieses Spannungsfeld muss in der Erziehungsberatung von PF berücksichtigt werden. Die Stärkung des Paares ist eine wichtige Aufgabe.

Rollen und Fakten

Die in Kapitel III.1.2 genannten Rollen erfahren bei Paaren in PF eine besondere Differenzierung. Rein faktisch macht es einen Unterschied, ob man der erste oder der zweite (dritte) Mann bzw. die erste oder zweite (dritte) Frau ist und ob nur einer oder beide ein ehemaliges Familienhaus in ihrem Einzelzimmer haben.

Themen und Aufgaben

Wie bereits erwähnt, entfällt für das Paar einer PF die wichtige Phase des Flachdachbungalows und somit auch eine unbeschwerte Anfangszeit ohne Kinder. Dadurch kommt zur Ausgestaltung der in Kapitel III.1.2 beschriebenen Aufgaben die besondere Herausforderung hinzu, sich trotz der immer vorhandenen Verantwortung für mindestens ein Kind ritualisierte Paarzeiten zu schaffen. Es muss Zeiten kinderfreier Inseln geben, in denen das Paar den Vorrang hat und sich ausschließlich den eigenen Paarthemen widmet. Gespräche über ehemalige Partner sowie über die Probleme mit den Kindern dürfen in diesen Zeiten keinen Raum bekommen.

Eine wichtige Aufgabe ist es, den Platz als zweite Frau bzw. zweiter Mann einzunehmen. Dabei ist der Blick auf die Fakten gerichtet und nicht auf die Qualität der Paarbeziehung. Eine zweite Ehe kann viel glücklicher sein als die erste, dennoch bleibt sie chronologisch immer die zweite. Zum richtigen Platz einnehmen gehört aus Systemischer Sicht, dass die/der Zweite der/dem Ersten dafür dankt, dass sie/er gegangen ist und somit den Platz an der Seite des geliebten Partners/der geliebten Partnerin frei gemacht hat. Der leibliche Elternteil muss dem Stiefelternteil in der Paaretage für die in der

Elternetage geleisteten Aufgaben danken und für einen guten Ausgleich sorgen.

Bedürfnisse und Erwartungen

Wichtig ist, dass die Partnerin als Geliebte und Frau gewählt wird und nicht als Ersatzmutter für die Kinder des Mannes und dass der Partner als Geliebter und Mann gewählt wird und nicht als Ernährer und Versorger der Kinder der Frau oder als der „starke Mann", der den strengeren Part in der Erziehung übernimmt.

Überhaupt ist in PF darauf zu achten, dass die Paaretage nicht funktionalisiert wird, wie z.B. durch die Erwartung, die/der Bessere (Beste) zu sein oder alles Leid des früheren geschlossenen Paarzimmers wieder gut – und damit ungeschehen – zu machen. Hierzu zählt auch ein bei Paaren in Patchworkfamilien häufig anzutreffendes gesteigertes Harmoniebedürfnis aus der Angst heraus, dass diese Partnerschaft ebenfalls zerbrechen könnte. Wichtige Paarthemen und -konflikte müssen angesprochen werden.

Zur Gestaltung des gemeinsamen Lebens gehört auch das Bedürfnis, ein Nest zu bauen, indem real ein neues Zuhause bezogen wird. Diese Interessen kollidieren allerdings mit den Bedürfnissen der Kinder nach Stabilität (s. auch S. 201ff.).

Die Elternetage

In der Elternetage gibt es „meine Kinder, deine Kinder und evtl. auch unsere Kinder". Die Verantwortung der leiblichen Eltern für ihre Kinder zu je 50% bleibt rein strukturell bestehen und wird ins neue PF-Haus integriert, sowohl bei der Alltags-PF als auch bei der Wochenend-PF. Bei der Verhandlung der Rahmenbedingungen und den Regeln des Zusammenlebens ist der Stiefelternteil allerdings gleichrangig zum leiblichen Elternteil.[11]

In der neuen Elternetage bleiben die Zimmer der leiblichen Eltern bestehen, die der Stiefeltern kommen durch die neuen Paaretagen hinzu. Dadurch werden Wir-Entscheidungen in unterschiedlichen Subsystemen erforderlich: vorrangig Mutter – Vater, Mutter – Stiefvater, Vater – Stiefmutter, aber auch Mutter – Stiefmutter und Vater – Stiefvater. Dies erfordert von allen Beteiligten ein hohes Maß an Kommunikation und Verhandlungsfähigkeit.

Vorhandene Beziehungen von Vater und Mutter und Eltern und Kindern müssen neu gelebt werden, die Ausgestaltung neuer Beziehungen müssen ge- und erfunden werden: Vater und Stiefmutter, Mutter und Stiefvater, Vater und Stiefvater, Mutter und Stiefmutter, Stiefeltern und Stiefkind(er). PF

---

11 Gemeinsame Essenszeiten, Ordnung im gemeinsamen Wohnbereich, Geldeinteilung bei den gemeinsamen Ausgaben u.a.

sind hierbei sehr einfallsreich. Die Palette reicht von wenig bis gar keinem Kontakt bis hin zu gemeinsamen Familienfesten und Urlauben.

Rollen und Fakten
Zu den biologischen Rollen der leiblichen Eltern kommen die sozialen Rollen von Stiefvater und Stiefmutter. Von Bedeutung ist dabei die Sorgerechtsregelung, die vom Erziehungsberater immer erfragt werden sollte.

Themen und Aufgaben
Die Aufgabenverteilung zwischen den leiblichen Eltern und Stiefeltern ist eines der wichtigsten Themen auf der Elternetage. Die leiblichen Eltern haben immer den Vorrang bezogen auf Pflichten und Rechte gegenüber ihren Kindern. Dazu gehören auch die Unterhaltszahlungen. Die Stiefeltern haben ihren Platz in der Elternetage ausschließlich über die jeweilige Paaretage.[12] Alles was sie für ihre Stiefkinder tun, tun sie primär ihrem Partner zuliebe und brauchen hierfür einen Ausgleich in der Paaretage. Es gibt typische Dynamiken und Gefahren, die die Erziehungsberater kennen müssen, um Gegenstrategien zu entwickeln:

Überengagement
Stiefeltern möchten häufig perfekt sein: Stiefmütter neigen zu einem überfürsorglichen bis hin zu aufopfernden Verhalten. Sie fühlen sich alleine verantwortlich für den Haushalt, die Erziehung und die emotionalen Beziehungen in der Familie und geben nicht selten ihre Berufstätigkeit auf. Stiefväter übernehmen oft die Verantwortung für die finanzielle Sicherheit der gesamten Familie. Nicht selten wird auf die Unterhaltszahlung der leiblichen Eltern verzichtet, damit endlich Ruhe einkehrt. Stiefväter übernehmen zudem gerne den strengeren Part in der Erziehung, um ihre Partnerinnen zu entlasten Solches Überengagement kann leicht in einen negativen Teufelskreis führen: Die Kinder reagieren auf das übertrieben engagierte Verhalten mit Ablehnung, da die gewachsene emotionale Basis sowohl bei ihnen als auch bei den Stiefeltern fehlt. Außerdem geraten sie in einen Loyalitätskonflikt zu ihrem außerhalb lebenden oder gestorbenen Elternteil. Je mehr der Stiefelternteil nun seine Bemühungen verstärkt, umso größer wird der Widerstand der Kinder, woraufhin der leibliche Elternteil offen oder heimlich Partei für seine Kinder ergreift und damit die Position seines Partners/ seiner Partnerin schwächt. Diese(r) fühlt sich verraten, alleine gelassen und als Partner sowie als Stiefelternteil in Frage gestellt.

Gegenstrategien
Die Stiefelternschaft ist rein sozialer Natur, was nichts über die Qualität der Beziehung zu den Kindern aussagt. Allerdings braucht der Beziehungsaufbau Zeit, Geduld und gemeinsame positive Erfahrungen und Erlebnisse.

---

12 Satz der Stiefeltern an die Stiefkinder: „Für dich ist dein Vater/ deine Mutter richtig, ich bin nur der neue Mann deiner Mutter/ die neue Frau deines Vaters."

Dies setzt voraus, dass die Versorgungs- und Erziehungsarbeit weiterhin von den leiblichen Eltern übernommen wird. In der ersten Phase des PF-Hauses sollte sich der Stiefelternteil in der Erziehung zurückhalten. Im Verlauf des PF-Lebens kann der leibliche Elternteil nach Absprache mit dem neuen Partner Erziehungsaufgaben an diesen delegieren, allerdings ohne die elterliche Verantwortung abzugeben. Dazu zählt auch, dass die Mutter bzw. der Vater seinen Kindern mitteilt, welche Aufgaben der Stiefvater bzw. die Stiefmutter in ihrem bzw. seinem Auftrag übernimmt.

Tabuisierung des Status als Patchworkfamilie
Man möchte „eine ganz normale Familie" sein nach dem Motto „alle sind gleich" und leugnet die Besonderheit der PF, z.B. durch die Anrede (Mama zur Stiefmutter etc.) über Namensänderungen (Kinder tragen den Namen des Stiefvaters etc.) bis hin zur Adoption durch einen Stiefelternteil oder durch finanzielle Gleichstellung (Alltagsversorgung, Testament...). Dahinter liegen der Wunsch, das Alte wiedergutzumachen (ungeschehen), insbesondere an den Kindern wiedergutzumachen, was man ihnen an Schmerz zugefügt hat, sowie der Wunsch, die eigene Scham, „es nicht geschafft zu haben", aufzuheben.

Gegenstrategien
Nach außen ist es wichtig, zu den Fakten des Patchworkstatus zu stehen und ihn offen zu leben: die Kinder behalten ihren Nachnamen, sie sprechen den Stiefelternteil mit Vornamen an, die Erwachsenen benennen deine Kinder, meine Kinder, unsere Kinder und es gibt keine Adoptionen. Nach innen ist es wichtig, die faktischen Unterschiede gefühls- und verhaltensmäßig zuzulassen und dazu zu stehen, dass die eigenen Kinder näher stehen bezüglich der Emotionen und der Versorgung (Verbundenheit, Liebe und Zuwendung, Geld und Zeit) als die Stiefkinder. Deshalb ist eine eigene neue Wohnsituation hilfreich, in der sich niemand als Eindringling fühlt und niemand sein Territorium verteidigen muss.

Rückzug oder Ausgrenzung einer wichtigen Person
Jemand wird zum Sündenbock gemacht und offen oder heimlich ausgegrenzt bzw. grenzt sich selbst aus. Besonders häufig betroffen sind der außerhalb lebende leibliche Elternteil, der Stiefelternteil oder ein „problematisches" Stiefkind. Der Kontakt zwischen Kind und außerhalb lebendem Elternteil wird erschwert oder abgebrochen. Dies kann von allen ausgehen, dahinter liegen unterschiedliche Gründe:

- beim Kind ein Loyalitätskonflikt oder Wut wegen der Trennung;
- beim außerhalb lebenden Elternteil die Angst, überflüssig zu sein, Rache am ehemaligen Partner oder der Wunsch, „völlig von vorne anzufangen";

- beim innerhalb lebenden Elternteil Rache am ehemaligen Partner, Zugeständnisse an den neuen Partner und der Wunsch, alles hinter sich zu lassen.

Gegenstrategien
Da das Kennen und Akzeptieren der eigenen Wurzeln für die Entwicklung eines jeden Kindes von existentieller Bedeutung ist und erfahrungsgemäß die Kinder sich umso besser entwickeln je mehr(guten) Kontakt sie zu beiden Eltern und deren Familien haben, ist die Förderung des Kontaktes zu den leiblichen Eltern sehr wichtig. Kinder leiden am meisten, wenn einer ausgegrenzt wird. Die Seele solidarisiert sich dann mit diesem und durch ähnliches Verhalten wird der Ausgegrenzte wieder ins neue Familiensystem geholt[13]. Im Gegenteil sollten Eltern die positiven Eigenschaften, die ihr Kind vom jeweils anderen Elternteil hat, explizit benennen[14] und bewusst darauf achten, welche Eigenschaft/Aussehen sie beim Kind ablehnen stellvertretend für den ehemaligen Partner. Außerhalb lebende Eltern müssen aktiv für den Kontakt und somit Beziehungserhalt eintreten. Hier unterstützend zu wirken ist eine wichtige Aufgabe der Erziehungsberatung.

Gesteigertes Harmoniebedürfnis
Aus Angst vor Wiederholungen der leidvollen Vorgeschichte und vor neuen Verlusten werden Konflikte in der Elternetage geleugnet, sowohl horizontal (zwischen Erwachsenen) als auch vertikal (zwischen Erwachsenen und Kindern). Eine konstruktive Streitkultur wird nicht etabliert und auch in der Kinderetage nicht gefördert.

Gegenstrategien
Hilfreich sind ein konstruktives Konfliktmanagement mit der Etablierung einer offenen Streit- und Versöhnungskultur sowie der Fähigkeit, unterschiedliche Standpunkte zu ertragen. Die Kunst besteht darin, nicht jede Meinungsverschiedenheit oder Streit als Beziehungsgefährdung zu sehen.

Funktionalisierung eines Familienmitglieds
Dies kann erfolgen, indem Kinder als Spitzel, Spione und Nachrichtenüberbringer zwischen den Patchworksystemen fungieren[15], die neuen Partner primär als Elternersatz gebraucht werden[16] und von den Kindern mit ausgewählt werden[17] oder das gemeinsame Kind des neuen Paares aufgrund

---

13 Beispiele aus der Praxis der Autorinnen sind Klauen, Lügen und Betrügen, Suchtverhalten und Gewalt.
14 „Wie schön, dass du die Augen deiner Mama geerbt hast". „Ich freue mich, dass du genau so sportlich bist wie dein Papa".
15 „Sag mal deinem Vater, dass der Unterhalt für diesen Monat noch fehlt."
16 Typische Elternaussage: „Ich habe einen starken Mann im Haus gebraucht, der meinem Sohn sagt, wo es lang geht".
17 Typische Elternaussage: „ Meine Tochter hat sich als erstes in meinen Mann verliebt", „Mein Sohn hat meine Frau am Nachbartisch entdeckt".

seines Platzes im System zu besonders integrierendem, ausgleichendem, angepasstem oder auffallend fröhlichem[18] Verhalten neigt.

Gegenstrategien

Informationen, Absprachen und Fragen, die das Kind betreffen, müssen direkt zwischen den Erwachsenen, vorrangig den leiblichen Eltern, kommuniziert werden. Die Entscheidung für einen neuen Partner im Paarzimmer darf nicht aus dem Wunsche, eine Lücke in der Elternetage zu füllen, getroffen werden oder gar von der Zustimmung der Kinder abhängen. Bei gemeinsamen Kindern ist besonders darauf zu achten, dass sie nicht überfordert werden.

Bedürfnisse und Erwartungen

Eltern und Stiefeltern brauchen Dank und Anerkennung für die geleistete Arbeit[19] sowie für ihren Verzicht[20] von den Erwachsenen und nicht von den Kindern. Sie benötigen gegenseitige Informationen über den Alltag und die Besonderheiten bei den Kindern sowie klare Absprachen und Verlässlichkeit z.B. in Bezug auf die Aufgabenverteilung und Kontaktgestaltung. Optimal sind Unterstützung, Stärkung und Rückendeckung aller Elternfiguren gegenseitig. Alle brauchen einen guten Platz und die Sicherheit, dass beide nebeneinander wichtig sind: Eltern sowie Stiefeltern. Informations- und Wissensvermittlung, Anerkennung der elterlichen Leistung durch Fachleute sowie professioneller Begleitung, die die Besonderheit dieser Familienform berücksichtigt, kommt bei PF eine besondere Bedeutung zu.

Die Kinderetage

Das Hinzukommen neuer Partner der Eltern bringt enorme Veränderungen auch auf der Kinderetage mit sich, umso mehr, wenn diese eigene leibliche Kinder haben. In diesem Falle vergrößert sich die Kinderetage um die Zimmer für die Stiefgeschwister. Die Komplexität wird noch größer, wenn gemeinsame Kinder des neuen Paares und somit Halbgeschwister hinzu kommen. Eifersucht und Loyalitätskonflikte sind die Normalität.

Rollen und Fakten

Zu den bisherigen Rollen kommen die Rollen als Stiefkinder, Stiefgeschwister, Halbgeschwister, Stiefenkel etc. hinzu. Diese Rollen wählen sie nicht sondern bekommen sie auferlegt. Erziehungsberater müssen wissen, dass jedes Kind ein eigenes inneres Bild darüber hat, wer zu seiner PF gehört und wer nicht. Entsprechend diesem Bild gestaltet es seine Beziehun-

---

18 Typische Elternaussage: „Sie ist unser Sonnenschein", „Er ist völlig unkompliziert".
19 „Ich danke dir, dass du für mich die tägliche Erziehungsarbeit erledigst. Du machst es gut, mein Kind ist bei dir gut aufgehoben. Und ich bleibe der Vater/die Mutter und du bist der Stiefvater/die Stiefmutter."
20 „Ich danke dir, dass du mir dein Kind überlässt und dass ich Erziehungsaufgaben wahrnehmen darf. Ich tue mein Bestes und du bist der Vater/die Mutter und ich bin der Stiefvater/die Stiefmutter."

gen und lebt Loyalitäten, offen oder heimlich. Ein besonderes Problem liegt in den Veränderungen der Geschwisterpositionen[21]. Neue Subsysteme entstehen.[22]

Themen und Aufgaben

Die Kinder müssen bisher fremde Personen in ihrem engsten Familiensystem akzeptieren und eine Beziehung zu diesen aufbauen, unabhängig davon, ob sie sie mögen oder nicht. Sie müssen ihren Platz im Gesamtsystem neu finden und einnehmen, vertikal zu den Erwachsenen und horizontal zu den anderen Kindern.

Eine der schwierigsten Aufgaben von Kindern in PF ist das Pendeln zwischen der Alltags- und der Wochenend-PF. Jedes Mal von Neuem müssen ein Abschied und ein Neuanfang vollzogen werden. Egal in welchem System sie sich gerade befinden, im anderen versäumen sie in dieser Zeit etwas und müssen den Anschluss dann wieder finden.

Auf der Gefühlsebene gilt es viele oft widersprüchliche Gefühle und Konflikte auszuhalten wie Sehnsucht, Wut, Trauer, (Verlust-)Angst, Einsamkeit, Zuneigung und Ablehnung der gleichen Person gegenüber, Loyalitätskonflikte u.a. Zum Schicksal vieler Kinder in PF gehört es, dass sie ihre Gefühle und Bedürfnisse hintanstellen, verbergen und oft über Umwege (z.B. Verhaltensauffälligkeiten) kommunizieren.

Die o.g. Beschreibung macht deutlich, dass zu den in Kapitel III.1.4 genannten normativen Themen und Aufgaben in einer PF immense nicht normative Bewältigungsaufgaben hinzukommen. Die Leistung der Kinder ist hoch einzuschätzen.

Bedürfnisse und Erwartungen

Sicherheit und Vorausschaubarkeit sind zentrale Erwartungen bei allen Themen. Die Kinder brauchen so viel Stabilität wie möglich, d.h. Erhalt des Bisherigen wie Wohnung, eigenes Zimmer, Wohnort, Wohnumfeld, Schule, soziale Kontakte u.a. Bei nicht zu vermeidenden Veränderungen benötigen sie rechtzeitige altersgerechte Informationen, direkt von den leiblichen Eltern, möglichst gemeinsam. Zur Sicherheit gehört auch, dass die Erwachsenen die Vorstellungen und Wünsche der Kinder berücksichtigend die Verantwortung für Entscheidungen übernehmen und Vorgaben machen.[23] Für die Kinder werden dadurch die Loyalitätskonflikte verringert.[24]

---

21 Beispiel: Ein 13-jähriger Erstgeborener bekommt einen 16-jährigen Stiefbruder und ist damit nicht mehr der älteste Junge in der Alltags-PF.
22 Die leiblichen Geschwister, die Mädchen, die Jungen, die Älteren etc.
23 Die Kinder brauchen Sätze wie: „Wir haben entschieden, dass du bei der Mama und ihrem neuen Mann lebst und du hast es gut bei ihnen."
24 Wer lebt wo, bei wem? Umzüge, Schulwechsel, Kontaktgestaltungen, Anrede der Stiefeltern mit dem Vornamen etc.

Es ist ein Grundbedürfnis aller Kinder in PF, die Beziehung und den Kontakt zu beiden leiblichen Eltern und deren Herkunftsfamilien erhalten, aktiv leben zu dürfen und dabei unterstützt zu werden. Sie brauchen viel Sicherheit, dass die Stiefeltern die leiblichen Eltern nicht ersetzen werden und dass die leiblichen Eltern sich nicht zurückziehen, sondern dass es im Gegenteil exklusive Zeiten für Gespräche und Aktivitäten mit den leiblichen Eltern ohne deren neue Partner gibt. Kinder brauchen die Erlaubnis, die neuen Partner der Eltern zu mögen oder nicht zu mögen, diese langsam kennen zu lernen und eine eigene Beziehung aufzubauen.

Ein weiteres großes Bedürfnis von Kindern ist es, dass die Elternfiguren sich gegenseitig anerkennen und bezogen auf das Kind miteinander kommunizieren bzw. dass zumindest keine negativen Äußerungen übereinander vor dem Kind fallen. Je unterschiedlicher Vater und Mutter in ihrem jeweils neuen System ihr Leben gestalten bzgl. ihrer Normen und Werte, Regeln und Konsequenzen, Rituale und Beziehungsgestaltung, umso mehr brauchen die Kinder die Erlaubnis der Erwachsenen, diese Unterschiedlichkeit zu leben und als Ressource in ihr Leben zu integrieren. Die Voraussetzung dafür ist, dass die Erwachsenen die Unterschiedlichkeit nicht als Konkurrenz zwischen den Systemen bewerten, sondern als gewinnbringende Vielfalt. Hier muss Erziehungsberatung unterstützen.

Beim Pendeln zwischen den Systemen brauchen die Kinder die Hilfe der Erwachsenen. Strukturen und Rituale sind hier sehr hilfreich.[25] Kinder brauchen ferner die Erlaubnis, alle Gefühle haben und ausdrücken zu dürfen. Für Eltern ist es oft schwierig, die Aggressionen, die Trauer, die schlechte Laune, die Gereiztheit bis hin zur Ablehnung auszuhalten. Für Erziehungsberater ist es eine wichtige Aufgabe, den Eltern ein Verständnis für das Gefühlschaos ihrer Kinder und Stiefkinder zu vermitteln und die Unsicherheit und Angst dahinter zu verstehen[26].

Schlusswort

Dieser Beitrag verdeutlicht, dass die PF ein besonderes Familiensystem mit besonderen Herausforderungen darstellt, sowohl für die Einzelnen, die Familie als Ganzes als auch für die Erziehungsberater. Es ist eine hohe Leistung, sich in dieser strukturell bedingten Komplexität zurecht zu finden. Je eher die Bedürfnisse der Einzelnen, der Subsysteme und des Gesamtsystems erkannt und erfüllt werden, umso größer ist die Chance des guten Gelingens.

---

25 Eigenes Bett, eigener Schrank oder Kommode oder Schublade, geliebte Gegenstände, Fotos des jeweils anderen Systems, Begrüßungs- und Abschiedsrituale.
26 Kindern helfen Sätze wie: „Wir bleiben beide deine Eltern. Wir wissen um deinen Schmerz und wir lassen ihn dir und verstehen, dass du böse auf uns bist. Das ist okay, und wir sind für dich da."

Das Familienhaus nach Engel und Klotmann mit seiner Klarheit bezüglich der Rollen und Fakten, der Themen und Aufgaben und der Bedürfnisse und Erwartungen aller Etagen und Zimmer hat sich in jahrelanger erfolgreicher Arbeit bewährt, sowohl bei den PF selbst als auch in der Fort- und Weiterbildung von Erziehungsberatern und anderen Fachleuten.

Beim Schreiben des Artikels ist den Autorinnen aufgefallen, dass die Komplexität des Themas dazu einlädt, den Fokus mehr auf die Schwierigkeiten und Risiken als auf die Möglichkeiten und Chancen zu richten. Letzteres holen wir jetzt nach.

In PF gibt es eine immense Vielfalt an Menschen, Beziehungen und Beziehungsgestaltungen, Werten und Modellen, Lebensformen und Bewältigungsstrategien. Sie bieten viele Möglichkeiten der Kreativität und der Selbstgestaltung, sowohl der Familien als auch der Berater.

Die Ressourcen als Vorteile zu nutzen ist eine wichtige Aufgabe der Erziehungsberater. PF sind sehr lebendige Familien. Es ist immer etwas los und es wird nie langweilig, weder für die Kinder noch für die Erwachsenen. Die Chance, dass immer jemand für die Kinder da ist, ist aufgrund der vielen dazugehörenden Menschen größer als in anderen Familienformen. Diese Möglichkeiten der erweiterten Kinderbetreuung kann das Patchworkpaar für exklusive Paarzeiten einplanen und nutzen.

Nicht zu unterschätzen ist die Tatsache, dass quasi nebenbei Fähigkeiten erworben werden, die in unserer globalisierten Welt als Schlüsselqualifikationen gelten und gefordert werden: Der Erwerb von Strategien im Umgang mit Umbrüchen, Neuanfängen und der dazugehörigen Integrationsleistung; Flexibilität und Mobilität durch das ständige Pendeln zwischen mehreren Systemen; Vernetzungs-, Kommunikations- und Verhandlungsfähigkeit; Teamgeist und Toleranz; Ambiguitätstoleranz durch das Aushalten von Widersprüchlichkeiten; Kreativität auch bei der Beziehungsgestaltung; Pioniergeist und Erfinderreichtum sowie Risikobereitschaft in hohem Maße.

Aus unserer Systemischen Sicht stellt das Leben in PF somit eine gute Vorbereitung auf die Anforderungen unserer Leistungsgesellschaft dar.

Literatur

Engel, Gabriele (2004): Systemische Beratungsarbeit mit hochstrittigen Elternpaaren nach Trennung und Scheidung im Betreuten Umgang. In: Klinkhammer, Klotmann, Prinz (Hrsg.): Handbuch Begleiteter Umgang, S.199ff. Bundesanzeiger Verlag.
Glaschke, Stefanie (2005): Unsere Patchworkfamilie. Urania.
Glöckner, Angelika (1999): Lieber Vater, liebe Mutter. Herder Verlag.
Jellouschek, Hans (2003): Wie Partnerschaft gelingt – Spielregeln der Liebe. Herder Spektrum.

Klotmann, Ursula (2004): Stieffamilien im Begleiteten Umgang. In: Klinkhammer, Klotmann, Prinz (Hrsg.): Handbuch Begleiteter Umgang, S. 239ff. Bundesanzeiger Verlag.

Krähenbühl, Verena u.a. (2001): Stieffamilien. Struktur-Entwicklung-Therapie. Lambertus.

Krähenbühl, Verena u.a. (2000): Meine Kinder, deine Kinder, unsere Kinder. Rororo.

Lämmle, Brigitte; Wünsch, Gabriele (1999): Familienbande. Wilhelm Goldmann Verlag.

Leman, Kevin (2000): Geschwisterkonstellationen. mvg Verlag.

Maslow, Abraham H. (1981): Motivation und Persönlichkeit. Rowohlt Taschenbuch.

Omer, Haim; von Schlippe, Arist (2006): Autorität durch Beziehung. Vandenhoeck & Ruprecht.

Schlippe, Arist von; Schweitzer, Jochen (2000): Lehrbuch der Systemischen Therapie und Beratung. Vandenhoeck & Ruprecht.

Seiffge-Krenke, Inge (2004): Psychotherapie und Entwicklungspsychologie. Springer Verlag.

Sieder, Reinhard (2008): Patchworks – das Familienleben getrennter Eltern und ihrer Kinder. Klett-Cotta.

Ulsamer, Gabriele; Ulsamer, Bertold (2006): Spielregeln des Familienlebens. Herder Verlag.

Anne Loschky und Ines Schäferjohann

„Endlich verstehe ich mich, wenn ich mich nicht verstehe ..."

Ein Gruppenprogramm für Eltern, die als Kind schwierige und traumatische Lebensereignisse zu bewältigen hatten

Wenn Eltern bei uns eine Beratung beginnen und wir uns mit ihnen – entsprechend unserem Konzept und fachlichem Ansatz – auf die Suche nach Lösungen begeben, dann entdecken sie in der Regel neue Ideen, alternative Verhaltensstrategien. Sie kommen oft wieder mit einer Fülle neuer wohltuender Erfahrungen. Manchmal aber kommen sie wieder und berichten von Rückschritten oder regelrechten Einbrüchen, von unkontrolliertem Elternverhalten wie im folgenden Beispiel:

„Es ging eine ganze Zeit gut, selbst wenn mein Sohn (10 Jahre) wieder anfing mit ‚Das kann ich nicht!' oder ‚Nein, will ich nicht!', bin ich ruhig geblieben. Doch dann wieder habe ich auch losgeschrien, ein Wort gab das andere, ich habe ihm seine Tasche vor die Füße geknallt, ihm gesagt, er solle gehen. Es war, als wäre ich gar nicht ich selbst und später dann haben wir beide geheult. Es war schrecklich und seitdem gibt es jeden Tag wieder das Geschreie und Türenknallen und ich fühle mich schlecht, ich glaube, ich pack das doch nicht."

An dieser Stelle gehen wir mit den Eltern der Frage auf den Grund, wieso es ihnen offensichtlich gelingt, an einem Tag die Ruhe zu bewahren und an einem anderen Tag nicht. Eltern erzählen uns, dass sie bei allem Bemühen doch nicht in der Lage seien, ihr Leben zu meistern. Sie erzählen, dass es sich nicht wirklich lohne, sich mit den Kindern auseinanderzusetzen, diese wären halt so und auch sie selbst hätten zu viel erlebt und wären nicht in der Lage, sich zu ändern. Wir erleben ein stetiges Schwanken zwischen Hoffnung und Wunsch nach Veränderung und tiefer Resignation. Eltern berichten uns von starken Gefühlen von Angst und Verzweiflung, von offensichtlich nicht förderlichem elterlichen Verhalten und der Not, die Bedürfnisse der Kinder wahrzunehmen und darauf nicht passend zu reagieren. Besonders dann, wenn schwierige, belastende oder gar traumatisierende Ereignisse die Kindheit der Eltern, die vor uns sitzen, bestimmt haben, stellen diese für sie eine große Herausforderung dar. Die Auswirkungen dieser Lebensereignisse

- machen es für Eltern schwierig, die kindlichen Bedürfnisse und Gefühle wahrzunehmen, weil diese sich daran gewöhnt haben, Bedürfnisse und Gefühle nicht zuzulassen oder sie Angst haben, wenn sie diesen Bedürfnissen und Gefühlen begegnen, dann eine Nähe zu erleben, die ihnen wiederum große Angst macht und sie überflutet werden von den eigenen Sehnsüchten und Gefühlen des Schmerzes, der Angst und Hilflosigkeit aus ihrer Kindheit;
- hindern die Eltern daran, ihr intuitives feinfühliges elterliches Verhalten zu praktizieren, weil sie sich angewöhnt haben, eher mit halber Kraft und in Distanz oder mit mehr oder weniger lauter Stimme das kindliche Verhalten aus dem Abstand heraus zu dirigieren, um auf diese Weise die Situation zu kontrollieren;
- bedeuten für Eltern, kein Modell elterlicher Verantwortung und Fürsorge zu kennen und in sich zu tragen;
- führen immer wieder dazu, dass die Eltern in ihrer Emotion, ihrem Verhalten, ihrem Denken instabil sind und so ihren Kindern wenig Halt und Sicherheit bieten;
- können dazu führen, dass die Eltern unter Stress, um die Situation zu bewältigen, in das „Täterverhalten" geraten und nun selbst Gewalt ausüben;
- erschweren es Eltern, andere um Hilfe zu bitten, weil sie selbst bislang auf Grund der ambulanten Versorgungslücke für traumazentrierte Psychotherapie keine Hilfe erfahren haben und sie möglicherweise immer noch den Druck der eigenen Eltern spüren, dass nichts „nach außen" dringen darf.

Die Herausforderung für die Beratung besteht nun darin, nicht Geschichte und Gefühle der belastenden Ereignisse wiederzuerwecken und auch nicht einfach daran weiter zu arbeiten, wie die nächste Erziehungssituation besser gemeistert werden kann.

Beobachten, auswerten und mit neuen Konzepten reagieren

Im Rahmen der Beratungsarbeit – so berichten viele KollegInnen – wird oft an dieser Stelle gemeinsam mit den Ratsuchenden die Frage aufgeworfen, ob es nicht sinnvoll sei, „eine Therapie zu machen". Und nicht selten bekommen wir von den Eltern zu hören, dass auch der Arzt schon davon gesprochen habe oder dass sie schon vor Jahren eine Therapie gemacht hätten, dass das auch nichts bringen würde, man auch nicht wisse, woher man dafür die Zeit nehmen solle usw. Gleichzeitig ist auch sofortige Hilfe notwendig, wenn Eltern uns berichten, dass sie gegenüber den Kindern die Kontrolle verlieren oder Angst davor haben.

Wenn wir also erkennen, dass Kontrollverlust, überstarke Gefühlsäußerungen gegenüber dem Kind, starke Schwankungen im erzieherischen Verhalten wahrscheinlich durch die nicht gelungene Integration eines Traumas hervorgerufen werden, dann müssen wir weitere Elemente in die Beratungsarbeit mit aufnehmen:

Wir sind also dann in der Beratung gefordert, mit den Ratsuchenden all die Dinge zu finden und zu erforschen, die ihnen helfen, in einen emotional stabilen Zustand zu kommen und von da aus den Anforderungen des Arbeitsalltages und insbesondere den Anforderungen durch die Bedürfnisse der Kinder zu begegnen. Vielleicht leichter gesagt als getan. Für diese Stabilisierung brauchen wir wie die Ratsuchenden einen langen Atem und regelmäßig unterstützende Beratungstermine. In der Beratung spielen dann auch die Weitergabe von Wissen und Information eine Rolle. Es wird auch notwendig, dass die Eltern sehr genau die Auslöser identifizieren lernen, die sie „aus der Rolle kippen" und all die Dinge finden und ausprobieren, die helfen, die eigene Kompetenz und Standfestigkeit wiederzufinden.

So stellte sich uns die Frage, ob es nicht Sinn machen könnte, ein spezielles Gruppenprogramm für Eltern zu entwickeln und damit Eltern die Möglichkeit zu geben, andere Eltern in der gleichen Situation kennenzulernen und sich Wissen und Vorgehensweisen sozusagen „kompakt" zu erarbeiten. Vorbilder und Beispiele gab es.

Bausteine des Gruppenprogramms

Die in der Zusammenarbeit der Beratungsstelle für Kinder, Jugendliche und Eltern mit dem Zentrum für trauernde Kinder und Jugendliche e.V. erarbeiteten Bausteine eines Curriculums liegen nun vor.

Das Gruppenprogramm trägt den Titel „Es ist nie zu spät, eine glückliche Kindheit zu haben" (nach dem gleichnamigen Buchtitel von Furman 1999). Mit den Erläuterungen und der Einführung zum Thema der jeweiligen Gruppenstunde, den Imaginationen und den Arbeitsbögen haben die TeilnehmerInnen die Möglichkeit, sich ihr ureigenes Handbuch zusammenzustellen. Die neun thematischen Module werden in neun zweistündigen Gruppensitzungen erarbeitet.

Indikation und Kontraindikation: Wer kann teilnehmen?

Das Gruppenprogramm richtet sich an Eltern, die selbst in ihrer eigenen Kindheit ein schweres, traumatisches Lebensereignis zu bewältigen hatten. Im Zentrum steht, wie Stabilität im Hier und Jetzt erreicht werden kann und welche neuen Kompetenzen im Umgang mit den eigenen traumatischen Erfahrungen erworben werden können. So ist es möglich, in die Gruppe Menschen mit den unterschiedlichsten Formen traumatischer Verletzungen aufzunehmen. In unseren Vorgesprächen wurde oft deutlich, dass die Eltern ihre eigene Geschichte und das was sie erlebt hatten, als schwer bewerteten, aber nicht sicher waren, ob sie damit schon in eine Gruppe „gehörten", in der es um die Bewältigung traumatischer Lebensereignisse ging. Hier spiegelt sich wider, wie wenig ausreichend für die Eltern bislang in den Dialogen mit ÄrztInnen, PädagogInnen und PsychologInnen ihre Biografie und die Einschätzung bzw. Diagnostik über die Verarbeitung ihrer traumatischer Lebensereignisse Thema waren. Und so reagierten die Eltern oftmals erleichtert, wenn wir aus unserer fachlichen Sicht ihre Lebensereignisse als traumatisierend werteten und ihre aktuellen Probleme bei der Bewältigung der Erziehung ihrer Kinder und ihres Lebensalltages als Folge dieser traumatischen Verletzung ansahen und ihnen eine Teilnahme am Gruppenprogramm anboten.

Auch wenn während des Gruppenprogramms die traumatischen Erfahrungen an keiner Stelle thematisiert wurden, so war doch immer Teilnahmevoraussetzung ein Wissen der Gruppenleitung über die Geschichte der TeilnehmerInnen. So nahmen wir ausschließlich Eltern in das Gruppenprogramm auf, die entweder in der Beratungsstelle oder beim Zentrum für Trauernde Kinder und Jugendliche e.V. in Beratung waren und damit jederzeit die Möglichkeit gegeben war, dass die Gruppenleiterin mit individuellen, spezifischen und unterstützenden Interventionen reagieren konnten. So wurde mit allen Teilnehmerinnen im Vorfeld besprochen, an welchen Stellen ihre persönlichen Grenzen und Unsicherheiten lagen und was sie und wir dazu beitragen können, um vor, während und nach den Gruppentreffen psychische Stabilität herzustellen oder wiederzuerlangen.

Außerdem war Voraussetzung zur Aufnahme im Gruppenprogramm eine Bereitschaft zur verbindlichen und kontinuierlichen Teilnahme an den Treffen, die Bereitschaft sich an gemeinsam erarbeitete Regeln und Absprachen zu halten, sowie ein gewisses Maß an Selbstreflexion und Verantwortungsübernahme für sich selbst. Eltern, die im Alltag nicht in der Lage waren, diese Verantwortung für sich selbst und ihre Kinder zu übernehmen und wir die Situation der Kinder als nicht ausreichend sicher und geschützt wahrnahmen, sind nicht die Zielgruppe für ein solches Gruppenprogramm.

Struktur und Ablauf der Treffen

Alle Treffen folgen der gleichen Struktur, es gibt Anfangs- und Endrunden zu bestimmten Fragestellungen, Rückblick „Was war wichtig?" zum vorherigen Thema, Einführung in das neue Thema, Imaginationen, Übungen und Experimente (auch für zu Hause) und Musik. Und es gibt klare Regeln für das Miteinander. Die Texte werden verteilt und auch notwendige Arbeitsmaterialien, z.B. ein Freudetagebuch.

Themen der einzelnen Gruppenstunden

Modul 1: Was ist ein Trauma? – Einführung ins Thema

In der ersten Gruppensitzung gibt es neben dem Kennenlernen u.a. den Überblick über den Ablauf der Gruppensitzungen, die Verabredung über Regeln. Die TeilnehmerInnen benennen, welche traumatische Erfahrung sie in die Gruppe gebracht hat. Gedanklich werden diese Erlebnisse in ein leeres Buch eingetragen, das nun in jeder Sitzung auf dem Tisch liegt und so manchmal hilft, auf die gemachten Erfahrung zu verweisen ohne sie konkret zu benennen.

Thematisch steht diese erste Stunde steht ganz unter der Überschrift „Was ist ein Trauma?". In dieser ersten Gruppenstunde werden grundlegende Informationen und Einblicke über die Wirkungsweise eines traumatischen Ereignisses, in die bei der Verarbeitung greifenden Mechanismen sowie mögliche langfristige Folgen eines erlebten Traumas vermittelt. So können die TeilnehmerInnen vieles von dem, was sie selbst erleben, darin wiederfinden und nun vor dem Hintergrund der Erkenntnisse der Traumaforschung einordnen und erkennen. Zusammenfassend benannte eine Teilnehmerin es so:

[Ein Trauma ist das ...] „Wieder-Erleben dieses Gefühls, als wäre es jetzt, es ist direkt da."

Da viele der TeilnehmerInnen im Vorfeld selbst nur wenige Informationen über die Entstehung und Wirkung eines Traumas haben, stellt diese Stunde ein Fundament dar, auf das sich alle weiteren Elemente des Gruppenprogramms aufbauen. In dieser Stunde ermutigen wir die TeilnehmerInnen, sich selbst, ihr Erleben und Verhalten vor dem Hintergrund der eigenen traumatischen Erfahrung besser verstehen zu lernen:

[Ein Trauma ist für mich die ...] „Auswirkung ins weitere Leben und das Entstehen eines Teufelskreises von anders Fühlen, anders Denken, anders Handeln."

Modul 2: Erden – Ich verankere mich im Hier und Jetzt

Um dem Strudel der Flash-backs zu entgehen, geht es bei diesem Modul darum, die erworbenen schützenden, jedoch oft nicht wirklich hilfreichen Strategien zu erkennen, aber vor allem im Verankern im Hier und Jetzt diesen Teufelskreis zu durchbrechen: „Alle Gedanken und Wahrnehmungen, die wir achtsam auf das Hier und Jetzt lenken, auf das, was schön ist, was uns gut gelingt, was ‚Laune' macht, gestalten unsere innere Welt und geben uns ein Wohlgefühl. Wir haben die Wahl, im eigenen Inneren diese Veränderungen herbeizuführen und uns auf das, was sein soll, was gut tut zu konzentrieren." (vgl. Handouts für die 2. Stunde).

[Mich im Hier und Jetzt verankern, heißt für mich einen ...] „Notfallkoffer parat zu haben" und „sich von einer bedrängenden Situation freizumachen, indem man innerlich eine Beobachterrolle einnimmt", so die TeilnehmerInnen im Rückblick.

Modul 3: Gefühle der Freude, des Glücks und der Geborgenheit empfinden

Nach einer traumatischen Erfahrung erleben viele Menschen, dass sie in bestimmten Situationen immer wieder unvermittelt unangenehme oder sehr beängstigende Gefühlen erleben, welche sie nicht kontrollieren können. Einige Betroffene entwickeln darum eine Reihe von Strategien, um Gefühle nicht mehr zuzulassen oder die Situationen zu vermeiden, die diese Gefühle auslösen. Andere erleben sich als ihren Gefühlen hilflos ausgeliefert und berichten von Situationen, in denen sie immer wieder – gesteuert von den sie überschwemmenden Gefühlen – Kurzschlusshandlungen begehen.

In dieser Gruppenstunde vermitteln wir den TeilnehmerInnen durch Hintergrundinformationen, Erklärungen und mit Hilfe verschiedener praktischer Übungen und Affirmationen die Erkenntnis: „Gute Gefühle kann man herstellen". Es geht auch darum: „Sich selbst immer wieder die Botschaft geben wie ‚ich bin wertvoll', ‚es ist vorbei!'". Ebenso wird in dieser Stunde deutlich, dass das Zulassen und Fühlen guter Gefühle nichts ist, was ausschließlich von einer kognitiven Entscheidung und dem einmaligen Ausprobieren einer Übung abhängt, sondern es ist, wie eine Teilnehmerin sagte „verdammt viel Arbeit."

Modul 4: Dem inneren Kind begegnen

Gerade der Umgang mit den eigenen Kindern reaktiviert Gefühle der traumatischen Erfahrungen aus der eigenen Kindheit. Die sonst sinnvolle Strategie, eine unangenehme und Stress auslösende Situation, welche das Trauma reaktivieren könnte, zu vermeiden, funktioniert an dieser Stelle nicht. Eltern sind gefordert, in der Beziehung zu ihren Kindern Präsenz zu zeigen, Verantwortung wahrzunehmen und aktiv zu handeln. So gelingt es den Eltern schwer, ihren Kindern reflektiert und gelassen zu begegnen, die Interaktion mit dem eigenen Kind ist dann jedoch bestimmt durch die Gefühle des verletzten Kindes, welches man selbst gewesen ist.

„Wir alle tragen unsere Biografie in uns. Dabei sind verschiedene Lebensabschnitte uns mehr oder weniger bewusst, manchmal haben wir auch ‚Erinnerungslöcher'. Doch wir können uns leicht an das übergreifende Lebensgefühl erinnern, ob wir uns in bestimmten Situationen wohl und sicher gefühlt haben, ob wir unsicher waren, ob wir Angst hatten usw.

Unser ‚inneres Kind' und seine Gefühle werden sich umso vehementer in unser aktuelles Bewusstsein drängen, je stärker wir die Erinnerungen an unsere Kindheit aufgrund ihrer Schrecken zurückgedrängt haben. Da wir wissen, wie ein Trauma in uns wirkt, da wir wissen, wie wir uns sicher in der Gegenwart verankern können, und da wir wissen, dass wir jetzt sicher und geschützt sind, haben wir die Möglichkeit, dem inneren Kind und seinen Gefühlen zu begegnen. Wir sind nun die Erwachsenen, die dem inneren Kind zuhören, es beruhigen. Wir erschaffen mit Hilfe unserer Vorstellungskraft einen sicheren Ort für das innere Kind, wo wir es hinbringen können, wenn wir auf Grund der Anforderungen aus der realen Welt keine Zeit für es haben. Wir werden ihm erfundene behütende Wesen zur Seite stellen und immer sagen (und dies auch einhalten), wann wir wieder Zeit für es haben. Es ist wichtig auch daran zu denken, dem eigenen inneren verletzten Kind die Botschaft zu geben, dass die Zeit der Verletzung vorbei ist." (vgl. Handouts für die 4. Stunde)

Modul 5: Starke Eltern, starke Kinder ...

„Im Kontakt mit den eigenen Kindern ist es wichtig herauszufinden, wann es gut gelingt, ihnen vom Standpunkt des Erwachsenen, der man heute ist, zu begegnen und was hilft, diesen Standpunkt beizubehalten.

Auch wenn es schwer möglich ist, kritischen Situationen auszuweichen, so ist immer Zeit da oder wenigstens ein bisschen Zeit da, sich bewusst zu werden, dass jetzt eine verantwortungsbewusste erwachsene Reaktion gefordert ist. Gleichzeitig ist immer Zeit da oder wenigstens ein bisschen Zeit da, um dem eigenen inneren Kind, das sich gerade sehr lautstark zu Wort gemeldet hat, zu sagen, dass man sich später um es kümmert und es jetzt sicher und geschützt ist.

Auch Rückmeldungen von Erzieherinnen oder Lehrerinnen über das Verhalten des Kindes können leicht zum Auslöser für traumatisches Erinnerungsmaterial werden, wenn z.B. die eine – vielleicht gut gemeinte – Äußerung der Erzieherin so gehört wird, als wäre sie die Stimme der eigenen Eltern. Man rutscht so plötzlich in das eigene Kindheits-Ich und reagiert mit Trotz und/oder Ablehnung. Auch hier ist es wichtig, erwachsen und als Botschafterin für das eigene Kind aufzutreten, dafür etwas zu tun, dass das Kind von den Erzieherinnen oder Lehrerinnen mehr verstanden und akzeptiert werden kann.

Diese Gelassenheit und Stärke ermöglicht den Kindern die Erfahrung von Liebe und Zugehörigkeit, gibt ihnen die Chance, sich in Sicherheit und Geborgenheit gut zu entwickeln ..." (vgl. Handouts für die 5. Stunde).

In dieser Stunde durchforsten die Eltern ihren Erziehungsalltag, welche Rituale sie haben, welche Strukturen, wann und wie sie sich die Ruhe, Zeit und Gelassenheit organisieren können, ihren Kindern mit Geduld zu begegnen. Welche Alltagssituationen einer „Überarbeitung" bedürfen etc.

Modul 6: Werte und Glaubenssätze

„Es lohnt sich (und ist nicht immer leicht), Glaubenssätze, die man in sich trägt, herauszufinden", sagte eine Teilnehmerin im Rückblick. Um mit den erlebten Verletzungen fertig zu werden, haben viele Eltern, die als Kind Traumata erlebt haben, tief verankerte Vorstellungen von „nicht in Ordnung zu sein", „nicht wertvoll zu sein" etc. Diese Sätze zu finden, sie an die Oberfläche des Bewusstseins zu bringen, eröffnet den TeilnehmerInnen überhaupt die Chance, neue Überzeugungen zu finden, aber auch sich klar darüber zu werden, wie die eigenen Vorstellungen vom Leben aussehen, welche Ideen und Werte in ihrer eigenen Familie im Vordergrund stehen sollen.

Modul 7: Aufnahme von Kontakt und Verbindung

In dieser Gruppensitzung geht es darum, den Eltern die Möglichkeit zu geben, ihre Art und Weise der Kontaktaufnahme zu anderen Menschen zu betrachten. Deutlich wird auch hier, wie notwendig es ist, sich die Zeit für Antwort und Reaktion zu geben. Mit den Modellen des vierohrigen Empfängers und dem Täter-Opfer-Retter-Dreieck werden den TeilnehmerInnen hier Möglichkeiten gegeben, das eigene kommunikative Verhalten zu betrachten, zu analysieren und zu verändern.

Modul 8: Biografiearbeit – Es ist nie zu spät, eine glückliche Kindheit zu haben

In der Time-line-Arbeit dieser Stunde sind die TeilnehmerInnen aufgefordert, ihr Leben mit seinen Besonderheiten zu betrachten. Dies gelingt, indem eine time-line aufgebaut wird und alle wichtigen Lebensereignisse und der Erwerb von Stärken und Fähigkeiten hinein geordnet und den anderen gezeigt und erläutert werden. So werden hier die Facetten der Verletzung, aber auch der Bewältigung deutlich.

Modul 9: Abschlusstreffen – Rückblick, Neubewertung und Zusammenfassung, Ausblick in die Zukunft

Die letzte Gruppensitzung ist ein Rückblick auf die letzten drei Monate der TeilnehmerInnen und ihre Erfahrungen. Die TeilnehmerInnen nehmen auch wieder das Buch zur Hand, indem gedanklich die Geschichte ihrer Traumata steht und ergänzen, wie sie es geschafft haben, in der Bewältigung ihrer schwierigen Lebenserfahrung wieder einen Schritt weiterzukommen. Es werden Teilnahmebescheinigungen und Blumen verteilt. Die TeilnehmerInnen sprechen sich untereinander Anerkennung aus und geben sich Rückmeldung.

Ein Punkt in der letzten Gruppenstunde ist auch das Ausfüllen eines evaluierenden Fragebogens. Aus den Antworten, die wir nun aus 3 Durchgängen erhalten haben, wird deutlich, dass

- die TeilnehmerInnen einen wichtigen Schritt in der Bewältigung ihrer traumatischen Lebensereignisse gehen konnten,
- dass sie damit sehr zufrieden waren,
- dass sie sich in der Gruppe sehr respektiert und wahrgenommen sahen,
- dass alle Themen als sehr wichtig und ansprechend angesehen wurden (im Durchschnitt mit 8 und 9 auf einer Skala von 1 bis 10 bewertet!).

Die erste Stunde „Was ist ein Trauma?" wird einmütig als wichtigste Stunde erlebt. „Endlich verstehe ich mich, wenn ich mich nicht verstehe!" – so eine Teilnehmerin. Zu erfahren, dass Ereignisse der Vergangenheit einen so unkontrolliert einholen können und dass man deswegen nicht „verkehrt" ist, war für alle TeilnehmerInnen eine große Entlastung und „der Beginn einer harten Arbeit" – so eine andere Teilnehmerin.

„Da war schon ein großes Durcheinander in meinem Leben und jetzt ist da so viel Stabilität"

Inzwischen hat sich das Gruppenprogramm von einem Pilotprojekt mit offenem Ausgang zu einem festen Bestandteil innerhalb der Angebote der Beratungsstelle für Kinder, Jugendliche und Eltern und dem Zentrum für trauernde Kinder und Jugendliche e.V. etabliert.

Die Eltern berichten uns, dass sie sich mit Hilfe des Gruppenprogramms wieder zutrauten, ihr Leben und die Erziehung ihrer Kinder getragen von Zuversicht zielorientiert in die eigene Hand zu nehmen. Sie erklären uns, dass

- sie sich, ihre Gefühle und Handlungsweisen neu und anders verstehen;
- sie sicher darin geworden seien, alte Verhaltensmuster zu unterbrechen, zu stoppen und neue adäquate anzuwenden;
- sie erstaunt waren, wie schnell sich neue Verhaltensweisen etablieren ließen und wie positiv sich diese auf sie selbst und das Verhalten der Kinder ausgewirkt hätten;
- ihr Blick auf die Zukunft wieder hoffnungsfroh geworden sei;
- sie sich ihrer selbst bewusst wurden und nun genauer wussten, welche Werte, Ideen, Gedanken und Gefühle zu ihnen gehörten und welche nicht;
- sie sich ein anderes Verständnis von Hilfe erworben hatten und auch die Sicherheit, diese bei Bedarf in Anspruch zu nehmen.

Für uns wurde deutlich, dass

- es möglich sein muss, neben der Gruppe zu verschiedenen Anlässen und Themen begleitende Beratung in Anspruch nehmen zu können;
- das Kennenlernen der TeilnehmerInnen und ihrer Lebensgeschichte vor der Teilnahme an der Gruppe geschehen muss;
- die Struktur und Klarheit im Ablauf der Gruppentreffen eine wesentliche Hilfestellung für alle war, kontinuierlich teilzunehmen;
- die Anleitung der Gruppentreffen aber auch bedeutet, im Kontakt mit den einzelnen TeilnehmerInnen in spezifischen Situationen Hilfestellung zu geben, nicht in alte Muster zu verfallen.

Doch wer könnte diese Erfahrungen besser zum Ausdruck bringen als die TeilnehmerInnen selbst. Mit einigen von ihnen führten wir Interviews und lassen sie so zum Abschluss selbst zu Wort kommen:

„Am meisten berührt hat mich in der vorletzten Stunde der Blick auf mein Leben. Ich konnte das Positive sehen und wie es das Schreckliche abmilderte. Im Alltag bin ich nun weniger impulsiv und emotional. Ich habe entdeckt, dass ich Zeit habe; Zeit habe, um mir Klarheit zu verschaffen, was ich tun will. Das hat mich sehr gestärkt. Ich kann dadurch auch mehr fühlen, was ich möchte. Aber ich bemerke auch, dass das Disziplin verlangt, jeden Tag neu, und die Gruppe hat mir dabei geholfen, weil ich wusste, dass die anderen da auch drum ringen, weil ich wusste, dass ich es den anderen berichten kann und die sich mit mir freuen. Überhaupt ist wieder mehr Freude zu mir gekommen und der Zettel mit all den Dingen, die ich im Notfall tun kann, hängt immer noch sichtbar an der Wand" (eine Teilnehmerin im Interview).

„Ich habe erst in der Gruppe realisiert, wie sehr das erlebte Trauma in seinen Auswirkungen meine Elternschaft bestimmt, und zwar in den problematischen Situationen. Ich rutschte dann einfach in meine eigene Kindheit und konnte nicht mehr erwachsen handeln. Und nun ist das kein Geheimnis mehr. Ich war so beschämt wegen meiner Hilflosigkeit auf der einen Seite und der Überreaktion auf der anderen Seite. Nun hat es einen erklärbaren Hintergrund und ich fühle mich nicht mehr schlecht und verrückt. Jetzt kann ich die Abläufe verändern, weil ich sie verstehe. Das war vorher ein Automatismus, ... Erstaunt war ich, dass es tatsächlich geht, dass man sich immer in gute Gefühle zurückholen kann und in die Handlungsfähigkeit. Das ist so wichtig für mich. Und in der Gruppe bleibt man am Thema, man bekommt die Vielschichtigkeit einer Sache mit, in der Einzelberatung ist ja man sehr mit den eigenen Gedanken befasst und in der Gruppe hat man durch das Gespräch und den Austausch so viele unterschiedliche Aspekte vor Augen. Ja, zwischen den Sitzungen haben mich einzelne Themen sehr beschäftigt ... Mir hat auch gefallen, dass wir so viele verschiedene Techniken genutzt haben, wie Malen oder auch was aufzubauen. Das mit den Regeln war auch sehr wichtig und es ist gut, nun ein Buch zu haben. Das liegt bei mir im Regal, bei all den Sachen, die man täglich braucht und manchmal nehme ich es zur Hand. Und es war so wichtig, dass wir alle traumatisierende Lebensereignisse erlebt hatten, so war der Umgang miteinander sehr achtsam. In anderen Elterngesprächen oder -gruppen habe ich immer gedacht, sag bloß nichts, deine Reaktionen in bestimmten Situationen sind nicht normal. Da war schon ein großes Durcheinander in meinem Leben und jetzt ist da so viel Stabilität ..." (eine andere Teilnehmerin im Interview).

Literatur

Caldwell, M.; Froom, S.; Schmidt, K. (2003): The Trauma Recovery Program: Healing the mind, body and spirit. Kalamazoo: Eigenverlag.
Furman, B. (1999): Es ist nie zu spät, eine glückliche Kindheit zu haben. Dortmund: modernes lernen.
Hermann, J. (2006): Die Narben der Gewalt. Paderborn: Junfermann.
Hanswille, R.; Kissenbeck, A. (2008): Systemische Traumatherapie. Konzepte und Methoden für die Praxis. Heidelberg: Carl Auer.
Huber, M. (2003): Trauma und die Folgen. Trauma und Traumabehandlung, Teil 1. Paderborn: Junfermann.
Huber, M. (2003): Wege der Traumabehandlung. Trauma und Traumabehandlung, Teil 2. Paderborn: Junfermann.
Huber, M. (2005): Der innere Garten. Ein achtsamer Weg zur persönlichen Veränderung mit CD. Paderborn: Junfermann.
Lackner, R. (2005): Wie Pippa wieder lachen lernte. Fachliche Hilfe für traumatisierte Kinder. Wien: Springer
Landolt, M. A.; Hensel, T. (2008): Traumatherapie bei Kindern und Jugendlichen. Göttingen: Hogrefe.
Levine, P. A.; Kline, M. (2007): Verwundete Kinderseelen heilen. Wie Kinder und Jugendliche traumatische Erlebnisse überwinden können. München: Kösel.
Lueger-Schuster, B.; Pal-Handl, K. (2004): Wie Pippa wieder lachen lernte. Elternratgeber für traumatisierte Kinder. Wien: Springer.
Pal-Handl, K., Lackner, R.; Lueger-Schuster, B. (2004): Wie Pippa wieder lachen lernte. Ein Bilderbuch für Kinder mit farbigen Illustrationen von C. Nöstlinger. Wien: Springer.
Reddemann, L. (2001): Imagination als heilsame Kraft. Zur Behandlung von Traumafolgen mit ressourcenorientierten Verfahren. Stuttgart: Klett-Cotta.
Reddemann, L. (2004): Eine Reise von 1000 Meilen beginnt mit dem ersten Schritt. Seelische Kräfte entwickeln und fördern. Freiburg: Herder.
Reddemann, L. (2004): Imagination als heilsame Kraft und Dem inneren Kind begegnen. Hör CDs mit ressourcenorientierten Übungen. Stuttgart: Klett-Cotta.
Reddemann, L. (2004): Trauma: Ungelöste Folgen erkennen, überwinden und an ihnen wachsen. Stuttgart: Trias.
Spielräume (Feb. 2008): Pädagogische Fachzeitschrift zur Arbeit mit Kindern, Jugendlichen und Familien. 15. Jg., Nr. 40/41: Trauma.

Internetauftritte zum Thema

ArbeitsGemeinschaft für Sozialberatung und Psychotherapie (AGSP) unter www.agsp.de: Dort interessante Fachaufsätze, u.a. von Ebel, A.: Traumatisierte Kinder erziehungsunfähiger Eltern. Ursachen und Folgen von Traumatisierung im Kindesalter und der Umgang damit in der Pflegefamilie; sowie Perry, B.: Bonding und Attachment bei misshandelten Kindern. Folgen von emotionaler Vernachlässigung in der Kindheit (1999) und „The Neurodevelopmental Impact of Violence in Child-hood" (2001).

Traumapädagogik unter www.traumapaedagogik.de: Dort ebenfalls interessante Aufsätze und u.a. ein guter Online-Kurs: Die Kindheit überleben, geschrieben von Bruce Perry.

Klaus Wolf

Belastungen von Pflegeeltern und Ressourcen für die Bewältigung

In der Postmoderne ist die Überzeugung, dass es ein breites Spektrum unterschiedlicher familialer Lebensformen gibt, zum Bestandteil des allgemeinen Wissensvorrats geworden. „Natürlich" gibt es auch weiterhin die Familien, die aus einem verheirateten Paar mit ihren leiblichen Kindern bestehen, in der Werbung obendrein mit lieblichen Kindern und einem Haustier in einem freistehenden Einfamilienhaus mit großem Garten und gutem Wetter. Aber es geht auch anders: Einelternfamilien, Patchworkfamilien und insbesondere in großstädtischen Milieus auch moslemische Großfamilien, gleichgeschlechtliche Paare, Kinder, die eine Woche bei Mama und in der nächsten beim Papa leben, mit Geschwistern und Halbgeschwistern und Kindern der Neuen von meinem Vater und vieles mehr. In diesem Ensemble unterschiedlicher Familienformen sind Pflegefamilien eine geradezu konventionelle Variante – so könnte man meinen.

Die Formenvielfalt und Differenzierungen von Familien bringen auch eine Formenvielfalt von Elternschaften mit sich: Wiederum „natürlich" biologische Mütter und Väter, aber auch ein breites Spektrum von sozialen Eltern. Vielleicht können wir uns die unterschiedlichen Facetten der Elternschaft am besten als soziale Konstruktionen mit mehreren Schichten vorstellen. Die biologische Abstammung ist eine solche Schicht. Für die Identität der Kinder – insbesondere der Jugendlichen – eine wichtige Dimension, allgemein mit Deutungen von hoch bewerteter genetischer Abstammung und einer unhintergehbaren Verbindung kontaminiert („Blut ist dicker als Wasser" – physikalisch eine Banalität, sozial ein hochrelevantes romantisches Deutungsmuster). Wenn Jugendliche zwischen ihrem Erzeuger und einem richtigen Vater (von Müttern habe ich diese Differenzierung im Originalton noch nicht gehört, aber möglich ist sie auch), den sie haben oder gerne hätten, unterscheiden, betonen sie die Tatsache, dass biologische Vaterschaft noch längst nicht die Übernahme von Väterfunktionen garantiert – auch im gemeinsamen Haushalt nicht. Dies – die Realisierung von Väter- und Mütterfunktionen – können wir also als eine weitere Schicht betrachten. Sie kann verbunden sein mit der biologischen Vater- und Mutterschaft, aber auch losgelöst davon einem anderen Mann oder einer anderen Frau als Adressaten/in übertragen sein. Der/die kann dann Vater- bzw. Mutterersatz sein, das heißt sozial und psychisch an seine bzw. ihre Stelle treten. Im Unterschied zur biologischen Verbindung – so das wohl weit verbreitete Deutungsmuster – ist diese Verbindung aber brüchiger, sie muss immer wieder beiderseits bestätigt werden, sonst verfällt sie, eher im Modus „von als ob" (Gehres und Hildenbrand 2008) also in einer Form, die von den sozialen Vätern und Müttern als Elternschaft auf Bewährung empfunden wird. Wenn eine Seite kündigt – der Elternteil oder das Kind – dann gilt sie nicht mehr. Eine – wir ahnen es bereits – für Pflegeeltern heikle und fragile Konstruktion, zumal die codierten Elternrechte – außer bei der Adoption – ebenfalls den prekären Elternstatus unterstreichen.

Wir können noch einen Schritt weitergehen. In einem Grundlagenforschungsprojekt zum Aufwachsen in Familien haben wir die Entwicklung von Kindern in hoch belasteten Familien unter Resilienzgesichtspunkten analysiert (Frindt 2009). Dabei sind wir auch auf positive Entwicklungsverläufe von Kindern gestoßen, die Zuhause von ihren Eltern sehr unzureichende Sorge erfahren haben, wenn sie Zugang zu Menschen hatten, die einen Teil dieser bei den Eltern vermissten Sozialisationsleistungen erbracht haben. Dabei kam es insbesondere darauf an, dass der Zugang zu diesen Menschen – zum Beispiel zu weiteren Verwandten außerhalb der Kernfamilie, einer Nachbarin, der Mutter einer guten Schulfreundin – kontinuierlich über einen längeren Zeitraum möglich war, die Dauer des Einzelkontaktes war hingegen oft kurz. Wir haben daher empfohlen, ein zu elternzentrisches Bild durch ein Modell sozialisatorischer Netzwerke zu ersetzen. In solchen Netzwerken können Funktionen, die wir (und insbesondere die Kinder selbst) uns normalerweise von den Eltern wünschen, auch von anderen erbracht werden. Für die Kinder ist das anstrengender und die Stabilität der Netzwerke ist oft unsicher, aber die Kinder machen entsprechende Suchbewegungen und spüren schnell, wenn sie auf Quellen stoßen und Adressaten finden. Die daraus gewonnene Empfehlung für die Fachkräfte in der Sozialpädagogischen Familienhilfe war übrigens, die Entwicklung und Stabilisierung solcher sozialisatorischer Netzwerke als Interventionsziel vorzusehen.

Die – jenseits der biologischen Abstammung – weiteren Dimensionen elterlicher Funktionen können also durchaus bei anderen Erwachsenen verortet werden. Wir können sie dann als verschiedene Dimensionen sozialer Elternschaft betrachten und empirisch untersuchen. Im Folgenden wird dies am Beispiel von Pflegeeltern genauer beschrieben, vieles lässt sich – mit Variationen – auf andere Formen sozialer Elternschaft übertragen.

Eine Anmerkung ist allerdings noch nötig. Auch wenn es in unserer Gesellschaft – und anderen vergleichbaren – nicht so selten ist, dass biologische und soziale Elternschaft auseinanderfallen, wird es doch von den Menschen – insbesondere auch von Kindern – fast immer als schwerwiegender Normalitätsverstoß erlebt. Für Pflegekinder ist die Integration dieser Erfahrung jedenfalls eine pflegekinderspezifische Entwicklungsaufgabe, deren Lösung oft nicht leicht fällt (und gemacht wird).

Nach diesen einleitenden Überlegungen möchte ich nun ein sozialpädagogisches Modell für die Analyse von Belastungen und Aufgaben der Pflegeeltern skizzieren und erste Ergebnisse aus einem darauf basierenden Forschungsprojekt vorstellen.

Forschung zum Leben in Pflegefamilien

Seit wenigen Jahren arbeiten wir an der Universität Siegen intensiv in einem Forschungsschwerpunkt Pflegekinder (http://www.uni-siegen.de/pflegekinder-forschung). Zunächst führte Daniela Reimer mehrstündige narrative Interviews mit jungen Erwachsenen, die eine Zeit ihrer Kindheit oder Jugend in Pflegefamilien gelebt hatten. Die Frauen und Männer erzählen ihre Lebensgeschichte: oft über einen schwierigen Start ins Leben unter Armutsbedingungen, manchmal mit Gewalt, oft mit Vernachlässigung, über das Zusammenleben mit psychisch kranken Eltern, über Ortswechsel und Beziehungsabbrüche, gute Orte und solche, an denen das Leben schwer war, bis zu ihrer aktuellen Situation als junge Erwachsene, die sich zum Beispiel fragen, wie sie wohl mit einem Kind zurechtkommen würden, und die ihren Weg im unübersichtlichen Gelände suchen und finden. Gegen Ende des Gesprächs zeichnen sie auf einem Zeitstrahl die wichtigen Ereignisse ein und kennzeichnen mit einer Linie die guten und die schlechten Zeiten, das Auf und Ab in ihrem Leben. Manchmal laden wir einige unserer Gesprächspartner(innen) zusätzlich zu einem Gruppengespräch ein. Dann fachsimpeln sie über ihre Erfahrungen als Pflegekinder.

Inzwischen ist aus dieser Grundlagenforschungsstudie ein differenziertes Programm mit eine ganzen Serie von Untersuchungen geworden, in der die Interviews mit ehemaligen Pflegekindern für die Vorbereitung und Beratung von Pflegeeltern (http://www.pflegekinderstimme.pan-ev.de) und für die Entwicklung von Qualitätsmerkmalen professioneller Dienste genutzt werden, Belastungen und Ressourcen von Pflegemüttern und Pflegevätern durch ausführliche Interviews und die Analyse von Chatrooms und Pflegeelternforen untersucht und Geschwisterbeziehungen genauer betrachtet werden. Ein lebendiges Forschungsteam von Nachwuchswissenschaftlerinnen und -wissenschaftlern bearbeitet am Zentrum für Planung und Evaluation Sozialer Dienste an der Universität Siegen diese interessanten Themen und kooperiert mit Forscher/innen aus anderen Ländern (http://www.uni-siegen.de/foster-care-research/index.html). Die zitierten Beispiele stammen alle aus diesen Projekten.

Belastungs-Ressourcen-Balance von (Pflege-)Eltern

Im Mittelpunkt dieser Analyse steht die Relation von Belastungen und Ressourcen (ausführlich: Wolf 2007; Wolf und Reimer 2008). Pflegeeltern müssen – wie alle Menschen – Entwicklungsaufgaben lösen und Probleme bewältigen. Dafür benötigen sie Ressourcen sehr unterschiedlicher Art. Die benötigten Ressourcen und die im Einzelfall tatsächlich zur Verfügung stehenden können weit auseinanderfallen. Wenn zentrale Ressourcen fehlen, kommt es zu von diesen Menschen zu diesem Zeitpunkt nicht bewältigbaren Problemen (negative Belastungs-Ressourcen-Balance). Wenn die Ressourcen selbstverständlich zur Verfügung stehen, wird das Problem oft gar nicht als Problem erlebt, dann fallen Problemwahrnehmung und Bewältigung zusammen. Für die Qualitätsentwicklung professioneller Institutionen schließt sich die Frage an: Welche ansonsten knappen Ressourcen finden Pflegeeltern durch diese Institutionen?

Wir fragen also zum Beispiel nicht danach, welche Störungen Menschen in schwierigen Situationen bekommen, sondern untersuchen die subjektiven Problemdefinitionen und Bewältigungsversuche. Bei einem „merkwürdigen" Verhalten interessieren wir uns dafür herauszufinden, welches Problem mit diesem (bisher) unverstandenen Verhalten bearbeitet wird.

Im Detail richten wir bei der Forschung zu den Pflegeeltern (analog bei der zu Pflegekindern) die Aufmerksamkeit auf folgende Fragen:

Welche Probleme haben Pflegeeltern zu bewältigen?

Welche Ressourcen sind ihnen bei der Bewältigung von Problemen nützlich?

Welche dieser notwendigen Ressourcen finden sie bei Sozialen Diensten, die sie beraten (sollten)?

Ein erster Schritt besteht in der Entwicklung eines Kategoriensystems von Belastungen und Ressourcen. Dabei gehen wir von den einzelnen Zitaten aus, suchen einen geeigneten Begriff für das im Zitat deutlich werdende Phänomen und entwickeln so allmählich einen Begriffsapparat mit mehreren Ebenen. Als nächstes werden besonders interessante Figurationen von Belastungen und Ressourcen herausgearbeitet.

Probleme und Aufgaben von Pflegeeltern

Pflegeeltern haben Probleme zu bewältigen wie andere Eltern auch – abgesehen von denen der Geburt der Kinder. Sie nehmen aber auch besondere Probleme wahr. Uns war auf Veranstaltungen mit Pflegeeltern immer wieder aufgefallen, dass Pflegeeltern bei einigen der spezifischen Pflegeelternthemen die Auffassungen vertraten, dass nur andere Pflegeeltern sie verstehen könnten (und vielleicht Forscher, wenn sie sich sehr anstrengen). So berichteten Pflegemütter, dass sie viele Probleme sehr gut mit ihrer besten

Freundin besprechen könnten, aber beim Thema Pflegekinder stießen sie dort auf Schwierigkeiten, oft Unverständnis. Das sei nur mit anderen Pflegemüttern gut zu besprechen. Auch die sehr aktive Nutzung der Pflegeelternforen lassen sich so erklären: Insider tauschen sich über Themen aus, die andere kaum verstehen können.

Wir können drei Typen von Belastungen unterscheiden:
- verbreitete, als normal erlebte Belastungen von Eltern
- besondere Belastungen von Eltern (z.B. eines Kindes mit Handicaps)
- spezifische Belastungen von Pflegeeltern.

In der Lebenslage von Pflegeeltern können Belastungen aus allen drei Belastungstypen kumulieren und sich zu einem Geflecht an Belastungen verdichten.

Wir stehen mit der Analyse von Belastungen noch relativ am Anfang. Ich konzentriere mich im Folgenden auf die Probleme, die häufig von den Pflegeeltern selbst als für ihre Lage spezifisch gekennzeichnet werden, und die – soweit nicht anders angegeben – von Andy Jespersen, der diese Analysen in unserer Pflegekinderforschung durchführt, aus Foren gewonnen wurden. Für die folgenden Probleme haben wir viele Beispiele. Eine Übersicht gibt die folgende Grafik (Abb. 1):

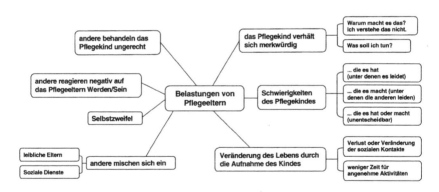

Abbildung 1: Belastungen von Pflegeeltern

Die einzelnen Belastungsfelder werden im Folgenden an wenigen Beispielen illustriert.

Das Pflegekind verhält sich merkwürdig

Auch andere Eltern finden manchmal, dass sich ihr Kind merkwürdig verhält. Sie sind auch manchmal unsicher, was sie tun sollen (und manche gehen dann deswegen in eine Beratungsstelle). Bei Pflegeeltern kommen aber besondere Quellen für die Unsicherheit hinzu: Sie haben eine biografische Lücke, eine Zeit, in der sie das Kind und das Kind sie noch nicht kannten.

In dieser Zeit können die Kinder Dinge erlebt haben, die das aktuelle Verhalten erklären. Auch Fragen nach Vererbung, pränatalen Erfahrungen (zum Beispiel durch den Drogenkonsum der Mutter) und spezifischen Traumatisierungen (z. B. durch Vernachlässigung oder Gewalt) sind ein häufiges Thema.

Beginnen wir mit einem harmlosen Beispiel zum Unterpunkt „Warum verhält sie sich so?"

„Vor 5 Wochen dann fand ich eine gute Kinderzahnärztin und wir gingen zusammen dort hin. Unsere Pflegetochter machte ohne Probleme den Mund auf (die Zahnärztin war klasse) und beim ersten Besuch schaute sie nur. Wir besprachen ganz behutsam vorzugehen und erst mal das kleinste Loch zu füllen, dann das nächst größte usw. Wir machten 5 Termine aus. Sollte es für unsere Pflegetochter zu schlimm werden, würden wir eine Vollnarkose machen müssen.

Dann kam der Termin für das erste Loch. Die Zahnärztin erklärte noch mal den Bohrer, kitzelte damit ihre Hand und sagte ‚Schau das kitzelt'. Unsere Pflegetochter machte ihren Mund auf, die Zahnärztin fing an zu bohren und unsere Pflegetochter lachte. Sie ließ sich bei diesem ersten Termin lachend alle Löcher oben bohren und füllen und beim zweiten Termin sämtliche Löcher unten, lachend. Wir lobten sie, wie toll sie das gemacht hat, aber eigentlich war ich total entsetzt. Einige Löcher waren so groß, das muss einfach total weh getan haben.

Lachte sie, weil die Zahnärztin sagte das kitzelt? Was ist mit ihrer eigenen Wahrnehmung? Oder hat sie den Schmerz wirklich nicht wahrgenommen? Oder traut sie sich nicht zu widersprechen und den Schmerz zu äußern? Wir wissen leider nicht viel darüber was sie alles in den ersten Lebensjahren erlebt hat. Aber sie kann auch kalt und warm nicht wirklich unterscheiden oder hart und weich."[1]

Im folgenden Beispiel wird neben dem Rätselhaften des kindlichen Verhaltens *die Belastung* deutlich:

„Der 5-Jährige läuft stundenlang (wenn ich ihn lasse) durchs Zimmer legt sich dann hin und zählt ganz laut. Er ist aber nicht richtig wach ... der 6-Jährige schlägt mit dem Kopf hin und her ... weint häufig dabei ... Es hilft etwas ihn fest in den Arm zu nehmen und beruhigend auf ihn einzureden. Ist aber auch ganz schön anstrengend, da es in einer Nacht häufiger vorkommt Beide sind morgens oft ab 5 Uhr früh lauter wie eine

---

1 Die Mitglieder dieses Forums haben vor einiger Zeit darüber abgestimmt, ob sie Fachkräfte auf das Forum aufmerksam machen sollten. Eine deutliche Mehrheit war strikt dagegen. Deswegen gebe ich die Quelle nicht an. In den Zitaten habe ich wegen der besseren Lesbarkeit die Abkürzungen an einigen Stellen durch die Bezeichnungen, für die sie stehen, ersetzt und an wenigen Stellen Anonymisierungen vorgenommen.

Disco und ich wünsche mir nur noch, wieder einmal durchschlafen zu können ..."

... und hier *die Suche nach Lösungen*:

„Tagsüber ist er ein ganz normales aufgewecktes Kind, das viel lacht und für sein Alter ‚normale' Sachen anstellt. Nur die Nächte sind sehr schlimm für ihn. Immer fast zur selben Zeit wacht er auf und sucht unsere Nähe. Wenn er dann spürt dass wir da sind schläft er auf unserem Arm ein und wir können ihn ohne Probleme in sein Bett legen. Heute war es wieder sehr schlimm. Ich habe mich mit ihm nach seinem ‚Schreianfall' auf die Couch gelegt, er schlief auch sofort leicht ein. Er war total unruhig im Schlaf, alles bewegte sich, er hatte Schweißperlen auf der Stirn. Wir redeten ruhig auf ihn ein, er öffnete dann kurz die Augen und schnaufte tief durch ... für Sekunden war er ruhiger, dann kämpfte er im Schlaf weiter.

Ich hatte letzte Woche den Kinderarzt um Rat gefragt ... er meinte dass er in der Nacht sehr viel verarbeitet und wahrscheinlich Angst hat wieder alleine zu sein. Er gab mir den Tipp in der Apotheke Zäpfchen zu holen, damit wir für den Notfall etwas daheim haben. Die Zäpfchen sind zwar auf pflanzlicher Basis ... aber gibt es keine andere Möglichkeit dem Kleinen zu helfen?"

Schwierigkeiten des Pflegekindes

Die Schwierigkeiten des Kindes werden in den oben angeführten Zitaten ebenfalls deutlich. Auf weitere Beispiele aus den Foren kann daher verzichtet werden. Eine persönliche Anmerkung ist aber vielleicht gestattet. Uns hat immer wieder sehr beeindruckt, wie selbstverständlich viele Pflegeeltern gravierende Belastungen auf sich nehmen und wie liebevoll die Tonlage oft ist, in der sie auch über anhaltende Schwierigkeiten ihrer Pflegekinder schreiben.

Aus einer anderen Perspektive werden die Aufgaben, die Pflegeeltern bewältigen müssen, in den biografischen Erzählungen der Pflegekinder deutlich. Hier berichtet Matteo, der nach mehreren Aufenthalten in Pflegefamilien schließlich in einem Heim gelandet war und von dort nach langen Kämpfen mit 14 Jahren zu seiner Schwester in die Pflegefamilien durfte, in der er mit 21 Jahren immer noch lebte. Er beschreibt ein Problem am Anfang in der Pflegefamilie so (vgl. Reimer 2008):

„‚... dass man Pflegekinder am Anfang nicht sofort ähm ja irgendwie so, so überbemuttert oder ähm erwartet, äh man hat dann so n total inniges Verhältnis was ja gar nicht sein kann, das (.) muss sich erst mal entwickeln und das war auch der Fall, dass meine Eltern ähm ja ähm mich entwickeln lassen haben (.) ja in ihrem Verhältnis äh zu ihnen, das ging auch zum Beispiel mit Körperkontakt und so konnt ich am Anfang nicht so gut haben ähm mit meiner Schwester gar kein Problem, aber ähm wie gesagt ich hatte immer so n, noch so n kleinen Schlag gehabt sag ich jetzt mal was Autoritäten angeht, da war eigentlich immer noch so n Unterbewusstsein noch so n so ne Antipathie jetzt nicht bewusst, und ich wollte das eigentlich auch nicht, aber ähm ja, war war halt eben so, meine Eltern die ham das dann auch akzeptiert wenn zum Beispiel meine Mutter mich dann irgendwie äh, wenn wir uns dann verabschiedet ham zur Nacht mich umarmen wollte, dann hab ich das zwar irgendwie auf mich dulden lassen, aber irgendwie (.) ja hab ich sie auch so halbwegs irgendwie noch so weggestoßen irgendwie naja also, aber die ham das auch akzeptiert und ähm hat das schon, ja so schon fast seine drei Jahre gebraucht bis ich das zulassen konnte richtig"

Der 14-Jährige befindet sich in einem Dilemma. Durch die vielen Ortswechsel und Beziehungsabbrüche muss er zwei Entwicklungsaufgaben zum gleichen Zeitpunkt lösen, die sonst viel stärker nacheinander aktuell werden: Einerseits in der Ablösung und Distanzierung von den Erwachsenen („Schlag was Autoritäten angeht"), andererseits eine Antwort auf sein Bedürfnis nach Nähe suchen. Der Pflegemutter gelingt es eindrucksvoll, ihm die Zeit für die Entwicklung zu lassen und sich nicht gekränkt zurückzuziehen, sondern das Angebot aufrechtzuerhalten bis er es annehmen kann. Hier entstehen besondere Profile von Aufgaben dadurch, dass das Pflegekind Entwicklungsaufgaben zu ungewöhnlichen Zeitpunkten lösen muss.

Veränderung des Lebens durch die Aufnahme des Kindes

Ein Kind in die Familie aufzunehmen, verändert das Leben der Pflegeeltern deutlich. Dies wird insbesondere beim ersten Kind so empfunden und kann bei einem Kind mit einem besonderen Bedarf an Pflege und Sorge deutlich gesteigert sein. Hinzu kommt, dass die Aufnahme oft plötzlich erfolgt, eine mehrmonatige allmähliche Vorbereitung auf die Veränderungen ist dann nicht möglich.

So ärgert sich diese Pflegemutter, die am Donnerstag eine völlig unerwartete Anfrage vom Jugendamt erhält, ob sie am Montag ein zweites Pflegekind aufnehmen kann:

„… so schnell, also wenn dann will ich dafür Zeit ham das sin keine Entscheidungen die man übers Knie brechen muss, ne [...] die war neun Monate alt und die is von Geburt an weggenommen worden von ihren Eltern [...] die hatten alle Zeit der Welt un jetzt plötzlich musste das ganz schnell gehen" (Keller 2009: 82)

Zwei Dimensionen der Veränderung zeichnen sich deutlich als Belastungen ab und werden oft ein einem vorher-nachher-Muster beschrieben: der Verlust und die Veränderung sozialer Kontakte und die Einschränkungen der individuellen Lebensgestaltung, wie sie in den Beiträgen zweier Pflegemütter deutlich werden:

> „Ich hatte mehr Ruhe, konnte mich auch mal um Freundschaften kümmern, ein nettes Frühstück, oder eine kleine spontane Einladung, das geht heute nicht mehr. Ich habe gerne neue Rezepte ausprobiert, bin Fahrrad gefahren. Ich habe gerne Blockflöte gespielt und im Chor gesungen, das geht heute nicht mehr."

> „Wir bekommen seltener Besuch als früher, besuchen selber auch seltener spontan jemanden. Vieles muss langfristiger geplant werden."

Wie in der Lebenssituation von Pflegeeltern allgemeine Belastungen von Eltern – etwa in Bezug auf einen größeren Aufwand bei Besuchen – mit spezifischen von Pflegeeltern kumulieren können, wird in den folgenden beiden Belastungsdimensionen deutlicher.

Andere behandeln das Pflegekind ungerecht

Die Pflegeeltern reagieren oft empört, wenn andere Menschen – insbesondere aus ihrer Verwandtschaft – ihr Pflegekind unangemessen behandeln, ganz besonders wenn sie es von Besuchen ausschließen oder nicht als Teil der Familie betrachten. Typisch ist das folgende Beispiel:

> „Als wir unseren damals drei Monate alten Pflegesohn bekamen, wollten wir kurz darauf meine Eltern (xxx Kilometer entfernt) besuchen. O-Ton meiner Mutter: ‚Ihr könnt gerne kommen. Aber DIESES FREMDE KIND braucht ihr mir nicht mitbringen. Mit dem hab ich nix zu tun!'"

Solche Belastungen treten nicht nur punktuell auf, sondern sind oft chronisch und machen dann Kontakte zu einer heiklen Angelegenheit für die Pflegeeltern und ihre Kinder und verändern die privaten Netzwerke. Dabei werden – manchmal eher notgedrungen, manchmal auch trotzig selbstbewusst kommentiert – zunächst oft einige der bisherigen Beziehungen aufgegeben und anschließend neue, passende Kontakte gesucht, wie in dem folgenden Eintrag deutlich wird:

> „... wir trennen uns von den (vielen) Leuten, die unsere Kiddys nicht zählen! Wir hoffen auch, dass wir jetzt ein paar nette Leute kennenlernen und wo man unsere Kinder mag. Wie kann man Kinder, die noch nie jemanden etwas getan haben, von vornherein ablehnen?"

Pflegeeltern sind durch ihre negativen Erfahrungen vielleicht noch empfindlicher und verletzbarer geworden als andere Eltern. Damit werden auch Sektoren des privaten Lebens mit Spannungen kontaminiert, die unmittelbar nichts mit den Pflegekindern zu tun haben. So kommen nicht nur zusätzliche Belastungen hinzu, sondern es werden auch Routinen der Bewältigung von Spannungen gestört und zum Beispiel Besuche bei Verwandten werden zu einer heiklen Angelegenheit.

"Wir haben 2 Adoptivsöhne und 2 Pflegekinder bei der Verwandtschaft von meinem Mann werden ständig Unterschiede zwischen den leiblichen Enkeln und Neffen gemacht. Jedes Verhalten wird genau beobachtet teilweise mitleidig auf die Gene bezogen, jede schlechte Note kommentiert. Mein Großer (15) zeigt schon gar nicht mehr Oma und Opa sein Zeugnis vor lauter Angst, er wird wieder, hinter hervorgehaltener Hand, mit den Söhnen meiner Schwägerin verglichen."

Andere reagieren negativ auf das Pflegeeltern Werden/Sein

Uns hat überrascht, wie häufig Pflegeeltern von negativen Reaktionen in ihrem unmittelbaren Umfeld auf die Entscheidung, ein Pflegekind aufzunehmen, berichten. Viele erleben ein kritisches, manchmal geradezu feindseliges Umfeld, wenige berichten über positive oder wohlwollende Reaktionen oder aktive Unterstützung. Gerade in den flammenden Löwenmutter-Plädoyers für die Aufnahme von Kindern, werden indirekt die Leidenserfahrungen deutlich.

"So viele äußern sich negativ, obwohl sie keine Ahnung haben womit eine solche Pflegschaft verbunden ist. Es werden nur die negativen Seiten aufgezählt, die wir zum 100. Mal hören und uns doch mehrfach überlegt haben, ob wir uns darauf einlassen. Gibt es da nur negative Seiten????? Hallo, es handelt sich um ein Kind!!!!! Um ein trauriges Schicksal, das man verbessern kann! Das sieht irgendwie keiner. Manche sagten: ‚Warum tut ihr euch das nur an, warum ausgerechnet ihr?' Ja wer sonst, wenn nicht wir????? Tja das typische Egodenken: ‚Die anderen machen es schon. Am besten wegschauen und hoffen, dass die anderen helfen.'"

Selbstzweifel

Während die negativen Reaktionen von anderen oft noch aktiv und mit dem Gefühl der Solidarität anderer Pflegeeltern abgewehrt werden können, erodieren Selbstzweifel die Sinnkonstruktionen der Pflegeeltern fast immer nachhaltig. Unter Sinnkonstruktionen verstehe ich das filigrane Geflecht von subjektiven Bedeutungs- und Sinnzuschreibungen, mit denen Pflegeeltern sich selbst ihre Tätigkeit als Pflegeeltern erklären und vor sich rechtfertigen. Sie sind als angewendete Deutungsmuster nicht unbedingt bewusst, aber grundsätzlich bewusstseinsfähig. Sinnkonstruktionen werden individuell, bedürfnis- und erfahrungsbezogen entwickelt und weiterentwickelt und enthalten allgemeine Deutungsmuster, verändern sich also nicht nur biografisch sondern sie sind auch spezifisch für den gesellschaftlichen Kontext, in dem sie entwickelt werden. Menschen in unserer Zeit – die zum Beispiel Zygmunt Bauman (1995) als Landstreicher und Ronald Hitzler und Anne Honer (1994) als Bastelexistenzen beschrieben haben – neigen besonders dazu, ihr Lebensglück und -unglück als Folge eigener Entscheidungen zu verstehen und kommen dann ggf. vor sich selbst unter Legitimationsdruck.

Wenn Pflegeeltern Zweifel bekommen, ob sie die richtigen Pflegeeltern für ihr Pflegekind sind, ob es überhaupt richtig war, ein Kind aufzunehmen, oder gar, ob sie gegenüber ihrem Pflegekind oder ihrem Kind (Marmann 2005) versagt haben, können sie Belastungen aus anderen Quellen wesentlich schlechter aushalten und bewältigen, als wenn sie frei von solchen Zweifeln sind. Dem Ausschluss eines Kindes aus einer Pflegefamilie geht nach unserer Beobachtung immer der Zusammenbruch der Sinnkonstruktion mindestens eines Pflegeelternteils voraus.

Andere mischen sich ein

Das, was in der Literatur „zu einer öffentlichen Familie werden" genannt wird, empfinden einige Pflegeeltern sehr deutlich. Die Privatheit ihrer Familie wird (partiell) aufgehoben. So können sie den Zugang von Fremden zu ihrer Wohnung nicht uneingeschränkt steuern, wie das folgende Zitat zeigt

„Allerdings sind wir auch öffentlicher geworden. Jugendamtsmitarbeiter laden sich ein, schauen sich hier um! Mitglieder der Herkunftsfamilie, Familienpfleger, Gutachter, Verfahrenspfleger, alle schneien mal hier vorbei. Immer ein Anlass zum Hausputz."

Auch die Informationskontrolle ist schwierig. Ihre persönliche Veröffentlichungsbereitschaft sehen sie durch eine Pflicht ersetzt, Auskünfte an sehr verschiedene Adressaten in den sozialen Dienst, in der Justiz und im medizinischen System zu geben – auch über sehr persönliche Aspekte ihres Lebens. Das Grundgefühl ist dabei oft, unter kritischer Beobachtung zu stehen, wie die Pflegemutter in dem folgenden Beitrag andeutet.

„Irgendwie habe ich oft das Gefühl, wir werden beobachtet, wir fallen immer etwas aus dem Rahmen des Normalen."

Eine zentrale Belastungsquelle für Pflegeeltern sind als problematische Einmischung erlebte Aktivitäten der leiblichen Eltern. Dies wird sehr häufig mit den ungünstigen Reaktionen des Pflegekindes vor, bei oder nach Besuchskontakten, mit Belastungen unmittelbar für die Pflegeeltern durch den „erzwungenen" Kontakt zwischen ihnen und den leiblichen Eltern oder auch mit einer Einschränkung ihrer Zuständigkeit für das Kind begründet. Auch im Falle eines vollständigen Entzugs des elterlichen Sorgerechts werden die Pflegeeltern gelegentlich überrascht, wie im folgenden Beispiel:

„Die türkischstämmige muslimische Mutter unseres 6-jährigen Pflegesohnes, der seit knapp 2 Jahren bei uns lebt, hat beim letzten Jugendamtsgespräch erklärt, sie bestehe darauf, dass ihr Sohn nächsten Sommer aus religiösen Gründen beschnitten wird (im Krankenhaus mit Betäubung). Sie hat kein Sorgerecht, der Junge kam mit knapp drei Jahren ins Kinderheim, nachdem der damalige Freund der Mutter ihn (ebenso wie die Mutter) misshandelt hatte. Das Sorgerecht ist entzogen und liegt beim Amtsvormund des Jugendamts. Mit 4 Jahren kam der Junge zu uns in Dauerpflege. Wir sind nicht grundsätzlich gegen die Beschneidung, finden aber, dass im Falle dieses durch die Misshandlungen traumatisierten Jungen, der sowieso aufgrund seiner Erfahrungen gewaltige Angst vor Schmerzen und Krankenhaus hat, ein solcher Eingriff nicht vorgenommen werden sollte."

Mit diesen sechs Problemfeldern sind zentrale Belastungen für Pflegeeltern erfasst, wie sie in ihren Foren diskutiert werden. Aber die Belastungen alleine sind nicht das Problem. Erst Belastungen und fehlende Ressourcen zu ihrer Bewältigung führen zu einer schwer erträglichen Situation. Daher sollen nun noch einige Ressourcen beschrieben werden.

Ressourcen von und für Pflegeeltern

Der Schwerpunkt liegt auf den Ressourcen, die den Pflegeeltern die Bewältigung von Problemen und die Lösung von Problemen erleichtern. Dies können intrapersonale Ressourcen sein, also Merkmale oder Entwicklungen der eigenen Person, oder Ressourcen im sozialen Feld.

Die ebenfalls noch sehr vorläufigen Ergebnisse lassen sich in der folgenden Grafik (Abb. 2) zusammenfassen:

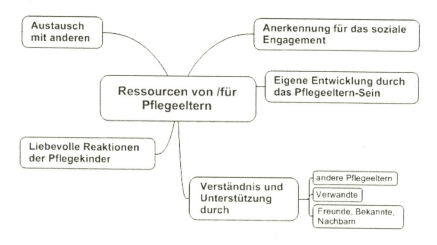

Abbildung 2: Ressourcen von/für Pflegeeltern

Durch die Aufnahme von Pflegekindern verändern sich die privaten Netzwerke der Pflegeeltern. Es werden nicht nur Verluste beklagt, sondern manchmal – allerdings seltener – auch eine Erweiterung und Unterstützung.

„Viel besser ist der Kontakt zu meiner Familie geworden, die uns vorbehaltlos unterstützt, und wir haben ganz tolle Nachbarn hier (mit denen kann man feiern und auch die Sorgen teilen). Die kannte ich vorher nicht einmal ..."

Viele Pflegeeltern beobachten eine Entwicklung bei sich selbst durch die Aufnahme der Pflegekinder, das Zusammenleben mit ihnen, die Veränderungen, neue Aufgaben und Herausforderungen. Martin Doehlemann hat schon 1979 beschrieben, welche positiven Sozialisationseffekte das Zusammenleben mit Kindern haben kann. Eine Pflegemutter sieht das so:

„Jetzt bin ich doch ganz schön ins Nachdenken gekommen – wenn ich noch daran denke wie unsicher ich war, als unser Pflegesohn vor knapp zwei Jahren zu uns kam – hatte kaum Ahnung von Kindern, immer nur gearbeitet, hatte einen großen Freundeskreis, wenig Kontakt zur Familie und zu den Nachbarn ... Und jetzt? Alles ist anders. Ja, ich habe mich verändert, ich bin klarer geworden, merke meine Grenzen sehr viel deutlicher, bin vorausschauender geworden, planender, nicht mehr so spontan. Ich kann besser abschätzen, was ich mir zumuten kann, ohne mich zu überfordern. Bin viel beschäftigter als früher, eigentlich ständig."

Häufig werden dabei Entwicklungen in Richtung höheres Selbstbewusstsein als Folge von Konflikten mit Ämtern oder Autoritäten beschrieben, wie in den folgenden beiden Zitaten:

„Ich habe ein ganz anderes Wissen und lasse mich auch von Ärzten und anderen Leuten nicht einschüchtern. Ich bin viel selbstbewusster geworden."

„Ärzte, vor denen ich Respekt hatte (Götter in weiß) stehe ich heute erhaben gegenüber und setze mich durch. Im Laufe der Zeit eignet man sich gezwungenermaßen viel Fachwissen an und steht nicht mehr als doofer Laie da."

Schließlich spielen die emotionalen Leistungen der Pflegekinder eine zentrale Rolle. Schon in vielen Problemskizzen werden die liebevollen Reaktionen der Kinder indirekt deutlich, an einigen Stellen werden sie explizit erwähnt, wie in der folgenden, die auf eine Beschreibung gravierender Belastungen folgt:

„Trotzdem bereuen wir es keine Minute, unsere Kinder bei uns zu haben. Wenn die lachen, dann ist es ehrlich und entschädigt für alles. Nur das zählt!!"

Schließlich wird der Austausch mit anderen als eine Ressource markiert, vor allem der mit anderen Pflegeeltern. Die Aktivitäten in den Pflegeelternforen sind ein eindrucksvoller Beleg dafür.

Konsequenzen für die Arbeit in der Erziehungsberatung

Kurz möchte ich zum Abschluss zwei Konsequenzen für die Erziehungsberatung vorschlagen: Grundlegend werbe ich für die Betrachtung der Wechselwirkungen von Belastungen und Ressourcen, wie ich es hier als Belastungs-Ressourcen-Balance skizziert habe. Es sollten dabei sowohl die intrapersonalen Ressourcen in den Blick genommen als auch die – vorhandenen oder fehlenden – Ressourcen in den sozialen Netzwerken, den materiellen Lebensbedingungen oder dem Zugang zu Orientierungsmitteln. Nicht durch eine isolierte Betrachtung und Analyse von Einzelfaktoren können wir hinreichend komplexe Erklärungen für die Phänomene gelingender oder misslingender Erziehung und Lebensbewältigung gewinnen, sondern durch die Betrachtung von Wechselwirkungen in einem Geflecht von Einflussfaktoren.

Das Gefühl von Pflegeeltern, dass sie auch Probleme zu bewältigen haben, von denen andere Eltern verschont sind, sollte von uns mit einer Hinwendung zu den pflegeelternspezifischen Themen und Fragen beantwortet werden. Wenn uns das nicht gelingt, setzten sie (weiterhin?) wenig Hoffnung auf professionelle Beratungsdienste. Ihnen ist dann ein Ressourcenfeld verschlossen, das durchaus in der Lage sein kann, ihnen bei der Bewältigung ihrer Probleme nützlich zu sein – zu ihrem Wohl, zum Wohl der Pflegekinder und ihrer leiblichen Kindern und zum Wohl der Herkunftsfamilie, über deren Situation man einen weiteren Aufsatz schreiben könnte (Faltermeier 2001).

Literatur

Bauman, Zygmunt (1995): Vom Pilger zum Touristen - Postmoderne Identitätsprojekte. In: Keupp, Heiner (Hg.): Der Mensch als soziales Wesen. Sozialpsychologisches Denken im 20. Jahrhundert. München: Piper, S. 295–300.
Doehlemann, Martin (1979): Von Kindern lernen. Zur Position des Kindes in der Welt der Erwachsenen. München.
Faltermeier, Josef (2001): Verwirkte Elternschaft. Fremdunterbringung - Herkunftseltern - neue Handlungsansätze. Münster: Votum.
Frindt, Anja (2009): Resilienzförderung in der Praxis der SPFH. In: Forum Erziehungshilfe, Jg. 15., H. 2, S. 76–80.
Gehres, Walter; Hildenbrand, Bruno (2008): Öffentliche Sozialisation. Aufwachsen in Pflegeverhältnissen. Wiesbaden: VS Verlag für Sozialwissenschaften.
Hitzler, Ronald; Honer, Anne (1994): Bastelexistenz. Über subjektive Konsequenzen der Individualisierung. In: Beck, Ulrich; Beck-Gernsheim, Elisabeth (Hg.): Riskante Freiheiten. Individualisierung in modernen Gesellschaften. Frankfurt a. M.: Suhrkamp, S. 307–315.
Keller, Christina (2009): „Und dann hatten wir auf einmal drei Kinder" – Eine empirische Untersuchung über Belastungen und Bewältigungsformen von Pflegemüttern. Diplomarbeit an der Universität Siegen (http://www.uni-siegen.de/fb2/mitarbeiter/wolf/wissarbeiten/wissarbeiten_diplomarbeiten.html)

Marmann, Alfred (2005): Kleine Pädagogen eine Untersuchung über „Leibliche Kinder" in familiären Settings öffentlicher Ersatzerziehung. Frankfurt am Main: Internationale Ges. f. erzieherische Hilfen .

Reimer, Daniela (2008): Pflegekinder in verschiedenen Familienkulturen – Belastungen und Entwicklungschancen im Übergang. Siegen: ZPE-Schriftenreihe - Universität Siegen.

Wolf, Klaus (2007): Die Belastungs-Ressourcen-Balance. In: Kruse, Elke; Tegeler, Evelyn (Hg.): Weibliche und männliche Entwürfe des Sozialen. Wohlfahrtsgeschichte im Spiegel der Genderforschung. Opladen: Budrich, S. 281–292.

Wolf, Klaus; Reimer, Daniela (2008): Belastungen und Ressourcen im biografischen Verlauf: Zur Entwicklung von Pflegekindern. In: Zeitschrift für Sozialpädagogik, H. 3, S. 226–257.

Birgit Leyendecker und Zeynep Hatipoglu Sümer

Beratung von zugewanderten Familien

Stärkung der Erziehungskompetenzen in zugewanderten Familien

Sowohl in Familie Y. als auch in Familie G. ist jeweils einer der Ehepartner in Deutschland aufgewachsen und der andere erst nach der Heirat von der Türkei hierher gezogen. In beiden Familien ist Türkisch Familiensprache. Sie sehen die Art und Weise, wie Deutsche ihre Kinder erziehen, sehr kritisch, sie empfinden die Kinder als sehr respektlos, verstehen nicht, warum Eltern ihren Kindern so viel Freiheit lassen und so wenig Wert auf den Zusammenhalt in der Familie legen. Dies machen sie vor allem daran fest, dass deutsche Eltern den Kindern erlauben, schon lange vor der Heirat von zu Hause auszuziehen. Beide Familien haben hieraus jedoch andere Konsequenzen gezogen. Familie G. versucht, ihre Kinder so weit wie möglich von den als schädlich eingeschätzten Einflüssen der Mehrheitsgesellschaft fernzuhalten. Sie achtet sehr darauf, die Erziehungstraditionen ihres Herkunftslandes einzuhalten und bewegtn sich deshalb viel im Kreis von Familie und Freunden aus der (türkischen) Nachbarschaft. Solange die Kinder klein waren, gelang das recht gut, der 13-jährige Sohn besucht jetzt jedoch die 7. Klasse und fängt zunehmend an, die Verbote der Eltern in Frage zu stellen und mehr Freiheiten zu fordern. Als Reaktion werden die Eltern noch strenger und würden am liebsten mit ihren Kindern in die Türkei ziehen, jedoch erlauben das die ökonomischen Bedingungen nicht. Familie Y. sind die türkischen Erziehungstraditionen wichtig, jedoch sind beide Eltern sehr verunsichert, ob diese ihre Kinder wirklich gut auf das Leben hier in Deutschland vorbereiten. Diese Verunsicherung spiegelt sich auch in ihrem Erziehungsverhalten, dem eine klare Linie fehlt, wider. Die Eltern fühlen sich gestresst und überfordert.

Im Vergleich zu einheimischen Eltern stehen Eltern aus zugewanderten Familien vor wesentlich größeren Herausforderungen. Die Adaptation an eine neue Umwelt und vor allem die Frage, wie sie ihre Kinder so erziehen, dass sie den Kontakt zur Herkunftskultur nicht verlieren und gleichzeitig in dem neuen Land zurechtkommen, verlangt von zugewanderten Eltern ein hohes Maß an kognitiver Flexibilität. Im Alltag sind jedoch die Herausforderungen oft überwältigend und eine potentielle Quelle von großer Verunsicherung. Stärkung von Erziehungskompetenzen setzt deshalb sowohl bei Eltern als auch ebenso bei Erziehungsberatern voraus, dass sie eine Sensitivität für kulturelle Unterschiede entwickeln. Hierzu gehört, dass sich Eltern und Berater gemeinsam mit den Erziehungspraktiken und Erziehungszielen der Herkunfts- und der Aufnahmegesellschaft auseinandersetzen und geeignete Bewältigungsstrategien entwickeln.

Dies verlangt von Erziehungsberatern, die mit Menschen mit unterschiedlicher Herkunft und mit unterschiedlichen kulturellen Wurzeln arbeiten, dass sie diese beachten, denn Kultur beeinflusst unsere Persönlichkeit, unser Denken und Handeln (Ho 1995). Viele unserer Beratungsansätze und Beratungstechniken basieren jedoch auf westlichen Kulturen und dem hier vorherrschenden Menschenbild und sind deshalb von begrenzter Bedeutung (Cormier und Nurius 2003). Wenn wir jedoch Eltern mit einem nichtwestlichen Hintergrund beraten sollen, dann müssen wir uns bemühen, die besondere Merkmale zu erkennen und wahrzunehmen und ihnen nicht einfach unsere eigenen Werte überstülpen (Mocan-Aydin 2000).

Wir haben unseren Beitrag in zwei Bereiche unterteilt. Im ersten Teil legen wir den Schwerpunkt auf die Herausforderung an Berater, die Einzigartigkeit von jeder Familie und ihrer Situation zu erkennen und kulturell sensitive Beratungskompetenzen zu erwerben. Im zweiten Teil möchten wir am Beispiel der Beratung von türkischen Familien zeigen, wie viele große und kleine, subtile und weniger subtile Unterschiede es gibt, auf die ein Berater achten muss.

Kultursensitive Beratung von zugewanderten Familien

Kultur ist unsichtbar

Kultur ist unsichtbar und so selbstverständlich wie die Luft, die wir atmen. Erst wenn wir mit Menschen aus anderen Kulturen in Kontakt kommen, merken wir, wie viel von unserem Denken und Handeln durch die Kultur, in der wir aufgewachsen sind, geprägt ist. Unsere Herkunftskultur ist wie eine unsichtbare, unbewusste Brille, durch die wir unsere Umwelt wahrnehmen und interpretieren. Diese interpretierende Brille grenzt aber auch unsere Wahrnehmung ein beziehungsweise verfälscht unsere Wahrnehmung. In westlichen Industrienationen gilt es beispielsweise als Zeichen von Höflichkeit und Ehrlichkeit, wenn ein Kind einen Erwachsenen bei der Begrüßung ansieht. Ein abgewandter Blick erweckt Misstrauen, erscheint unhöflich und als Zeichen von Verschlagenheit oder Unehrlichkeit. In vielen asiatischen Ländern hingegen wird dieselbe Handlung ganz anders interpretiert – die Augen zu senken ist ein Zeichen von Höflichkeit; ein Kind, das einen Erwachsenen direkt in die Augen schaut, zeigt damit, dass es unhöflich, unverschämt und respektlos ist.

Das Potenzial für Missverständnisse ist groß – je nach kulturellem Kontext können Handlungen oder Aussagen recht unterschiedliche Bedeutungen haben.

Unsere Normen, Werte und unsere Einstellungen sind kulturell geprägt. Seit unserer frühesten Kindheit sind sie vielfach eingeübt und verstärkt worden. Dieser Prozess, der als Enkulturation bezeichnet wird, erlaubt uns die Komplexität einer Kultur zu verstehen. Für das Begreifen von anderen Kulturen fehlen uns jedoch diese vielschichtigen Erfahrungen. Wenn wir eine uns fremde Kultur kennenlernen, versuchen wir zunächst, sie entsprechend dem uns vertrauten Raster einzuordnen. Damit geht eine bewusste oder unbewusste Bewertung der anderen Kultur einher, die jedoch stets die Gefahr von Missinterpretationen von Verhaltensweisen und Einstellungen birgt. So ist es nicht verwunderlich, dass sowohl der hier aufgewachsene Berater als auch die zugewanderten Familien durch ihren eingeschränkten Zugang meistens nur ein Teilwissen über die Kultur des jeweils anderen haben. Gerade aber weil vieles aus der anderen Kultur unverständlich ist, neigen sowohl Berater als auch Ratsuchende zu der Überzeugung, dass ihre Sichtweise der Dinge, ihre Normen und Werte die richtigen sind und die der anderen werden schnell als defizitär eingeordnet.

Balanceakt – Wertschätzung der Herkunfts- und der Aufnahmekultur

Viele Erziehungshandlungen – von den ersten Tagen nach der Geburt eines Kindes bis zu seinem Jugend- und Erwachsenenalter – beruhen auf tradierten Konzepten. Diese Traditionen werden immer wieder leicht abgewandelt, jedoch vermitteln sie Sicherheit im Umgang mit Kindern und erleichtern die Erziehungsarbeit, da nicht jedes Mal das Rad von Neuem erfunden werden muss. Eltern, die durch den Kulturkontakt in ihrem Erziehungsverhalten sehr verunsichert worden sind, laufen Gefahr sich sehr zögerlich und inkonsequent zu verhalten, mal orientiert an der Herkunftskultur, mal an der Aufnahmekultur. Dadurch wird ihr Elternverhalten nicht vorhersehbar und Kinder werden verunsichert. Dieses inkonsequente Elternverhalten kann sowohl Folge von Stress sein als auch Stress hervorrufen. Letzteres wäre der Fall, wenn Eltern ihr inkonsequentes Verhalten selber bemerken, jedoch nicht schaffen, es zu verändern und so immer wieder ihre Kompetenzen als Eltern und ihre Selbstwirksamkeit in Frage stellen. Wenn Eltern aber die Kultur der neuen Umgebung ignorieren oder gar „bekämpfen" und versuchen, sich und ihre Kinder abzuschotten und die Erziehungsvorstellungen aus dem Herkunftsland zunehmend strikter umzusetzen, erschweren sie ihren Kindern den Zugang zum Aufnahmeland.

Umgekehrt ist es auch nicht sinnvoll, wenn zugewanderte Eltern versuchen, ihre Kinder ausschließlich nach den Werten des Aufnahmelandes zu erziehen. Erziehungsvorstellungen und Erziehungspraktiken beruhen immer auf kulturellen Traditionen, die im Sozialisationsprozess von frühester Kindheit an vermittelt werden. Einzelne Aspekte können relativ leicht übernommen werden und erleichtern die Integration. Eine vollständige Übernahme erfordert jedoch vielfältige Erfahrungen und einen guten Einblick in die Kultur des Aufnahmelandes. Dieser Prozess dauert nicht nur einige Jahre, sondern zieht sich vielmehr über ein oder zwei Generationen hin.

Als psychologisch gesund gilt deshalb, wenn Eltern ihren Kindern eine Wertschätzung für die Herkunftskultur vermitteln, wenn sie ihre Rolle als Eltern, die mit Autorität ausgestattet sind, erfüllen können (Suarez-Orozoco und Suarez-Orozoco 2001) und den Kindern gleichzeitig ermöglichen, die deutsche Kultur kennenzulernen und von den Möglichkeiten, die sich ihnen hier bieten, Gebrauch zu machen.

Umgekehrt gilt das Gleiche aber auch für Berater von zugewanderten Familien. Sie müssen lernen, die Herkunftskultur der zugewanderten Familien nicht abzuwerten – auch wenn sie manchmal sehr fremd erscheinen mag – und gleichzeitig bestimmt, aber sensitiv die Werte, die hier gelten, vertreten können.

Eine geringe Wertschätzung der Herkunftskultur mindert das Selbstbewusstsein der Eltern und Kinder, eine geringe Wertschätzung der Aufnahmekultur verhindert, dass Eltern und Kinder sich mit der Umwelt, in der sie leben auseinandersetzen und lernen, sie zu verstehen und interpretieren zu können. Integration bedeutet in diesem Sinne, dass Erziehungskonzepte der Herkunftskultur nach und nach durch eine selektive Übernahme von Erziehungskonzepten der Aufnahmekultur ergänzt werden können.

Dies heißt, dass auf beiden Seiten ein Balanceakt gefragt ist, ein Überbrücken von Kulturen, auf das beide Seiten meistens nicht vorbereitet sind. Eine Aufgabe von Erziehungsberatung bei zugewanderten Eltern besteht deshalb zunächst darin, deren Erziehungsvorstellungen und -praktiken zu erfragen und kennenzulernen. In einem zweiten Schritt kann es je nach Situation sinnvoll sein, die Konzepte die hier gelten und die auf die hiesige Kultur angepasst sind, vorsichtig zu vermitteln und ihren Hintergrund zu erklären. Wenn das Ziel der Beratung sein soll, die Sicherheit der Eltern im Umgang mit ihren Kindern zu stärken, kann hierzu auch gehören, Eltern Hilfestellungen und Informationen über das Alltagsleben mit Kindern, über das deutsche Bildungssystem und anders mehr zu geben. Solange nicht das Wohl der Kinder gefährdet ist, sollen Eltern jedoch nicht unter Druck gesetzt werden, ihre Erziehungspraktiken oder Erziehungsziele zu ändern.

Kultursensitive Beratungskonzepte

Jede Familie ist anders – sowohl innerhalb als auch zwischen Kulturen gibt es erhebliche Variationen. Länder wie die Türkei, in der sowohl sehr traditionelle Familien in ländlichen Regionen mit archaisch anmutenden Werten leben als auch sehr moderne Familien in großstädtischer Umgebung, sind sehr viel heterogener als Länder wie Deutschland oder Österreich. Ein Schubladendenken hilft hier nicht weiter, jede Familie und ihr Beratungsanliegen muss vielmehr als einzigartig betrachtet werden und Musterlösungen sind selten hilfreich. Kultursensitive Beratungskonzepte sollten deshalb darauf abzielen, eine Familie kennenzulernen und das Anliegen, weswegen sie zur Beratung kommen, vor dem Hintergrund der Besonderheiten dieser Familie zu verstehen. Hier ist ein systemischer Ansatz hilfreich, bei dem alle relevanten Familienmitglieder und das soziale Umfeld, in dem sie leben, berücksichtigt werden (siehe Borke und Eickhorst 2008).

Zugewanderte Familien stehen – wie im nächsten Abschnitt beschrieben – vor wesentlich mehr und vielfältigeren Herausforderungen als einheimische Eltern. Gleichzeitig sind oft direkte und indirekte Ressourcen wie z.B. Unterstützung durch die erweiterte Familie und eine vertraute Nachbarschaft nicht mehr da, soziale Kontakte sind reduziert und die Stressbelastung wesentlich höher als bei einheimischen Familien (Jäkel und Leyendecker 2008).

Bei den Erziehungspraktiken ist deshalb zu erkunden, ob sie kulturell geprägt sind oder inwieweit sie möglicherweise mehr die Überlastung der Eltern widerspiegeln.

In vielen muslimischen Familien werden beispielsweise in den ersten Lebensjahren Kinder oft eher verwöhnt und eine strengere Erziehung setzt erst zwischen dem 4. und 6. Lebensjahr ein. Nachgiebigkeit kann in dieser Altersphase also durchaus ein normatives Verhalten sein (Leyendecker 2003). Inkonsequentes Elternverhalten hingegen, wenn Kinder nie wissen, wie Eltern reagieren, verunsichert Kinder und ist nicht entwicklungsförderlich. Das gleiche gilt für aggressives oder vernachlässigendes Elternverhalten. Dahinter verbergen sich eher psychosoziale Belastungen als kulturelle Erziehungskonzepte (Jäkel und Leyendecker 2009). Eine kultursensitive Beratung bedeutet deshalb nicht, jedes Elternverhalten als kulturspezifische Besonderheit zu akzeptieren. Vielmehr muss hier zwischen kulturellen Besonderheiten und Verhalten, das für die Entwicklung der Kinder schädlich ist, unterschieden werden.

Zugewanderte Familien in Deutschland – warum sind nicht zwei Familien gleich

In Deutschland wird oft kopfschüttelnd davon gesprochen, dass es hier so viele Kinder der dritten und vierten Einwanderergeneration gibt, die immer noch nicht gut deutsch sprechen und immer noch nicht integriert sind. Dabei wird jedoch übersehen, dass die Realität der Zuwanderung anders aussieht. Die beiden größten Zuwanderergruppen sind die so genannten Aussiedler, die sofort einen deutschen Pass bekommen, sowie die türkischstämmigen Zuwanderer. Die größten Wellen von Aussiedlern aus Osteuropa sind Ende der Achtziger, Anfang der Neunziger Jahre des vergangenen Jahrhunderts nach Deutschland gekommen. Hier kann kaum von einer dritten oder vierten Generation gesprochen werden. Menschen mit türkischen Wurzeln sind die nächstgrößte Gruppe. Etwa 1,7 Millionen von ihnen haben nur einen türkischen Pass, eine geschätzte weitere halbe Million haben einen deutschen Pass. Etwa 2/3 der türkischstämmigen Kinder haben jeweils einen Elternteil, der in Deutschland und einen Elternteil, der in der Türkei aufgewachsen ist (Citlak, Leyendecker und Schölmerich 2009). Dies hängt zum einen mit der Präferenz für einen Partner aus dem Heimatland der Eltern zusammen, zum anderen wird diese Konstellation auch dadurch gefördert, dass Heirat den primären legalen Weg zur Migration von der Türkei nach Deutschland darstellt. Das restliche Drittel besteht etwa zur einen Hälfte aus Personen, die mindestens bis zum Jugendalter beide in der Türkei gelebt haben, sowie zur anderen Hälfte aus Elternpaaren, die beide in Deutschland aufgewachsen sind. Nur letztere Gruppe, die etwa ein Sechstel aller Elternpaare ausmacht, hat demnach Kinder, die wirklich als dritte Generation bezeichnet werden können. Dies bedeutet, dass fünf Sechstel aller türkischstämmigen Kinder mindestens einen Elternteil haben, der in der Türkei sozialisiert worden ist. Anders als in vielen anderen westeuropäischen Ländern wie den Niederlanden, Großbritannien, Belgien oder Frankreich, ist Zuwanderung in Deutschland noch ein recht junges Phänomen und internationale Vergleiche sind deshalb mit Vorsicht zu betrachten.

Es gibt also zwei Besonderheiten bei den zugewanderten Familien in Deutschland: Erstens sind die meisten Elternteile nicht hier geboren und haben deshalb keine Erfahrung mit dem deutschen Bildungssystem und seinen Einrichtungen. Zweitens haben in den türkischstämmigen Familien Eltern überwiegend einen unterschiedlichen Generationsstatus – einer gehört zur ersten, der andere zur zweiten Einwanderergeneration. Diese sogenannte Heiratsmigration wurde in der Öffentlichkeit vor allem unter dem Aspekt von Zwangsehen betrachtet. Für Erziehungsberater stellen sich hier jedoch noch ganz andere Herausforderungen, denn diese unterschiedlichen Elternkonstellationen haben das Potential zu erheblicher Dynamik zwischen den Eltern (Leyendecker, Schölmerich und Citlak 2006).

Eltern aus der gleichen Herkunftskultur, von denen einer in Deutschland sozialisiert worden ist und einer im Herkunftsland, haben hierdurch sehr unterschiedliche Erfahrungen gemacht, sowohl im Hinblick auf Akkulturation als auch im Hinblick auf Sozialisation.

Hier gibt es eine große Varianz hinsichtlich des Bewahrens von Traditionen. Länder wie die Türkei oder Russland sind sehr heterogen und vor allem in urbanen Regionen haben sich in den letzten Jahren viele Traditionen geändert. Manche nach Deutschland migrierte Familien halten jedoch noch an den Traditionen und Einstellungen fest, die zum Zeitpunkt der Migration in ihrem Herkunftsland gültig waren. Andere hingegen haben im Laufe der Jahre bewusst oder unbewusst mehr und mehr Aspekte der deutschen Kultur integriert. Deshalb ist es nicht vorhersagbar, ob beispielsweise der in Türkei oder der in Deutschland aufgewachsene Partner mehr an tradierten Erziehungskonzepten orientiert ist. Fest steht aber, dass sich hieraus mögliche Unterschiede bei den Ehepartnern hinsichtlich ihrer Einstellungen zu Erziehungstraditionen ergeben können.

Für Berater bedeutet dies, dass sie noch mehr als bei deutschen Familien ein Augenmerk auf mögliche Diskrepanzen zwischen den Eltern bei den Erziehungsvorstellungen richten müssen. Deshalb sollten sie möglichst mit beiden Eltern in Kontakt kommen. Falls dies nicht möglich ist, sollten sie unbedingt indirekt die Einstellung des Partners erfragen: „Wie würde Ihr Ehemann das sehen?" oder „Wie reagiert Ihre Ehefrau in so einer Situation?"

Eine weitere Quelle von Unterschieden ist die Präsenz und Unterstützung durch die erweiterte Familie. Der Partner, der hier aufgewachsen ist, hat vor Ort Familienmitglieder, die ein soziales Netzwerke darstellen. Der Partner, der hinzukommt, hat in den meisten Fällen nicht nur keine Freunde, sondern auch keine Familie außer der Schwiegerfamilie hier. Diese wird jedoch häufig als wenig unterstützend erlebt (Schölmerich, Leyendecker, Citlak, Miller und Harwood 2005). Ein weiteres Ungleichgewicht zwischen den Partnern besteht in ihrem Zugang zum Arbeitsmarkt. Mangelnde Sprachkenntnisse, Nicht-Anerkennung oder Abwertung der im Herkunftsland erworbenen Schul- und Berufsausbildung führen zu ungleichen Voraussetzungen zwischen Ehepartnern, von denen einer in Deutschland und einer im Herkunftsland aufgewachsen ist. Während es für Frauen eher sozial akzeptabel ist, sich auf die Hausfrau und Mutterrolle zurückzuziehen, fällt es Männern sehr viel schwerer, keine oder keine angemessene Arbeit zu finden.

Alle diese Faktoren tragen dazu bei, dass nicht zwei Familien gleich sind. Die Diversität innerhalb einer Gruppe Menschen, die aus der gleichen Kultur stammen, sowie die Diversität zwischen den einzelnen Zuwanderergruppen erfordert Berater, die einerseits um die Vielfalt der unterschiedlichen Lebenslagen der zugewanderten Familien wissen und ein Verständnis für den Einfluss von Kultur auf Erziehungsziele und Erziehungskompetenzen haben, andererseits aber die Situation der einzelnen Familie im Blick haben und sich diesen Blick nicht durch pauschales Wissen über „die Türken" oder „die Aussiedler" verbauen.

Sozialisations- und Erziehungsziele von Eltern

Egal ob Eltern deutsche, türkische, russische oder italienische Vorfahren haben – alle wünschen sich, dass ihr Kind zu einem kompetenten Erwachsenen heranwächst. Eltern unterscheiden sich jedoch darin, wie diese Kompetenzen aussehen und welche Verhaltensweisen und Eigenschaften sie gerne bei ihren Kindern sehen oder nicht sehen möchten. Die wünschenswerten Verhaltensweisen und Eigenschaften entsprechen sowohl den Normen und Werten, die die meisten Menschen in einer Gesellschaft als wichtig erachten, als auch den Vorstellungen der jeweiligen Eltern über das, was ihr Kind im Leben erreichen soll. Hierzu gehören sowohl Beziehungen zur Familie und die Vermittlung von tradierten Werten als auch der Erwerb von sozialen Kompetenzen sowie der Kompetenzen, die für die Schaffung einer ökonomische Basis notwendig sind. Deutsche Eltern machen sich über gesellschaftliche Normen und Werte wie beispielsweise Religionsfreiheit oder die Gleichberechtigung der Geschlechter normalerweise wenig Gedanken, da diese Werte als gegeben und selbstverständlich gelten. Zugewanderte Eltern stehen hier jedoch vor der Aufgabe, für sich und ihre Kinder zu entscheiden, welche Normen und Werte der Herkunfts- und der Aufnahmegesellschaft sie übernehmen möchten und wie sie diese an ihre Kinder vermitteln.

Ein zentrales Sozialisationsziel von zugewanderten Eltern für ihre Kinder ist der Erwerb von Bildung (Leyendecker, Yagmurlu, Citlak, Dost und Harwood 2009). Deutsche Lehrer hingegen beschweren sich oft, dass gerade die zugewanderten Eltern besonders häufig an schulischen Belangen ihrer Kinder nicht interessiert sind und sie gehen deshalb davon aus, dass Bildung keinen hohen Stellenwert besitzt. Dies ist ein Beispiel dafür, wie Erwartungen kulturell geprägt sind. Deutsche Schulen sind immer noch weitgehend Halbtagsschulen mit einem sehr strukturierten Unterricht. Das Nacharbeiten durch Hausaufgaben nimmt deshalb einen großen Stellenwert ein und Eltern sind aufgefordert, die Hausaufgaben ihrer Kinder zu kontrollieren. Zugewanderte Eltern sind hiermit einerseits nicht vertraut, andererseits reichen ihre Kenntnisse von Sprache und Unterrichtsstoff meist auch nicht aus, um ihre Kinder bei den Hausaufgaben zu unterstützen.

In anderen Ländern hingegen übernimmt die Schule mehr Verantwortung für die Lernerfolge der Kinder. Tests werden beispielsweise nicht nur im Hinblick auf die Leistungen der Kinder analysiert, sondern vor allem auch im Hinblick auf die Fähigkeiten der Lehrer, den Kindern den Unterrichtsstoff zu vermitteln.

Ein weiteres Beispiel ist die Bedeutung von Selbstkontrolle. Für deutsche Eltern stellt der Erwerb von Selbstkontrolle ein zentrales Erziehungsziel dar. Ihnen ist es wichtig, dass Kinder von früh auf in Situationen, in denen eine ständige Kontrolle der Eltern nicht gegeben ist, zurechtkommen. Ein Beispiel hierfür wäre das Spiel mit Gleichaltrigen. Somit ist Selbstkontrolle ein wichtiges Instrument zum Erwerb von sozialen Kompetenzen. Dieses Ziel ist beispielsweise für türkische Eltern von untergeordneter Bedeutung (Leyendecker et al. 2009). Diese gehen vielmehr davon aus, dass ihre Kinder sich in Kontexten bewegen, in denen andere Kinder oder Erwachsene da sind, die für ein gutes Miteinander sorgen. Beispielsweise kümmern sich ältere Kinder um jüngere, können aber von denen auch Respekt erwarten und dass sie auf sie hören. Wenn derartige soziales Beziehungen die Norm sind, dann ist es weniger wichtig, Kindern Selbstkontrolle beizubringen, sondern vielmehr die Verhaltensweisen, die es ihnen erlauben, sich hier einzufügen.

Beratung von türkischstämmigen Familien

Die Bedeutung von Familie bei der Beratung von türkischstämmigen Familien

In ihrem Beitrag in diesem Band zu „Elternschaft im interkulturellen Vergleich" beschreibt Ursula Mihçiyazgan wesentliche Unterschiede zwischen Eltern aus „individualistischen" und Eltern aus „kollektivistischen" Kulturen. Familien aus individualistischen Kulturen haben eine independente Orientierung und betonen die Besonderheit des Individuums schon von den ersten Tagen nach der Geburt an. Dieses Modell ist vor allem in westlichen, urban geprägten Ländern dominant. Familien aus kollektivistischen Kulturen haben eine eher independente Orientierung. Von Geburt an erfahren Kinder, dass sie ein Teil einer größeren Gruppe sind und sie lernen, dass ihr Leben eng mit dem Leben der anderen Familienmitglieder verwoben ist. Türkischstämmige Eltern in Deutschland beschreiben die Bedeutung, die Familie zugemessen wird, dementsprechend als einen der größten Unterschiede zwischen Deutschland und der Türkei. Dieser familiäre Zusammenhalt gewinnt einerseits durch die Lebenslage als Migranten noch an Bedeutung und begünstigt ein Zusammenrücken von Familien. Andererseits kann Familie auch durch die Migrationssituation, die teilweise fehlende Unterstützungsnetzwerke der erweiterten Familie und durch die potentielle Dynamik in Ehen, die durch Heiratsmigration zustande gekommen sind, geschwächt werden.

Trotzdem bleibt das kulturelle Modell, in dem der Zusammenhalt in der Familie und die gegenseitige Unterstützung höchste Priorität haben, weiterhin erhalten und genießt eine hohe Wertschätzung (Kagitcibasi 2005; Leyendecker et al. 2009). Bei der Suche nach Lösungen von Problemen liegt es deshalb nahe, nach möglichen Ressourcen innerhalb der Kernfamilie oder der erweiterten Familie zu suchen. Gleichzeitig können sich durch enge Familienbeziehungen auch Probleme ergeben wie zum Beispiel die soziale Kontrolle eines Mitgliedes und der Druck, sich an Regeln zu halten, gegenüber der Familie loyal zu sein, nicht auszuscheren und zunehmend Verantwortung für Familie und die weitläufige Verwandtschaft zu übernehmen. Bei der Anamnese von Erziehungsproblemen ist deshalb immer auch zu untersuchen, inwieweit die erweiterte Familie oder die weiteren Familienmitglieder hier eine Ressource oder eine mögliche Ursache für die Probleme darstellen.

Probleme werden zunächst in der Familie gelöst

Da der enge Zusammenhalt in der Familie sehr hoch bewertet wird, liegt es nahe, dass Probleme erst einmal in der Familie gelöst werden (Dogan, 2000). Außenstehende um Beratung zu bitten, geschieht deshalb in vielen türkischen Familien nur, wenn der Druck wirklich groß ist und innerhalb der Familie keine Lösung gefunden werden kann. Das türkische Sprichwort "kol kirilir yen icinde, bas yarilir bork icinde kalir" (Was auch immer in der Familie geschieht, bleibt das Geheimnis der Familie und sollte nicht an Außenstehende weitergegeben werden) erklärt dieses Verhalten – persönliche Probleme, Fehler, Streit zwischen Familienmitgliedern – gehen nur die Familie etwas an. Deshalb kann es türkischen Familien sehr schwer fallen, in Beratungsgesprächen von Problemen zu erzählen und umgekehrt ist auch damit zu rechnen, dass Teile der Familie es nicht gutheißen, wenn ein außen stehender Berater eingeschaltet wird. Fehlverhalten von Einzelnen wird mit Schande assoziiert und diese Schande fällt auf die ganze Familie zurück (Sue und Sue, 1999). Dementsprechend sollen Berater wissen, dass türkische Familien, nachdem sie über ihre Schwierigkeiten berichten, möglicherweise sehr ambivalente Gefühle hierzu haben und nicht nur erleichtert sind.

Aktive Einflussnahme versus Schicksal

Das deutsche Sprichwort „Jeder ist seines Glückes Schmied" steht für ein wesentliches Credo in westlichen Kulturen. Es bedeutet, dass jeder sein Schicksal selbst in die Hand nehmen kann. Dementsprechend zielen viele Beratungen auch darauf ab, nicht zu warten, dass etwas passiert oder dass andere etwas für einen tun, sondern selbst aktiv zu werden. In der Psychologie wird in diesem Zusammenhang vom „Locus of Control" gesprochen. Die Mehrheit der türkischen Bevölkerung neigt jedoch zu der Annahme, dass externe Faktoren ihr Leben beeinflussen. Der Glaube an das Schicksal als die bestimmende Größe im Leben (Marks 1998), an die von Gott bestimmte Todesstunde (Mocan-Aydin 2000), an die Gefahr durch das „böse Auge" verflucht zu werden (Schouler-Ocak, Reiske, Rapp und Heinz 2008), an den Glauben an die übernatürlichen Ursachen von Krankheiten (Leavey, Guvenir, Haase-Casanovas und Dein 2007) und anderes mehr, sind Beispiele für den Stellenwert eines externen Locus of Control. Die Überzeugung, dass das Schicksal weitgehend vorbestimmt worden ist, ist nicht etwa nur auf weniger gebildete Schichten beschränkt. Der Gang zur Wahrsagerin ist vielmehr in allen Schichten verbreitet und wird anders als in Deutschland nicht belächelt, sondern sehr ernst genommen.

Wie Marks (1998) ausführt, sollten kultursensitive Berater nicht von der Prämisse ausgehen, dass ein interner Locus of Control in jedem Fall besser ist als ein externer Locus of Control und letzteren nicht einfach als ein Zeichen von Passivität abwerten. Vielmehr sollte es in solchen Situationen darum gehen herauszufinden, inwieweit diese Annahmen positiv in eine Beratung miteinbezogen werden können. Ein externer Locus of Control kann ja beispielsweise auch entlastend wirken und den Selbstwert erhalten, da Fehlschläge nicht nur dem Individuum zuzuordnen sind, sondern auch Einflüssen, die sich der Kontrolle des Individuums entziehen.

Über Gefühle reden
Sowohl die Dekodierung von verbalen als auch von non-verbalen Äußerungen ist wichtig für eine Beratungssituation. Menschen aus der Türkei drücken oft ihre Emotionen non-verbal aus. Dies ist deshalb in einer Beratungssituation kein Zeichen von Widerstand (Poyrazli 2003). Anstatt Gefühle von Hilflosigkeit im Umgang mit den Kindern zu beschreiben oder von Stress mit dem Partner oder mit anderen Familienmitgliedern zu berichten, werden vielleicht eher körperliche Beschwerden berichtet. Während deutsche Klienten vielleicht über Stress, depressive Episoden oder anhaltende Schlafstörungen berichten, beschreiben türkische Mütter, Väter oder auch Kinder erst einmal körperliche Symptome, wie das Gefühl körperlich eingeengt zu sein. Möglicherweise berichten sie über Beschwerden wie Kopfschmerzen, Muskelverspannungen, Herzschmerzen, und anders mehr (Bengi-Arslan, Verhulst und Crijnen 2002). Diese körperlichen Symptome sollen einerseits ernst genommen werden, andererseits aber auch so dekodiert werden, dass es hier nicht Empfehlungen gegen Muskelverspannungen geht, sondern darum herauszufinden, welche Probleme zu diesen Symptomen geführt haben.

Zum Abschluss der Rat an Berater ...

Zum Schluss möchten wir noch darin erinnern, dass zugewanderte Familien, die Rat suchen, oft schon Diskriminierungen erfahren haben, Vorurteilen begegnet sind und vielfach über eine nur sehr geringe Schulbildung verfügen. Alle diese Faktoren erschweren zusätzlich den Weg, eine Beratungsstelle aufzusuchen. Berater, die selber aus der Mehrheitskultur stammen, sollten sich deshalb besondere Mühe geben, Überzeugungen von Ratsuchenden wie beispielsweise den Glauben, dass unser Schicksal von Geburt an vorbestimmt ist, erst einmal zu verstehen und akzeptieren. Darüber hinaus ist es wichtig ihnen zu vermitteln, dass sie dem Berater vertrauen können und dass nichts über die Gespräche nach außen dringt. Der Aufbau eines Vertrauensverhältnisses ist von zentralem Stellenwert für den Beratungsprozess und nimmt möglicherweise mehr Zeit in Anspruch als bei deutschen Eltern. Ein Vertrauensverhältnis ist jedoch eine Voraussetzung, um behutsam Hilfestellungen geben zu können, so dass Eltern mit ihren Erfahrungen und Gefühlen zurechtkommen, die eigenen (Erziehungs-)Kompetenzen erkennen und mehr Sicherheit im Umgang mit den Kindern gewinnen.

- Lernen Sie, ein Gespür für kulturelle Unterschiede, die oft nur sehr subtil sind, zu entwickeln. Kulturell kompetente Berater von Familien sollten

die Fähigkeit entwickeln, kulturellen Differenzen zu erkennen und konstruktiv damit umzugehen
- Keine zwei Familien sind gleich, Unterschiede gibt es nicht nur zwischen, sondern auch innerhalb von Gruppen von zugewanderten Familien.
- Achten Sie auf Ihre eigenen, oft sehr versteckten Vorurteile und negativen Einstellungen, sonst signalisieren Sie den ratsuchenden Familien bewusst oder unbewusst, dass Sie ihre Probleme unverständlich finden und die Familien fühlen sich nicht akzeptiert.
- Ratsuchende zugewanderte Familien haben möglicherweise andere Erwartungen als deutsche Familien, wollen mehr Rat und Lösungsangebote und erwarten, dass der Berater ihnen sehr konkrete Hilfestellung gibt. Gehen Sie wenn immer möglich hierauf ein und versuchen Sie tatsächlich, konkretere Handlungsanweisungen zu geben.
- Wenn immer möglich, versuchen Sie, einen bilingualen Kollegen oder eine Kollegin hinzuzuziehen. Falls das nicht möglich ist, versuchen Sie, einen Kollegen oder einen Supervisor mit demselben kulturellen Hintergrund wie die ratsuchende Familie zu konsultieren, um kulturelle Missverständnisse möglichst zu vermeiden.

Literatur

Bengi-Arslan, L., Verhulst, F. C. und Crijnen, A. A. M. (2002). Prevalence and determinant of minor psychiatric disordor in Turkish immigrants living in the Netherlands. Social Psychiatry und Psychiatric Epidemiology, 37, 118-124.

Borke, J. und Eickhorst, A. (Hrsg.) (2008). Systemische Entwicklungsberatung in der frühen Kindheit. Wien: facultas wuv UTB.

Citlak, B., Leyendecker, B. und Schölmerich, A. (2009). Bildungserwartungen beim Übergang in die Grundschule – Ein Vergleich von deutschen und zugewanderten Eltern (eingereicht bei Zeitschrift für Entwicklungs- und Pädagogische Psychologie).

Cormier, S. und Nurius, P. S. (2003). Interviewing and change strategies for helpers: Fundamental skills and cognitive behavioral interventions (5th ed.). Pacific Grove, CA: Brooks/Cole.

Dogan, S. (2000). The historical development of counseling in Turkey. International Journal for the Advancement of Counselling, 22, 57-67.

Ho, D. Y. F. (1995). Internalized culture, culturocentrism, and transcendence. The Counseling Psychologist, 23, 4-24.

Jäkel, J. und Leyendecker, B. (2008). Tägliche Stressfaktoren und Lebenszufriedenheit türkischstämmiger Mütter in Deutschland. Zeitschrift für Gesundheitspsychologie,16 (1), 12-21.

Jäkel, J. und Leyendecker, B., (2009). Erziehungspraktiken und Bildungserwartungen von türkischstämmigen und deutschen Müttern. Psychologie in Erziehung und Unterricht, 56, 1-15.

Kagitcibasi, C. (2005). Autonomy and relatedness in cultural context: Implications for self and family. Journal of Cross-Cultural Psychology, 36, 403-422.

Leavey, G., Guvenir, T., Haase-Casanovas, S., und Dein, S. (2007). Finding help: Turkish-speaking refugees and migrants with a history of psychosis. Transcultural Psychiatry, 44(2), 258-274.

Leyendecker, B. (2003). Die frühe Kindheit in Migrantenfamilien. In H. Keller (Hg.), Handbuch der Kleinkindforschung, (3. Aufl., S. 381-431). Bern: Huber

Leyendecker, B., Schölmerich, A., und Citlak, B. (2006). Similarities and differences between first- and second generation Turkish migrant mothers in Germany: The acculturation gap. In M. H. Bornstein und L. Cote (Eds.). Acculturation and parent-child relationships: Measurement and development (pp. 297-315). Mahwah, NJ: Erlbaum.

Leyendecker, B. (2008). Frühkindliche Bildung von Kindern aus zugewanderten Familien – die Bedeutung der Eltern. In M. Bommes (Hg.), Indikatoren und Gestaltungselemente nachholender Integrationspolitik. IMIS-Beiträge, 34, 91-102.

Leyendecker, B., Yagmurlu, B., Citlak, B., Dost, A. und Harwood, R.L. (2009). Langfristige Sozialisationsziele von migrierten und nicht-migrierten Müttern in der Türkei und in Deutschland – der Einfluss von Bildung, Kultur und Migrationserfahrungen. In I. Dirim und P. Mecheril (Hrsg.), Migration und Bildung. Wissenschaftliche Kontroversen (S. 147-160). Münster: Waxmann.

Marks, L. I. (1998). Deconstructing locus of control: Implications for practitioners. Journal of Counseling und Development, 76, 251-260.

Mocan-Aydin, G. (2000). Western models of counseling and psychotherapy within Turkey: Crossing cultural boundaries. The Counseling Psychologists, 28(2), 281-298.

Poyrazli, S., (2003). Validity of Rogerian therapy in Turkish culture: A cross-cultural perspective. Journal of Humanistic Counseling, Education and Development, 42, 107-115.

Schölmerich, A., Leyendecker, B., Citlak, B., Miller, A. und Harwood, R. (2005). Variability of grandmothers' roles. In E. Voland, A. Chasiotis, und W. Schiefenhövel (Eds.), Grandmothers. The evolutionary significance of the second half of female life (pp. 277-292). New Brunswick: Rutgers University Press.

Schouler-Ocak, M., Reiske, S. L., Rapp, M. A., und Heinz, A. (2008). Cultural factors in the diagnosis and tratment of traumatised migrant patients from Turkey. Transcultural Psychiatry, 45(4), 652-670.

Suarez-Orozco, C. und Suarez-Orozco, M.M. (2001). Children of immigration. Cambridge: Harvard Unviersity Press.

Sue, D. W., und Sue, D. (1999). Counseling the culturally different (3rd ed.). New York: Wiley.

Autorinnen, Autoren und Herausgeber

Armbruster, Meinrad M., Jg. 1954. Diplompsychologe; Dr. sc. hu.; Professor für Pädagogische Psychologie an der Hochschule Magdeburg-Stendal (FH) und Lehrtherapeut. Initiator der niedrigschwelligen Elternschule ELTERN-AG. Mitbegründer und Geschäftsführer des Sozialunternehmens MAPP-Empowerment. Interessensgebiete: Frühkindliche Bildung, soziale Benachteiligung, Erwachsenenbildung.
E-Mail: m.armbruster@eltern-ag.de
Web: www.mapp-empowerment.de

Brisch, Karl Heinz, Jg. 1955. Privatdozent, Dr. med.; leitender Oberarzt in der Abteilung für Pädiatrische Psychosomatik und Psychotherapie in der Kinderklinik und Polikinderklinik des Dr. Haunerschen Kinderspital der Ludwig-Maximilian-Universität München; Vorsitzender der Gesellschaft für Seelische Gesundheit in der Frühen Kindheit (GAIMH e.V.).
E-Mail: Karl-Heinz.Brisch@med.uni-muenchen.de

Caby, Andrea, Jg. 1962. Prof. Dr. med.; Fachärztin für Kinderheilkunde und Jugendmedizin, mit Zusatzbezeichnung Naturheilverfahren. Ausbildung in Kreativer Kindertherapie sowie als Ärztliche Kinder- und Jugendlichenpsychothera-peutin (verhaltenstherapeutisch-systemisch). Professorin für Sozialpädiatrie an der Fachhochschule Emden (Ostfriesland/Oldenburg/Wilhelmshaven), Fachbereich Soziale Arbeit und Gesundheit mit den Arbeitsschwerpunkten Entwicklungspsychiatrie/Störungen der frühen Kindheit, chronische Erkrankungen des Kindes- und Jugendalters, Medienkonsum, ADHS sowie Systemische Therapie und Beratung.
E-Mail: Andrea.Caby@fh-oow.de

Caby, Filip, Jg. 1956. Dr. med.; Facharzt für Kinder- und Jugendpsychiatrie und -psy-chotherapie, Chefarzt der Abteilung für Kinder- und Jugendpsychiatrie am Marienkrankenhaus Papenburg-Aschendorf. Systemischer Familien- und Analytischer Gruppentherapeut, Lehrtherapeut und Supervisor. Tiefenpsychologisch fundierter Kinder- und Jugendlichenpsychotherapeut. Vorsitzender des Arbeitskreises Systemische Kinder- und Jugendpsychiatrie. Interessenschwerpunkte: Systemische Einzel-, Gruppen- und Familientherapie; Sexualstraftäter, Hochbegabung und ADHS.
E-Mail: f.caby@marienkrankenhaus-papenburg.de

Engel, Gabriele, Jg. 1958. Pädagogin, Psychotherapeutin (HPG), Systemische Therapeutin (SG), Kinder- und Jugendlichentherapeutin (SG) und Supervisorin (SG). Eigenes Systemisches Institut in Neustadt an der Weinstraße mit Therapie-, Coaching- und Fortbildungsangeboten. Langjährige Erfahrungen in vielfältigen pädagogischen und sozialen Arbeitsfeldern sowie in der Fort- und Weiterbildung.
E-Mail: info@ek-institut.de; Web: www.ek-institut.de

Finger-Trescher, Urte, Jg. 1950. Priv. Doz., Dr. phil.; Diplompädagogin; Psychotherapist European Registered, Gruppenanalytikerin, Kinder- und Jugendlichenpsychothe-rapeutin; Leiterin der Beratungsstelle für Eltern, Kinder und Jugendliche der Stadt Offenbach; Dozentin an den Universitäten Wien und Kassel. Veröffentlichungsschwerpunkte: Psychoanalytische Pädagogik, psychosoziale Beratung und Jugendhilfe, Gruppenanalyse.
E-Mail: urte.finger-trescher@univie.ac.at

Grave-Lävemann, Ursula, Jg. 1956. Erzieherin, Systemischer Coach, Master (DGSF), Systemische Kinder- und Jugendlichentherapeutin. Leitung einer Integrativen Tagesstätte, Integrationskindergarten Villa Kunterbunt e.V. in Gröbenzell; systemische Kindertherapie, Beratung und Coaching von Eltern und pädagogischen Fachkräften. Coaching von Fachpersonal, Kurse für Elterncoaching. Veröffentlichung: Eltern-Gruppen-Coaching, systemisch, lösungsorientiert, ressourcenorientiert, systhema, Heft 1, 2006.
E-Mail: ugk@women-at-work.org

Hatipoglu Sümer, Zeynep, Jg. 1968. Ph. D.; Assistenzprofessorin für Beratungspsychologie an der Erziehungswissenschaftlichen Fakultät der Middle Eastern Technical University in Ankara, Türkei. Der Schwerpunkt ihrer Forschung liegt auf interpersonalem Konfliktmanagement, der Entwicklung von sozialen Kompetenzen, Gewalt in der Schule, Sexualaufklärung/Gesundheitserziehung und kultureller Adaptation.
E-Mail: zeynep@metu.edu.tr

Imelmann, Horst [Hrsg.], Jg. 1947. Diplompsychologe, Psychologischer Psychotherapeut. Abteilungsleiter im Fachamt Jugend- und Familienhilfe Hamburg-Wandsbek, Erziehungsberatungsstelle Steilshoop; Einzel-, Gruppen- und Familientherapie; Erziehungs-, Trennungs- und Scheidungsberatung; Supervision, Praxisberatung, Projektsteuerung und Gemeinwesenarbeit. Leiter in der Weiterbildung für Fachkräfte für Verwaltungsangelegenheiten bzw. Sekretärinnen in Erziehungs- und Familienberatungsstellen, Bundeskonferenz für Erziehungsberatung e.V.
E-Mail: horst.imelmann@gmx.de

Kalicki, Bernhard, Jg. 1966. Prof. Dr.; Diplompsychologe; forscht am Staatsinstitut für Frühpädagogik München (IFP) und lehrt an der Evangelischen Hochschule für Soziale Arbeit Dresden (FH). Seine Arbeitsschwerpunkte umfassen die Partnerschafts- und Familienentwicklung, das Zusammenspiel von familialer und außerfamilialer Sozialisation in der frühen Kindheit sowie die Sozial- und Bildungsberichterstattung.
E-Mail: Bernhard.Kalicki@ifp.bayern.de

Klotmann, Ursula, Jg. 1948. Lehrerin, Diplompädagogin, Elterntrainerin, Systemische Therapeutin und Supervisorin. Lehrbeauftragte der Universität Koblenz-Landau. Eigenes Systemisches Institut in Neustadt an der Weinstraße mit Therapie-, Coaching- und Fortbildungsangeboten. Langjährige Erfahrungen in vielfältigen pädagogischen und sozialen Arbeitsfeldern sowie in der Fort- und Weiterbildung.
E-Mail: info@ek-institut.de; Web: www.ek-institut.de

Leyendecker, Birgit, Jg. 1955. Dr. rer. nat.; Privatdozentin an der Fakultät für Psychologie an der Ruhr Universität Bochum. Sie leitet dort das Interdisciplinary Center for Family Research" (ICFR). In ihrer Forschung beschäftigt sie sich schwerpunktmäßig mit zugewanderten Kindern, Jugendlichen und ihren Familien.
E-Mail: birgit.leyendecker@rub.de

Loschky, Anne, Jg. 1949. Diplompsychologin und Familientherapeutin; Mitarbeiterin an der Beratungsstelle für Kinder, Jugendliche und Eltern in Bremen-West.
E-Mail: anne.loschky@afsd.bremen.de

Meier-Gräwe, Uta, Jg. 1952. Prof. Dr.; Professorin für Wirtschaftslehre des Privathaushalts und Familienwissenschaft an der Justus-Liebig-Universität Gießen; von 2003 bis 2005 Mitglied der Sachverständigenkommission des Siebten Familienberichts der Bundesregierung; 1. Vizepräsidentin der Deutschen Liga für das Kind; seit 2007 Mitglied im Kompetenzzentrum für familienbezogene Leistungen des BMFSFJ; seit 2008 Mitglied der Sachverständigenkommission des 1. Gleichstellungsberichts der Bundesregierung. Forschungs- und Publikationsschwerpunkte: Familien-, Haushalts- und Geschlechtersoziologie, Nachhaltiges Haushalten, Armuts- und Zeitforschung.
E-Mail: Uta.Meier-Graewe@haushalt.uni-giessen.de

Mıhçıyazgan, Ursula, Jg. 1951. Privatdozentin, Dr. phil.; Forschung zu Gender- und Kulturdifferenzen; Lehre in Soziologie, Erziehungswissenschaften und Sozialpädagogik, Vorträge und Fortbildungsseminare, Hamburg.
E-Mail: umihciyazgan@gmx.de

Ollefs, Barbara, Jg. 1962. Dr. phil.; Diplompsychologin, systemische Supervisorin. Als systemische Familientherapeutin in der psychosozialen Betreuung von chronisch kranken Kindern/ Jugendlichen (Asthma und Diabetes) und deren Familien als auch in der Neonatologie am Kinderhospital Osnabrück tätig. Lehrbeauftragte am Fachbereich Humanwissenschaften der Universität Osnabrück als auch in der Aus- bzw. Weiterbildung von Psychologen tätig.
E-Mail: Barbara.ollefs@awisnet.de

Romeike, Gerd [Hrsg.], Jg. 1946. Dr. phil.; Diplompsychologe; Psychotherapeut, Abschlüsse in tiefenpsychologisch orientierter Psychotherapie (MBI) und in integrativer Gestalttherapie (FPI). Leiter einer bezirklichen Erziehungsberatungsstelle in Hamburg-Nord; Schwerpunkte: Arbeit mit hoch strittigen Eltern und mit Familien mit Migrationshintergrund, präventive Elterngruppenarbeit zu Erziehungsfragen; Lehrbeauftragter an der HAW Hamburg (Dep. Soziale Arbeit).
E-Mail: gerd_romeike1@web.de

Schäferjohann, Ines, Jg. 1973. Diplompsychologin; Mitarbeiterin des Zentrums für Trauernde Kinder und Jugendliche e.V., Bremen.
E-Mail: i.schaeferjohann@trauernde-kinder.de

Schlippe, Arist von, Jg. 1951. Prof. Dr. phil.; Diplompsychologe, Psychologischer Psychotherapeut. Inhaber des Lehrstuhls „Führung und Dynamik von Familienunternehmen" an der Privaten Universität Witten-Herdecke; davor 23 Jahre im Fachgebiet Klinische Psychologie und Psychotherapie der Universität

Osnabrück tätig. Lehrtherapeut für systemische Therapie, sowie Lehrender, Supervisor und Coach (SG), Lehrtrainer am Institut für Familientherapie Weinheim, Ausbildung und Entwicklung e.V. (IFW). Schwerpunkte: Family Governance in Familienunternehmen, Coaching von Unternehmensnachfolgern, Rolle von Geschichten im Familienunternehmen (Power of Stories), Wertevermittlung und Unternehmenskultur, Konfliktmanagement, Generationsübergreifendes Unternehmertum, Systemisches Elterncoaching.
E-Mail: schlippe@uni-wh.de oder schlippe@uos.de Web: www.uni-wh.de/wifu

Schneewind, Klaus A., Jg. 1939. Emeritierter Professor für Persönlichkeitspsychologie, Psychologische Diagnostik und Familienpsychologie am Department Psychologie der Ludwig-Maximilian-sUniversität München.
E-Mail: schneewind@psy.uni-muenchen.de

Seus-Seberich, Elfriede, Jg. 1946. Dr.; Diplompsychologin, Erziehungswissenschaftlerin; von 1977–2008 Leiterin des SOS-Beratungs- und Familienzentrums München. Schwerpunkte: Erziehungsberatung mit sozial benachteiligten Familien und Migranten, Armut, sozialpolitische Gremienarbeit, Kinderschutz, Elterntraining (nach Innerhofer); 6 Jahre 2. Vorsitzende der LAG Bayern; 18 Jahre Mitglied im Kinder- und Jugendhilfeausschuss der Stadt München; Lehraufträge an der Bundeswehr Hochschule München-Neubiberg, LMU München und Fachhochschule München. Seit 1.12.2008 Freistellungsphase der Altersteilzeit. Mehrere Veröffentlichungen.
E-Mail: elfriede.seus-seberich@online.de

Strobl, Charlotte, Jg. 1957. Diplompsychologin, Psychologische Psychotherapeutin, Systemische Familientherapeutin (DGSF). Psychologischer Fachdienst in integrativen Einrichtungen (Kindergarten, Schule, Hort), Psychotherapie bei Kindern, Jugendlichen und Familien; Beratung und Coaching von Eltern und pädagogischen Fachkräften; Integrationskindergarten Villa Kunterbunt Fürstenfeldbruck, Gröbenzell; Psychologische Praxis Gröbenzell. Veröffentlichung: Eltern-Gruppen-Coaching, systemisch, lösungsorientiert, ressourcenorientiert, systhema, Heft 1, 2006.
E-Mail: Charlotte.strobl@bayern-mail.de

Wolf, Klaus, Jg. 1954. Prof. Dr. phil.; Diplomsozialpädagoge; Professor für Sozialpädagogik an der Universität Siegen im Fachbereich Erziehungswissenschaft und Psychologie. Zentrales Forschungsthema: Wie können sich Menschen, die einen schwierigen Start ins Leben hatten, trotzdem so gut wie möglich entwickeln? Was können professionelle Soziale Dienste dazu beitragen? Diese Fragen werden in den Feldern Heimerziehung, Pflegefamilien und Aufwachsen in hochbelasteten Familien (SPFH und anderen ambulanten Erziehungshilfen) untersucht. Vorher: Langjährige Tätigkeit als pädagogischer Mitarbeiter in der Heimerziehung; Leiter einer Jugendhilfeeinrichtung in Hamburg (1982-92); wissenschaftlicher Mitarbeiter an der FH Neubrandenburg (1992-2002); Professor für Sozialpädagogik an der FH Köln.
E-Mail: Klaus.Wolf@uni-siegen.de